U1007041

本书获得三明学院学术著作出版基金资助出版
本书获得三明学院引进高层次人才科研启动经费资助（项目编号：22YG08S）

中小学智慧课堂需求评估概论

陈仰平 著

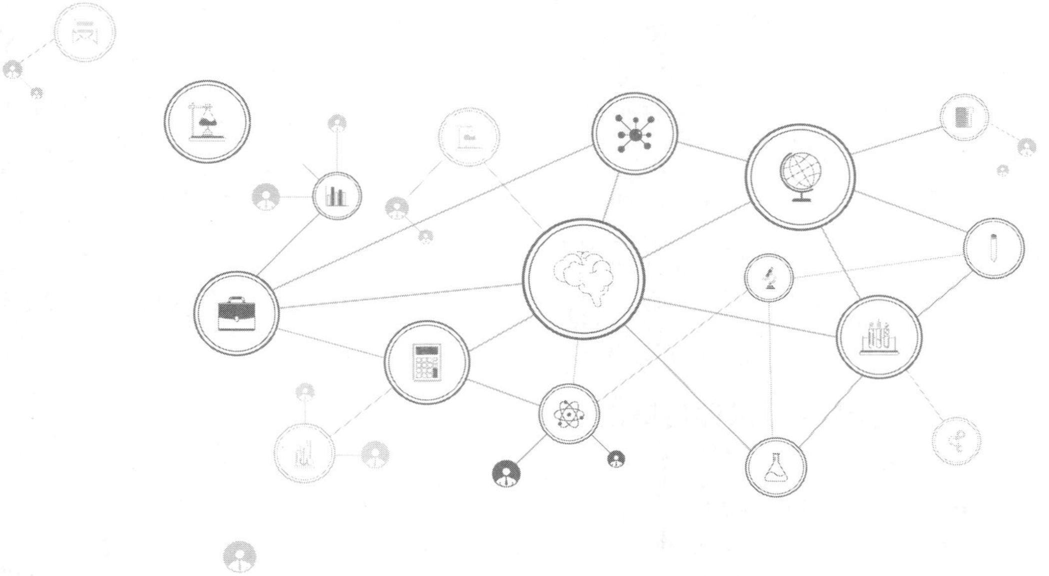

知识产权出版社
全国百佳图书出版单位
—北京—

图书在版编目（CIP）数据

中小学智慧课堂需求评估概论/陈仰平著．—北京：知识产权出版社，2024.1
ISBN 978－7－5130－9072－8

Ⅰ.①中…　Ⅱ.①陈…　Ⅲ.①中小学—课堂教学—教学评估　Ⅳ.①G632.421

中国国家版本馆 CIP 数据核字（2023）第 240606 号

责任编辑：罗　慧　　**责任校对：**王　岩
封面设计：乾达文化　　**责任印制：**刘译文

中小学智慧课堂需求评估概论
陈仰平　著

出版发行：知识产权出版社有限责任公司　　**网　　址：**http：//www.ipph.cn
社　　址：北京市海淀区气象路 50 号院　　**邮　　编：**100081
责编电话：010－82000860 转 8343　　**责编邮箱：**lhy734@126.com
发行电话：010－82000860 转 8101/8102　　**发行传真：**010－82000893/82005070/82000270
印　　刷：三河市国英印务有限公司　　**经　　销：**新华书店、各大网上书店及相关专业书店
开　　本：720mm×1000mm　1/16　　**印　　张：**20.25
版　　次：2024 年 1 月第 1 版　　**印　　次：**2024 年 1 月第 1 次印刷
字　　数：375 千字　　**定　　价：**108.00 元
ISBN 978－7－5130－9072－8

出版权专有　侵权必究
如有印装质量问题，本社负责调换。

序

我和仰平是马来亚大学的同窗好友，来往十七八年了，我算是相当了解他的人之一。他在新加坡及马来西亚两地深耕教育事业多年，学贯东西，横跨文理，此番邀请我给此书作序，我很荣幸。

早年在新加坡期间，他多次担任国际学术活动的翻译工作，他的英语流利且带着美式口音，还编写过多本中小学英语教材与教辅，并被多所学校采用，他在英语教学上的成就在圈内小有名气。在他兼任马来亚大学教育领导与政策研究中心高级研究员期间，促成新加坡、中国的多家集团企业与马来亚大学在多个学科领域的科研课题的合作，亦积极为他家乡福建的多所高校与马来亚大学合作牵线搭桥。他多次表达出对传统中小学教育的担忧，试图在教学法上寻求突破，对此，赴中国台湾地区跟随当地“批判理论研究第一人”温明丽教授研修教育哲学多年，他说想从哲学上寻找答案。后来，在多次研讨会上，他分享的哲学感悟与独到见解令我惊叹。遗憾的是，我从未见他公开发表哲学领域的研究成果，也曾邀请他到马来亚大学给我的学生讲解哲学，并担任博导，他拒绝了。他说在没有找到终极答案前，不敢误导学生。近年，他试图从大数据、人工智能等领域突破，并利用主持研发新加坡某跨国集团企业智慧课堂项目的机会，转向智慧教育领域的研究，并陆续发表了几篇期刊论文。本书的出版见证了他在教育领域的长期思索与努力，读者可以在书中看到他以中小学英语智慧课堂为例，融入了哲学、教育学、大数据、人工智能以及信息技术等多个学科领域的知识，精心建构出一个需求评估模型，彰显了新文科的典范，实现了领域知识的增量增长，值得相关领域研究者细品与借鉴。

基于仰平分享此书的创作历程，以及我的博士生帮我翻译了书中部分内容，以下我简要阐述本书的重点及教育价值：

（1）本书建构了多种评估模型，仰平曾纠结于模型的概念型定义与命名：以模型建构过程所采用的研究方法命名？抑或基于教育哲学思维命名？台北教育大学洪福财教授亦关注后来研究者引用本书中模型定义时的理论依据。对此，本书以孔德（Auguste Comte，1798—1857）对“positivism”一词的意涵与边界的诠释，以及胡塞尔（Husserl，1859—1938）的科学观，将模型命名为“实征模型”与“科学模型”，理路清晰，有本有据。

（2）本书以 Python 语言编程实现多属性决策技术，进而建构出需求评估的智慧模型，多有创新，尤其面对 Fuzzy Delphi、DANP、VIKOR 等尚未有软件可实现智慧演算的情形，仰平多次向人工智能专家与数据科学领域的海内外专家请教，成功将 Python 语言与多准则决策技术融合成一种可自动演算的智慧决策模型。历程中虽艰辛，但透过“做中学”和“学无止境”的信念和行动，体验了“探索”学习的酸甜苦辣，也更深刻理解核心素养教学的探索、思维及价值建构的意义和本质，更能掌握智慧课堂的图像和需求。

（3）本书的创作背景是在《教育信息化 2.0 行动计划》下，书中关于民办教育集团智慧课堂建设的研究关注以下历程：其受上位政策的刺激，从集团整体发展战略导向出发抢入智慧教育产业赛道，不仅试图利用其创办的民办学校作为创新教育信息化产品的试验田，更尝试借由需求评估过程梳理智慧课堂产品的价值与定位以打造企业差异化发展的护城河。

（4）本书系统探究公办中小学编制智慧课堂需求时所面临的困境及采购评标方法，所采用的分析数据系源自福建省财政厅政府采购监督管理办公室近年公布的福建省政府采购货物和服务项目公开招标文件。

（5）本书第五章归纳出一套由 7 个子系统有机组合成的智慧课堂需求评估机制。此机制凸显教育 4.0 下，因应科技发展，社会需求，深度学习，意义探索，适性扬才，学习无疆界，学涯即职涯、职涯即生涯的变革，信息技术为教育所铺出的厚实的活学习、活知识、活能力的终身学习生活链之路：以批判理性为经，以想象创意为纬，以德为核心，以自主学习和转化探索结合学校教育和社会教育，俾统合学习和职能，深化学校教育和社会产业发展，让教育发挥自我超越并圆满人生和促进社会发展的鹄的，进而达到文化传承、创发和壮大国家发展的教育志业。

适值中国《教育信息化中长期发展规划（2021—2035 年）》推动之际，希望本书的出版能有助于提升公办中小学编制采购需求过程的理性与科学性，亦期能有助于强化民办集团企业办学的教育理念，俾让教育和经济无间融合，而不是仅仅停留于包容，更不流于单面向的唯经济论或空泛的形上理论说，能真正走入生活、走入人间、走入生命。

谢顺利（Dr Kenny Cheah）

2023 年 1 月 25 日于马来亚大学

自　序

我经常在课堂上对着师范生感叹：孔子来到今天，还能进课堂教书，可是百年前的医生一定上不了今天的手术台！相较于其他领域，科技对于课堂教学方式的改变太小了。科学能巧妙地利用文字与公式，将一代又一代人的智慧进行贯通与叠加，而且叠加的速度越来越快！可是千年来，教学仍停留于“教学无法，贵在得法”的无奈。都说教育科学化，教育本该像科学那样有巨人的肩膀可以站，可是我没有看到这个领域的巨人，更多的是闭门造车或者陷入公说公有理、婆说婆有理的感性争吵。所以在花了十余年的时间深入我国、新加坡、马来西亚的一线中小学后，我决定放弃纯粹的文科，转而从科技的角度思考教育，近年又看到量子力学的发展，更坚定了我的选择。

本书从初次下笔至今已历时三年，其间曾有一烦恼：关闭电脑时，对当天写的内容甚是满意，次日阅读时，又觉得不通顺，如此反复修改。我曾幻想：在宇宙的某个角落抑或传说中的平行世界，早已存在一本已写完的“真”文本，我日夜写作仅仅为了靠近那份文本，等到两份重叠的那一天才会停笔，这也许就是我从事教育科学研究的使命。到后来，我不再期待能写完这本书，只要有时间就开电脑……只是，本书所采用的核心技术乃借助 Python 语言融合多属性决策技术建构，而多属性决策技术的相关算法在数据科学领域正快速创新，很可能在不久的将来，本书所构算法就过时了。无奈之下，只好争取机会早日出版，书中谬误与遗漏之处，尚请专家斧正。

随着信息技术的发展，IT 工程师能为每一条教育需求设计出多项功能方案。而本书聚焦智慧课堂使用者需求真伪的评估，而非 IT 功能方案的绩效评估，所推崇的评估方法将这些方案一一置入教学实验场域，再请利益相关人基于实证数据、研发经验与干预历程评估需求的优劣，评估团队与一线教师亦可能在浸入教学实验的过程启发新的需求。这种模式所判定的需求优劣具有明显的脉络与时空限制，只能视为彼时脉络下的某个组织内的某种教学实验场景的部分人的共识。换句话说，同一条需求的评估结果在不同场景，或不同的人，或不同的时间，或不同技术方案下很可能不一致。一言以概之，多属性决策技术下的需求没有对与错，更没有好与坏，只需要思考：多少人认为该需求的存在是合理的？

以下摘选相关领域专家为本书提出的几条宝贵意见，以期启发读者思考：

铭传大学唐蕙文教授："本书所建构的评估模型秉持了方法移植精神，即未来的研究者可因缘、因事、因环境、因故事、因组织移植使用本书的研究方法，尤其是针对教育4.0时代脉络下的相关研究。"

福建师范大学林铭炜教授："本书采用决策实验室分析法（DEMATEL）探究指标间的关联性，但是，此方法的评估准则超过20项，填答者在量化评比时耗时过多，且数据一致性检定的难度陡增，未来的研究可考虑采用最佳最差方法（Best－Worst Method，BWM）以降低比对次数。"

台湾师范大学温明丽教授："教育与科技存在竞合关系，而非零和关系，无论教育4.0的变革为何，教育都有其不可改变的本质，那就是教育的主体性。"

以下学者与朋友亦给本书提出了许多宝贵意见：洪福财教授（台北教育大学）、林曜圣教授（台北教育大学）、张芳全教授（台北教育大学）、丁一顾教授（台北市立大学）以及许文淑同学（福建师范大学），特此一并致谢。

陈仰平

2023年12月12日于三明学院

目　录

第一章　智慧课堂发展历程、现状及原型理论

第一节　智慧课堂发展历程

一、全球智慧课堂发展历程

智慧课堂行业生态是由教育与信息技术融合驱动的。全球最早的智慧课堂诞生于1986年的美国。当时的美国刚建成国家科学基金网络（NSFNET），并拥有了30，000台全球互联网主机，依托此平台，加利福尼亚州Hueneme学区联合GTE California公司，将个人计算机、交互式镭射磁盘视频节目、录像监视系统、VHS节目、卫星下链、局域网，以及电话调制解调器等软硬件集成了一套全美最早的智慧课堂。[1] 1991年，万维网（World Wide Web）上市，更多的学校开始陆续搭建智慧课堂，但因信息技术快速发展，彼时的智慧课堂软硬件配置亦快速更新。例如，1992年，明尼苏达州威诺纳县的薇诺娜·科特高中（Winona Cotter）的智慧课堂是由Dynacom视频传输系统、Apple Share 4.0网络、彩色投影系统、Macintosh服务器、Winnebago系统、影像播放器、CD－Interactive播放器、影像捕获设备、静态影像传输设备、用于远程条形码控制的串行控制设备、数字化音乐、有线接入设备，以及用于拨号接入学校计算机网络的调制解调器等组成，而美国苹果计算机公司于1995年为加利福尼亚州奥克斯纳德的布莱克斯托克初中（Blackstock）打造的智慧课堂软硬件配置则是个人计算机、激光光盘与录像带、与家庭电话相连的自动呼叫系统，以及Phone Master等（每间教室近25万美元）。再到1997年，阿尔伯塔大学（Uni-

---

[1] RESCIGNO R C. Practical implementation of educational technology. The GTE/GTEL Smart－Classroom［R］. Columbus：Association for the Development of Computer－based Instructional Systems，1988.

versity of Alberta）耗资150万美元将一间传统教室升级成智慧课堂（Tory turtle），使用了新型音响系统、网络、卫星连接、视频与数据投影。与近年的智慧课堂应用场景相比，因受限于互联网技术瓶颈，彼时的智慧课堂大都限于课中环节，未能拓展至课后或课前。在多数情况下，虽然看似令人爱不释手与期待，其实只是采用只读光盘（CD－ROM）为课堂带来一种枯燥无味的机械式重复，或仅仅是让纸质材料转成电子版，且硬盘容量小、计算机速度慢、图像质量差，距离教育界所设想的优质学习环境建构尚存不小的技术限制。❶ 在应用到教学一段时间后，一线教师对信息技术的期望未及如今这般“远大”，更多教师仅仅期待其能在远程教育中尽可能地还原线下真实课堂的教学场景。❷

1997年后，随着Windows系列操作系统的普及以及个人计算机价格的平民化，信息技术优势给教育应用场景的支撑力度变大，传统教学与学习场景的天花板有了一定的突破。比尔·盖茨在发布Windows95操作系统时曾预言信息技术赋能教育的发展前景：信息技术将给教学与学习的规模化定制创造条件，依托日新月异的信息技术，工程师一定能将最优秀教师的课程传播到世界的每一个角落。❸ 教育信息化发展轨迹亦证实他所言不虚。此后的十年间，随着低成本的数据服务、交互能力、实时访问，以及以web为教育媒介等技术的快速发展，教育信息化快速发展，而且其应用场景延伸到了课后。❹ 但是，彼时支撑教育智能化的应用程序乃基于“规则”，与如今的深度学习技术相比，其在人机交互方面存在很大不足，尤其是机器对学生的适性回馈、适性评量等方面尚难及真人教师水平，很多时候甚至未能给一线教师减少工作负担。所以，彼时的智慧课堂的“智慧化”程度备受诟病，更多时候它在课堂生态中仅扮演教学工具的角色，未能成为教育界所期待的“智慧教师”或“超级教师”，教育界以观望者居多。

2008年，IBM在“智慧地球计划”中提出“3I”愿景——物联化（instrumentation）、互联化（interconnectedness）、智慧化（intelligence），宣告信息技术进入弱人工智能时代（narrow AI）。随之而来的是智慧课堂产业链上游的硬件与环境配置获得持续创新，编程语言不断升级迭代，智慧程度获得突破。这可从学术界对其功能与价值描述的变化获得旁证。2008年，皮什瓦（Pishva）

❶ ROSENBERG M J. E－Learning strategies for delivering knowledge in the digital age［M］. New York：McGraw－Hill，2001.

❷ PISHVA D，NISHANTHA G G D. Smart classrooms for distance education and their adoption to multiple classroom architecture［J/OL］. Journal of networks，2008，3：54－64.

❸ GATES B. The road ahead［M］. New York：Penguin USA，1997.

❹ ALLEN M. Creating successful e－learning－a rapid system for getting it right first time，every time［M］. San Francisco：Pfeiffer，2006.

和尼桑塔（Nishantha）[1] 将其定义为一种集成语音识别、计算机视觉以及其他智能型代理人（intelligent agents）的学习工具类平台。塞文迪克（Sevindik）则从智慧课堂应用场景的生态角度，将其描述为由电子区域和人机接口相结合，技术和传统教学法相结合的，实现了创新、先进、灵活的学习环境的新型课堂形态。[2] 奥门（Oommen）认为智慧课堂集成了语音识别、计算机视觉及其他技术，是一套能将远程教育与真实课堂相融合的教学工具。[3] 阿敏（Amin）和简（Jan）则认为它是一种旨在通过科技创新实现以学生为中心的教学法的数字化设备。[4] 甘博（Gambo）和沙基尔（Shakir）认为其创造了一种具有回馈、主动以及情境感知功能的学习环境。[5] 比对这些描述亦可发现，2008 年后，人工智能技术令学术界对信息技术赋能教育有了更多的期待。实际上，学术界至今仍对这种期待争论不休。部分学者认为其能在很大程度上解决因材施教与适性扬才，实现教育规律探究和教育管理精准化问题[6]；另有部分学者则认为，在当前的弱人工智能技术时代不可高估这种成效，因为支撑大数据技术与 AI 技术源自数学学科的概率论，其所得推论反映的是教育现象的总体特征，尚无法有效反向还原至个体特征。[7]

二、智慧课堂在中国的发展历程

据考证，我国首次提及“智慧课堂”是缘于教育部师范教育司于 2006 年组编的一本专著——《黄爱华与智慧课堂》[8]。只是，此著作所指的“智慧课

---

[1] PISHVA D, NISHANTHA G G D. Smart classrooms for distance education and their adoption to multiple classroom architecture [J/OL]. Journal of Networks, 2008, 3: 54 - 64.

[2] SEVINDIK T. Future's learning environments in health education: The effects of smart classrooms on the academic achievements of the students at health college [J]. Telematics and informatics, 2010, 27: 314 - 322.

[3] OOMMEN A. Teaching English as a global language in smart classrooms with PowerPoint presentation [J]. English language teaching, 2012, 5 (12): 54 - 61.

[4] AMIN S N U, JAN H. Smart classroom a new paradigm for teaching and learning: Its implementation and setback with special reference to J & K [J]. Asian journal of social sciences & humanities, 2018, 6 (1): 682 - 701.

[5] GAMBO Y, SHAKIR M Z. Review on self - regulated learning in smart learning environment [J]. Smart learning environments, 2021, 8: 1 - 14.

[6] 孙洪涛，郑勤华. 教育大数据的核心技术、应用现状与发展趋势 [J]. 远程教育杂志，2016，34 (5): 41 - 49.

[7] 刘凯，胡祥恩，王培. 机器也需教育？论通用人工智能与教育学的革新 [J]. 开放教育研究，2018，24 (1): 10 - 15.

[8] 教育部师范教育司. 黄爱华与智慧课堂 [M]. 北京：北京师范大学出版社，2006: 11.

堂”与现如今的智慧课堂的意涵不同。它不涉及“信息技术”，其含义指向教师在教学实践中对教学规律的把握、创意的驾驭、及时洞察课堂并灵活机智应对，并期许教师以专业智慧建构学生为本的课堂互动，活用教材、教法与课堂策略以区别传统的“填鸭式”教学。❶

“智慧课堂”的意涵首次囊括信息技术与网络环境的元素是在2011年。当年，《中国教育信息化》与《解放日报》将2001年以来在北京与上海两地学校率先试点的“电子书包”课堂描述为“智慧课堂”，并对之作出定义：数字化网络环境下，适合学生个性化学习，体现课程独创执行力的一种课堂教学新范式。❷ 此后，智慧课堂的意涵随着上位政策、育人目标、信息技术的发展、信息技术介入教育的深度及融合反应而不断变化，必须指出，截至目前，智慧课堂的功能定位已被调整为立足于学生核心素养的发展与培育。

我国的智慧课堂跟随世界的脚步，功能、应用场景与内容资源等方面快速发展。各界亦依其发展特征，对智慧课堂的迭代发展历程作了划分，其中以刘邦奇和吴晓如❸的分析较具代表性。他们认为，我国的智慧课堂迄今已历经三代：

第一代为智慧课堂1.0——将大数据、物联网与移动互联网（mobile internet）技术应用于全过程（课前、课中与课后），并在分析动态学习数据的基础上建构符合个性化成长规律的“云、网、端”信息化平台。

第二代为智慧课堂2.0——在1.0的基础上，引进人工智能与“互联网+”（internet plus）思维，虽仍沿用“云、网、端”平台架构，却明确提出为九大学科打造创新型教学体系的需求，例如，针对物理、化学与生物等学科的实验课打造数字化展示功能。

第三代为智慧课堂3.0——在2.0的体系上引入新的教育理论技术——联通主义学习理论❹，同时将“云、网、端”升级到智慧程度更高的“云、台、端”平台，并将传统的课前、课中与课后环节整合为线上与线下一体化、课内与课外一体化、虚拟与实境一体化的全场景教学模式。

回顾其功能迭代发展历程，信息技术与教育的融合愈发深入。从信息技术的角度来看，其不仅要为新萃取到的教育需求服务，亦为旧需求提供多种迭代方案（见附录一）。从教育角度，智慧课堂要求信息技术尽可能提供全面的功

---

❶ 周一贯．智慧课堂的哲学思考（上）［J］．小学教学参考，2008，16：4－6．

❷ 苏丹．虹口区电子书包教学模式及其应用研究——从信息技术与课程整合视角研究教学模式变革［D］．上海：上海师范大学，2012：35．

❸ 刘邦奇，吴晓如．智慧课堂——新理念 新模式 新实践［M］．北京：北京师范大学出版社，2021：34．

❹ SIEMENS G. Connectivism a learning theory for the digital age［J］. International journal of instructional technology & distance learning，2015，2：3－10．

能，不能停留于“垂直化的互联网产品”。教育界给出的理由是：传统课堂已经开展了几百年甚至更长时间，知识、技能、价值与素养的建构过程复杂又灵性，教学范式多样丰富，教学时空贯穿课前、课中与课后，并涵盖线上与线下。信息技术若要赋能甚至革新这样的课堂，甚至还要建构良好的产业生态与课堂生态，须尽量避免使用者需求无法满足的情形，哪怕有一项需求的解决无法令使用者满意，对产品的整体接受度都将是一种损害。

实际上，当前行业头部的代表性产品在功能上均呈现复杂且全面的特征。表1－1分别就已跻身我国智慧课堂头部行列的四家智慧课堂产品的核心功能做比对。从表中可知，主流智慧课堂的教学场景皆涵盖课前、课中与课后等闭环；课前环节的普遍功能包括体系化资源、教学资源云端同步、海量习题资源库、微课剪辑与录制、观看知识点教学短视频、查看电子课本内容、笔记、观看学习微课等；课中环节的普遍功能则有预习情况统计、AI录课、交互式答题、学生分组、涵盖多学科、虚拟实验室、生生互评、组间互评、组内共学等；课后主要围绕电子作业与薄弱点补救功能。

表1－1 主流智慧课堂产品核心功能一览表

模块	主功能	子功能	不同品牌产品的功能分布比对				备注
			101	因材网	畅言	希沃易	
课前	教师备课	体系化资源	否	是	是	是	√ 与多家出版社、教学资源服务厂商开放合作，提供小学、初中、高中全学段并与主流教材版本相配套的优质教学资源，可根据常态化、个性化的教学实际应用场景、教学流程，以及教学需求自由选择资源。
		教学资源云端同步	是	是	是	是	√ 随时随地下载提供课件、视频、慕课、图片、动画等教学资源。
		海量习题资源库	是	是	是	是	√ 拥有内容丰富、种类齐全的习题资源库，不同学科、不同学习阶段的课程均可找到与之匹配的习题资源，教师可编辑并使用。
		微课剪辑与录制	否	无	是	是	√ 支持快捷录屏、剪辑、一键转场等简单易用的微课制作功能，便于教师备课。

续表

模块	主功能	子功能	不同品牌产品的功能分布比对				备注
			101	因材网	畅言	希沃易	
课前	学生预习	观看知识点教学短视频	否	是	否	是	√ 推送适性知识点短视频供学生课前自主观看预习。
		查看电子课本内容	否	是	否	是	√ 供学生阅读云端的电子课本内容以提前熟悉知识点。
		笔记	否	是	否	否	√ 观看知识点视频或微课过程做笔记。
		观看学习微课	否	否	是	是	√ 观看学习每节课对应的名师微课视频。
线下课堂	辅助教学工具	预习情况统计	是	是	是	是	√ 智能统计预习情况，包括难易点统计、错题统计、预习完成情况等。
		AI 录课	否	否	是	是	√ 便捷录制教学视频，支持语音实时识别并智能转写文字，创建丰富的优课资源；结构化提取构建文本，自动对语义进行关联分析，对新知识与资料数据库自动归类与迭代。
		交互式答题	是	是	是	是	√ 智能、快速、准确地收集学生对问题的反馈（支持单选/多选/判断题型的单个问题的反馈），即时分析学生答题情况，个性化回馈，设置抢答游戏，全班学生都可参与。
		学生分组	是	是	是	是	√ 依据学生学业成就与学习情况可给学生智能或手动分组，促进生生互动、相互激励、相互反馈、相互讨论、相互评价。
		涵盖多学科	是	是	是	是	√ 覆盖语文、数学、英语，以及其他主科。
		虚拟实验室	否	否	否	是	√ 采用虚拟现实技术创设解决问题的场景，借由 VR 头盔引导课堂知识应用于生活实际问题。

续表

模块	主功能	子功能	不同品牌产品的功能分布比对				备注
			101	因材网	畅言	希沃易	
线下课堂	分组学习	生生互评	否	是	否	否	√ 搜集组内成员间的互评结果，系统根据不同题型与学科自动提供科学的评价维度。
		组间互学	否	是	是	是	√ 小组代表上台讲解，智能实时显示各组上传的讲义记录，自动收集各组提问。
		组内共学	否	是	是	否	√ 组内讨论，结果记录拍照上传系统。
课后	课后作业批改与分析	课后习题库存	是	是	是	是	√ 提供不同学段、不同学科、多种练习题，供教师编辑。
		指派作业	是	是	是	是	√ 手动或自动指派作业给个人或班级社群。
		智能批改客观题	是	是	是	是	√ 智能批改判断题、选择题、填空题等客观题。
		智能批改主观题	否	否	否	是	√ 智能批改作文、数学解题、口语、主观题等。
		作业完成情况分析	是	是	是	是	√ 智能统计课后作业完成情况，包括完成度、答题次数、错题率、班级社群分析、个体时间序变化等。
		已/未掌握知识点统计	否	是	否	是	√ 智能统计与判定学生未掌握与已掌握知识点。
	课后作业解答与薄弱点补救	线上答题	是	是	是	是	√ 随时可线上解答作业并自动提交。
		查看作业完成情况	否	是	否	是	√ 智能统计课后作业完成情况，包括完成度、答题次数、错题率、个体时间序变化等。
		微课/短视频复盘观看	否	是	是	是	√ 根据作业反馈出的薄弱点观看（回顾）对应知识点短视频或微课或课堂录制视频。
		自主学习系统	否	是	否	是	√ 围绕未掌握的知识点，依自主学习智能系统（定标、择策、监评、调整），跟踪引导学生完成薄弱知识点的补救学习。

注：以上功能统计截至 2022 年 8 月。

资料来源：整理自 101 智慧教室、因材网（我国台湾地区）、畅言智慧课堂与希沃易课堂。

如今，智慧教育已生长出较为成熟的产业链与供应链。从刘邦奇等与讯飞教育技术研究院归纳的产业链结构可知，产业链上游主要由智慧学习供货商构成，包括硬件设施、软件设施、网络服务、智慧技术与内容服务等。中游由智慧教学、智慧学习、智慧考试与评价、智慧管理、综合解决方案及其他智慧教育应用服务商组成。下游则是由各端用户与消费者组成，包括教育行政部门与电教馆（G 端）、学校与教培机构（B 端），以及师生与家长（C 端）（见表 1－2）。

表 1－2　智慧教育产业链结构（2018—2021 年）

流程	结构
上游	√硬件设施供货商（智能芯片/智慧传感器/智能终端） √软件设施供货商（系统软件、应用软件、中介软件……） √网络服务供货商（电信运营、网络设施……） √智慧技术供货商（人工智能、大数据、云计算……） √内容服务供货商（课程资源、习题资源、教材资源）
中游	√智慧教学服务商（智能备课、智能授课、智能辅导与答疑、精准教研……） √智慧学习服务商（智能题库、自我调整学习、AI 学伴、分级阅读……） √智慧考试与评价服务商（智慧组卷、智慧阅卷、智慧考试分析、智慧口语测评、课堂质量评价、学生综合素质评价、区域教育质量评价……） √智慧管理服务商（班级学情管理、学校教学管理、区域教育治理、校园综合管理……） √综合解决方案服务商（智慧课堂、智慧校园、新高考、区域智能教育……） √其他智慧教育应用服务商（其他智慧教育应用服务商）
下游	√ G 端用户（教育行政部门、电教馆等） √ B 端用户（学校、教培机构） √ C 端用户（教师、学生、家长）

资料来源：刘邦奇，张金霞，胡健，等. 智能 + 教育：产业现状、热点及发展趋势——2020 年中国智能教育产业发展研究［J］. 电化教育研究，2021，42（11）：55—62.

综观智慧教育行业在学校和非学校场景的生态，“课中”一直被业界视为智慧课堂产品市场的主阵地。以业界头部企业的市场战略设计为例，大都采取“教—研—学—辅”的路径，即先引导校内少数教师于线下课堂试用其产品，随后以奖励机制鼓励教师将产品推荐给其他同事，实现以点带面、打造教研生态的目的。同时，以工作减负的名义，推出电子作业自动批改功能，吸引教师于平台发布电子作业，将产品的使用场景延展至课后，包装成刚需产品引导家长消费。近年，这种以线下课堂为枢纽的阵地推广模式亦被其他国家的智慧课堂类厂商广泛使用，例如，美国 ClassDojo 的功能结构设计亦着力于课中，以超脱课堂教学范式的高维度评价供教师免费使用，继而通过家校黏性吸引家长在其平台上查看学生在校情况、学业成就变化、参与课后辅导等。这种市场推广模式借鉴自互联网营销领域——借由课中环节私域流量（教师群体）转化公域流量（家长群体）。

综上所述，如今智慧课堂的用户流量打造模式是将线下课堂的课中环节当作产品推向市场的核心枢纽，期待其成为产业链与生态链的关键节点。然而，在当前的教育政策与教学生态环境下，这种模式对于产品生态亦是一把双刃剑。首先，课中环节的创新要求教师适应或改变原先的课堂教学模式，客观上对教学流程造成了结构性冲击，势必引起相当比例的教师群体的抵触。其次，按照当前的教育装备采购规定，智慧课堂产品进入线下课堂须历经多层审批，私立学校的采购决策链则须达董事会层级，公立学校的采购更须历经教育行政部门与政府财政部门审批经费、电教馆专家评审、学校领导层制作需求方案、招标公司参与主持招投标等多个烦琐的行政运作，大大阻碍了产品销售进程。其实，这也是为何主打电子作业智能批改产品——“作业帮”的月活用户过亿的真正原因：绕过繁杂的教育装备采购决策链，采取边缘事务产品的决策链策略，即摒弃课中功能的开发，以个体教师拥有自主使用权且高频使用的电子作业功能作为研发着力点。

三、《教育信息化 2.0 行动计划》综述

2008 年 10 月，国务院办公厅成立国家中长期教育改革和发展规划纲要领导小组和工作小组，由时任国务院总理温家宝为领导小组组长，研究制定国家中长期教育改革和发展规划纲要。两年后，《国家中长期教育改革和发展规划纲要（2010—2020 年）》[1] 出台，其中特别强调信息技术对教育发展的革命性影响，要求加快教育信息化进程。顺应此政策，2011 年 2 月，时任教育部副部长杜占元召集启动教育信息化十年发展规划编制工作。2012 年 3 月，教育部出台《教育信息化十年发展规划（2011—2020 年）》（下称《十年规划》）[2]，标志着我国教育信息化 1.0 时代的来临。《十年规划》中最具代表性的工程是“三通两平台”建设：宽带网络校校通、优质资源班班通、网络学习空间人人

---

[1] 国务院. 国家中长期教育改革和发展规划纲要（2010—2020 年）[A/OL].（2010 - 07 - 29）[2023 - 02 - 22]. http://www.npc.gov.cn/zgrdw/npc/ztxw/ssjyghgzqkbg/2012 - 01/04/content_1722299.htm.

[2] 教育部. 教育信息化十年发展规划（2011—2020 年）：教技［2012］5 号［A/OL］.（2012 - 03 - 13）［2023 - 02 - 22］. http://www.moe.gov.cn/srcsite/A16/s3342/201203/t20120313_133322.html.

通、建设教育资源公共服务平台、建设教育管理公共服务平台。“三通两平台”的建成从云计算、网络技术与教室终端等多个方面为智慧课堂的建设提供了基础环境与基础资源。在财政投入上，《十年规划》要求各级政府在教育经费中按不低于8%的比例列支教育信息化经费。随后的十年间，各级教育行政部门严格按照此要求制定并落实教育信息化专项经费指标。以湖南省为例，自2013年开始，省本级每年安排不少于一亿元人民币的教育信息化专项经费，以确保“三通两平台”教育信息化建设。❶ 全国GDP排名相对靠前的江苏、广东、福建、山东、河南、四川6省（如表1－3），2018—2020年的教育信息化经费增幅均维持在7%以上。

表1－3　2018—2020年六省份教育信息化经费支出统计表　（亿元人民币）

年度	福建	广东	山东	江苏	河南	四川	平均值
2018	106	341	211	226	194	181	210
2019	113	394	232	249	213	197	233
2020	118	431	248	270	224	215	251

资料来源：整理自福建省教育厅、福建省统计局、福建省财政厅关于2020年全省教育经费执行情况统计公告（2021年12月17日）；广东省教育厅、广东省财政厅、广东省统计局关于2020年全省教育经费统计情况的公告（2021年12月31日）；关于2020年全省教育经费执行情况统计公告（2021年12月20日）；关于2020年度智慧教育示范区创建项目名单的公示（2021年2月1日）。

2018年4月，为了进一步推进教育信息化发展，教育部颁布《教育信息化2.0行动计划》（下称《行动计划》）❷，要点如下：

（1）“三全两高一大”发展目标：“三全”是指教学应用覆盖全体教师、学习应用覆盖全体适龄学生、数字校园建设覆盖全体学校；“两高”是指信息化应用水平和师生信息素养普遍提高；“一大”是指建成“互联网＋教育”大平台。在此目标下，地方政府与教育行政部门积极升级学校教育设备，加快推进智慧学校建设，以满足“三全两高一大”的基础性要求。新建学校更是遵照此发展目标规划与建设智慧校园，智慧校园建设项目常用技术参数详见附录（二）。

（2）八大行动：数字资源服务普及行动、网络学习空间覆盖行动、网络

❶ 李旭林．湖南每年投入上亿元推进教育信息化［R/OL］．（2013－03－27）［2022－10－01］．http：//edu. people. com. cn/n/2013/0327/c1053－20937850. html.

❷ 教育部．教育信息化2.0行动计划：教技［2018］6号［A/OL］．（2018－04－13）［2023－02－22］．http：//www. moe. gov. cn/srcsite/A16/s3342/201804/t20180425_334188. html？authkey＝inore3.

扶智工程攻坚行动、教育治理能力优化行动、百区千校万课引领行动、数字校园规范建设行动、智慧教育创新发展行动、信息素养全面提升行动。

（3）三个任务：继续深入推进“三通两平台”，实现宽带网络、优质资源、网络学习空间等三个方面的普及应用；持续推动信息技术与教育深度融合，促进从融合应用向创新发展演进以及从研究到应用的系统部署；构建一体化的“互联网+教育”大平台。

该行动计划提出四十个字的保障措施：加强领导、统筹推进，创新机制、多元投入，试点引领、强化培训、开放合作、广泛宣介，担当责任、保障安全。具体的落地方案包括：首先，各级教育行政部门建立教育信息化督导评估制度以评估单所学校与区域的教育信息化推进措施；其次，允准教育行政部门与学校借助市场的力量，以政府采购服务或其他的方式鼓励企业界的智慧教育产品服务商参与教育设备采购；再次，教育行政部门、学校、科研机构、企业等多方合力，建设协同机制。地方各级人民政府提供政策驱动与经费支持。企业提供软件、硬件、数字资源的研发与输出。高校与科研机构发挥科研技术支持与质量把控方面的作用。最后，为了保障教育信息化建设在技术链上的稳定性，国家市场监督管理总局与国家标准化管理委员会于2018年联合发布《智慧校园总体框架》（GB/T 36342—2018），从基础设施层、支撑平台层、应用平台层、应用终端、信息系统安全体系等多个方面制定标准与规范，并制定智慧校园建设的总体架构。

2019年2月，中共中央、国务院印发《中国教育现代化2035》[1]，要求加快信息化时代教育变革，特别强调应建设智能化校园，“统筹建设一体化智能化教学、管理与服务平台，实现数据伴随式收集、信息自动化分析、资源最优化配置”。响应此政策，教育部于当年公布了8个国家级智慧教育示范区（见表1-4），引领智慧教育在全国范围的推广。随后，地方各级人民政府亦出台相应措施，包括与企业、高校和科研机构联手建构智慧课堂新生态；从网络基础设施、师生信息素养、平台体系、数字教育资源等角度打造区域教育信息化工程建设方案；开发区域信息化枢纽平台以凝聚企业力量、学校用户流量、高校与科研力量，以及国家教育资源等，如青岛教育e平台（青岛市教育局）、白云区智慧教育大数据云（广州市白云区教育局）等。

[1] 中共中央、国务院. 中国教育现代化2035［A/OL］.（2019-02-23）［2023-02-22］. http://www.gov.cn/zhengce/2019-02/23/content_5367987.htm? from=groupmessage&isappinstalled=0.

表 1-4 智慧教育示范区

年份	智慧教育示范区
2019	北京东城、运城、上海闵行、武汉、长沙、广州、成都武侯、雄安
2020	北京海淀、天津河西、苏州、温州、蚌埠、福州、南昌、青岛、深圳、成都成华

资料来源：《关于公布2019年度智慧教育示范区创建项目名单的通知》（2019年5月6日）；《关于2020年度智慧教育示范区创建项目名单的公示》（2021年2月1日）。

相关政策、计划、方案与标准的出台，为智慧教育行业在我国的蓬勃发展提供了能量层、技术链与价值链的保障，造就产、政、教、学、研五位一体深度融合发展趋势。其间，企业敏锐地捕捉契机，争先恐后地推出智慧课堂新产品或迭代产品。2018年，科大讯飞推出智慧课堂3.0版迭代产品；同年，网龙以1.375亿美元收购美国K12社交学习小区Edmodo的100%股权以打造智慧学习产品闭环；2019年2月，百度教育发布“AI+教育”产品；2019年3月，阿里钉钉推出“钉钉未来校园”；2019年5月，腾讯将原先的教育产品聚合至智慧教育赛道，成立“腾讯教育”，以重新定义其教育业务版图。据深圳市人工智能行业协会的统计（2021），我国人工智能核心产业规模在2020年达到3251亿元，其中高达59.1%的相关企业分布在智慧课堂产品系列所属的产业链应用层。[1]

综上所述，我国的智慧课堂是在“红色引擎”推动下的跨界融合成果，各方携信息技术利器抢入一个已经原地运转了几百年的传统课堂生态圈。企业惊喜于找到一片蓝海，喊出震天口号：要以SaaS服务模式覆盖所有教学环节，实现革命与颠覆！面对此情形，教育更应该谨慎，应时常从多个角度反思。从技术层面看，弱人工智能时代的信息技术融合教育所打造的智慧课堂真能如阿尔法围棋（AlphaGo）般发达到取代真人教师吗？从SaaS服务模式角度分析，智慧课堂产品可以成功到不需要服务吗？信息技术介入教育后，是否会削弱教育的本质尤其是学生的主体性？当前人工智产业风口下，各界对人工智能技术的高度崇拜是否会导致智慧教育市场的泡沫？泡沫破裂后，教育又如何独善其身？

---

[1] 深圳市人工智能行业协会. 2021人工智能发展白皮书［R/OL］.（2013-05-14）［2021-10-11］. https://v4.cecdn.yun300.cn/100001_2012025014/2021%E4%BA%BA%E5%B7%A5%E6%99%BA%E8%83%BD%E5%8F%91%E5%B1%95%E7%99%BD%E7%9A%AE%E4%B9%A60526%EF%BC%88%E5%8A%A0%E5%AF%86%EF%BC%89281%29.pdf.

第二节　智慧课堂理论缘起

一、智慧课堂原型的理论

哲学界对于教育理论与教育实践间关系的描述存在三种普遍的看法：理论与实践彼此对立、理论指导实践、理论与实践各自独立。[1] 此外，诠释学主张教育理论与教育实践互相蕴含，教育实践开展教育理论。[2] 批判教育理论则要求将教育理论置于社会文化脉络下作整体性考虑[3]，即在实务中反省并发展出教育的意义与价值。

在智慧课堂需求评估阶段，实证论风靡学术界与产业界。为了快速且低成本地设计出具教育功能的原型，往往遵循教育界的成熟理论设计原型的功能框架。从哲学角度分析，这种开发模式奉教育理论为技术，视实践为理论的工具性运用[4]，且置理论于价值中立且客观的地位，期待教育理论能以理论技术模式（theorie - technik - model）应用于教育实践，属于实证典范的主客二元对立理论。本节针对常被奉为智慧课堂雏形理论且已深度融入主流产品的4种教育理论展开论述。

（1）建构主义——第一代教学信息化产品原型的理论。

建构主义并非教育信息化时代方才兴起的新理论，其理论原型可追溯至苏格拉底、柏拉图、亚里士多德的知识建构论（creation of knowledge）。知识建构论提倡以现有课堂的三类元素——学习者、教师与课堂脉络提升学习成效[5]，即将任何所谓的"现实"都视为一种心理建构，强调学习者自身的发现

---

[1] CARR W. For education：Towards critical educational inquiry［M］. 1st ed. Berkshire：Open University Press，1995

[2] 游振鹏．教育理论与教育实践的关系及其合理性发展［J］．教育研究学报，2014，12：1 - 18.

[3] 余豪杰．由批判理论观点论教育理论与实践之关系［J］．台湾教育评论月刊，2016，5（6）：245 - 261.

[4] SANDOVAL L E P，PRADO A L R. Theory - praxis relationship in education of nursing professionals：An integrative literature review［J］. Enfermeria global，2017，16（3）：679 - 692.

[5] ER M，ER N F. Instructional technology as a tool in creating constructivist classrooms［J］. Procedia - social and behavioral sciences，2013，93：1443.

与探究。[1] 在这种假设下，学习被视为一种自我调整的过程，即通过个体经验与反思、小组讨论来解决内心涌现的冲突。[2] 从学习者的角度，建构主义提倡在学生已知知识与期望学习的知识之间架起一座桥梁[3]，强调学生自主学习；对于教师来说，建构主义不仅要求其改变教学方式，更要其将身份从知识的传递者转为学习过程的引导者。[4]

自古希腊的知识建构论之后，建构主义的范式走向多元。据美国佐治亚大学教育学院于 1989 年举办的教育领域新认识论研讨会（the Alternative Epistemologies in Education Conference）达成的共识，建构主义的新范式至少包含以下 6 种：①以斯特芬（Steffe）与格拉瑟斯菲尔德（Glasersfeld，1917—2010）为代表，基于皮亚杰（Piaget，1896—1980）认识论发展出的激进建构主义（radical constructivism）[5]；②以科布（Cobb）与鲍尔斯费尔德（Bauersfeld，1926—2022）为代表，基于维果茨基（Vygotsky，1896—1934）建构主义发展出的“社会建构主义”（social constructivism）[6]；③以伯格（Berger，1929—2017）与卢克曼（Luckmann，1927—2016）为代表，基于 20 世纪 20 年代的知识社会学发展出的“社会建构论”（social constructionism）[7]；④以施泰尔（Steier）为代表的“控制论系统观”（cybernetic system）[8]；⑤秉持实在论（realism）本体的“信息处理理论”（information - process theory）；⑥源自维果茨基中介理论与沃茨奇（Wertsch）文化工具论点（cultural tools）的“对待中介行为的社会文化观

---

❶ SAUNDERS W L. The constructivist perspective: Implications and teaching strategies for science [J]. School science mathematics, 1992, 92 (3): 136 - 141.

❷ BROOKS J G. In search of understanding: The case for constructivist classrooms [M]. Alexandria, VA: Association for Supervision and Curriculum Development, 1999.

❸ GAGNON G, COLLAY M. Constructivist learning design: Key questions for teaching to standards [M]. 1st ed. Thousand Oaks: Corwin Press, 2006.

❹ ALDOOBIE N. Technology integration and learning theory [J]. American international journal of contemporary research, 2015, 5 (6): 114 - 118.

❺ STEFFE L P, VON GLASERSFELD E. On the construction of the counting scheme [M]//STEFFE L P, COBB P. Construction of arithmetical meanings and strategies. New York: Springer, 1988: 1 - 19.

❻ COBB P, BAUERSFELD H. The emergence of mathematical meaning [M]. 1st ed. Oxfordshire: Routledge, 1995.

❼ BERGER P L, LUCKMANN T. The social construction of reality: A treatise in the sociology of knowledge [M]. Hamburg: Anchor, 1967.

❽ STEIER F. From universing to conversing: An ecological constructionist approach to learning and multiple description [M]//STEFFE L P, GALE, J. Constructivism in education. 1st ed. Oxfordshire: Routledge, 1995.

点”（sociocultural approaches to mediated action）[1]。

近二十年来，建构主义在教学与学习领域的成就不可忽略信息技术的助力。因为，在很长的一段时间，教育界指责传统的课堂教学环境难满足建构主义学习理论所要求的“以学生为中心”，这个局面在信息技术来临后得以明显改善。实践证明，信息技术打造出的建构主义新形态（教学信息化产品）大大减少了学习过程的认知负荷，助力学生将学到的知识顺向迁移至对新问题的解决能力[2]，助力学生以最少的负荷提高学习成效与动机，令一线教师逐渐相信建构主义能发挥因材施教、培养批判思维、项目学习及生本教学的希望。期间，为了实现建构主义趋向的课堂教学模式日趋丰富以适应更多的教学情境和学习需求，信息技术付出了很大努力。例如：将信息平台的开发策略从最初的单纯基于信息资源库的建设转为基于问题逻辑的交互式教学环境开发[3]、将编程语言从 PHP 转为 Python，等等。

信息技术介入教育后，建构主义指导教育信息化产品的功能设计，而教育信息化的发展亦导致建构主义的意涵被重新诠释与定义。例如，在 20 世纪末，有学者提出将维基（Wiki）当作在线教学工具以助力发展师生知识管理（knowledge management）能力，彼时的建构主义因此生出一对新的翅膀——异步在线交流（asynchronous online communication）；人工智能技术出现后，教育界又认为社群网络服务（social network service，SNS）是一个能让教师与学生进行社会互动及社会知识建构的最佳平台，相信其能成为自主学习习惯与能力培养的重要工具，建构主义的意涵亦因此转向社群网络；此外，互联网的信息快速传播能力令海量知识近在眼前，应有尽有，建构主义针对知识建构途径所提倡的传统方式——“自主且深思熟虑”亦因此转变成“自主但不加思索”的学习习惯与态度。

一路以来，智慧课堂的功能设计曾受到存在主义、建构主义、联通主义等理论的影响，学界亦一路追踪这些理论变形为教育信息化产品后的生态、踪迹与画像。实践证明，在诸学习理论中，将学生主体性视为学习活动核心的建构

---

[1] VYGOTSKY L S. Mind in society：The development of higher psychological processes［M］. Rev. ed. Cambridge：Harvard University Press，1978；WERTSCH J V. Mind as action［M］. New York：Oxford University Press，1998.

[2] KIRSCHNER P A，SWELLER J，CLARK R E. Why minimal guidance during instruction does not work：An analysis of the failure of constructivist discovery，problem－based，experiential，and inquiry－based teaching［J］. Educational psychologist，2006，41（2）：75－86.

[3] ER M，E R N F. Instructional technology as a tool in creating constructivist classrooms［J］. Procedia－social and behavioral sciences，2013，93：1442.

主义最获教学信息化产品的青睐，且已被证明是最能应对多变教育环境的理论之一。❶ 在实务界，自其融入第一代教学信息化产品至今，目前市面上仍有大流量的智慧课堂产品将其奉为成熟的理论技术。

（2）经典自主学习理论——我国台湾地区因材网力践的理论技术。

自主学习理论源自两个门派：一是霍尔克（Holec）于1981年从哲学角度提出的、常用于语言教育的自主学习理论（learner autonomy，LA）❷；二是齐默尔曼（Zimmerman）提出的、源自教育心理学的“自主自律学习”（self - regulation learning，SRL）❸。二者诞生自不同领域，故最初的意涵确有较大差异。然而，在教育教学领域诸多难检测且难量化的“隐性”元素——主体性、知识建构论、批判性思考力等的包围下，再加上元认知策略（meta - cognitive strategies）的影响，此二者的意涵正逐渐靠拢。近年来，大部分学者已将二者视为一体，例如，默里（Murray）❹ 曾于2014年从8个维度比较二者的差异（如表1 -5所示），其中6个维度的特征已近乎一致，仅于2个维度——“学习者对待学习任务的主动性”（learner initiation of learning task）与“学习环境控制”（control over the learning environment）存些许差异，但亦无明显区别。

表1 -5　自主学习与自主自律学习特征比较

序号	特征	LA	SRL
1	主动投入（active engagement）	√	√
2	目标导向行为（goal - directed behavior）	√	√
3	元认知技能（metacognitive skills）	√	√
4	内在动机（intrinsic motivation）	√	√
5	学习者特征（learner characteristic）	√	√
6	设计特征（design feature）	√	?
7	学习者对待学习任务的主动性（learner initiation of learning task）	√（?）	?
8	学习环境控制（control over the learning environment）	?	?

注：打勾（√）表示二者的特征一致。

资料来源：MURRAY G. The social dimensions of learner autonomy and self - regulated learning [J]. Studies in self - access learning journal，2014，5（4）：320 -341.

❶ ALDOOBIE N. Technology integration and learning theory [J]. American international journal of contemporary research，2015，5（6）：114 -118.

❷ HOLEC H. Autonomy and foreign language learning [M]. Oxford：Pergamon，1981.

❸ self - regulation learning 存多种译法，此处译为“自主自律学习”系取自温明丽. 教育哲学——我国台湾地区教育哲学的建构 [M]. 台北：三民书局，2008：110.

❹ MURRAY G. The social dimensions of learner autonomy and self - regulated learning [J]. Studies in self - access learning journal，2014，5（4）：320 -341.

本节的“经典”自主学习理论是指帕纳德罗（Panadero）依据三项准则筛选出的六个自主学习理论模型。[1] 准则一是发表于1997年至2013年的《期刊引用报告》（*Journal Citation Reports*，JCR）[2]；准则二是以英文撰写的；准则三是同行评议与引用率居前。六个自主学习理论模型：一是齐默尔曼于2013年提出的基于社会认知的自主自律模型[3]；二是齐默尔曼于2000年提出的周期阶段模型[4]；三是博卡尔茨（Boekaerts）和涅米维尔塔（Niemivirta）于2000年共同提出的双重历程模型[5]；四是温（Winne）于20世纪90年代中期提出的基于元认知的模型[6]；五是平雀克（Pintrich）基于实地与动机的自主学习理论模型[7]；六是艾弗克莱茨（Efklides）于2011年提出的自主学习元认知与情感模型（metacognitive and affective model of self－regulated learning，MASRL）[8]。这些理论模型聚焦学生的主体性，皆涉及对自主学习的认知、元认知、行为、动机和情绪/情感等方面，并被广泛应用于教学信息化产品的功能设计。我国台湾地区教育事务主管部门于2016年推出的因材网（适性教学辅助平台）就是经典自主学习理论的践行者。如图1－1所示，该平台在功能设计上将自主学习力解构成自知、自强、自理与自评四个方面，并与平台上的学习行为相联结。转化后的产品核心功能有：适性诊断与电子作业、学习任务自主认领、短视频适性推送、积分激励、自评、同侪他律、传统线下教学活动的数字化、自

---

[1] PANADERO E. A review of self－regulated learning：Six models and four directions for research［J］. Frontiers in psychology，2017，8：422.

[2] JCR分区查询官网：https：//jcr. clarivate. com/jcr/home.

[3] Zimmerman B J. From cognitive modeling to self－regulation：A social cognitive career path［J］. Educational psychologis，2013，48（3）：135－147.

[4] ZIMMERMAN B J. Attaining self－regulation：A social cognitive perspective［M］//BOEKAERTS M，PINTRICH P R，ZEIDNER M. Handbook of self－regulation. 1st ed. San Francisco：Academic Press，2000：13－40.

[5] BOEKAERTS M，NIEMIVIRTA M. Self－regulated learning：Finding a balance between learning goals and ego－protective goals［M］//BOEKAERTS M，ZEIDNER M，PINTRICH P R. Handbook of self－regulation. Amsterdam：Elsevier，2000：417－450.

[6] WINNE P H. Inherent details in self－regulated learning［J］. Educational psychologist，1995，30：173－187；WINNE P H. A metacognitive view of individual differences in self－regulated learning［J］. Learning and individual differences，1996，8（4）：327－353；WINNE P H. Experimenting to bootstrap self－regulated learning［J］. Journal of educational psychology，1997，89（3）：397－410.

[7] PINTRICH P R. The role of goal orientation in self－regulated learning［M］//BOEKAERTS M，PINTRICH P R，ZEIDNER M. Handbook of self－regulation. 1st ed. San Francisco：Academic Press，2000：452－502.

[8] EFKLIDES A. Interactions of metacognition with motivation and affect in self－regulated learning：The MASRL model［J］. Educational psychologist，2011，46（1）：6－25.

主学习力智慧诊断与预测、学科内容数字化等（见表1-6）。

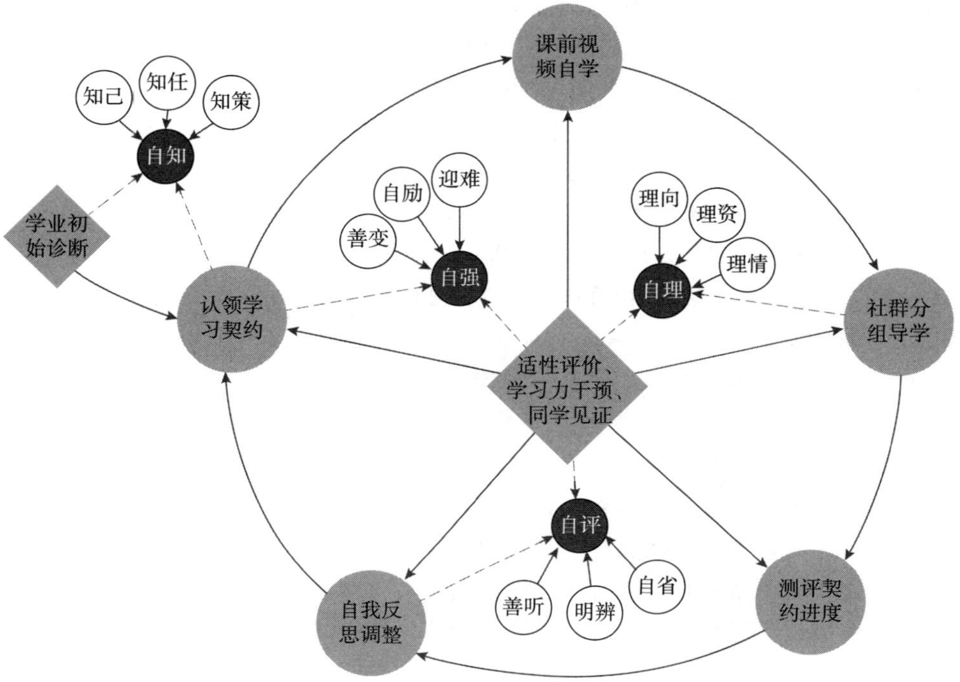

图1-1 因材网之功能框架与自主学习理论对应关系

资料来源：整理自因材网。

表1-6 自主学习理论学说驱动取向下智慧课堂核心需求汇总

序号	需求	具体功能
1	适性诊断与电子作业	√采用选择题检测学生对知识、能力及素养的掌握情况，并生成基于个体与社群的横、纵向学业报告。
2	学习任务自主认领	√由学生自主设定学习任务完成的时间、自主邀请学习见证人，进而订立学习契约。
3	短视频适性推送	√依据练习完成情况，智能推送薄弱知识点所对应的微视频或微课并督促学生完成补救学习。
4	积分激励	√捕捉学生学习行为，生成学业水平横、纵向报告，一可作为学生学习生态的通证，二可作为兑换奖品、评选奖学金、推免升学的依据。
5	自评	√学生在完成对某个任务知识点的学习后，自主总结学习感想，自主梳理学习方法、策略及技巧，以及自主开展学习评价。

续表

序号	需求	具体功能
6	同侪他律	√ 学生可自主邀请同学或教师担任学习见证人，亦可自主决定是否出任同学的见证人。上述活动将以学习力积分的形式量化，鼓励互动，打造生态型学习共同体。
7	传统线下教学活动的数字化	√ 教师可上传教学素材与随堂练习题库。
8	自主学习力智慧诊断与预测	√智慧分析学生学习行为，诊断并指导学生自主学习策略。
9	学科内容数字化	√ 编制知识星空图以及知识点短视频；依知识细目表编制题库。

须指出，智慧学习系统具有对学习行为的数字化监控能力，这是自主学习理论技术融入智慧课堂产品功能设计的一个新特征。这个功能尽可能精准且实时统计出学生的学习进展与学习行为，令教师拥有“千里眼”与“大数据统计技能”，但亦给学术界带来了新的担忧：任何形式的监控均是一种规训（discipline），这种规训会令自主学习所倡导的主体性受到约束吗？在人工智能技术带来的精准化与高密度的监控下，学生能否达到福柯（Paul - Michel Foucault，1926—1984）笔下的生存美学境界？

（3）联通主义（connectivism）——第三代远程教育平台的理论技术。

如前文所述，不论智慧课堂或其前身——线上学习系统，大都基于经典自主学习理论的原理设计其功能——力求引导学生以“顿悟”或“涅槃”式的感悟建构新知识。然而，这种模式与数字时代丰富的教育资源内容、便捷的知识获取管道与多元的教学范式相比，暴露出学习负荷过大的诟病，这亦是师生对智慧课堂接受度相对较低的关键原因。对此局面，近年来的智慧课堂逐渐向联通主义转变，不再刻意引导学生历经“苦行僧”式的修习，取而代之的是在功能设计上清晰告知学生某个知识点的学习路径与储存位置，智慧学习平台则扮演“学习伴侣”的角色。

联通主义系西蒙斯（Siemens）❶ 与唐斯（Downes）❷ 提出的教学与学习理论，现已被广泛应用于第三代远程教育平台的功能设计。有别于传统的建构主

❶ SIEMENS G. Connectivism A learning theory for the digital age [J]. International journal of instructional technology & distance learning, 2005, 2: 3 - 10; SIEMENS H A. Connectivism: Creating a learning ecology in distributed environments [M]//HUG T. Didactics of microlearning: Concepts, discourses and examples. Westfalen: Waxmann, 2007: 53 - 68.

❷ DOWNES S. An introduction to connective knowledge [M]//HUG T. Media, knowledge & education: Exploring new spaces, relations and dynamics in digital media ecologies. Innsbruck: Innsbruck University Press, 2008: 77 - 102.

义与经典自主学习力理论的起源，它是在信息技术与教育融合后的土壤上诞生的理论，西蒙斯称之为“数字时代的学习理论”。与自主学习理论或建构主义所关注的个体内心对知识的“冥思苦想”或“顿悟”有所不同，联通主义关注的是个体周边的数字环境如何将资源“贴身投喂”给学习者个体，即从“联结”（connection）的角度看个体间学习与知识建构历程。之所以关注此环节，乃因信息技术带来的信息服务畅通性与实时性让学生可以对学习资源“衣来伸手，饭来张口”，这在过去几百年的纸质书籍时代是不可想象的。

从联通主义看，数字时代的学习者与教师的角色、教学资源、教学互动甚至教学范式都发生了变革，这些变化至少体现在：一是基于“分布式认知”（distributed cognition），重视知识获取的路径甚过重视知识内容；二是将学习过程分为内外循环，内循环是在自我组织（self – organization）模式下以内部认知神经网络为载体的学生个体学习，外循环系由互联网环境、教师、概念网络、同侪等共同组成的外部社会网络，内外循环在信息技术的支撑下实现概念网络的辩证融合；三是学习者兼具聚合与分享的双重功能，既能智能聚合碎片学习内容（创造内容），亦能经由智能系统自动将聚合的结果与内容分享给节点上的其他学习者；四是学习变成一种连接节点和信息源的过程，而不再是一个人的活动，在“关系中学会”（learning by relationships）；五是教师的核心任务之一在于设计出能吸引学生参与讨论与反思的场景，进而塑造教学与学习网络。

虽然，学术界对于联通主义的反智主义（anti – intellectualism）特征颇有争议，但是近十年来，联通主义已被广泛引用于微课、慕课以及智慧课堂的课程设计、课程资源适性推送、移动学习环境设计、项目式教学设计、学习支持服务优化等，刘邦奇甚至将其当作智慧课堂 3.0 的典型特征❶。

二、快速原型模式——教育信息化产品需求的主流评估技术

需求评估的相关研究始于 20 世纪 90 年代初，从最初单纯依据使用者回馈结果评估，至今已发展出二十余种评估方法（见表 1 – 7）。其中，20 世纪 80 年代在工程领域出现的快速原型模式（prototyping）在需求评估领域的应用最

❶ 刘邦奇．智慧课堂的发展、平台架构与应用设计——从智慧课堂 1.0 到智慧课堂 3.0［J］．现代教育技术，2019，29（3）：18 – 24．

为广泛。该模式是在90年代初被引入教学设计领域[1]，随后被广泛应用于教育信息化系统或在线课程平台的需求评估。例如，科大讯飞的智慧课堂产品采取快速原型模式在安徽蚌埠某中学实施了一年半的教学实验（2012年1月—2013年6月），以萃取使用者需求。洋葱学园在研发初期亦于北京市十一学校和人大附中西山学校实施教学实验以萃取需求。该模式在原型开发初期借由用户分步参与，汇集原型效用的回馈，特别针对信息化系统的薄弱环节实施密集监测与评估，以萃取并构建教学利益相关方可能的需求[2]。该模式甚至被认为对所有学习项目的设计都是有效的。[3]

表1-7 需求评估常见研究方法一览表

序号	常见研究方法	代表学者或作者
1	启发法	威尔逊[4]
2	快速原型模式	阿纳斯塔索娃等（Anastassova et al.）[5]；费德莱等[6]

[1] DESROSIER J. Rapid prototyping reconsidered [J]. The journal of continuing higher education, 2011, 59 (3): 136; TRIPP S D, BICHELMEYER B. Rapid prototyping: An alternative instructional design strategy [J]. Educational technology research and development, 1990, 38 (1): 41; WILSON B G, JONASSEN D H, COLE P. Cognitive approaches to instructional design [J]. The ASTD handbook of instructional technology, 1993, 4: 21.

[2] ANASTASSOVA M, MEGARD C, BURKHARDT J. Prototype evaluation and user-needs analysis in the early design of emerging technologies [C]//HCII 2007, July 22-27, 2007, Beijing, China. Berlin: Springer, 2007: 383-392; ASMARA C H, ANWAR K, RIBEH M. EFL learners' perception toward an outdoor learning program [J]. International journal of education & literacy studies, 2016, 4 (2): 74-81; KUJALA S. Effective user involvement in product development by improving the analysis of user needs [J]. Behaviour & information technology, 2008, 27 (6): 461.

[3] SCHMIDT M M, EARNSHAW Y, TAWFIK A A, et al. Methods of user centered design and evaluation for learning designers [M]//SCHMIDT M, TAWFIK A A, JAHNKE I. Learner and user experience research: An introduction for the field of learning design & technology. London: EdTech Books, 2020: 1-17.

[4] WILSON T D. Information needs and uses: Fifty years of progress [M]//VICKERY B. C. Fifty years of information progress: A journal of documentation review. London: ASLIB, 1994: 19.

[5] ANASTASSOVA M, MEGARD C, BURKHARDT J. Prototype evaluation and user-needs analysis in the early design of emerging technologies [C]//HCII 2007, July 22-27, 2007, Beijing, China. Berlin: Springer, 2007: 383-392.

[6] FEDERLEY M, SORSA T, PAAVILAINEN, et al. Rapid prototyping of mobile learning games [C]//10th International Conference Mobile Learning, February 28-March 2, 2014, Madrid, Spain. Madrid: IADIS Press, 2014: 294-298.

续表

序号	常见研究方法	代表学者或作者
3	设计本位研究	王梦迪等（Wang et al.）❶；查（Cha）、安（Ahn）❷
4	检查法（指导守则法）	威尔逊❸
5	访谈法，包含焦点团体法（focus group discussion）	李宜玲、谢淑玲❹；贝伦伯格（Bruseberg）、麦克唐纳－菲利普（Mcdonagh－Philp）❺；卡里奇（Courage）、巴克斯特（Baxter）❻；威尔逊❼
6	问卷法	李宜玲、谢淑玲❽；卡里奇、巴克斯特❾；威尔逊❿
7	联结分析法	威尔逊⓫
8	配置分析法	威尔逊⓬

❶ WANG M，BAUER C，DEVITT A. Computer－mediated communication in Chinese as a second language learning：Needs analysis of adolescent learners of Chinese at beginner level in Ireland［C］//EUROCALL 2019 Conference，Aug 28－31，2019，Louvain－la－Neuve，Belgium. Research－publishing. net，2019：391－396.

❷ CHA H J，AHN M L. Development of design guidelines for tools to promote differentiated instruction in classroom teaching［J］. Asia pacific education review，2014，15（4）：519.

❸ WILSON T D. Information needs and uses：Fifty years of progress［M］//VICKERY B. C. Fifty years of information progress：A journal of documentation review. London：ASLIB，1994：19.

❹ 李宜玲，谢淑玲. 训练需求评估［M］//陈沁怡. 人力训练与发展. 台北：双叶书廊，2015：117.

❺ BRUSEBERG A，MCDONAGH－PHILP D. New product development by eliciting user experience and aspirations［J］. International journal of human－computer studies，2001，55（4）：435－452.

❻ COURAGE C，BAXTER K. Understanding your users：A practical guide to user requirements methods，tools，and techniques［M］. Massachusetts：Morgan Kaufmann Publishers，2005：56.

❼ WILSON T D. Information needs and uses：Fifty years of progress［M］//VICKERY B. C. Fifty years of information progress：A journal of documentation review. London：ASLIB，1994：20.

❽ 李宜玲，谢淑玲. 训练需求评估［M］//陈沁怡. 人力训练与发展. 台北：双叶书廊，2015：119.

WILSON T D. Information needs and uses：Fifty years of progress［M］//VICKERY B. C. Fifty years of information progress：A journal of documentation review. London：ASLIB，1994：20.

❾ COURAGE C，BAXTER K. Understanding your users：A practical guide to user requirements methods，tools，and techniques［M］. Massachusetts：Morgan Kaufmann Publishers，2005：58.

❿ WILSON T D. Information needs and uses：Fifty years of progress［M］//VICKERY B. C. Fifty years of information progress：A journal of documentation review. London：ASLIB，1994：23.

⓫ WILSON T D. Information needs and uses：Fifty years of progress［M］//VICKERY B. C. Fifty years of information progress：A journal of documentation review. London：ASLIB，1994：24.

⓬ WILSON T D. Information needs and uses：Fifty years of progress［M］//VICKERY B. C. Fifty years of information progress：A journal of documentation review. London：ASLIB，1994：25.

续表

序号	常见研究方法	代表学者或作者
9	层级工作分析法	陈嘉辉[1]；杨秩纶[2]；威尔逊[3]
10	系统人为失误减低（预测法）	威尔逊[4]
11	确认错误工作分析法	威尔逊[5]
12	轮替网法	威尔逊[6]
13	按键等级评量法	威尔逊[7]
14	欲望与需求（wants & needs）	卡里奇、巴克斯特[8]
15	卡片分类（card sorting）	卡里奇、巴克斯特[9]
16	团体任务分析（group task analysis）	卡里奇、巴克斯特[10]
17	实地调查法（field studies）	卡里奇、巴克斯特[11]

❶ 陈嘉辉. 以层级分析法探讨消费者对智慧手机需求之关键因素研究［D］. 台北：世新大学，2019.

❷ 杨秩纶. 居家智能环控系统之功能需求分析［D］. 屏东：辅英科技大学，2019.

❸ WILSON T D. Information needs and uses：Fifty years of progress［M］//VICKERY B. C. Fifty years of information progress：A journal of documentation review. London：ASLIB，1994：23.

❹ WILSON T D. Information needs and uses：Fifty years of progress［M］//VICKERY B. C. Fifty years of information progress：A journal of documentation review. London：ASLIB，1994：23.

❺ WILSON T D. Information needs and uses：Fifty years of progress［M］//VICKERY B. C. Fifty years of information progress：A journal of documentation review. London：ASLIB，1994：23.

❻ WILSON T D. Information needs and uses：Fifty years of progress［M］//VICKERY B. C. Fifty years of information progress：A journal of documentation review. London：ASLIB，1994：23.

❼ WILSON T D. Information needs and uses：Fifty years of progress［M］//VICKERY B. C. Fifty years of information progress：A journal of documentation review. London：ASLIB，1994：23.

❽ COURAGE C，BAXTER K. Understanding your users：A practical guide to user requirements methods，tools，and techniques［M］. Massachusetts：Morgan Kaufmann Publishers，2005：56.

❾ COURAGE C，BAXTER K. Understanding your users：A practical guide to user requirements methods，tools，and techniques［M］. Massachusetts：Morgan Kaufmann Publishers，2005：56.

❿ COURAGE C，BAXTER K. Understanding your users：A practical guide to user requirements methods，tools，and techniques［M］. Massachusetts：Morgan Kaufmann Publishers，2005：56.

⓫ COURAGE C，BAXTER K. Understanding your users：A practical guide to user requirements methods，tools，and techniques［M］. Massachusetts：Morgan Kaufmann Publishers，2005：56.

续表

序号	常见研究方法	代表学者或作者
18	观察（observation）	李宜玲、谢淑玲❶
19	主导的使用者方法（lead user method）	穆勒等（Muller et al.）❷
20	关键人物咨询法	李宜玲、谢淑玲❸

快速原型技术通过干预解决现实世界的问题，即以现场研究成果为基础，斟酌方案干预需求建构的可能性，进而确立方案的可推广性。其间，随着研究进展的深入及方案对实务的适应性需求，需求评估往往持续挖掘可能影响原型功能设计的隐性因素，并多次对干预方案进行策略性修正，方案亦获多轮迭代的机会，以臻圆满。具体实施步骤如表 1－8 所示。

表 1－8　快速原型模式实施步骤

序号	实施步骤
1	快速规划（rapid planning）——开发人员与使用者共同讨论基本需求
2	快速分析（rapid analysis）
3	快速开发（rapid development）——使用可快速产生软件的工具，迅速建立一个工作雏型
4	示范与评估（demonstration & evaluation）
5	雏型修改（prototype revision）
6	确定需求（requirement approval）
7	完善规格需求书

资料来源：CONNELLJL，SHAFERL. Structured rapid prototyping：Anevolutionary approach to software development［M］. 1st ed. NewJersey：YourdonPress，1989：299.

（一）学术争鸣

学术界采用快速原型模式的原因大都是考虑项目成本风险，抑或为了缩小原型与商业化之间的差距，尤其是校企合作共建下的教育信息化产品的商业化

❶ 李宜玲，谢淑玲. 训练需求评估［M］//陈沁怡. 人力训练与发展. 台北：双叶书廊，2015：119.

❷ MULLER P C，POORTER R，DE JONG J，et al. Proceedings of WET ICE 96，June 19－21，1996［C］. Stanford IEEE，2002.

❸ 李宜玲，谢淑玲. 训练需求评估［M］//陈沁怡. 人力训练与发展. 台北：双叶书廊，2015：119.

潜力评估[1]。因实施过程常与传统教学并行，故又被称为“小规模试点教学”[2]。学术界对此模式于教育信息化产品需求评估的适用性争论不休，兹阐述如下：

1. 低成本优势

教育信息化产品的需求评估除了应考虑教育侧的功能性需求，亦须考虑项目的经济可行性（economic feasibility）与风险，而兼具低成本与高绩效优势的快速原型模式很大程度上平衡这个矛盾。因为与传统开发模式不同的是，快速原型模式侧重于快速迭代，即设计者能在产品研发的早期设计阶段快速萃取用户对原型系统的评价回馈[3]，据马夫鲁迪（Mavroudi）和哈兹拉科斯（Hadzilacos）两位学者的统计，线上学习项目原型的教学实验持续时长最多仅三个月。[4]

2. 动态性需求

学术界将教育信息化产品的需求分成两类。第一类是教师接触教育信息化产品之前的原生需求，即教育界早就存在，非因信息技术介入教育后“诱发”的需求，比如教师工作减负。第二类需求源自设计者、用户与机器三者之间人机交互结果（human computer interaction，HCI），或者说，这种需求其实是一种不断演变的社会建构过程，具有迭代性质，且迭代历程遵循以用户为中心的设计模式（user－centered design，UCD）。

对于教学信息化产品，若未经教学实验，欲从使用者的角度搜集全面而准确的需求存有不小困难。因为教育场域内的绝大部分使用者不具备定义使用者需求的专业技能[5]，绝大部分须在接触并使用原型后方能建构出需求。以查

---

[1] FEDERLEY M，SORSA T，PAAVILAINEN，et al. Rapid prototyping of mobile learning games [C]//10th International Conference Mobile Learning，February 28 – March 2，2014，Madrid，Spain. Madrid：IADIS Press，2014：294 – 298.

[2] FEDERLEY M，SORSA T，PAAVILAINEN，et al. Rapid prototyping of mobile learning games [C]//10th International Conference Mobile Learning，February 28 – March 2，2014，Madrid，Spain. Madrid：IADIS Press，2014：294 – 298.

[3] SCHMIDT M M，EARNSHAW Y，TAWFIK A A，et al. Methods of user centered design and evaluation for learning designers [M]//SCHMIDT M，TAWFIK A A，JAHNKE I. Learner and user experience research：An introduction for the field of learning design & technology. London：EdTech Books，2020：1 – 17. https://www.researchgate.net/publication/344752507_Methods_of_User_Centered_Design_and_Evaluation_for_Learning_Designers.

[4] MAVROUDI A，HADZILACOS T. Learning needs analysis of collaborative e – classes in semi – formal settings：The REVIT example [J]. International review of research in open and distributed learning，2013，14 (5)：228.

[5] KUJALA S. Effective user involvement in product development by improving the analysis of user needs [J]. Behaviour & information technology，2008，27 (6)：461.

和安[1]两位学者实施的教学实验为例，教师使用快速原型模式开发出的互动工具后，对信息系统是否应连接国家教育系统的需求态度发生转变——从“难以确定”转变为“同意”。换句话说，此类需求会随着实验设计与评估进展呈现动态性——随教学实验的时序推移而改变。其实，新兴技术的用户需求大都属此类，而快速原型模式独有的动态性特征正好契合此需求的评估。[2]

3. 争议性批判

学术界对快速原型模式应用于需求评估的有效性争议不休。一是关于原型的保真度。在实务层面，原型往往从低保真（low fidelity）向高真度（high fidelity）的轨迹演变。[3] 对此，阿纳斯塔索娃等（Anastassova et al.）[4] 担忧：实务界受经费限制，同一项信息化产品往往不会采用两种不同原型挖掘使用者需求。若采用高拟真度原型，其过于具象的特征可能会抑制相关者的想象力及对创新的期待。反之，若采用交互性和感官绩效较低的低保真原型（low - fidelity prototype），则相关者可能将其与其他产品相比，进而被“污名化”甚至否定。二是关于所萃取过程的客观性。安瓦尔（Anwar）和沃德诺（Wardhono）认为，快速原型模式易受被分析对象的复杂性和多样性影响，且萃取过程可能存较高的主观因素，导致所得结论的客观性与科学性不足[5]，该观点亦得到克洛斯（Clowes）[6] 的支持——需求萃取与分析的过程很难做到每一项发现都能代表被分析对象的真实意愿，分析的过程可能因陷入主观性而影响事实结论。三是

---

❶ CHA H J, AHN M L. Development of design guidelines for tools to promote differentiated instruction in classroom teaching [J]. Asia pacific education review, 2014, 15: 520.

❷ ANASTASSOVA M, MEGARD C, BURKHARDT J. Prototype evaluation and user - needs analysis in the early design of emerging technologies [C]//HCII 2007, July 22 - 27, 2007, Beijing, China. Berlin: Springer, 2007: 383 - 392.

❸ WALKER M, TAKAYAMA L, LANDAY J A. High - fidelity or low - fidelity, paper or computer? Choosing attributes when testing web prototypes: proceedings of the Human Factors and Ergonomics Society 46th Annual Meeting, Maryland, USA, September 29 - October 4, 2002 [C]. Maryland: Computer Science, 2002, 46: 661 - 665.

❹ ANASTASSOVA M, MEGARD C, BURKHARDT J. Prototype evaluation and user - needs analysis in the early design of emerging technologies [C]//HCII 2007, July 22 - 27, 2007, Beijing, China. Berlin: Springer, 2007: 383 - 392.

❺ ANWAR K, WARDHONO A. Students' perception of learning experience and achievement motivation: Prototyping English for academic purposes (EAP) [J]. International journal of instruction, 2019, 12 (3): 271 - 288.

❻ CLOWES P. What are the language needs of industry? [J]. Language learning journal, 1994, 9 (1): 22 - 25.

关于所得需求的推论适用范围。马夫鲁迪和哈兹拉科斯两位学者[1]皆提出质疑：在小范围的田野场域内实施快速原型模式相对容易，若要彻底且全面地了解所有可能的场景特别是大区域背景下的需求则相对困难。四是关于产研融合发展。费德莱等[2]指出：快速原型模式下的需求评估对象往往仅涵盖参与教学实验的师生，且针对系统稳定性的评估与压力测试亦设计成仅供短期实验，很难顾及商品化与商业化元素，包括对产业链上下游设备的兼容支持、系统架构的拓展性等。

（二）快速原型模式应用于民办教育集团智慧课堂需求评估的独特优势

首先，在人力与物力投入方面，民办教育集团层面的决策评估远比不上政府政策的前瞻性评估，故在产品研发初期设法实施小成本试制以谨慎预估产品试错成本更具合理性。其次，快速原型技术下的需求评估者兼具设计者与研究者的双重角色，他们不仅是人机互动情形的观察者，也是“造成”这些互动的设置者[3]，较之教育界，他们往往更为“热情且主动”，民办教育集团的董事会可担此重任。再次，快速原型技术的迭代机制具有系统培育需求生长的功效。如前文所述，使用者甚至评估者往往缺乏自主生成需求的能力，且需求的生成依靠过程性回馈，非一次性生成或提出。民办教育集团研发智慧课堂产品的过程因其管理方式的灵活与便利更易拥有此迭代与培育的动力与耐心。最后，智慧课堂脱胎于线上教学平台，而后者于产、学、研三界已历经数十年的发展，相关理论亦已成熟。故在快速原型模式下此理论可迁移至智慧课堂产品的功能设计，缩短开发时间，此亦符合民办教育集团的风险管理理念。

---

[1] MAVROUDI A，HADZILACOS T. Learning needs analysis of collaborative e – classes in semi – formal settings：The REVIT example［J］. Learning needs analysis of collaborative e – classes in semi – formal settings：The REVIT example，2013，14（5）：232.

[2] FEDERLEY M，SORSA T，PAAVILAINEN，et al. Rapid prototyping of mobile learning games［C］// 10th International Conference Mobile Learning，February 28 – March 2，2014，Madrid，Spain. Madrid：IADIS Press，2014：294 – 298.

[3] BARAB S，SQUIRE K. Design – based research：Putting a stake in the ground［J］. Journal of the learning sciences，2004，13（1）：1 – 14.

第二章　多属性决策技术下的智慧课堂需求评估

第一节　智慧课堂需求评估指标及层级结构建置

一、智慧课堂需求评估指标范畴

（一）自主学习——智慧课堂需求评估的关键指标

信息技术自融合教育后，从最初仅能实现简单的“资源的多样化”功能，到后来的“及时回馈”，再到如今的“大数据驱动”，为学生提供了适性课程内容、新的学习策略、有效学习扶助（learning support）等。近年，学界最为关注智慧环境对学生自主学习力的培育，期待其能在学习支持与自主学习之间架起桥梁。[1]

赫特等（Hutt et al.）[2]、约翰逊（Johnson）、戴维斯（Davies）[3]、金等

---

[1] MCMAHON M，OLIVER R. Promoting self－regulated learning in an online environment：proceedings of World Conference on Educational Multimedia，Hypermedia and Telecommunications 2001，Chesapeake，VA，USA，June 25－30，2001［C］. Virginia：AACE，2001.

[2] HUTT S，OCUMPAUGH J，ANDRES J M A L，et al. Investigating smart models of self－regulation and their impact on learning：proceedings of the 14th International Conference on Educational Data Mining，Paris，France，June 29－July 2，2021［C］. Online，2021：580－587.

[3] JOHNSON G，DAVIES S. Self－regulated learning in digital environments：Theory，research，praxis［J］. British journal of research，2014，1（2）：1－14.

(Kim et al.)❶、佩雷斯－阿尔瓦雷斯等（Perez－Alvarez et al.)❷ 认为智慧课堂的现有功能——多样化的学习资源内容供选择，适性学习目标、进度监测与回馈❸、大数据驱动的学习干预技术❹等具有提升学生自主学习能力及元认知的功效，尤其是数据采撷技术，较之传统课堂，可捕捉到数字学习环境下更精细更立体的学习行为足迹，并依据大数据与人工智能技术归类与归因分析，为自主学习机制的调节提供一定精准度的数据与行为模型。然而，亦有学者认为智慧课堂的线上学习环节不利于部分学生的自主学习，尤其是自主自律能力相对弱的学生容易陷入迷茫。❺ 因为，线上平台的自我步调（self－paced)、开放式、非线性的学习环境要求学生须具备一定的自我管理能力❻，部分学生很难具有预先设定学习目标和规划学习的元认知。❼ 此外，现有的线上学习系统尚不具有识别与自主学习相关复杂行为的关键功能，对学习行为的分析精度有待提高❽。门萨等（Mensa et al.）亦赞同此观点——智慧课堂尽管有获取学习数据的便利，但网络不稳定及关键功能缺乏导致其未达期效。❾

❶ KIM S, PARK N, JOO K. Effects of flipped classroom based on smart learning on self－directed and collaborative learning [J]. International journal of control and automation, 2014, 7 (12): 69－80.

❷ PEREZ－ALVAREZ R, MALDONADO－MAHAUAD R, PEREZ－SANAGUSTIN M. Tools to support self－regulated learning in online environments: Literature review: European Conference on Technology Enhanced Learning, September 3－5, 2018 [C]. Cham: Springer Nature Switzerland AG, 2018.

❸ DENTON P, MADDEN J, ROBERTS M, ROWE P. Students' response to traditional and computer－assisted formative feedback: A comparative case study [J]. British journal of educational technology, 2008, 39 (3): 486－500.

❹ LODGE J M, LODGE E P, BROADBENT J G, et al. Supporting self－regulated learning with learning analytics [M]//LODGE J M, HORVATH J C, CORRIN L. Learning analytics in the classroom: Translating learning analytics for teachers, 1st ed. London: Routledge, 2018: 45－56.

❺ BYLIEVA D, HONG J, LOBATYUK V, et al. Self－regulation in e－learning environment [J]. Education sciences, 2021, 11 (12): 12; MCMAHON M, OLIVER R. Promoting self－regulated learning in an online environment: proceedings of World Conference on Educational Multimedia, Hypermedia and Telecommunications 2001, Chesapeake, VA, USA, June 25－30, 2001 [C]. Virginia: AACE, 2001.

❻ VISHWAKARMA A, TYAGI N. Strategies for promoting self－regulation in online learning environment: An analytical review [J]. Journal of positive school psychology, 2022, 6 (2): 4258－4271.

❼ BYLIEVA D, HONG J, LOBATYUK V, et al. Self－regulation in e－learning environment [J]. Education sciences, 2021, 11 (12): 19.

❽ HUTT S, OCUMPAUGH J, ANDRES J M A L, et al. Investigating smart models of self－regulation and their impact on learning: proceedings of the 14th International Conference on Educational Data Mining, Paris, France, June 29－July 2, 2021 [C]. Online, 2021: 580－587.

❾ MENSA H E A, SACHI P J, GREENE R A, et al. An investigation into self－regulated learning in a virtual classroom: A higher education perspective [J]. Global journal of human－social science: G Linguistics & Education, 2021, 21 (9): 25－37.

（二）其他常见指标

后设分析发现，除了前节提及的自主学习，需求评估指标还涉及其他至少14项指标（如表2－1），包括师生对智慧课堂的接受度与行为意图、信息动画模块（animated infographic module）、创新教学策略、可行性、与产业链上下游之融合、运维管理、投资估算、大数据理论技术等。其中，学界对智慧课堂创新课堂教学策略的需求颇受关注：单从知网检索结果（2022年10月27日），2018年至今有超过1000篇的相关研究，其中持支持观点者占多，仅有不到10篇对此提出疑问，本书第四章亦对此需求做了实证分析。

表2－1 智慧课堂需求评估的其他常见指标一览表

序号	评估准则	代表作者
1	师生接受度与行为意图	博吉安尼迪斯等（Bogiannidis et al.）❶
2	信息动画模块	阿卜杜勒等（Abdul et al.）❷
3	创新教学策略	塔赫里亚德等（Taherisadr et al.）❸
4	可行性	梅达蒂（Meadati）、朱内贾（Juneja）❹
5	与产业链上下游之融合	宋等（Song et al.）❺
6	运维管理	贾薇薇等❻
7	投资估算	耿珍❼；袁国麟❽

❶ BOGIANNIDIS N，SOUTHCOTT J，GINDIDIS M. An exploration of the lived experiences of a visual art teacher in a smart classroom［J］. Contemporary educational technology，2022，14（1）：1－15.

❷ ABDUL HAMID M F，AB HALIM Z，SAHRIR M. S. An insight on needs analysis towards the development of animated infographic module in Arabic grammar learning［J］. Journal of language and linguistic studies，2020，16（3）：1387－1401.

❸ TAHERISADR M，DEMIREL B U，FARUQUE M A，et al. Future of smart classroom in the era of wearable neurotechnology［EB/OL］.［2022－10－05］. https：//arxiv. org/pdf/2110. 11475. pdf.

❹ MEADATI P，JUNEJA P. Learning environment using smart phones：2015 ASEE Annual Conference & Exposition，Washington，USA，June 14－17，2015［C］. Washington：American Society for Engineering Education，2015：317－321.

❺ SONG Y，WANG Y，YOON Y. Smart learning and collaborative authoring based on knowledge level：13th European Conference on E－Learning，October 29－31，2014［C］. Copenhagen：Academic Conferences and Publishing International，2014.

❻ 贾薇薇，孙骏，刘晓川，等. 智慧教室的设计与应用研究——以安徽职业技术学院为例［J］. 安徽职业技术学院学报，2021，20（4）：87－92.

❼ 耿珍. 教育信息化的新阶段：从数字校园到智慧校园［J］. 计算机时代，2019，2：76－79.

❽ 袁国麟. 基于互联网的智慧校园建设方案［J］. 电子技术，2021，50（5）：112－113.

续表

序号	评估准则	代表作者
8	大数据理论技术	李玉荣[1]；李高杰[2]
9	技术方案	何政权等[3]；杨鑫等[4]
10	节约能源	王学强[5]
11	安全性与风险	朱海亮[6]；晋欣泉等[7]
12	组织架构	邵亮[8]
13	综合效益	许勇辉、吴明超[9]
14	智慧资源（资源云平台）	孟延豹[10]

（三）学界争鸣

针对智慧课堂的需求评估，学术界从技术理性角度展开了多年的辩论。哈代（Hardy）[11]、施密特等（Schmidt et al.）[12]认为智慧学习平台属教学工具类，需求评估维度应立足技术理性，聚焦其对学生学业成就的影响。然而，部分学

[1] 李玉荣．大数据视域下高校智慧校园建设的可行性路径研究［J］．信息技术与信息化，2019，8：146－148．

[2] 李高杰．大数据环境下智慧课堂平台建设的研究［J］．现代信息科技，2018，2（1）：197－198．

[3] 何政权，陆浩，尹安明．精准教学视野下的智慧课堂研究——以重庆市大足区智慧课堂建设为例［J］．现代教育技术，2019，299（10）：115－120．

[4] 杨鑫，解月光，苟睿，等．智慧课堂模型构建的实证研究［J］．中国电化教育，2019，9：50－57．

[5] 王学强．基于物联网的智慧校园信息化建设研究［J］．计算机与网络，2019，45（8）：48－50．

[6] 朱海亮．智慧校园网络建设与网络安全研究［J］．网络安全技术与应用，2021（4）：84－85．

[7] 晋欣泉，邢蓓蓓，杨现民，等．智慧课堂的数据流程动机制与生态系统构建［J］．中国远程教育，2019（4）：74－81．

[8] 邵亮．数字化学习平台建设模式与路径［J］．中国高新科技，2020，15：102－104．

[9] 许勇辉，吴明超．智慧课堂实验室的开发与应用［J］．中国医学教育技术，2013，5：558－561．

[10] 孟延豹．基于智慧课堂的区域资源云平台建设［J］．中小学信息技术教育，2014，9（2）：36－42．

[11] HARDY J V. Teacher attitudes toward and knowledge of computer technology［J］. Computers in the schools：Interdisciplinary journal of practice，theory，and applied research，2014，14（3－4）：119－136．

[12] SCHMIDT D A，BARAN E，THOMPSON A D，et al. Technological pedagogical content knowledge（TPACK）the development and validation of an assessment instrument for preservice teachers［J］．Journal of research on technology in education，2009，42（2）：123－149．

者对此提出疑问[1]：需求评估的过程不能忽略面对技术时的教育信念与实践生态。[2] 其理由是，从机器角度看，智慧课堂为学习提供了数字环境，还创造出超级教师，但主导教与学过程的是“原来”的师生。或者说，师生的数字素养、教师的教育创新能力、学生的自主学习力等此类超出智慧课堂所提供的物理空间范畴的元素对教学与学习成效的影响亦不小。[3] 因此，评估指标除了囊括教师对数字工具的教育理念、价值观、实践生态的需求[4]，亦须包含学生核心素养，如毅力、自主、团队协作、服务社会等。[5]

尽管学界对智慧课堂需求评估指标的范畴有如上争议，但亦一致认同用户参与需求分析是信息系统成功研发的关键步骤。[6] 因为当设计者面临从多个备选需求中权衡和选择的困难时，用户参与需求评估可为此提供特定的脉络和偏好以澄清这些困难。[7] 或者说，用户参与可助力设计者真正理解需求，且可达

---

[1] BEBELL D, KAY R. One to one computing: A summary of the quantitative results from the Berkshire wireless learning initiative [J]. Journal of technology, learning, and assessment, 2010, 9 (2): 5 – 59; VANNATTA R A, FORDHAM N. Teacher dispositions as predictors of classroom technology use [J]. Journal of research on technology in education, 2004, 36 (3): 253 –271.

[2] ZHAO Y, FRANK K. Factors affecting technology uses in schools: An ecological perspective [J]. American educational research journal, 2003, 40 (4): 807 –840.

[3] CEBRIAN G, PALAU R, MOGAS J. The smart classroom as a means to the development of ESD methodologies [J]. Sustainability, 2020, 12 (7): 1 –18.

[4] BROOKS C. Locating leadership: The blind spot in Alberta's technology policy discourse [J]. Educational policy analysis archives, 2011, 19 (26): 1 –27; CHO V, LITTENBERG – TOBIAS J. Digital devices and teaching the whole student: Developing and validating an instrument to measure educators' attitudes and beliefs [J]. Educational technology research and development, 2016, 64 (4): 643 –659; CUBAN L. Oversold and underused: Computers in the classroom [M]. Massachusetts: Harvard Education Press, 2001; ZHAO Y, FRANK K. Factors affecting technology uses in schools: An ecological perspective [J]. American educational research journal, 2003, 40 (4): 807 –840.

[5] DUCKWORTH A L, YEAGER D S. Measurement matters: Assessing personal qualities other than cognitive ability for educational purposes [J]. Educational researcher, 2015, 44 (4): 237 – 251; SEIDER S. Character compass: How powerful school culture can point students toward success [M]. Massachusetts: Harvard Education Press, 2012.

[6] CHA H J, AHN M L. Design and development of a smart – tool prototype to promote differentiated instruction: A user – centered design approach [J]. Interactive learning environments, 2020, 28 (6): 1 –17; DELONE W, MCLEAN E. Information systems success: The quest for the dependent variable [J]. Journal of management information Systems, 1992, 3 (4): 60 – 95; DELONE W, MCLEAN E. The DeLone and McLean model of information systems success: A ten – year update [J]. Journal of management information systems, 2003, 19 (4): 9 –30; SHELTON K, SALTSMAN G. Applying the ADDIE model to online instruction [M]//Information Resources Management Association. Instructional design: Concepts, methodologies, tools, and applications. Pennsylvania: IGI Global, 2011: 578.

[7] CHA H J, AHN M L. Design and development of a smart – tool prototype to promote differentiated instruction: A user – centered design approach [J]. Interactive learning environments, 2020, 28 (4): 1 –17.

需求的系统性。[1] 反之，设计者恐怕很难在需求评估阶段充分论证，由此将导致所开发出的产品的教育功能与成效不佳。[2] 一言以概之，智慧课堂建设方案规划始于需求评估，而在评估过程，除了须考虑学生的需求，亦须对方案规划者、学校管理者、教师等其他利害关系人的需求一视同仁；此外，特定脉络中的学习任务、本地环境等细节亦须翔实分析，以综合确定需求。[3]

二、需求评估指标建置步骤

智慧课堂需求评估指标的建置步骤有二：一是借由后设分析与实务经验梳理出评估指标；二是采取模糊德尔菲法（Fuzzy Delphi）汇集相关领域专家的共识以建构评估指标及层级结构。具体实施步骤阐述如下：

（一）模糊德尔菲问卷调查实施要点

（1）初步指标草稿一般源自后设分析与实务经验。

（2）模糊德尔菲法问卷填答专家的人数至少应在 10 位以上[4]，若为同构型专家需 10 ~ 15 位[5]，异质性专家则需更多。

（3）智慧课堂需求评估的研究议题较为新颖，相关领域的实务专家较少，可考虑将专家群体扩大至曾在数字产品技术侧或产品侧参与过需求设计的产品经理、项目 CEO 等。

---

[1] SCHMIDT M，EARNSHAW Y，TAWFIK A A，et al. Methods of user centered design and evaluation for learning designers [M]//SCHMIDT M，TAWFIK A A，JAHNKE I，et al. Learner and user experience research：An introduction for the field of learning design & technology. EdTech Books，2020：16. https：//www. researchgate. net/publication/344752507_Methods_of_User_Centered_Design_and_Evaluation_for_Learning_Designers/link/5f8dc8de458515b7cf8c0834/download.

[2] SHELTON K，SALTSMAN G. Applying the ADDIE model to online instruction [M]//Information Resources Management Association. Instructional design：Concepts，methodologies，tools，and applications. Pennsylvania：IGI Global，2011：580.

[3] SCHMIDT M M，EARNSHAW Y，TAWFIK A A，et al. Methods of user centered design and evaluation for learning designers [M]//SCHMIDT M，TAWFIK A A，JAHNKE I. Learner and user experience research：An introduction for the field of learning design & technology. London：EdTech Books，2020：1 - 17. https：//www. researchgate. net/publication/344752507_Methods_of_User_Centered_Design_and_Evaluation_for_Learning_Designers.

[4] COUPER M R. The Delphi technique：Characteristics and sequence model [J]. Advances in Nursing Science，1984，7 (1)：72 - 77.

[5] ZIGLIO E. The Delphi method and its contribution to decision making [M]//ADLER M，ZIGLIO E. Gazing into the oracle：The Delphi method and its application to social policy and public health. London：London Kingsley，1996：3 - 33.

（4）在填答问卷前，评估者应基于专家的知识水平和理解能力说明问卷中相关指标的概念意涵与题项逻辑，避免出现歧义或难理解等问题。

（5）填答选项采取模糊语意陈述，即要求受访专家将各个评估构面与准则的重要性程度认知量化成一个可能的区间数值，包含最小值、最佳值与最大值三项，区间集合为 0 至 10 之间的自然数。0 代表“非常不重要”，10 代表“非常重要”。最小值表示专家对评估指标持“最保守认知值”，反之，最大值代表“最乐观认知值”。

（二）模糊德尔菲数据处理步骤

（1）分别统计每位专家于各评估元素 i 的“最保守认知值”与“最乐观认知值”，在排除落于“两倍标准偏差”以外的极端值后，整合成最小值集合 C^i 与最大值集合 O^i，导入软件 Jupyter Notebook。集合内各元素值如式（2-1）与式（2-2）所示。

$$C^i = \{C_L^1, C_L^2, C_L^3, \cdots, C_L^n\} \tag{2-1}$$

$$O^i = \{O_U^1, O_U^2, O_U^3, \cdots, O_U^n\} \tag{2-2}$$

上式中，n 表示专家个数；i 表示准则内容；C_L^n 与 O_u^n 分别表示第 n 位专家评估某个准则的最小值与最大值。

（2）建立每个评估元素 i 的“最保守认知值”的三角模糊数 $C^i = (C_L^i, C_M^i, C_U^i)$ 与“最乐观认知值”的三角模糊数 $O^i = (O_L^i, O_M^i, O_U^i)$，分别统计出第 i 个准则所对应的最小值集合 C^i 的最大值 max（C^i）、最小值 min（C^i）、几何平均值 mean（C^i）及最大值集合 O^i 的最大值 max（O^i）、最小值 min（O^i）、几何平均值 mean（O^i）。计算公式如下：

$$C^i\_max = max(C^i) \tag{2-3}$$

$$C^i\_min = min(C^i) \tag{2-4}$$

$$C^i\_mean = geometric\_mean(C^i) \tag{2-5}$$

$$O^i\_max = max(O^i) \tag{2-6}$$

$$O^i\_min = min(O^i) \tag{2-7}$$

$$O^i\_mean = geometric\_mean(O^i) \tag{2-8}$$

（3）依据双三角模糊函数理论建立三角模糊数专家共识重要程度值 G^i。

如图 2-1 所示，Z^i 表示模糊关系的灰色地带，M^i 表示乐观认知的几何平均值与保守认知的几何平均值的区间范围，专家共识重要程度值 G^i 的演算过程如下：

1）若两三角模糊数无重叠，即模糊关系的灰色地带不存在（$G_U^i \leqslant O_L^i$），

代表各专家对准则 i 的意见基本一致，即区间值含共识区段且趋于此共识区段范围内，准则 i 的共识重要程度值 G^i 的计算方式如下：

$$G^i = (C_M^i + O_M^i)/2 \tag{2-9}$$

2）当 $C_U^i > O_L^i$，模糊关系的灰色地带位于“乐观认知的几何平均值”与“保守认知的几何平均值”的区间范围内，此时可分成两种情形：

情形（一）：$Z_i \leqslant M_i$，说明各专家对准则 i 的意见出现分歧，但该分歧属可接受的范围，那么，准则 i 的共识重要程度值 G^i 计算过程如式（2－10）、式（2－11）与式（2－12）所示。

$$F^i(x_j) = \left\{\int_x \{\min[C^i(x_j), 0^i(x_j)]\}\mathrm{d}x\right\},\quad j \in U \tag{2-10}$$

$$G^i = \{x_j \mid \max\mu_{Fi}(x_j)\},\quad j \in U \tag{2-11}$$

$$G^i = \frac{(C_U^i \times O_M^i) - (O_L^i \times C_M^i)}{(O_M^i - O_L^i) + (C_U^i - C_M^i)} \tag{2-12}$$

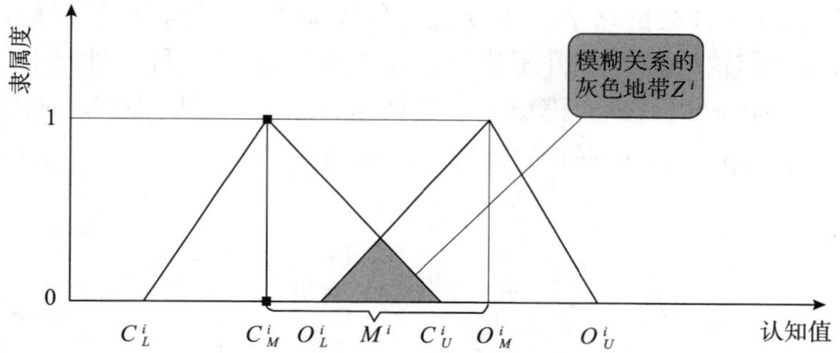

图 2－1　最保守认知与最乐观认知之三角模糊数图

资料来源：郑沧滨. 软件组织提升人员能力之成熟度模糊评估模式［D］. 台北：台湾科技大学，2001：55.

情形（二）：当 $Z^i > M^i$，即模糊关系的灰色地带超出“乐观认知的几何平均值”与“保守认知的几何平均值”的区间范围，说明专家对该准则的意见分歧较大，此时应将填写数值最为极端的问卷发回专家重新考虑并填写，再次回收后重复计算以上步骤，求得三角模糊数专家共识重要程度值。

（4）描绘专家共识值散布图，采取陡坡分析（scree test）判定专家共识的门槛值（threshold value）。此外，采纳曾仁杰（Dzeng）、温国生（Wen）[1]、郭

[1] DZENG R J，WEN K S. Evaluating project teaming strategies for construction of Taipei 101 using resource－based theory［J］. International Journal of Project Management，2005，23：483－491.

英峰（Kuo）、陈邦诚（Chen）❶ 等多位学者的观点，将 S 值设定为6。若 $G_i \geq S$，对应准则将被保留，反之，$G^i < S$，则被剔除。

（三）Python 语言融入多准则决策技术

近年来，有学者将 Python 语言融入多准则决策技术以提升决策科学的智慧程度，其中，以帕帕塔纳休（Papathanasiou）和普洛斯卡（Ploskas）❷ 的研究最为深入：以 Python 代码融入 6 项决策分析技术——TOPSIS、VIKOR、PROMETHEE、SIR、AHP、目标规划等。我国大陆学界至 2021 年方有类似研究：Python 融合 VIKOR 评估高校艺术类教师绩效❸、Python 融合 BP－VIKOR 评估企业技术创新❹；Python 融入回归树算法、基于动态非支配排序遗传算法、Pareto 最优解、层次分析法和理想解相似度顺序偏好法计算当前机床特性的最优铣削参数取值方案❺、Python 融入 TOPSIS 及改进的 BORDA 函数的 TOPSIS BORDA 算法以提升空中目标识别的准确性及有效性❻、Python 融入基于熵权 TOPSIS 以建立社会网络节点重要性评价模型❼，等等。虽然目前的相关研究仍不多见，但这种融合提升了决策科学的运算效率与科学性已是不争的事实。本节以 Python 语言融合模糊德尔菲技术，表 2－2 为其生成的代码，图 2－2 为代码在 Jupyter Notebook 的运行界面示例。

---

❶ KUO Y F，CHEN P C. Constructing performance appraisal indicators for mobility of the service industries using fuzzy delphi method ［J］. Expert system with applications，2008，35（4）：1930－1939.

❷ PAPATHANASIOU J，PLOSKAS N. Multiple criteria decision aid：Methods，examples and python implementations ［M］. New York：Springer International Publishing AG，2018.

❸ 陈仰平. 高校艺术类教师绩效评价模型之验证研究——融合 Python 语言与 VIKOR 方法 ［J］. 郑州师范教育，2022，11（6）：31－38.

❹ 叶玲，叶贵，付媛. 基于 BP－VIKOR 的建筑企业技术创新评价模型 ［J］. 建筑经济，2018，39（09）：116－120.

❺ 巩超光，胡天亮，叶瑛歆. 基于数字孪生的铣削参数动态多目标优化策略 ［J］. 计算机集成制造系统，2021，27（02）：478－486.

❻ 梁复台，周焰，陈新，等. 基于 TOPSIS－BORDA 连续时间片的空中目标识别算法 ［J］. 兵器装备工程学报，2021，42（11）：169－173.

❼ 倪静，秦斌. 基于熵权 TOPSIS 的社会网络影响力最大化研究 ［J］. 计算机应用研究，2021，38（08）：2340－2343，2375.

表 2-2　Python 语言融入模糊德尔菲技术之代码

```
importnumpy as np
C = [5, 1, 1] #3 位专家对准则 A 的最保守认知值
O = [7, 9, 9] #3 位专家对准则 A 的最乐观认知值
C_min = min (C)
C_max = max (C)
O_min = min (O)
O_max = max (O)
C_mid = np. mean (C)
O_mid = np. mean (O)
print (C_min, C_max, O_min, O_max, C_mid, O_mid)
#分析三角模糊数重叠情况
if (C_max < = O_min): #两个三角模糊数未交叉
    G = (C_mid + O_mid) /2
elif ((O_mid - C_mid) - (C_max - O_min) > =0): #两个三角模糊数有交叉，但专家的分歧处可接受范围
    G = (C_max * O_mid - C_mid * O_min) / (O_mid + C_max - O_min - C_mid)
G
```

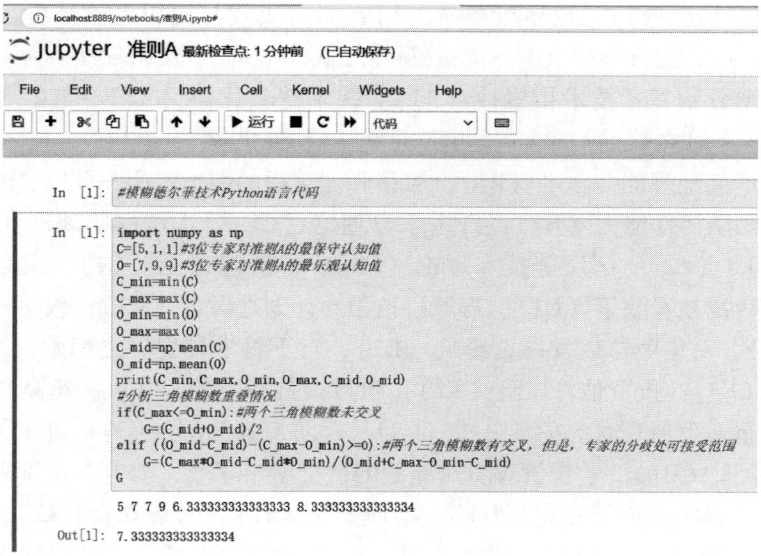

图 2-2　融合 Python 语言的模糊德尔菲技术于 Jupyter Notebook 界面示例

三、需求评估指标及其层级结构建置实例——以民办教育集团智慧课堂项目建设为例

不同形态的组织评估智慧课堂需求的出发点不同，所建置的需求评估指标及其层级结构亦不同。科技类企业欲借由需求评估技术就绪度（technology readiness level，TRL）、商业就绪度（commercial readiness level，CRL），以及市场就绪度（market readiness level，MRL）；公立学校对于智慧课堂的需求评估遵照教育设备采购条例，绝大部分单体学校尚不具备评估的资源与力量；抢入人工智能赛道的民办教育集团则从集团综合绩效出发，建置需求评估指标及其层级结构。以下是某民办教育集团的智慧课堂需求评估指标及其层级结构的建置过程。

（一）后设分析以萃取评估指标初稿

依据后设分析及实务经验，本实例归纳出 11 个评估构面及 39 项准则，具体内涵及层级结构如表 2-3 所示。这些构面分别是：软硬件技术（5）、人资与团队（4）、理论技术（5）、政策法规之契合度（3）、集团与社会效益（3）、资金情况（2）、竞品与寿命（3）、实验成效与使用者接受度（4）、安全分析（4）、运行维护（4）、决策领导之认同（2）（括号内数字为准则数）。39 项准则分别是：技术扩展性（A1）、技术壁垒优势（A2）、与教育信息化 2.0 行动计划之融合（A3）、与产业链上下游之融合（A4）、技术成熟度（A5）、产品经理能力水平（B1）、原型开发工程师能力水平（B2）、激励制度（B3）、团队协作能力（B4）、自主学习理论（C1）、八角框架理论（octalysis framework）（C2）、区块链技术理论（C3）、价值链理论（C4）、大数据理论（C5）、科技教育政策（D1）、与原科技领导计划之融合（D2）、教学资源著作权（D3）、对集团综效发展之影响（E1）、对下辖学校发展之影响（E2）、社会效益（E3）、投资估算风险（F1）、项目内部收益率（F2）、竞品优势比对（G1）、行业发展现状与前景分析（G2）、经济寿命预测（G3）、师生使用原型之行为意图（H1）、学校管理者对原型的接受度（H2）、学生自主学习力变化（H3）、英语学业成就变化（H4）、物理安全（I1）、网络安全（I2）、应用安全（I3）、数据安全（I4）、环境管理（J1）、易维护（J2）、资产管理（J3）、介质管理（J4）、项目领导对方案之认同度（K1）与领导对需求的急需度（K2）。附录（三）为模糊德尔菲法编制的民办教育集团智慧课堂需求评估指标建置问卷。

表 2－3　智慧课堂需求评估初步指标

构面	准则	指标说明	参考内容依据
软硬件技术（A）	技术扩展性（A1）	√系统的扩展性能否满足智能化的持续升级、以及互联网数据流与信息流的指数增长。	陶慧[1]；伦加拉詹（Rengarajan）、贾甘纳森（Jagannathan）[2]
	技术壁垒优势（A2）	√拟开发的技术与现有产品或技术是否具有创新性、是否可得到自主知识产权、是否能打造技术壁垒、是否易被模仿或可替代、是否会形成技术依赖。	王鑫[3]；卞毓华[4]
	与教育信息化 2.0 行动计划之融合（A3）	√与学校现有的智慧教育设备与课程资源可否共享、设备可否配套、是否存整合风险。	卞毓华[5]；库珀[6]
	与产业链上下游之融合（A4）	√与智慧教育上下游产品链的融合程度。	卞毓华[7]；钱冬明等[8]

[1] 陶慧. 电信业 IT 方案评估模型与评估系统研究［D］. 北京：北京邮电大学，2017.

[2] RENGARAJAN S，JAGANNATHAN P. Project selection by scoring for a large R&D organisation in a developing country［J］. R & D management，1997，27：155－164.

[3] 王鑫. 基于神经网络的电子信息企业产品研发方案的评价研究［D］. 山西：太原理工大学，2011.

[4] 卞毓华. 企业科技开发项目的特点分析及项目管理的几点建议［J］. 玻璃纤维，2003（1）：28－33.

[5] 卞毓华. 企业科技开发项目的特点分析及项目管理的几点建议［J］. 玻璃纤维，2003（1）：28－33.

[6] COOPER R A. Process model for industrial new product development［J］. IEEE transactions on engineering management，1983，30：2－11.

[7] 卞毓华. 企业科技开发项目的特点分析及项目管理的几点建议［J］. 玻璃纤维，2003（1）：28－33.

[8] 钱冬明，罗安妮，王娟，等. 教育信息化项目风险评估指标体系的构建［J］. 中国电化教育，2017，371：59－65.

续表

构面	准则	指标说明	参考内容依据
软硬件技术（A）	技术成熟度（A5）	√所采用的编程语言、系统架构、系统流程、物联网技术，以及相关技术的成功可能性。	王鑫[1]； 钱冬明等[2]； 莉莉（Lilly）、 波特（Porter）[3]
人资与团队（B）	产品经理能力水平（B1）	√项目经理对某方案所涉领域的知识、经验、技能、素养等方面的情况；优秀项目经理招募工作的有效性。	卞毓华[4]；王鑫[5]； 钱冬明等[6]； 伦加拉詹、贾甘纳森[7]
	原型开发工程师能力水平（B2）	√研发人员的经验水平、知识结构、技能水平及素养水平，研发人员招募工作的有效性，研发团队骨干人才的流失风险。	王鑫[8]； 钱冬明等[9]； 伦加拉詹、贾甘纳森[10]

❶ 王鑫. 基于神经网络的电子信息企业产品研发方案的评价研究［D］. 山西：太原理工大学，2011.

❷ 钱冬明，罗安妮，王娟，等. 教育信息化项目风险评估指标体系的构建［J］. 中国电化教育，2017，371：59－65.

❸ LILLY B，PORTER T. Improvement reviews in new product development［J］. R & D management，2003，33（3）：285－296.

❹ 卞毓华. 企业科技开发项目的特点分析及项目管理的几点建议［J］. 玻璃纤维，2003（1）：28－33.

❺ 王鑫. 基于神经网络的电子信息企业产品研发方案的评价研究［D］. 山西：太原理工大学，2011.

❻ 钱冬明，罗安妮，王娟，等. 教育信息化项目风险评估指标体系的构建［J］. 中国电化教育，2017，371：59－65.

❼ RENGARAJAN S，JAGANNATHAN P. Project selection by scoring for a large R&D organisation in a developing country［J］. R & D Management，1997，27：155－164.

❽ 王鑫. 基于神经网络的电子信息企业产品研发方案的评价研究［D］. 山西：太原理工大学，2011.

❾ 钱冬明，罗安妮，王娟，等. 教育信息化项目风险评估指标体系的构建［J］. 中国电化教育，2017，371：59－65.

❿ RENGARAJAN S，JAGANNATHAN P. Project selection by scoring for a large R & D organisation in a developing country［J］. R & D management，1997，27（2）：155－164.

续表

构面	准则	指标说明	参考内容依据
人资与团队（B）	激励制度（B3）	√激励体系的完善度与有效性、激励机制的运行情况。	王鑫❶
	团队协作能力（B4）	√团队对项目目标和使命的认同度、团队氛围的融洽性，以及相互配合的协调性。	王鑫❷
理论技术（C）	自主学习理论（C1）	√学生为追求自身的价值目标或学术目标而采取的行动、思想、情感、理念，以及包括定标、定策、评鉴、调整等在内的学习策略，所彰显的自律、自控及自省力。	齐默尔曼❸
	八角框架理论（octalysis framework）（C2）	√以游戏化驱动用户在使用系统的过程中“上瘾”、“沉浸”其间的任务与挑战。	韦艳丽等❹
	区块链技术理论（C3）	√基于区块链的去中心化、不可篡改以及可编程性，解决教育资源建设面临的运营成本高、版权保护弱、资源共享难和资源质量低等现实问题。	自编
	价值链理论（C4）	√分析与诠释智慧课堂产品的价值活动与价值链，进而提升产品的生长动力与社会认可度，创新盈利模式。	自编
	大数据理论（C5）	√采用数据挖掘算法收敛因素，生成数据报告与数据模型，用于学业报告生成、难度调整、题库适性推送、适性评量及学业成就预测等。	自编

❶ 王鑫. 基于神经网络的电子信息企业产品研发方案的评价研究［D］. 山西：太原理工大学，2011.

❷ 王鑫. 基于神经网络的电子信息企业产品研发方案的评价研究［D］. 山西：太原理工大学，2011.

❸ ZIMMERMAN B J. Attaining self－regulation：A social cognitive perspective［M］//BOEKAERTS M，PINTRICH P R，ZEIDNER M. Handbook of self－regulation. 1st ed. San Francisco：Academic Press，2000：13－40.

❹ 韦艳丽，周璇，刘煜炜. 基于八角行为分析法的学习类 APP 游戏化驱动设计研究［J］. 包装工程，2021，42（8）：148－155.

续表

构面	准则	指标说明	参考内容依据
政策法规之契合度（D）	科技教育政策（D1）	√与国家、省、市层面智慧课堂政策（含5G+智慧教育政策）的相符程度、由此导致的战略风险，以及因应政策或体制变化的应变力。	王鑫❶；卞毓华❷；钱冬明等❸
	与原科技领导计划之融合（D2）	√与学校原先的信息化战略规划是否相符？所导致的影响程度为何？是否存在改造升级风险？	钱冬明等❹；库珀（Cooper）❺；中田英寿（Nakata）、西瓦库马（Sivakumar）❻
	教学资源著作权（D3）	√短视频、微课及其他课程资源的内容风险与著作权风险。	郭锐林、张胜辉❼
集团与社会效益（E）	对集团综效发展之影响（E1）	√对集团整体战略与利益的影响，包括战略符应情况、潜在效应情况，以及对股东利益、对集团核心竞争力的影响。	卞毓华❽；伦加拉詹、贾甘纳森❾
	对下辖学校发展之影响（E2）	√对学校信息化发展的影响，对提升办学质量与办学口碑的影响。	自编

❶ 王鑫. 基于神经网络的电子信息企业产品研发方案的评价研究［D］. 山西：太原理工大学，2011.

❷ 卞毓华. 企业科技开发项目的特点分析及项目管理的几点建议［J］. 玻璃纤维，2003（1）：28－33.

❸ 钱冬明，罗安妮，王娟，等. 教育信息化项目风险评估指标体系的构建［J］. 中国电化教育，2017，371：59－65.

❹ 钱冬明，罗安妮，王娟，等. 教育信息化项目风险评估指标体系的构建［J］. 中国电化教育，2017，371：59－65.

❺ COOPER R A. Process model for industrial new product development［J］. IEEE transactions on engineering management，1983，30：2－11.

❻ NAKATA C，SIVAKUM AR K. National culture and new product development：An integrative review［J］. Journal of Marketing，1996，60（1）：61－72.

❼ 郭锐林，张胜辉. 网络课程若干著作权问题的探讨［J］. 四川教育学院学报，2011，3：52－56.

❽ 卞毓华. 企业科技开发项目的特点分析及项目管理的几点建议［J］. 玻璃纤维，2003（1）：28－33.

❾ RENGARAJAN S，JAGANNATHAN P. Project selection by scoring for a large R&D organisation in a developing country［J］. R & D management，1997，27：155－164.

续表

构面	准则	指标说明	参考内容依据
集团与社会效益（E）	社会效益（E3）	√项目肩负的社会责任与国家贡献。	卞毓华[1]；钱冬明等[2]
资金情况（F）	投资估算风险（F1）	√开发成本（含规模、工作量与工期）控制与风险分析。	卞毓华[3]；张凯[4]；钱冬明等[5]
	项目内部收益率（F2）	√在寿命周期内按现值计算的实际投资报酬率、直接经济效益及预期利润率。	卞毓华[6]；王鑫[7]
竞品与寿命（G）	竞品优势比对（G1）	√与同行竞品之间的优劣比对。	卞毓华[8]；王鑫[9]；米什拉（Mishra）[10]

[1] 卞毓华. 企业科技开发项目的特点分析及项目管理的几点建议［J］. 玻璃纤维，2003（1）：28－33.

[2] 钱冬明，罗安妮，王娟，等. 教育信息化项目风险评估指标体系的构建［J］. 中国电化教育，2017，371：59－65.

[3] 卞毓华. 企业科技开发项目的特点分析及项目管理的几点建议［J］. 玻璃纤维，2003（1）：28－33.

[4] 张凯. 湖北 YJY 公司教育信息化平台方案可行性研究［D］. 湖北：华中师范大学，2015.

[5] 钱冬明，罗安妮，王娟，等. 教育信息化项目风险评估指标体系的构建［J］. 中国电化教育，2017，371：59－65.

[6] 卞毓华. 企业科技开发项目的特点分析及项目管理的几点建议［J］. 玻璃纤维，2003（1）：28－33.

[7] 王鑫. 基于神经网络的电子信息企业产品研发方案的评价研究［D］. 山西：太原理工大学，2011.

[8] 卞毓华. 企业科技开发项目的特点分析及项目管理的几点建议［J］. 玻璃纤维，2003（1）：28－33.

[9] 王鑫. 基于神经网络的电子信息企业产品研发方案的评价研究［D］. 山西：太原理工大学，2011.

[10] MISHRA A K. Organizational responses to crisis：The centrality of trust［M］//KRAMER R. M，TYLER T R. Trust in organizations. Thousand Oaks：Sage，1996：261－287.

续表

构面	准则	指标说明	参考内容依据
竞品与寿命（G）	行业发展现状与前景分析（G2）	√行业发展现状、发展前景及行业发展新方向分析。	钱冬明等[1]；巴尔邦坦等（Balbontin et al.）[2]
	经济寿命预测（G3）	√从投入市场到因新产品竞争而被淘汰所经过的时间。	王希良[3]；宓众[4]；刘亚旭等[5]
实验成效与使用者接受度（H）	师生使用原型之行为意图（H1）	√师生使用原型之行为意图情形。	王鑫[6]；米什拉[7]
	学校管理者对原型的接受度（H2）	√学校管理者对其接受度与回馈情形。	米什拉[8]
	学生自主学习力变化（H3）	√学生自主学习力水平变化情形。	自编
	英语学业成就变化（H4）	√学生英语学业成就变化情形。	自编

❶ 钱冬明，罗安妮，王娟，等. 教育信息化项目风险评估指标体系的构建［J］. 中国电化教育，2017，371：59－65.

❷ BALBONTIN A，YAZDANI B，Cooper R，et al. New product development success factors in American and British firms［J］. International journal of technology management，1999，17（3）：259－280.

❸ 王希良. 科技企业孵化器绩效评价研究［D］. 天津：天津大学，2012.

❹ 宓众. 科技项目社会经济效益后评估研究［D］. 湖北：武汉理工大学，2006.

❺ 刘亚旭，龚小军，田党宏，等. 企业科技投入产出评价研究［J］. 石油科技论坛，2009，28（6）：1－7.

❻ 王鑫. 基于神经网络的电子信息企业产品研发方案的评价研究［D］. 山西：太原理工大学，2011.

❼ MISHRA A K. Organizational responses to crisis：The centrality of trust［M］//KRAMER R. M，TYLER T R. Trust in organizations. Thousand Oaks：Sage，1996：261－287.

❽ MISHRA A K. Organizational responses to crisis：The centrality of trust［M］//KRAMER R. M，TYLER T R. Trust in organizations. Thousand Oaks：Sage，1996：261－287.

续表

构面	准则	指标说明	参考内容依据
安全分析（I）	物理安全（I1）	√物理位置的选择、物理访问控制、防盗窃、防破坏、防雷击、防火、防水、防潮、防静电、温湿度控制、电力供应、电磁防护等。	钱冬明等[1]
	网络安全（I2）	√网络边界安全需求、入侵检测与实时监控需求、安全事件的响应、处理需求分析。	钱冬明等[2]
	应用安全（I3）	√身份鉴别、访问控制、通信完整、保密性、抗抵赖、软件容错、资源控制、代码安全。	自编
	数据安全（I4）	√数据完整性、数据保密性。	自编
运行维护（J）	环境管理（J1）	√智慧课堂的环境管理。	自编
	易维护（J2）	√智慧课堂的维护难易度。	陶慧[3]
	资产管理（J3）	√智慧课堂相关设备的资产管理。	自编
	介质管理（J4）	√云端服务器、本地服务器、U盘、硬盘管理。	自编
决策领导之认同（K）	项目领导对方案之认同度（K1）	√决策领导对方案的认同与重视。	王鑫[4]；钱冬明等[5]
	领导对需求的急需度（K2）	√决策领导对需求的急需程度。	自编

---

❶ 钱冬明，罗安妮，王娟，等. 教育信息化项目风险评估指标体系的构建［J］. 中国电化教育，2017，371：59 –65.

❷ 钱冬明，罗安妮，王娟，等. 教育信息化项目风险评估指标体系的构建［J］. 中国电化教育，2017，371：59 –65.

❸ 陶慧. 电信业 IT 方案评估模型与评估系统研究［D］. 北京：北京邮电大学，2017.

❹ 王鑫. 基于神经网络的电子信息企业产品研发方案的评价研究［D］. 山西：太原理工大学，2011.

❺ 钱冬明，罗安妮，王娟，等. 教育信息化项目风险评估指标体系的构建［J］. 中国电化教育，2017，371：59 –65.

（二）依双三角模糊数建置评估指标

依据上述的模糊德尔菲方法求得正式构面及准则，并架设目标层、构面层及准则层，具体建置过程如下：

如表2-4所示，本实例剔除了初步指标中的共识重要程度值 G^i 小于 S 值的17项准则——区块链技术理论（C3）（5.78）、激励制度（B3）（5.75）、团队协作能力（B4）（5.28）、与原科技领导计划之融合（D2）（4.56）、行业发展现状与前景分析（G2）（4.49）、学校管理者对原型系统之接受度（H2）（4.43）、原型开发工程师能力水平（B2）（4.29）、项目内部收益率（F2）（4.01）、网络安全（I2）（3.77）、应用安全（I3）（3.75）、教学资源的著作权（D3）（3.67）、易维护（J2）（3.33）、环境管理（J1）（1.99）、资产管理（J3）（1.57）、领导对需求的急需度（K2）（3.72）、介质管理（J4）（1.33）等。其中，J1至J4准则皆属同一构面下，故运行维护（J）构面被剔除。

依专家共识值 G^i 散布图的陡坡分析（见图2-3），筛选出10项正式构面及22项正式准则。正式构面如下：软硬件技术（A）、人资与团队（B）、理论技术（C）、政策法规之契合度（D）、集团与社会效益（E）、资金情况（F）、竞品与寿命（G）、教学实验成效与使用者接受度（H）、安全分析（I）、决策领导之认同（K）。22项正式准则分别是：技术扩展性（A1）（7.51）、技术壁垒优势（A2）（6.71）、与教育信息化2.0行动计划之融合（A3）（9.01）、与产业链上下游之融合（A4）（7.17）、技术成熟度（A5）（6.36）、产品经理能力水平（B1）（9.75）、自主学习理论（C1）（10）、八角框架理论（C2）（9.49）、价值链理论（C4）（7.75）、大数据理论（C5）（10）、科技教育政策（D1）（10）、对集团综效发展之影响（E1）（9.46）、对下辖学校发展之影响（E2）（9.33）、投资估算风险（F1）（10）、竞品优势比对（G1）（6.86）、经济寿命预测（G3）（10）、师生使用原型之行为意图（H1）（10）、学生自主学习力变化（H3）（10）、英语学业成就变化（H4）（10）、物理安全（I1）（7.33）、数据安全（I4）（7.31）、项目领导对方案之认同度（K1）（10）。其中，自主学习理论、大数据理论、科技教育政策、投资估算风险、经济寿命预测、师生使用原型之行为意图、学生自主学习力变化、英语学业成就变化、项目领导对方案之认同度9个准则的专家共识重要程度值均为10，说明专家高度认同这些准则，且对其重要性达成了高度共识。综上数据，本实例建构出民办教育集团整体发展需求导向下的智慧课堂需求评估指标及层级结构（见图2-4）。

表 2－4　民办教育集团整体发展需求导向下智慧课堂需求评估指标筛选表（S＝6）

构面（初稿）	准则（初稿）	C^i 最小值		O^i 最大值		B^i 最佳值		几何平均值			灰色地带检定值 Z^i	专家共识重要程度 G^i
		min	max	min	max	min	max	C_M^i 最小值	O_M^i 最大值	B_M^i 最佳值		
软硬件技术（A）	技术扩展性（A1）	3	8	7	10	5	9	6.33	8.67	7.48	1	7.51
	技术壁垒优势（A2）	3	8	6	10	4	8	5	7.67	6.01	2	6.71
	与教育信息化2.0行动计划之融合（A3）	8	9	9	10	3	10	8.5	9.5	6.74	0	9.01
	与产业链上下游的融合（A4）	0	7	8	10	5	10	5.33	9	7.34	－1	7.17
	技术成熟度（A5）	3	3	9	10	5	9	3	9.5	7.52	－6	6.36
人资与团队（B）	产品经理能力水平（B1）	9	10	10	10	9	10	9.5	10	9.49	0	9.75
	原型开发工程师能力水平（B2）	2	3	5	7	4	5	2.5	6	4.47	－2	4.29
	激励制度（B3）	4	4	6	7	5	6	4	6.5	5.48	－2	5.75
	团队协作能力（B4）	4	4	6	7	5	5	4	6.5	5	－2	5.28
理论技术（C）	自主学习理论（C1）	10	10	10	10	10	10	10	10	10	0	10
	八角框架理论（C2）	8	10	10	10	9	10	9	10	9.49	0	9.49
	区块链技术理论（C3）	3	5	7	8	5	6	4	7.5	5.48	－2	5.78
	价值链理论（C4）	6	7	8	10	7	9	6.5	9	7.94	－1	7.75
	大数据理论（C5）	10	10	10	10	10	10	10	10	10	0	10
政策法规之契合度（D）	科技教育政策（D1）	10	10	10	10	10	10	10	10	10	0	10
	与原科技领导计划之融合（D2）	2	5	4	7	3	6	3.67	5.67	4.48	1	4.56
	教学资源的著作权（D3）	1	2	5	6	3	4	1.67	5.67	3.3	－3	3.67
集团与社会效益（E）	对集团综效发展之影响（E1）	7	10	10	10	9	10	9.65	9	10	0	9.46
	对下辖学校发展之影响（E2）	8	9	10	10	8	10	8.67	10	8.96	－1	9.33
	社会效益（e3）	3	4	5	7	4	5	3.33	6	4.64	－1	4.67

续表

构面（初稿）	准则（初稿）	C^i 最小值		O^i 最大值		B^i 最佳值		几何平均值			灰色地带检定值 Z^i	专家共识重要程度 G^i
		min	max	min	max	min	max	C_M^i 最小值	O_M^i 最大值	B_M^i 最佳值		
资金情况（F）	投资估算风险（F1）	10	10	10	10	10	10	10	10	10	0	10
	项目内部收益率（F2）	1	3	5	7	3	5	2	6	3.91	−2	4.01
竞品与寿命（G）	竞品优势比对（G1）	3	8	6	10	5	9	5.33	8	6.46	2	6.86
	行业发展现状与前景分析（G2）	3	4	5	7	4	6	3.33	5.67	4.58	−1	4.49
	经济寿命预测（G3）	10	10	10	10	10	10	10	10	10	0	10
教学实验成效与使用者接受度（H）	师生使用原型之行为意图（H1）	10	10	10	10	10	10	10	10	10	0	10
	学校管理者对原型之接受度（H2）	2	5	4	6	3	5	3.67	5	4.22	1	4.43
	学生自主学习力变化（H3）	10	10	10	10	10	10	10	10	10	0	10
	英语学业成就变化（H4）	10	10	10	10	10	10	10	10	10	0	10
安全分析（I）	物理安全（I1）	5	7	7	9	6	8	6.33	8.33	7.27	0	7.33
	网络安全（I2）	1	5	3	7	2	6	2.33	4.67	3.3	2	3.77
	应用安全（I3）	1	5	3	7	9	10	2.33	4.67	9.65	2	3.75
	数据安全（I4）	5	7	7	10	6	8	6	8.67	7.27	0	7.31
运行维护（J）	环境管理（J1）	1	1	3	3	2	2	1	3	2	−2	1.99
	易维护（J2）	1	3	3	4	3	5	2.33	4.33	3.56	0	3.33
	资产管理（J3）	1	1	1	3	1	2	1	2	1.59	0	1.57
	介质管理（J4）	1	1	1	2	1	2	1	1.67	1.26	0	1.33
决策领导之认同（K）	项目领导对方案之认同度（K1）	10	10	10	10	10	10	10	10	10	0	10
	领导对需求的急需度（K2）	1	5	3	7	2	6	2.33	4.67	3.3	2	3.72

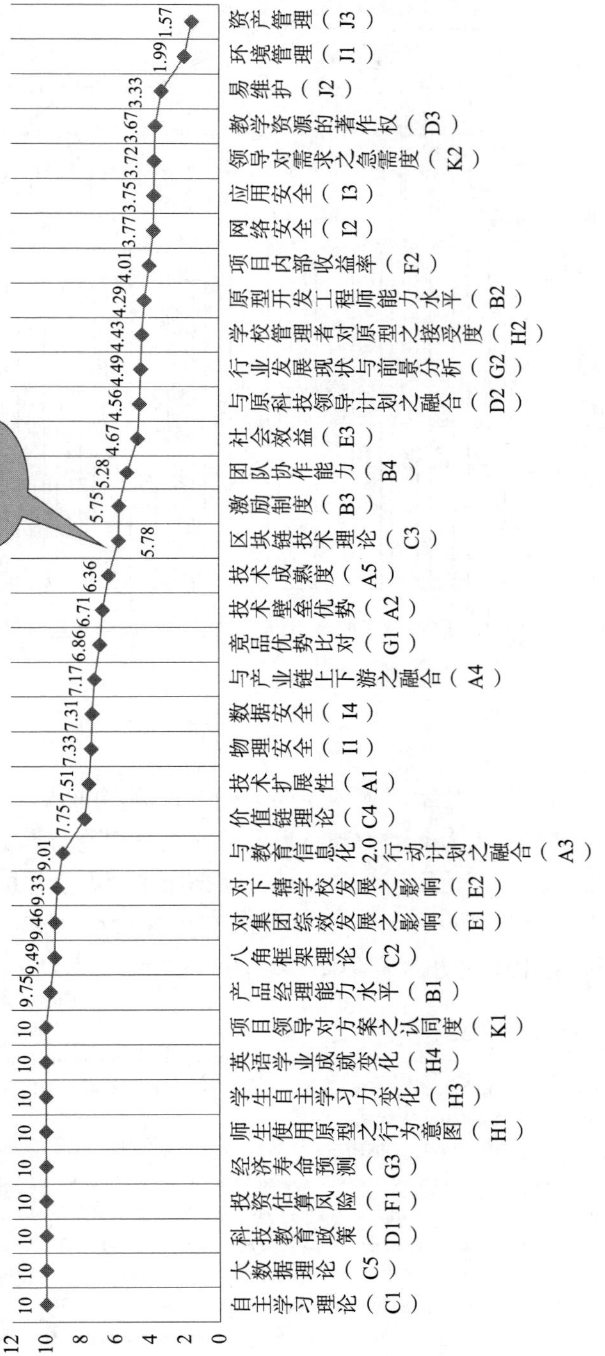

图 2-3 民办教育集团整体发展需求导向下智慧课堂需求评估专家共识程度 G^i 散布图陡坡分析

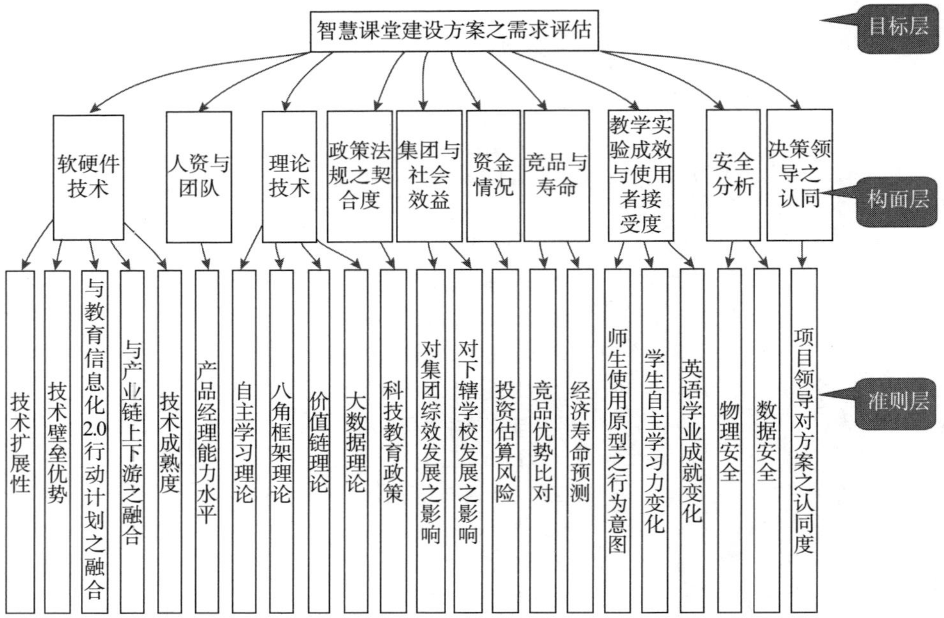

图 2－4 集团整体发展需求导向智慧课堂需求评估指标之层级结构

四、小结

本实例借由模糊德尔菲技术建置的 3 层架构、10 项构面及 22 项准则融合了企业集团、学校组织、人力、物力和财力资源，兼顾理论与事实，具开创性和可行性特色。第一，从评估构面集的论域方面证明了公办学校的智慧课堂需求评估构面——自主学习理论技术❶、师生接受度与行为意图❷、上游内容服务商❸与可行性❹亦适用于民办教育集团领域的需求评估。第二，民办教育集

❶ MCMAHON M, OLIVER R. Promoting self－regulated learning in an online environment: proceedings of World Conference on Educational Multimedia, Hypermedia and Telecommunications 2001, Chesapeake, VA, USA, June 25－30, 2001 [C]. Virginia: AACE, 2001.

❷ BOGIANNIDIS N, SOUTHCOTT J, GINDIDIS M. An exploration of the lived experiences of a visual art teacher in a smart classroom [J]. Contemporary educational technology, 2022, 14 (1): 1－15.

❸ SONG Y, WANG Y, YOON Y. Smart learning and collaborative authoring based on knowledge level: 13th European Conference on E－Learning, October 30－31, 2014 [C]. Copenhagen: Academic Conferences and Publishing International Limited, 2014.

❹ MEADATI P, JUNEJA P. Learning environment using smart phones: 2015 ASEE Annual Conference & Exposition, Washington, USA, June 14－17, 2015 [C]. Washington: American Society for Engineering Education, 2015: 317－321.

团的智慧课堂需求评估构面论域须至少考虑10个面项，其中，人资与团队、政策契合度、资金情况、竞品与寿命、安全分析、决策领导的认同6项为本实例新建构，于学术界属首次提及。第三，何政权等[1]、杨鑫等[2]曾将“技术方案”准则纳入智慧课堂评估准则的论域，本实例将该准则的意涵细分为“技术扩展性”与“技术壁垒优势”。同样，许勇辉和吴明超[3]所提出的“综合效益”准则亦被本实例细分为“对集团综效发展的影响”准则与“对下辖学校发展的影响”准则。

本实例建构的评估体系彰显民办教育集团于智慧课堂需求评估业务中隐藏的两大战略目的：一是借由人工智能技术打造竞争壁垒与优势，试图捕捉当前教育信息化转段升级的新基建机会。在技术侧追求自主研发甚至核心技术，不甘于选择外部已有的成熟产品，在运营侧善于运用价值链管理打造产品的价值闭环，提高竞争优势，追求以集团自身的产、学、研资源与力量赋能教育创新，试图重构教育生态；二是暗藏从教学实验技术转移至商业化规模生产的动机。虽然民办基础教育学校近年遵循上位政策依非营利性分类登记，但举办者试图将实验学校作为研发教育信息化产品的试验田，挖掘智慧课堂的技术潜力、市场潜力与商业潜力。

本实例汇集的专家共识亦显示，学生于课堂上的智能设备使用率未能纳入智慧课堂需求评估元素，其实该观点亦与国际文凭组织（the International Baccalaureate Organization，IBO）对课堂信息设备的使用理念接近，即专家不愿将智慧课堂成效的评估偏向学生技术行为。概因专家担忧学生在课堂上与机器过于频繁交互存有隐患：一是机器性能隐患，包括网络故障、操作接口不熟练、机器卡顿等；二是可能导致传统课堂的灵性、空间与互动氛围变成难以掌控的混乱；三是在不同信息素养的个体间产生不公平问题。总之，智慧课堂系统应用于线下课堂涉及教师、学生与机器三方的交互。原型软硬件的稳定性势必影响教师与机器之间、学生与机器之间的交互体验，功能异常时甚至可能导致“无助于教学的课堂停顿或混乱”与教学事故。此外，本实例汇集的专家共识显示，备受教育界期待的“创新课堂教学策略”准则未能纳入评估准则，本章第四节将对其原因作深入探讨。

---

[1] 何政权，陆浩，尹安明．精准教学视野下的智慧课堂研究——以重庆市大足区智慧课堂建设为例［J］．现代教育技术，2019，299（10）：115－120．

[2] 杨鑫，解月光，苟睿，等．智慧课堂模型构建的实证研究［J］．中国电化教育，2019（9）：50－57．

[3] 许勇辉，吴明超．智慧课堂实验室的开发与应用［J］．中国医学教育技术，2013（5）：558－561．

综上所述，民办教育集团整体发展需求导向下的智慧课堂需求评估指标的建构应基于多维度、多层面与立体化模式，既要考虑集团综效发展需求，亦要考虑学校教育发展要求；既要考虑方案成长的成本与风险，亦要考虑边际效益与机会；既要考虑短期内的项目落地率，亦要考虑产品市场生命周期；既要考虑平台功能服务于集团，亦要考虑与教育信息化2.0大战略的融合；既要考虑其对理论技术的接纳度，亦要考虑其扎根竞品腹地与市场的深度与广度；既要考虑信息技术赋能教育后的加持与创新，亦要考虑信息技术可能导致的教育主体性削弱问题。

第二节　智慧课堂需求评估指标间的因果关系与权重

智慧课堂需求评估指标体系旨在厘清各元素间的复杂关系及指标的权重，而这些基于专家对评估要素的期望值，这与多属性决策评估技术的哲学意涵和设计逻辑相一致。然而，多属性决策评估技术种类众多，不同种类术的适用场景亦不相同。例如，常用于探究因素间相依与回馈关系的网络分析法（analytic network process，ANP）在计算常态化超矩阵（super matrix）时假定每一个集群间的权重相等❶，遂不适用于智慧课堂需求评估指标的权重计算。那么，具有模化各构面与准则权重功效的决策实验室分析法（decision making trial and evaluation laboratory，DEMATEL）则对此适用。本节将就多属性决策技术应用于形塑指标间因果关系与探究指标权重的实施步骤展开论述。

一、多属性决策方法探源

多属性决策方法作为现代决策科学的一种评估方法，在学术界的首次应用可追溯至丘奇曼等（Churchman et al.）以简单加权法（simple additive weighting method，SAW）评估企业投资决策，即依据专家依据各评估元素给出的主观“效用”数值计算属性权重。❷ 而此“效用”概念亦可追溯至伯努利（Ber-

---

❶ 林文苑. 乡镇市区层级灾害耐韧力指标关联性与权重之DANP分析以及空间聚集性分析之应用［J］. 台湾土地研究，2019，22（1）：59－103；OU YANG Y，SHIEH H，LEU J，et al. A novel hybrid MCDM model combined with DEMATEL and ANP with applications［J］. International journal of operations research，2008，5（3）：160－168.

❷ CHURCHMAN C W，ACKOFF R L，ARNOFF E L. Introduction to operations research［M］. New Jersey：John Wiley & Sons，1957.

noulli，1687—1759）于1738提出的圣彼得堡悖论（the St. Petersburg paradox）[1]及该悖论引发的针对实际决策、理论决策与理性决策三者间的差异以及三个概念——“期望、价值、效用”意涵的辩论，辩论所得成果奠定了现代决策科学的立论基础。随后，冯·诺依曼（Von Neumann）和摩根斯坦（Morgenstern）[2]于1947年基于期望效用理论提出线性效用公理，开启了完全理性模式的系统性建构。同年，西蒙（Simon）认为，将这种享有完全信息的假设当作理性推理与实际的差异过大，遂提出“经济人”与“有限理性”概念，以批判完全理性的过度抽象。[3]随后，学术界针对“完全理性”与“有限理性”又展开了一波长达几十年的激烈辩论，促使决策科学理性基础获得融合发展。其间，多属性决策评估技术因获得“效用”与“理性”理论模型的支撑，发展出纷繁门类。

至20世纪60年代，多属性决策方法门下已出现10种以上的评估技术[4]，包括优势法（dominance）、满意直觉法（satisficing）、字汇序直觉法（lexicography）、小中求大法（maximin）、大中求小法（maximax）、加权法（additive weighting）、效率指数（effectiveness index）、效用理论（utility theory）、权衡理论（trade – offs）、非计量尺度（non – metric scaling），等等。依技术特征，各门评估技术可归为三类：全维度、单维度与中间维度（见表2 –5）。其中，中间维度类的方法群亦可细分成规范性决策技术与描述性决策技术，前者基于完全理性的决策模式，后者则是基于有限理性的决策模式。此后，随着包络线理论（envelope）[5]、多属性效用理论（multi – attribute utility theory，MAUT）[6]、运筹学理论[7]的加入，至20世纪80年代，多属性决策方法已达16种[8]（如图2 –5所示）。

[1] BERNOULLI D. Exposition of a new theory on the measurement of risk［J］. Econometrica，1954，22（1）：23 –36.

[2] VON NEUMANN J，MORGENSTERN O. Theory of games and economic behavior［M］. 2nd ed. New Jersey：Princeton University Press，1947.

[3] SIMON H A. Administrative behavior：A study of decision – making processes in administrative organization［M］. Stuttgart：Macmillan，1947.

[4] MACCRIMMON K R. Decision making among multiple – attribute alternatives：A survey and consolidated approach：RM –4823 – ARPA［R/OL］.（1968 –12 –30）［2022 –03 –08］. https：//www. rand. org/content/dam/rand/pubs/research_memoranda/2009/RM4823. pdf.

[5] FARRELL M J，FIELDHOUSE M. Estimating efficient production functions under increasing returns to scale［J］. Journal of the royal statistical society，1962，125（2）：252 –267.

[6] KEENEY R L. Multiattribute utility analysis：A brief survey［EB/OL］. August，1975［2021 –11 –13］. https：//pure. iiasa. ac. at/id/eprint/473/1/RM –75 –043. pdf#page =1&zoom = auto，–274，847.

[7] SAATY T L. A scaling method for priorities in hierarchical structures［J］. Journal of mathematical psychology，1977，15（3）：234 –281.

[8] HWANG C L，YOON K. Multiple attribute decision making：Methods and applications［M］. Berlin：Springer，1981.

表 2－5　多属性决策方法门下评估技术分类（1957—1968 年）

类　别	方　法
全维度 (full dimensionality)	√ 优势法（dominance） √ 满意直觉法（satisficing）
单维度 (single dimensionality)	√ 小中求大法（maximin） √ 大中求小法（maximax） √ 字汇序直觉法（lexicography） √ 加权法（additive weighting） √ 效率指数（effectiveness index） √ 效用理论（utility theory）
中间维度 (intermediate dimensionality)	√ 权衡理论（trade－offs） √ 非计量尺度（non－metric scaling）

资料来源：MACCRIMMON K R. Decision making among multiple－attribute alternatives：A survey and consolidated approach ［M］. California：The Rand Corporation，1968：56.

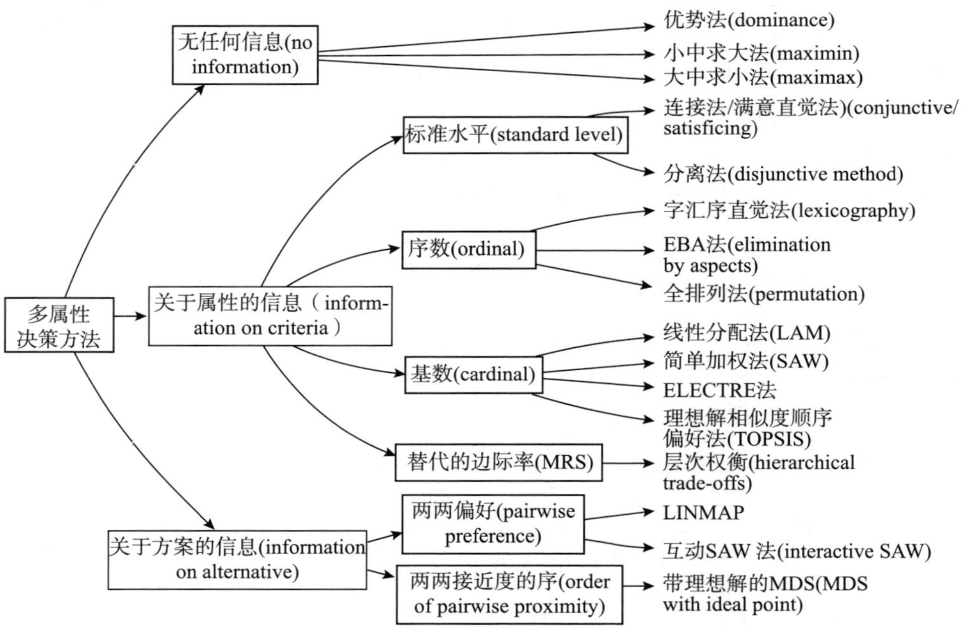

图 2－5　多属性决策方法门下评估技术分类（20 世纪 80 年代）

资料来源：HWANG C L，YOON K. Multiple attribute decision making：Methods and applications ［M］. Berlin：Springer，1981.

20 世纪 90 年代初，学术界从决策空间的连续性和离散性考虑，将多属性决策方法（multiple attribute decision making，MADM）与多目标决策法（multi - objective decision making，MODM）分离，❶ 并普遍认为前者适合方案评估（e-valuation problems），后者更适合方案设计与规划（design problems）。❷ 这种区格对于 20 世纪 90 年代至今的多属性决策方法的发展至少带来两个方面的影响：一方面，应用场景的细分促进了多属性决策分析法生态链的成熟。截至 20 世纪 90 年代末，多属性决策方法已发展成决策科学领域应用最为广泛的评估技术。❸ 在 ProQuest（查询时间：2022 年 3 月 18 日）上，可以检索到与多属性决策方法相关的学术文章达 2100 余篇，涵盖教育、工程、政治，军事、信息、环境、经济、管理与能源等领域。而且，自 1996 年始，多属性决策方法相关的文章数量每五年至少翻一番，仅 2021 年的相关文章数量就多达 354 篇（见表 2 - 6）。另一方面，其与其他领域多种研究方法相互集成并应用于不确定性决策处理的研究逐增。❹ 如表 2 - 7 所示，仅在我国的学术界就至少有五种来自其他领域的研究方法曾与多属性决策评估法结合，这些域外方法包括科技接受模式架构（technology acceptance model，TAM）、德尔菲、云模型、质量机能展开（quality function deployment，QFD）、模糊逻辑等。

表 2 - 6　多属性决策方法相关文章数量一览表（1991—2021 年）

阶　段	篇　数
2021 年	354
2016—2020 年	1032
2011—2015 年	424
2006—2010 年	173
2001—2005 年	76
1996—2000 年	38
1991—1995 年	38
总计	2135

❶ CHEN S，HWANG C. Fuzzy multiple attribute decision making methods [M]//LEWANDOWSKI A，STANCHEV I. Lecture notes in economics and mathematical systems. Heidelberg：Springer - Verlag，1992；ZIMMERMANN H J. Fuzzy set，theory and its applications [M]. 2nd ed. New York：Springer，2001.

❷ TZENG G，HUANG J. Multiple attribute decision making methods and applications [M]. London：Chapman and Hall/CRC，2011.

❸ 张淑卿. 多属性决策方法之仿真分析比较 [D]. 台北：铭传大学，2001.

❹ MARDANI A，JUSOH A，ZAVADSKAS，E K. Fuzzy multiple criteria decision - making techniques and applications - Two decades review from 1994 to 2014 [J]. Expert systems with applications，2015，42 (8)：4126 - 4148.

表2-7 我国学者应用多属性决策方法结合其他研究方法情形一览表

序号	应用领域	研究方法		代表学者或作者
		多属性决策方法	结合其他研究方法	
1	阅读类App的用户需求评估	√层级分析法（analytic hierarchy process，AHP）	√TAM/Delphi/AHP	刘鸣筝、邱泽涵❶
2	高校教师教学质量评估	√不确定语言多准则决策	√云模型	吴庆田、刘淘❷
3	知识管理技术准则因素评估	√ANP及0-1目标规划法（zero-one goal programming，ZOGP）	√模糊QFD（fuzzy quality function deployment，FQFD）	蔡晓萍、黄士滔❸
4	通识课程设计	√AHP	√QFD	毕威宁、金喆❹
5	教科书选择	√AHP	√QFD	刘若缇、毕威宁❺
6	阅读类App的用户需求评估	√AHP	√TAM/Delphi/AHP	刘鸣筝、邱泽涵❻
7	高中（职）生选填大学科系决策评估模型	√混合权重（composite importance）/TOPSIS/VIKOR	√模糊德尔菲	张珈进、王沛翎❼
8	医学系学生专科选择	√AHP	√模糊理论	张北叶等❽

❶ 刘鸣筝，邱泽涵．读者需求与市场满足：阅读类APP评估体系研究与应用［J］．图书馆学研究，2020，8：78．

❷ 吴庆田，刘淘．高校教师教学质量综合评价实证分析——基于云模型的不确定语言多准则群决策方法评价［J］．宏观质量研究，2014，2（4）：114-122．

❸ 蔡晓萍，黄士滔．ANP与ZOGP应用在知识管理之模糊质量机能展开［J］．工程科技与教育学刊，2006，3（2），175-189．

❹ 毕威宁，金喆．质量机能展开结合层级分析法应用通识课程设计之研究——以“性别平等教育”为例［J］．通识教育学刊，2010（5）：47-73．

❺ 刘若缇，毕威宁．质量机能展开结合层级分析法应用于华语正音教科书选择之研究［J］．联大学报，2011，8（2）：65-82．

❻ 刘鸣筝，邱泽涵．读者需求与市场满足：阅读类APP评估体系研究与应用［J］．图书馆学研究，2020（8）：78．

❼ 张珈进，王沛翎．选填大学科系？运用混合权重与多准则决策于军校科系评选模型及APP支持平台建构［J］．台湾信息管理学报，2020，27（3）：311-340．

❽ 张北叶，洪志洋，王贵英，等．以模糊多准则决策法探讨医学系学生专科选择［J］．医学教育，2005，9（3）：241-254．

续表

序号	应用领域	研究方法		代表学者或作者
		多属性决策方法	结合其他研究方法	
9	学生专业课程学习困难度评估	√TOPSIS	√模糊理论	韩子健、王昱杰[1]

在近年的需求评估领域，多属性决策方法的使用亦已逐渐广泛。以知网（查询时间：2022 年 11 月 25 日）为例，可检索出 28 篇的相关研究（见表 2－8），这些需求评估的应用领域涵盖电力系统、产品创新设计、网络接入、供应链网络、客户需求、装备维修，等等，但未能检索到与智慧课堂需求评估相关的研究。

表 2－8　知网所载多属性决策方法应用的需求评估系领域示例

序号	应用领域	代表学者或作者
1	电力系统	芦新波等[2]
2	产品创新设计	杨涛等[3]
3	供应链网络	徐兵、蒋昆[4]
4	交通信息	吕志远[5]
5	客户需求	程紫薇等[6]
6	网络接入	张媛媛等[7]；赵章明等[8]

❶ 韩子健，王昱杰. 以模糊多准则决策评估台湾航运管理系学生专业课程学习困难度之研究 [J]. 航运季刊，2012，21（2）：1－21.

❷ 芦新波，张建华，曾博. 面向用户需求的 DG 与配网网架多目标联合规划 [J]. 现代电力，2015，32（5）：35－41.

❸ 杨涛，杨育，薛承梦，等. 考虑客户需求偏好的产品创新设计方案多属性决策评价 [J]. 计算机集成制造系统，2015，21（2）：417－426.

❹ 徐兵，蒋昆. 多商品流供应链网络应对随机需求扰动研究 [J]. 运筹与管理，2014（6）：144－151.

❺ 吕志远. 基于出行者需求的交通信息发布方式优选研究 [D]. 北京：北京交通大学，2011.

❻ 程紫薇，杨志辉，王斌斌. 基于区间对偶犹豫模糊语言变量的 VR 在线购房顾客需求分析 [J]. 南昌大学学报（理科版），2020，44（5）：421－429，438.

❼ 张媛媛，肖创柏，王坚. 一种新的面向使用者多业务 QoS 需求的网络接入选择算法 [J]. 计算机科学，2015，42（3）：55－59.

❽ 赵章明，夏珅宁，郭长绥. 基于用户需求的 WLAN 接入选择算法 [J]. 软件工程，2018，21（7）：5－9.

续表

序号	应用领域	代表学者或作者
7	装备维修	裴国薇、臧铁钢❶；董泽委等❷
8	品质屋	李中凯等❸；李延来等❹
9	能源系统	朱志芳等❺

如今，多属性决策评估方法已发展成多准则决策方法的一个主流分支，从其内涵论域来定义，其乃面对多属性、复杂且往往相互冲突方案时所采用的一系列评估技术的总称。这些分析技术的运算过程大同小异：先计算评估值（rating），然后给权重排序（ranking），最后分析出聚集规则（aggregation rule）❻，筛选的过程兼用频率派（frequentist）与主翻派（subjective）的理论以权衡不确定性❼。其优势在于同时融合了定性与定量研究的优点，特别是面对那些难以精确量化的评估元素，其融合了规范性决策模式与描述性决策模式的共同优势，受专家个人主观意愿影响程度相对较小，能在很大程度上平衡期望效用（expected utility）与期望价值（expected value）。

二、多属性决策方法论与系统方法论之关系辩论

多属性决策分析作为多准则决策方法论下的一门评估方法，其立论基础深受学界40年来针对多准则决策方法论与系统方法论关系的辩论的影响。20世纪80年代以降，陆续有学者认为多准则决策方法的分析过程系基于数学模型，

---

❶ 裴国薇，臧铁钢．基于Rough集的制造装备维修需求识别决策的研究［J］．中国制造业信息化，2007，3：83－88．

❷ 董泽委，胡起伟，孙宝琛，等．战场损伤装备抢修排序模型研究［J］．计算机仿真，2011，28（04）：18－21．

❸ 李中凯，冯毅雄，谭建荣，等．基于灰色系统理论的质量屋中动态需求的分析与预测［J］．计算机集成制造系统，2009，15（11）：2272－2279．

❹ 李延来，唐加福，蒲云，等．质量功能展开中顾客需求的排序算法［J］．计算机集成制造系统，2007，6：1196－1203．

❺ 朱志芳，许苑，岑海凤，等．考虑需求侧响应的园区综合能源系统优化配置［J］．智慧电力，2022，50（1）：37－44．

❻ ZIMMERMANN H J. Fuzzy sets，decision making，and expert systems［M］．Heidelberg：Springer，1987．

❼ SAARIKOSKI H，MUSTAJOKI J，BARTON D N，et al. Multi－criteria decision analysis and cost－benefit analysis：Comparing alternative frameworks for integrated valuation of ecosystem services［J］．Ecosystem Services，2016，22：238－249．

再采用效用理论（utility theory）、妥协规划法（compromise programming）、AHP及优序方法（outranking methods）衡量各评估元素的权重，进而排序，这种模式当属规范性决策范式（normative systems methodology，NSM）。[1] 然而，部分学者持反对意见。例如，邝茵茵和范冬萍在比对规范性决策范式与硬系统方法论的内在对应关系后认为多准则决策方法当属硬系统方法论范畴（hard systems methodology，HSM）。[2] 直至今日，学界对多准则决策研究范式的定性仍以规则性范式居多，概因学界达成一个普遍共识——以认知理论为基础的描述性范式（descriptive decision theory，DDT）恐难告知决策者哪些方案属首选。[3]

然而，多准则决策方法的分析过程系将待评估方案看成复杂的系统，借由定性与定量的方式将系统中的元素拆解并勾勒元素间的逻辑，这种方式不仅在认识论层面难脱建构主义，而且在实务层面亦时常导致待评估方案的排序存在逆序悖论。[4] 故近20年来，部分学者开始关注多准则决策范式发展的软系统方法论趋势（soft systems methodology，SSM）。[5] 邝茵茵和范冬萍借由实务层面论证后提出：当面对半结构化和非结构化的决策问题时，软系统方法是多准则

---

❶ SAATY T L. The analytic hierarchy process：Planning，priority setting，resource allocation［M］. New York：McGraw－Hill，1980；ZELENY M. A concept of compromise solutions and the method of the displaced ideal［J］. Computers & operations research，1974，1（3－4）：479－496；ROY B. The outranking approach and the foundations of electre methods［J］. Theory and decision，1991，31：49－73；DYER J S，FISHBURN P C，STEUER R E，et al. Multiple criteria decision making，multiattribute utility theory：The Next ten years［J］. Management science，1992，38（5）：645－654；KEENEY R，RAIFFA H. Decisions with Multiple Objectives：Preferences and Value Trade－Offs［M］. Cambridge：Cambridge University Press，1993；MARDANI A，JUSOH A，HALICKA K，et al. Determining the utility in management by using multi－criteria decision support tools：A review［J］. Economic research－ekonomska istraživanja，2018，31（1）：1666－1716.

❷ 邝茵茵，范冬萍. 从系统方法论看多准则决策的软化［J］. 系统科学学报，2012，20（4）：21.

❸ MARTIN D M，JACOBS A D，MCLEAN C，et al. Comparing normative and descriptive methods for multi－criteria decision analysis：A case study evaluating wetland restoration opportunities in the Chesapeake Bay watershed，USA［J］. Environmental science & policy，2022，132：145.

❹ TRIANTAPHYLLOU E，MANN S H. An examination of the effectiveness of multi－dimensional decision－making methods：A decision－making paradox［J］. Decision support systems，1989，5（3）：303－312；何林芳. 基于层次分析法的多属性群决策的悖论研究［D］. 北京：华北电力大学，2016.

❺ NEVES L P，DIAS L C，ANTUNES C H，et al. Structuring an MCDA model using SSM：A case study in energy efficiency［J］. European journal of operational research，2009，199（3）：834－845；PETKOV D，PETKOVA，O，ANDREW T，et al. Mixing multiple criteria decision making with soft systems thinking techniques for decision support in complex situations［J］. Decision support systems，2007，43（4）：1615－1629.

决策分析的必要补充。❶ 严梅福从后现代心理学理论角度判定："软化"的根源乃因决策者难以在获得评估元素信息的同时亦获得"信息意义"，因为"信息意义"是决策者在诠释信息的主观心理活动过程中产生的，表面上好像是在从客观现实存在的备选方案中选择最优方案，其实是在选择早已预定好的"心理方案"。❷ 质言之，多准则决策分析的整个过程是决策者的心理活动，并没有与客观现实世界过多接触，这与规则性范式所提倡的客观主义认识论相背离。

须指出，在多准则决策方法论与系统方法论的关系辩论伊始，学术界亦出现了第三种论调——多准则决策分析应融合规范性与描述性方法，甚至应采用更多样化的决策分析方法以丰富决策者的诠释依据。例如，在实施规范性方法之前采用描述性方法以了解决策的结构，协助决策者制定备选方案的偏好秩序，尤其是面对小范围备选方案的评估场景与脉络。❸ 张彩江曾从多准则决策分析中二元范式所存缺陷剖析这种做法的原因——规范性决策研究范式与描述决策研究范式所关注的都仅仅是部分环节，忽略了系统层面的考虑，导致多准则决策方法与系统方法论的内在关系被割裂。❹

三、DEMATEL——形塑指标间的复杂关系

DEMATEL 系由加比斯（Gabus）与丰特拉（Fontela）于 20 世纪 70 年代提出，旨在借由专家的态度与共识解决全球性的科学、政治和经济方面的复杂问题。❺ 巴特尔纪念研究所（Battelle Memorial Institute）（美）日内瓦研究中心在 1972—1976 年塞施的科学与人类事务计划（Science and Human Affairs Program）中对其予以改进并应用于大型项目，至此，该技术的特征外显——

---

❶ 邝茵茵，范冬萍. 从系统方法论看多准则决策的软化［J］. 系统科学学报，2012，20（4）：20.

❷ 严梅福. 后现代心理学对决策科学的理论支撑［J］. 决策与信息，2016，8：33－44.

❸ MARESCHAL B，BRANS J P. Geometrical representations for MCDA［J］. European journal of operational research，1988，34（1）：69－77；SCALA N M，RAJGOPAL J，VARGAS L G，et al. Group decision making with dispersion in the analytic hierarchy process［J］. Group decision and negotiation，2016，25（2）：355－372；MARTIN D M，JACOBS A D，McLean C，et al. Comparing normative and descriptive methods for multi－criteria decision analysis：A case study evaluating wetland restoration opportunities in the Chesapeake Bay watershed，USA［J］. Environmental science & policy，2022，132：142－152.

❹ 张彩江. 整合系统方法论（ISM）对复杂决策范式（CDP）形成的关系研究［J］. 管理工程学报，2007（4）：19－23.

❺ GABUS A，FONTELA E. World problems an invitation to further thought within the framework of DEMATEL［M］. Switzerland：Battelle Geneva Research Centre，1972；FONTELA E，GABUS A. DEMATEL，innovative methods［M］. Switzerland：Battelle Geneva Research Centre，1974；FONTELA E，GABUS A. The DEMATEL observer［M］. Switzerland：Battelle Geneva Research Centre，1976.

采用矩阵与有向图将复杂因果关系转化为可视化结构，用于勾勒指标间的关系与影响程度，尤其适合于将复杂构面或存交互影响的集群关系转化成系统结构。此后，DEMATEL 被广泛应用于风险评估❶、COVID－19 检疫决策分析❷、信息系统界面设计❸、故障排序❹，以及服务质量的影响因素❺等。近年，学界

---

❶ AGGARWAL S，SRIVASTAVA M K. A grey－based DEMATEL model for building collaborative resilience in supply chain［J］. The International journal of quality & reliability management，2019，36（8）：1409－1437；ASHTARINEZHAD E，SARFARAZ A H. Navabakhsh M. Supplier evaluation and categorize with combine Fuzzy DEMATEL and Fuzzy Inference System［J］. Data in brief，2018，18：1149－1156；AZIMIFARD A，SEYED H M，ARIAFAR S. Selecting sustainable supplier countries for Iran's steel industry at three levels by using AHP and TOPSIS methods［J］. Management decision，2018，56（4）：757－776；BEN ABDALLAH C，EL－AMRAOUI A，DELMOTTE F，et al. Evaluation on risks of sustainable supply chain based on integrated rough DEMATEL in Tunisian dairy industry［J］. International journal of supply and operations management，2022，9（3）：338－359；GOVINDAN K，CHAUDHURI A. Interrelationships of risks faced by third party logistics service providers：A DEMATEL based approach［J］. Transportation research：Part E：logistics and transportation review，2016，90：177－195.

❷ ALTUNTAS F，GOK M S. The effect of COVID－19 pandemic on domestic tourism：A DEMATEL method analysis on quarantine decisions［J］. International journal of hospitality management，2021，92（102719）：1－9；ALZAHRANI A I，AL－SAMARRAIE H，ELDENFRIA A，et al. A DEMATEL Method in Identifying Design Requirements for Mobile Environments：Students' Perspectives［J］. Journal of computing in higher education，2018，30（3）：466－488；OCAMPO L，YAMAGISHI K. Modeling the Lockdown Relaxation Protocols of the Philippine Government in Response to the COVID－19 Pandemic：An Intuitionistic Fuzzy DEMATEL Analysis［J］. Socio－economic planning sciences，2020，72（100911）：1－12；SAMANT S P，PRIYA M S，JAIN V，et al. An assessment of government measures in combatting COVID－19 using ISM and DEMATEL modelling［J］. Benchmarking，2020，29（5）：1429－1451.

❸ HORI S，SHIMIZU Y. Designing Methods of Human Interface for Supervisory Control Systems［J］. Control engineering practice，1999，7（11）：1413－1419；HSU C，LEE Y. Exploring the Critical Factors Influencing the Quality of Blog Interfaces Using the Decision－Making Trial and Evaluation Laboratory（DEMATEL）Method［J］. Behavior & Information Technology，2014，33（2）：184－194.

❹ SEYED－HOSSEINI S M，SAFAEI，N，ASGHARPOUR M J. Reprioritization of failures in a system failure mode and effects analysis by decision making trial and evaluation laboratory technique［J］. Reliability engineering & system safety，2006，91（8）：872－881；HAN Y，WANG L. Identifying barriers to off－site construction using grey DEMATEL approach：case of China［J］. Journal of civil engineering and management，2018，24（5）：364－377；IGNACIO J J J，MALOLOS C F，MENDOZA N I，et al. Exploring the implementation barriers of eco－toilet system in the Philippines using Decision－Making Trial and Evaluation Laboratory（DEMATEL）approach［J］. IOP conference series. materials science and engineering，2020，778（1）：1－10.

❺ AGRAWAL V，SETH N，DIXIT J K. A combined AHP－TOPSIS－DEMATEL approach for evaluating success factors of e－service quality：an experience from Indian banking industry［J］. Electronic commerce research，2022，22（3）：715－747；GUPTA N，VRAT P，OJHA R. Prioritizing enablers for service quality in healthcare sector－a DEMATEL approach［J］. Journal of health organization and management，2022，36（5）：633－649.

在 DEMATEL 基础上发展出灰度 DEMATEL❶、德尔菲 DEMATEL❷，等等。DEMATEL 计算步骤如下：

（一）DEMATEL 专家问卷编制

DEMATEL 专家问卷的编制系基于模糊德尔菲建置的评估构面、准则与层级架构。问卷包含三个部分：专家背景数据、构面间影响程度评分及准则间影响程度评分。以 0 ~4 等级评定因素间的影响程度：0 表示无影响、1 表示低影响、2 表示中影响、3 表示高影响、4 表示极高影响。问卷范例如下：

【第一部分】专家背景资料（略）

【第二部分】智慧课堂建设方案之需求评估因素意涵说明（见表 2 -9）。

表 2 -9 智慧课堂建设方案之需求评估因素意涵说明

构 面	准 则	意涵说明
软硬件技术（A）	技术扩展性（A1）	√系统的扩展性能否满足智能化的持续升级、以及互联网数据流与信息流的指数增长。

❶ JAISWAL P，KUMAR A. Prioritisation of barriers in implementation of green manufacturing in Indian SMEs through integrated grey - DEMATEL approach [J]. International journal of manufacturing technology and management，2018，32（3）：215 - 236；LUTHRA S，GOVINDAN K，MANGLA S K. Structural model for sustainable consumption and production adoption - A grey - DEMATEL based approach [J]. Resources，conservation，and recycling，2017，125：198 - 207；NGUYEN P. Automotive Service Quality Investigation Using a Grey - DEMATEL Model [J]. Computers，materials，& continua，2022，73（3）：4779 - 4800；PENG J，CHAO P，WANG M，HU K，et al. Research on the factors of extremely short construction period under the sufficient resources based on Grey - DEMATEL - ISM [J]. PLoS one，2022，17（3）：1 - 21；SAHU A K，NARANG H K，MRIDUL S R. A Grey - DEMATEL approach for implicating e - waste management practice [J]. Grey systems，2018，8（1）：84 - 99；RAJESH R，RAVI V. Modeling enablers of supply chain risk mitigation in electronic supply chains：A Grey - DEMATEL approach [J]. Computers & industrial engineering，2015，87：126.

❷ KUMAR A，MOHAMAD A K，BOTTANI E，et al. Investigating the role of social media in polio prevention in India：A Delphi - DEMATEL approach [J]. Kybernetes，2018，47（5）：1053 - 1072；MAVI R K，ZARBAKHSHNIA N，KHAZRAEI A A. Fuzzy DEMATEL Analysis of Cultural Variables in Traffic Rules Violation [J]. International journal of strategic decision sciences，2017，8（4）：69 - 85；SELEEM S N，EL - AWADY A，KARAM A，et al. A lean manufacturing road map using fuzzy - DEMATEL with case - based analysis [J]. International journal of lean six sigma，2020，11（5）：917 - 942；SHIDE S H，HANNAN A M，AZARI M，et al. Causal modelling of failure fears for international entrepreneurs in tourism industry：A hybrid Delphi - DEMATEL based approach [J]. International journal of entrepreneurial behaviour & research，2022，28（3）：602 - 627.

续表

构面	准则	意涵说明
软硬件技术（A）	技术壁垒（A2）	√拟开发的技术与现有产品或技术是否具有创新性、是否可得到自主知识产权、是否能打造技术壁垒、是否易被模仿或可替代、是否会形成技术依赖。
	与教育信息化2.0行动计划之融合性（A3）	√与学校现有的智慧教育设备与课程资源可否共享、设备可否配套、是否存整合风险。
	与产业链上下游之融合性（A4）	√与智慧教育上下游产品链的融合程度。
	技术成熟度（A5）	√所采用的编程语言、系统架构、系统流程、物联网技术，以及相关技术的成功可能性。
人资与团队（B）	产品经理能力水平（B1）	√项目经理对某方案所涉领域的知识、经验、技能、素养等方面的掌握情况；优秀项目经理招募工作的有效性。
理论技术（C）	自主学习理论（C1）	√学生为追求自身的价值目标或学术目标而采取的行动、思想、情感、理念，以及包括定标、定策、评鉴、调整等在内的学习策略，所彰显的自律、自控及自省力。
	八角框架理论（C2）	√以游戏化驱动用户在使用系统的过程中“上瘾”、“沉浸”其间的任务与挑战。
	价值链理论（C3）	√分析与诠释智慧课堂产品的价值活动与价值链，进而提升产品的生长动力与社会认可度，创新盈利模式。
	大数据理论（C4）	√采用数据挖掘算法收敛因素，生成数据报告与数据模型，用于学业报告生成、难度调整、题库适性推送、适性评量及学业成就预测等。
政策法规之契合度（D）	科技教育政策环境（D1）	√与国家、省、市层面智慧课堂有关政策法规（含5G+智慧教育政策）的相符程度、由此导致的战略风险，以及因应政策或体制变化的应变力。

续表

构　面	准　则	意涵说明
集团与社会效益（E）	对集团综效发展之影响（E1）	√对集团整体战略与利益的影响，包括战略符应情况、潜在效应情况，以及对股东利益、对集团核心竞争力的影响。
	对下辖学校发展之影响（E2）	√对学校信息化发展的影响，对提升办学质量与办学口碑的影响。
资金情况（F）	投资估算风险（F1）	√开发成本（含规模、工作量与工期）控制与风险分析。
竞品与生命周期（G）	竞品优势比对（G1）	√与同行竞品之间的优劣比对。
	经济寿命预测（G2）	√从投入市场开始到因新产品竞争而被淘汰所经过的时间。
教学实验成效与使用者接受度（H）	师生使用系统之行为意图（H1）	√原型应用于教学实验后，师生接受智慧课堂系统的行为意图情形。
	学生自主学习力变化（H2）	√原型应用于教学实验后，学生的自主学习力水平变化情形。
	学生英语学业成就变化（H3）	√原型应用于教学实验后，学生的英语学业成就变化情形。
安全分析（I）	物理安全（I1）	√物理位置的选择、物理访问控制、防盗窃、防破坏、防雷击、防火、防水、防潮、防静电、温湿度控制、电力供应、电磁防护等。
	数据安全（I2）	√数据完整性、数据保密性。
决策领导之认同（J）	项目领导对方案之认同度（J1）	√决策领导对方案的认同与重视。

【第三部分】 填写说明

本问卷采用 0 ~ 4 个分数等级来评定各项构面之间相互影响程度：0 表示无影响、1 表示低影响、2 表示中影响、3 表示高影响、4 表示极高影响。范例：

表 2-10 构面间相互影响程度表示例

构面/准则	软硬件技术	人资与团队	理论技术
软硬件技术			
人资与团队			
理论技术			

注：表中有色背景的方格无须填写。

【第四部分】问卷填写（以下表格由专家填写）

（一）构面间影响关系之评比（见表 2-11）（0 表示无影响、1 表示低影响、2 表示中影响、3 表示高影响、4 表示极高影响）

表 2-11 智慧课堂需求评估构面间相互影响程度

评估构面	软硬件技术（A）	人资与团队（B）	理论技术（C）	政策契合度（D）	集团与社会效益（E）	资金情况（F）	市场与竞品（G）	教学实验成效与使用者接受度（H）	安全分析（I）	决策领导之认同（J）
软硬件技术（A）	0									
人资与团队（B）		0								
理论技术（C）			0							
政策契合度（D）				0						
集团与社会效益（E）					0					
资金情况（F）						0				
市场与竞品（G）							0			
教学实验成效与使用者接受度（H）								0		
安全分析（I）									0	
决策领导之认同（J）										0

（二）准则间影响关系之评比（见表 2-12，0 表示无影响、1 表示低影响、2 表示中影响、3 表示高影响、4 表示极高影响）

表 2－12　准则间影响关系之评比

评估构面		软硬件技术（A）					人资与团队（B）	理论技术（C）				政策法规之契合度（D）	集团与社会效益（E）		资金情况（F）	竞品与生命周期（G）		教学实验成效与使用者接受度（H）			安全分析（I）		决策领导之认同（J）
	评估准则	技术扩展性（A1）	技术壁垒（A2）	与教育信息化2.0行动计划之融合性（A3）	与产业链上下游之融合性（A4）	技术成熟度（A5）	产品经理能力水平（B1）	自主学习理论（C1）	八角框架理论（C2）	价值链理论（C3）	大数据理论（C4）	科技教育政策环境（D1）	对集团综效发展之影响（E1）	对下辖学校发展之影响（E2）	投资估算风险（F1）	竞品优势比对（G1）	经济寿命预测（G2）	师生使用系统之行为意图（H1）	学生自主学习力变化（H2）	学生英语学业成就变化（H3）	物理安全（I1）	数据安全（I2）	项目领导对方案之认同度（J1）
软硬件技术（A）	技术扩展性（A1）	0																					
	技术壁垒（A2）		0																				
	与教育信息化 2.0 行动计划之融合性（A3）			0																			
	产业链上下游之融合性（A4）				0																		
	技术成熟度（A5）					0																	
人资与团队（B）	产品经理能力水平（B1）						0																

续表

评估构面		软硬件技术（A）					人资与团队（B）	理论技术（C）				政策法规之契合度（D）	集团与社会效益（E）		资金情况（F）	竞品与生命周期（G）		教学实验成效与使用者接受度（H）			安全分析（I）		决策领导之认同（J）
评估准则		技术扩展性（A1）	技术壁垒（A2）	与教育信息化2.0行动计划之融合性（A3）	与产业链上下游之融合性（A4）	技术成熟度（A5）	产品经理能力水平（B1）	自主学习理论（C1）	八角框架理论（C2）	价值链理论（C3）	大数据理论（C4）	科技教育政策环境（D1）	对集团综效发展之影响（E1）	对下辖学校发展之影响（E2）	投资估算风险（F1）	竞品优势比对（G1）	经济寿命预测（G2）	师生使用系统之行为意图（H1）	学生自主学习力变化（H2）	学生英语学业成就变化（H3）	物理安全（I1）	数据安全（I2）	项目领导对方案之认同度（J1）
理论技术（C）	自主学习理论（C1）							0															
	八角框架理论（C2）								0														
	价值链理论（C3）									0													
	大数据理论（C4）										0												
政策法规之契合度（D）	科技教育政策环境（D1）											0											

续表

评估构面		软硬件技术（A）					人资与团队（B）	理论技术（C）				政策法规之契合度（D）	集团与社会效益（E）		资金情况（F）	竞品与生命周期（G）		教学实验成效与使用者接受度（H）			安全分析（I）		决策领导之认同（J）
	评估准则	技术扩展性（A1）	技术壁垒（A2）	与教育信息化2.0行动计划之融合性（A3）	与产业链上下游之融合性（A4）	技术成熟度（A5）	产品经理能力水平（B1）	自主学习理论（C1）	八角框架理论（C2）	价值链理论（C3）	大数据理论（C4）	科技教育政策环境（D1）	对集团综效发展之影响（E1）	对下辖学校发展之影响（E2）	投资估算风险（F1）	竞品优势比对（G1）	经济寿命预测（G2）	师生使用系统之行为意图（H1）	学生自主学习力变化（H2）	学生英语学业成就变化（H3）	物理安全（I1）	数据安全（I2）	项目领导对方案之认同度（J1）
集团与社会效益（E）	对集团综效发展之影响（E1）												0										
	对下辖学校发展之影响（E2）													0									
资金情况（F）	投资估算风险（F1）														0								
竞品与生命周期（G）	竞品优势比对（G1）															0							
	经济寿命预测（G2）																0						

续表

评估构面		软硬件技术（A）					人资与团队（B）	理论技术（C）				政策法规之契合度（D）	集团与社会效益（E）		资金情况（F）	竞品与生命周期（G）		教学实验成效与使用者接受度（H）			安全分析（I）		决策领导之认同（J）
	评估准则	技术扩展性（A1）	技术壁垒（A2）	与教育信息化2.0行动计划之融合性（A3）	与产业链上下游之融合性（A4）	技术成熟度（A5）	产品经理能力水平（B1）	自主学习理论（C1）	八角框架理论（C2）	价值链理论（C3）	大数据理论（C4）	科技教育政策环境（D1）	对集团综效发展之影响（E1）	对下辖学校发展之影响（E2）	投资估算风险（F1）	竞品优势比对（G1）	经济寿命预测（G2）	师生使用系统之行为意图（H1）	学生自主学习力变化（H2）	学生英语学业成就变化（H3）	物理安全（I1）	数据安全（I2）	项目领导对方案之认同度（J1）
教学实验成效与使用者接受度（H）	师生使用系统之行为意图（H1）																	0					
	学生自主学习力变化（H2）																		0				
	学生英语学业成就变化（H3）																			0			
安全分析（I）	物理安全（I1）																				0		
	数据安全（I2）																					0	
决策领导之认同（J）	项目领导对方案之认同度（J1）																						0

（二）获取专家共识值

依前节模糊德尔菲计算所得指标与层级结构编制 DEMATEL 问卷，邀请专家针对指标间两两影响程度以数值 1、2、3、4 量化填答。问卷专家数量可借鉴帕伦特（Parente）和安德森－帕伦特（Anderson－Parente）的研究成果：至少应在 10 位以上，且无上限设定。[1]

（三）建立构面直接关系算术平均矩阵

依据 n 位专家在 DEMATEL 问卷上对指标间两两影响程度的量化分值建立指标 i 对指标 j 的直接关系矩阵 Y_{ij}^n（对角线为 0），并依如下式（2－13）计算出直接关系算术平均矩阵：

$$Y_{ij}^n = \begin{bmatrix} 0 & Y_{12}^n & Y_{13}^n & \cdots & Y_{1j}^n \\ Y_{21}^n & 0 & Y_{23}^n & \cdots & Y_{2j}^n \\ Y_{31}^n & Y_{31}^n & 0 & \cdots & Y_{3j}^n \\ \vdots & \vdots & \vdots & & \vdots \\ Y_{i1}^n & Y_{i2}^n & Y_{i3}^n & \cdots & 0 \end{bmatrix}$$

$$Z_{ij} = \frac{(Y_{ij}^1 + Y_{ij}^2 + Y_{ij}^3 \cdots Y_{ij}^n)}{n} \tag{2-13}$$

（四）建立构面直接关系算术平均矩阵的正规化直接关系矩阵

分别对构面直接关系算术平均矩阵列元素求和 sun（$Z[i]$）以及行元素求和 sum（$Z[:,i]$），继而统计出行和与列和的最大值 S，并计算其正规化直接关系矩阵 Z^a。

$$S = \max\left[\max_{1\leqslant i\leqslant n}\sum_{j=1}^{n} a_{ij}, \max_{1\leqslant i\leqslant n}\sum_{i=1}^{n} a_{ij}\right] \tag{2-14}$$

$$Z^a = \frac{Y_{ij}^n}{S} \tag{2-15}$$

（五）建立构面总影响关系矩阵

建立对角线为 1，且其他位置为 0 的 i 阶单位矩阵 I，当 $\mathrm{Lim}_{k\to\infty}(X)^k =$

---

[1] PARENTE F，ANDERSON－PARENTE J. Delphi inquiry systems ［M］//WRIGHT G，AYTON P. Judgmental forecasting. New Jersey：John Wiley & Sons，1987：129－156.

$[0]_{m\times n}$ 时，构面总影响关系矩阵 T^D 的计算如式 2－16 所示。

$$T = \sum_{k=1}^{\infty} X^k = X(I-X)^{-1} \qquad (2-16)$$

（六）绘制指标间的因果关系图

令 r 为总关系矩阵 T^D 行值的加总，c 为总关系矩阵 T^D 列值的加总。其中，$(r+c)$ 称为交错关联度（interconnection）[1]，代表指标间的影响范围程度；$(r-c)$ 称为原因度，此数值越大表示该指标影响其他指标越多；表 2－13 为行列计算方法。若 $r-c<0$，则表示该指标为结果因素，随后再分别以 (r_i+c_j) 与 (r_i-c_j) 为 X 轴与 Y 轴绘制指标间因果关系图，示出指标间的因果与影响程度。

表 2－13　需求评估指标总影响关系矩阵的行列计算方法

指标	A 指标	B 指标	C 指标	D 指标	E 指标	F 指标	G 指标	H 指标	I 指标	J 指标	行和（r）	交错关联度（$r+c$）	原因度（$r-c$）
A 指标	0.07*	0.02	0.01	0.01	0.24*	0.15*	0.23*	0.27*	0.16*	0.26*	1.42	2.53	－0.31
B 指标	0.21*	0.02	0.15*	0.09*	0.3*	0.18*	0.28*	0.29*	0.14*	0.33*	2.00	2.32	－1.68
C 指标	0.04	0.01	0.01	0.01	0.2*	0.08*	0.18*	0.21*	0.02	0.15*	0.88	1.18	－0.59
D 指标	0.03	0.01	0.01	0.01	0.13*	0.05	0.12*	0.09*	0.02	0.14*	0.6	0.83	－0.36
E 指标	0.07*	0.03	0.01	0.01	0.09*	0.21*	0.09*	0.14*	0.05	0.25*	0.94	2.97	1.08
F 指标	0.23*	0.15*	0.07*	0.07*	0.32*	0.16*	0.32*	0.34*	0.2*	0.35*	2.19	3.64	－0.73
G 指标	0.04	0.01	0.01	0.01	0.14*	0.06	0.05	0.13*	0.02	0.21*	0.67	2.53	1.20
H 指标	0.08*	0.03	0.02	0.02	0.26*	0.24*	0.24*	0.13*	0.05	0.29*	1.36	3.39	0.67
I 指标	0.14*	0.02	0.01	0.01	0.15*	0.16*	0.18*	0.22*	0.05	0.2*	1.13	1.92	－0.34
J 指标	0.19*	0.03	0.01	0.01	0.2*	0.17*	0.19*	0.23*	0.08*	0.14*	1.25	3.57	1.07
列和（c）	1.11	0.32	0.30	0.23	2.02	1.46	1.86	2.03	0.79	2.32			

注：* 表示大于门槛值（0.07）。

四、ANP——采用相依性和反馈性的类网络结构解析复杂决策

网络层次分析法（analytic network process，ANP）首次出现于萨蒂（Saaty）

[1] 此处采纳铭传大学唐蕙文教授的建议，将“interconnection”译为“交错关联度”。

1980 年出版的一本专著——*The Analytic Hierarchy Process*[1]，书中第八章对决策评估要素间的反馈与相关关系作了简要介绍。1996 年，萨蒂对此方法写了一本专著——*The Analytic network Process*[2]，系统介绍 ANP 的特征与操作技术，2001 年再次对此方法进行了修订与延展[3]。ANP 是采用相依性和反馈性的类网络结构解析复杂决策的一种多目标决策方法。提出该方法的理由是各界认为此前的层次分析法（analytic hierarchy process，AHP）主张采用由上往下（单向）的线性层级结构分析问题，且假设元素间相互独立，这在很多情况下不符合实务问题与人类的思考方式，尤其是当考虑决策的不确定性及风险时。

ANP 实际上是在 AHP 基础上加入相依概念与反馈（feedback）机制，透过比率尺度（ratio scales）、形塑指标、目标及方案间的关系，假设层级间与元素间存内部相依（interdependence）与反馈，即高阶要素与低阶要素间存相依性，以及指标外部（outer）与内部（inner）间存相依性。ANP 旨在建构一种由控制层（control hierarchy）与网络层（network level）共同组成的非线性网络架构以解析群组（clusters）之间与元素（element）之间的复杂关系，进而推导方案优劣，亦可作为预测分析工具，现已被广泛应用于经济学、社会学等多个领域，发展成一种方法论工具，而 AHP 则被视为 ANP 的一个特殊情形。ANP 的详细计算步骤如下。

（一）建构集群及其网络结构并编制问卷

ANP 问卷系依模糊德尔菲建置的指标及层级结构编制，问卷分两个部分：一部分是针对指标间相对重要性的比较；另一部分是针对指标间的相依互存程度。评估尺度表采纳萨蒂的五级制[4]：1 代表“同等重要”（equal importance）；3 代表“稍微重要”（moderate importance）；5 代表“重要”（strong importance）、7 代表“很重要”（very strong or demonstrated importance））；9 代表“非常重要”（extreme importance）；中间值（intermediate values）——2、4、6、8 则表示介于上述评估尺度之间的折中值。附录（四）为 ANP 问卷示例。

---

[1] SAATY T L. The analytic hierarchy process [M]. New York: McGraw – Hill, 1980.

[2] SAATY T L. The analytic network process [M]. Pittsburgh: RWS Publications, 1996.

[3] SAATY T L. Decision making with dependence and feedback: The analytic network process [M]. 2nd ed. Pennsylvania: RWS Publications, 2001.

[4] SAATY T L. Decision making with dependence and feedback: The analytic network process [M]. 2nd ed. Pennsylvania: RWS Publications, 2001.

（二）建立成对比较矩阵并计算特征值（eigenvalue）（λ）与特征向量（eigenvector）（W）

将问卷数据转换成成对比较矩阵（pairwise comparison matrix）（P），依式（2－17）计算特征值（eigenvalue）与特征向量（eigenvector）。

$$P = [a_{ij}]_{n\times n} = \begin{bmatrix} 1 & a_{12} & a_{13} & \cdots & a_{1n} \\ a_{21} & 1 & a_{23} & \cdots & a_{2n} \\ a_{31} & a_{31} & 1 & \cdots & a_{3n} \\ \vdots & \vdots & \vdots & & \vdots \\ a_{n1} & a_{n2} & a_{n3} & \cdots & 1 \end{bmatrix}$$

其中，$a_{ij}=\dfrac{1}{a_{ji}}$；$a_{ii}=1$；i，$j=1$，2，3，…，n。

$$PW = \lambda_{\max} W \qquad (2-17)$$

其中，$\lambda_{\max}$为成对比较矩阵 P 中的最大特征值。

（三）矩阵一致性检定

采用对矩阵一致性的判断方法[1]，依式（2－18）、式（2－19）及表 2－14 分别计算出层级一致性指标（consistency index，CI）与一致性比率（consistency ratio，CR）。当 CR 值小于 0.10 时，可判定矩阵达成一致性，否则须将问卷发回，邀请专家重新填答。

$$CI = \frac{\lambda_{\max} - n}{n - 1} \qquad (2-18)$$

$$CR = \frac{CI}{RI} \qquad (2-19)$$

表 2－14 随机一致性指标

矩阵阶数	1	2	3	4	5	6	7	8	9	10
random consistency index（RI）	0.00	0.00	0.58	0.90	1.12	1.24	1.32	1.41	1.45	1.49

资料来源：SAATY R W. The analytic hierarchy process——What it is and how is used [J]. Mathematical modelling，1987，9（3－5）：171.

[1] SAATY T L. The analytic hierarchy process [M]. New York：McGraw－Hill，1980.

(四) 建立超级矩阵以计算指标权重

将构面总关系矩阵的特征向量集合成一个超级矩阵(W^w)——亦称为未加权超级矩阵(unweighted supermatrix),如式(2-20)所示:

$$
\begin{array}{cc}
 & \begin{array}{cccc} C_1 & C_2 & \cdots & C_m \\ e_{11}e_{12}\cdots e_{1n_1} & e_{21}e_{22}\cdots e_{2n_2} & \cdots & e_{m1}e_{m2}\cdots e_{mn_m} \end{array} \\
W^w = \begin{array}{cc} C_1 & \begin{array}{c} e_{11} \\ e_{12} \\ \vdots \\ e_{1n_1} \end{array} \\ C_2 & \begin{array}{c} e_{21} \\ e_{22} \\ \vdots \\ e_{2n_2} \end{array} \\ \vdots & \vdots \\ C_m & \begin{array}{c} e_{m1} \\ e_{m2} \\ \vdots \\ e_{mn_m} \end{array} \end{array} & \begin{bmatrix} W_{11} & W_{12} & \cdots & W_{1m} \\ W_{21} & W_{22} & \cdots & W_{2m} \\ \vdots & \vdots & & \vdots \\ W_{m1} & W_{m2} & \cdots & W_{mm} \end{bmatrix}
\end{array}
\tag{2-20}
$$

其中,C_m 代表第 m 个构面,e_{mn_m} 代表在第 m 个构面中第 n 个指标。将未加权矩阵 W^w 分别乘以评估构面的成对比对矩阵 P 求得的特征向量,以建立已加权超级矩阵(weighted supermatrix),继而依据马克夫矩阵(Markov chain process)的稳定性原理,将加权超级矩阵 W^a 自我相乘 $2k+1$ 次直到收敛且变成长期稳定的超级矩阵,再依式(2-21)计算出整体权重值、构面权重值及构面下各准则的权重值。

$$W^* = \lim_{c\to\infty}(W^a)^c \tag{2-21}$$

五、DANP——探究群组权重之差异

（一）DANP 计算步骤

ANP 中的未加权超级矩阵在处理正规化时，预设每一集群（cluster）的分量相同[1]，此假设忽略构面或准则可能存在的不同程度的影响，此种做法在评估多属性决策时可能导致背离实际的情况。对此，欧阳玉萍等[2]提出将 DEMATEL 结合 ANP，即将 DEMATEL 中的总影响关系矩阵依门槛值简化（门槛值为总影响关系矩阵的几何平均值），再转置到 ANP 的超级矩阵，进而计算出指标权重。

以下阐述 DANP 计算步骤，并以某民办教育集团智慧课堂项目研发数据为实例[3]。

步骤（一）：问卷编制与调查

DANP 数据的采集使用 DEMATEL 问卷及调查技巧即可，不须使用 ANP 问卷，具体过程见上一小节。

步骤（二）：建立构面层直接关系矩阵

依据 n 位专家针对两两构面间互相影响程度的量化分值，建立构面 i 对构面 j 直接关系矩阵 Y^n_{ij}，生成 n 个主对角线数值为 0 的矩阵：

$$Y^n_{ij} = \begin{bmatrix} 0 & Y^n_{12} & Y^n_{13} & \cdots & Y^n_{1j} \\ Y^n_{21} & 0 & Y^n_{23} & \cdots & Y^n_{2j} \\ Y^n_{31} & Y^n_{31} & 0 & \cdots & Y^n_{3j} \\ \vdots & \vdots & \vdots & & \vdots \\ Y^n_{i1} & Y^n_{i2} & Y^n_{i3} & \cdots & 0 \end{bmatrix} \tag{2-22}$$

表 2-15 为某民办教育集团整体发展需求导向下智慧课堂需求评估构面的直接关系平均矩阵实例[4]。矩阵数据显示：软硬件技术（A）构面对教学实验成效与使用者接受度（H）构面的影响系数为 3.91；教学实验成效与使用者接

[1] OU YANG Y, SHIEH H, LEU J, et al. A novel hybrid MCDM model combined with DEMATEL and ANP with applications [J]. International journal of operations research, 2008, 5 (3): 160-168.

[2] OU YANG Y, SHIEH H, LEU J, et al. A novel hybrid MCDM model combined with DEMATEL and ANP with applications [J]. International journal of operations research, 2008, 5 (3): 160-168.

[3] 读者可联系本书作者邮箱（yangping@ fjsmu. edu. cn）获取 DANP 技术的 Python 代码与实例数据。

[4] 数据源自陈仰平.《教育信息化 2.0 行动计划》下私立教育集团智慧课堂建设方案需求评估机制与模型之设计研究 [D]. 台北：台北教育大学，2022.

受度（H）构面对资金情况（F）构面的影响系数亦为3.91，而二者的反向影响系数为3.82。

表2-15　需求评估构面之直接关系平均矩阵（Z_{ij}）

评估构面	软硬件技术（A）	人资与团队（B）	理论技术（C）	政策法规之契合度（D）	集团与社会效益（E）	资金情况（F）	竞品与生命周期（G）	教学实验成效与使用者接受度（H）	安全分析（I）	决策领导之认同（J）
软硬件技术（A）	0.00	0.00	0.00	0.00	3.09	1.00	3.00	3.91	3.00	2.82
人资与团队（B）	3.18	0.00	3.64	2.09	3.27	1.00	3.00	3.00	2.09	3.09
理论技术（C）	0.09	0.00	0.00	0.00	3.09	0.00	3.00	3.73	0.00	1.09
政策法规之契合度（D）	0.09	0.00	0.00	0.00	2.18	0.18	2.00	1.00	0.00	2.00
集团与社会效益（E）	0.00	0.00	0.00	0.00	0.00	3.91	0.00	1.09	0.00	4.00
资金情况（F）	3.27	3.18	1.00	1.18	3.09	0.00	3.64	3.82	3.18	2.91
竞品与生命周期（G）	0.00	0.00	0.00	0.00	2.00	0.00	0.00	1.91	0.09	3.73
教学实验成效与使用者接受度（H）	0.00	0.00	0.00	0.00	3.91	3.82	3.73	0.00	0.00	3.82
安全分析（I）	2.09	0.00	0.00	0.00	1.00	2.09	2.00	3.00	0.09	2.09
决策领导之认同（J）	3.64	0.09	0.09	0.09	2.09	1.91	2.09	3.00	0.82	0.00

注：DANP问卷的专家背景资料见本节附录（五）；欲获取DANP技术的Python代码与本实例数据请联系作者（E-mail：yangping@fjsmu.edu.cn）。

步骤（三）：建立构面的直接关系算术平均矩阵

将n位专家的直接关系矩阵转为直接关系算术平均矩阵Z_{ij}，如式（2-23）所示。Python代码于Jupyter Notebook运行界面如图2-6所示。

$$Z_{ij}=\frac{(Y_{1j}^{1}+Y_{ij}^{2}+Y_{ij}^{3}\cdots Y_{ij}^{n})}{n} \tag{2-23}$$

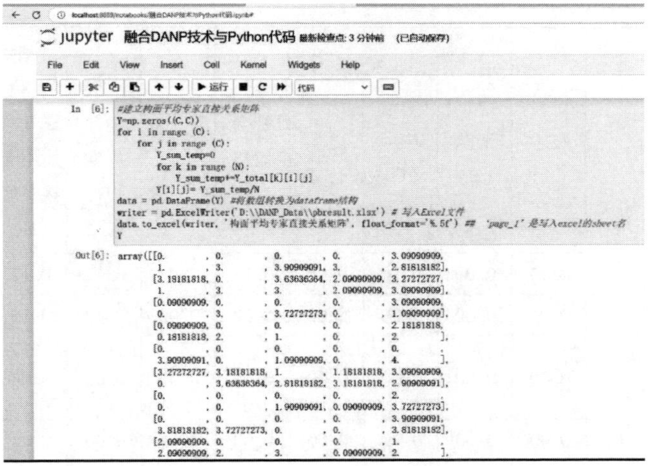

图 2-6　构面平均专家直接关系矩阵生成步骤于 Jupyter Notebook 界面示例

步骤（四）：建立构面的直接关系算术平均矩阵的正规化直接关系矩阵

分别对构面直接关系算术平均矩阵列元素求和 sum（$Z[i]$）以及行元素求和 sum（$Z[:,i]$），继而统计出行和与列和的最大值 S，并计算其正规化直接关系矩阵 Z^a，如式（2-24）与式（2-25）所示。表 2-16 为某民办教育集团整体发展需求导向下智慧课堂需求评估构面的直接关系平均矩阵实例。[1] Python代码于 Jupyter Notebook 运行界面如图 2-7 所示。

$$S = \max\left[\max_{1 \leqslant i \leqslant n} \sum_{j=1}^{n} a_{ij}, \max_{1 \leqslant i \leqslant n} \sum_{i=1}^{n} a_{ij}\right] \tag{2-24}$$

$$Z^a = \frac{Y_{ij}^n}{S} \tag{2-25}$$

表 2-16　需求评估构面之标准化关系矩阵（Z^a）

评估构面	软硬件技术（A）	人资与团队（B）	理论技术（C）	政策法规之契合度（D）	集团与社会效益（E）	资金情况（F）	竞品与生命周期（G）	教学实验成效与使用者接受度（H）	安全分析（I）	决策领导之认同（J）
软硬件技术（A）	0.00	0.00	0.00	0.00	0.12	0.04	0.12	0.15	0.12	0.11

❶ 陈仰平.《教育信息化 2.0 行动计划》下私立教育集团智慧课堂建设方案需求评估机制与模型之设计研究［D］. 台北：台北教育大学，2022.

续表

评估构面	软硬件技术（A）	人资与团队（B）	理论技术（C）	政策法规之契合度（D）	集团与社会效益（E）	资金情况（F）	竞品与生命周期（G）	教学实验成效与使用者接受度（H）	安全分析（I）	决策领导之认同（J）
人资与团队（B）	0.13	0.00	0.14	0.08	0.13	0.04	0.12	0.12	0.08	0.12
理论技术（C）	0.00	0.00	0.00	0.00	0.12	0.00	0.12	0.15	0.00	0.04
政策法规之契合度（D）	0.00	0.00	0.00	0.00	0.09	0.01	0.08	0.04	0.00	0.08
集团与社会效益（E）	0.00	0.00	0.00	0.00	0.00	0.15	0.00	0.04	0.00	0.16
资金情况（F）	0.13	0.13	0.04	0.05	0.12	0.00	0.14	0.15	0.13	0.11
竞品与生命周期（G）	0.00	0.00	0.00	0.00	0.08	0.00	0.00	0.08	0.00	0.15
教学实验成效与使用者接受度（H）	0.00	0.00	0.00	0.00	0.15	0.15	0.15	0.00	0.00	0.15
安全分析（I）	0.08	0.00	0.00	0.00	0.04	0.08	0.08	0.12	0.00	0.08
决策领导之认同（J）	0.14	0.00	0.00	0.00	0.08	0.08	0.08	0.12	0.03	0.00

注：DANP 问卷的专家背景资料详见附录（五）；欲获取 DANP 技术的 Python 代码与本实例数据请联系作者（yangping@fjsmu.edu.cn）。

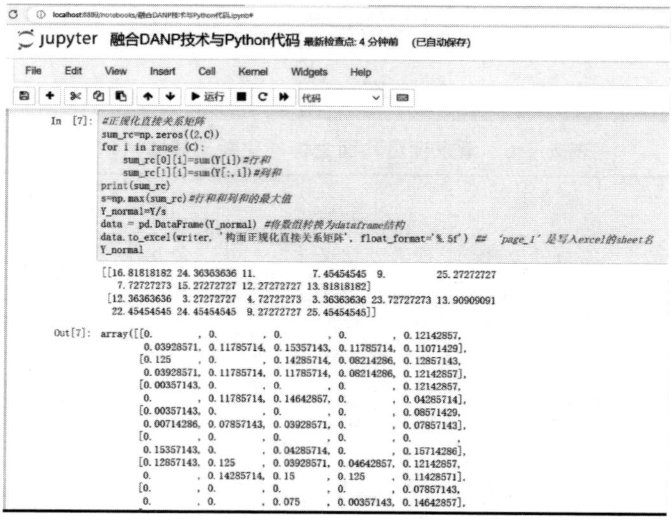

图 2-7 构面正规化直接关系矩阵生成步骤于 Jupyter Notebook 界面示例

步骤（五）：求取构面的总影响关系矩阵

建立对角线为 1 且其他位置为 0 的 i 阶单位矩阵 I，当 $\text{Lim}_{k\to\infty}(X)^k = [0]_{n\times n}$ 时，构面总影响关系矩阵 T^D 的计算公式如下：

$$T = \sum_{k=1}^{\infty} X^k = X(I - X)^{-1} \tag{2-26}$$

步骤（六）：计算门槛值并绘制构面因果图

将构面总影响关系矩阵 T^D 的几何平均值设为门槛值 α，依门槛值简化构面总影响关系矩阵 T^D，简化依据为：当矩阵中的元素大于门槛值则保留不变，若矩阵中的元素小于门槛值，则设为0。表 2－17 为某民办教育集团整体发展需求导向下智慧课堂需求评估构面的总影响关系矩阵简化实例。[1] Python 代码于 Jupyter Notebook 运行界面如图 2－8 所示。

表 2－17　需求评估构面的总影响关系矩阵简化（经门槛值筛选）

评估构面	软硬件技术（A）	人资与团队（B）	理论技术（C）	政策法规之契合度（D）	集团与社会效益（E）	资金情况（F）	竞品与生命周期（G）	教学实验成效与使用者接受度（H）	安全分析（I）	决策领导之认同（J）
软硬件技术（A）	0.07	0.00	0.00	0.00	0.24	0.15	0.23	0.27	0.16	0.26
人资与团队（B）	0.21	0.00	0.15	0.09	0.30	0.18	0.28	0.29	0.14	0.33
理论技术（C）	0.00	0.00	0.00	0.00	0.20	0.08	0.18	0.21	0.00	0.15
政策法规之契合度（D）	0.00	0.00	0.00	0.00	0.13	0.00	0.12	0.09	0.00	0.14
集团与社会效益（E）	0.00	0.00	0.00	0.00	0.09	0.21	0.09	0.14	0.00	0.25
资金情况（F）	0.23	0.15	0.00	0.00	0.31	0.16	0.32	0.34	0.20	0.35
竞品与生命周期（G）	0.00	0.00	0.00	0.00	0.13	0.00	0.00	0.13	0.00	0.21
教学实验成效与使用者接受度（H）	0.08	0.00	0.00	0.00	0.26	0.24	0.24	0.12	0.00	0.29
安全分析（I）	0.14	0.00	0.00	0.00	0.15	0.16	0.17	0.22	0.00	0.20
决策领导之认同（J）	0.19	0.00	0.00	0.00	0.20	0.17	0.19	0.23	0.08	0.14

注：取总影响关系矩阵数值的几何平均值为门槛值（0.07），元素值为 0 代表小于门槛值（0.07）；DANP 问卷的专家背景资料详见附录（五）；欲获取 DANP 技术的 Python 代码与本实例数据请联系作者（E－mail：yangping@ fjsmu. edu. cn）。

[1] 陈仰平.《教育信息化 2.0 行动计划》下私立教育集团智慧课堂建设方案需求评估机制与模型之设计研究［D］. 台北：台北教育大学，2022.

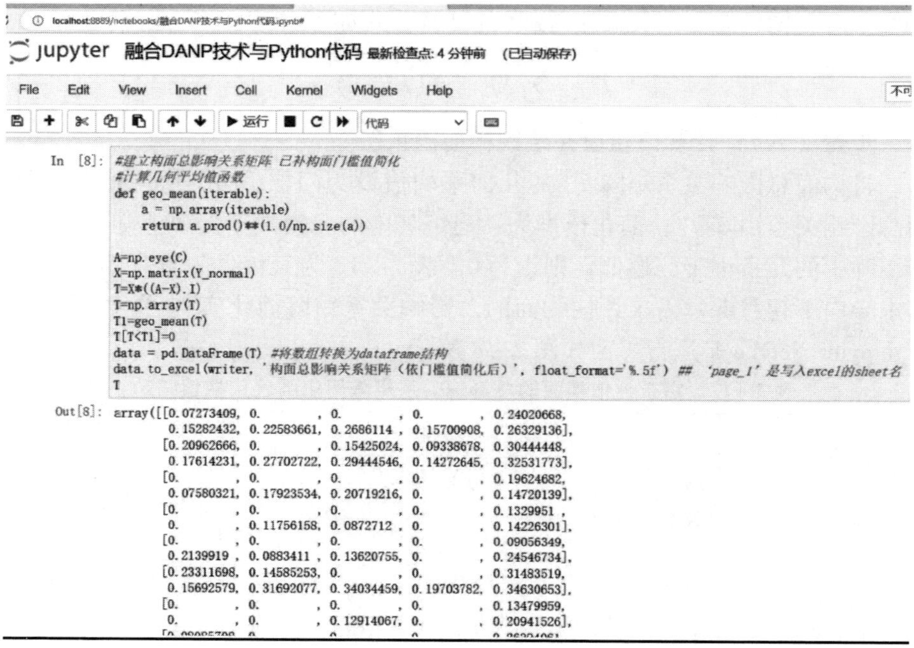

图 2-8 构面总影响关系矩阵（经门槛值简化）生成步骤于 Jupyter Notebook 界面示例

依 DEMATEL 计算步骤第六步计算出各构面的交错关联度与原因度。表 2-18 为某民办教育集团整体发展需求导向下智慧课堂需求评估构面总影响关系矩阵的行列分析摘要实例❶，图 2-9 为构面间因果关系，构面的交错关联度（$r+c$）与原因度（$r-c$）排序如表 2-19 所示。

❶ 陈仰平.《教育信息化 2.0 行动计划》下私立教育集团智慧课堂建设方案需求评估机制与模型之设计研究［D］. 台北：台北教育大学，2022.

表 2-18　需求评估构面总影响关系矩阵之行列分析摘要表

评估构面	软硬件技术（A）	人资与团队（B）	理论技术（C）	政策法规之契合度（D）	集团与社会效益（E）	资金情况（F）	竞品与生命周期（G）	教学实验成效与使用者接受度（H）	安全分析（I）	决策领导之认同（J）	行和（r）	交错关联度（$r+c$）	原因度（$r-c$）
软硬件技术（A）	0.07*	0.02	0.01	0.01	0.24*	0.15*	0.23*	0.27*	0.16*	0.26*	1.42	2.53	-0.31
人资与团队（B）	0.21*	0.02	0.15*	0.09*	0.3*	0.18*	0.28*	0.29*	0.14*	0.33*	2.00	2.32	-1.68
理论技术（C）	0.04	0.01	0.01	0.01	0.2*	0.08*	0.18*	0.21*	0.02	0.15*	0.88	1.18	-0.59
政策法规之契合度（D）	0.03	0.01	0.01	0.01	0.13*	0.05	0.12*	0.09*	0.02	0.14*	0.60	0.83	-0.36
集团与社会效益（E）	0.07*	0.03	0.01	0.01	0.09*	0.21*	0.09*	0.14*	0.05	0.25*	0.94	2.97	1.08
资金情况（F）	0.23*	0.15*	0.07*	0.07*	0.32*	0.16*	0.32*	0.34*	0.2*	0.35*	2.19	3.64	-0.73
竞品与生命周期（G）	0.04	0.01	0.01	0.01	0.14*	0.06	0.05	0.13*	0.02	0.21*	0.67	2.53	1.20
教学实验成效与使用者接受度（H）	0.08*	0.03	0.02	0.02	0.26*	0.24*	0.24*	0.13*	0.05	0.29*	1.36	3.39	0.67
安全分析（I）	0.14*	0.02	0.01	0.01	0.15*	0.16*	0.18*	0.22*	0.05	0.2*	1.13	1.92	-0.34
决策领导之认同（J）	0.19*	0.03	0.01	0.01	0.2*	0.17*	0.19*	0.23*	0.08*	0.14*	1.25	3.57	1.07
列和（c）	1.11	0.32	0.30	0.23	2.02	1.46	1.86	2.03	0.79	2.32			

注：*表示大于门槛值（0.07），DANP 问卷的专家背景资料详见附录（五）；欲获取 DANP 技术的 Python 代码与本实例数据请联系作者（E-mail：yangping@ fjsmu. edu. cn）。

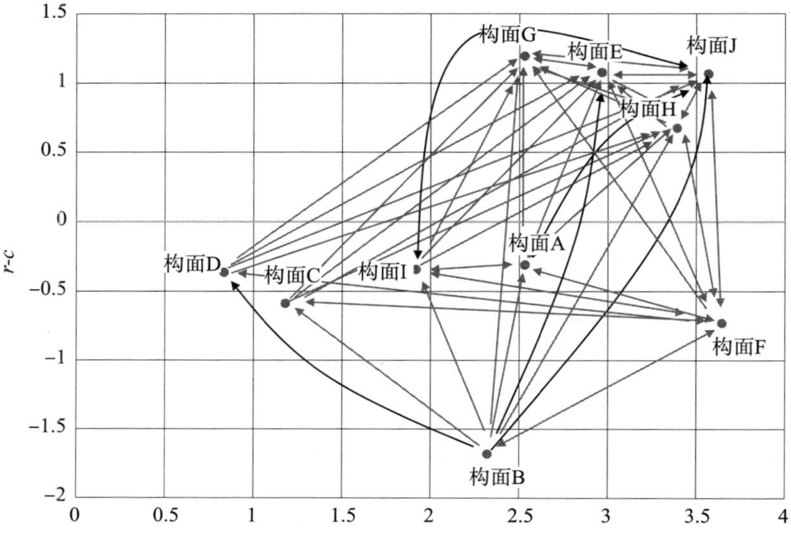

图 2－9　智慧课堂需求评估理论模型的构面因果关系

表 2－19　需求评估构面的交错关联度（*r*＋*c*）与原因度（*r*－*c*）排序

列总和 *r*	行总和 *c*	交错关联度（*r*＋*c*）	原因度（*r*－*c*）
1. 资金情况（F）（2.00）	1. 教学实验成效与使用者接受度（H）（2.03）	1. 资金情况（F）（3.64）	1. 竞品与生命周期（G）（1.20）
2. 人资与团队（B）（1.42）	2. 集团与社会效益（E）（2.02）	2. 决策领导之认同（J）（3.57）	2. 集团与社会效益（E）（1.08）
3. 软硬件技术（A）（1.36）	3. 竞品与生命周期（G）（1.86）	3. 教学实验成效与使用者接受度（H）（3.39）	3. 决策领导之认同（J）（1.07）
4. 教学实验成效与使用者接受度（H）（1.25）	4. 资金情况（F）（1.46）	4. 集团与社会效益（E）（2.97）	4. 教学实验成效与使用者接受度（H）（0.67）
5. 决策领导之认同（J）（1.13）	5. 软硬件技术（A）（1.11）	5. 竞品与生命周期（G）（2.53）	5. 软硬件技术（A）（－0.31）
6. 安全分析（I）（0.94）	6. 竞品与生命周期（G）（1.11）	6. 软硬件技术（A）（2.53）	6. 安全分析（I）（－0.34）
7. 集团与社会效益（E）（0.88）	7. 安全分析（I）（0.79）	7. 人资与团队（B）（2.32）	7. 政策法规之契合度（D）（－0.36）

续表

列总和 r	行总和 c	交错关联度 $(r+c)$	原因度 $(r-c)$
8. 理论技术（C）（0.67）	8. 人资与团队（B）（0.32）	8. 安全分析（I）（1.92）	8. 理论技术（C）（-0.59）
9. 竞品与生命周期（G）（0.60）	9. 理论技术（C）（0.30）	9. 理论技术（C）（1.18）	9. 资金情况（F）（-0.73）
10. 政策法规之契合度（D）（0.32）	10. 政策法规之契合度（D）（0.23）	10. 政策法规之契合度（D）（0.83）	10. 人资与团队（B）（-1.68）

资料来源：陈仰平.《教育信息化2.0行动计划》下私立教育集团智慧课堂建设方案需求评估机制与模型之设计研究［D］. 台北：台北教育大学，2022.

图表解读与讨论：

决策领导之认同（J）构面受到其他9个构面的综合影响，而教学实验成效与使用者接受度（H）构面亦会受到来自决策领导之认同（J）构面的影响。交错关联度最高的构面是资金情况（F），决策领导之认同（J）构面与教学实验成效与使用者接受度（H）构面则分列其后。原因度最高的构面则是竞品与生命周期（G），集团与社会效益（E）构面与决策领导之认同（J）构面则分列其后。此外，软硬件技术（A）构面对教学实验成效与使用者接受度（H）构面的影响程度及教学实验成效与使用者接受度（H）构面对资金情况（F）构面的影响程度皆为显著，而且，教学实验成效与使用者接受度（H）与决策领导之认同（J）构面间互为影响。

须指出，专家一致认同“资金情况”会在很大程度上影响智慧课堂研发过程的“软硬件技术”，其实这个共识不仅存在于智慧课堂需求评估领域，亦属高新技术产研融合发展的共性现象，正如学界所述——资金筹集对不同生命周期的高新技术项目的创新绩效产生明显影响。[1]

步骤（七）：标准化构面总关系矩阵并转置成未加权的超级矩阵

依式（2-27），将简化版的构面总影响关系矩阵 T^D 除以 d_j 求得标准化构面总关系矩阵 T_D^{α}。Python代码于Jupyter Notebook运行界面如图2-10与图2-11所示。

[1] 张艳辉，李宗伟，陈林. 研发资金投入对企业技术创新绩效的影响研究［J］. 中央财经大学学报，2012（11）：63-67；王雪原，王玉冬，徐玉莲. 资金筹集渠道对不同生命周期高新技术企业创新绩效的影响［J］. 软科学，2017，31（04）：47-51.

$$d_j = \sum_{j=1}^{i} t_D^{nij} \quad (i = 1,2,3,\cdots,n) \tag{2-27}$$

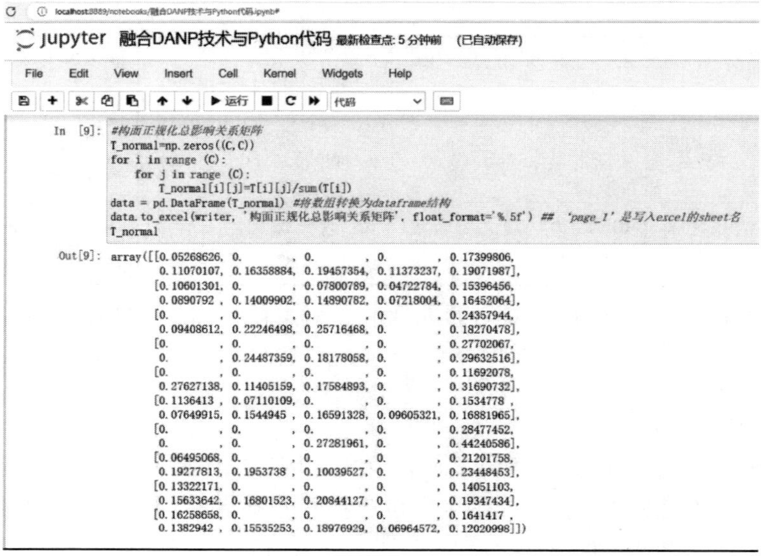

图 2-10　构面正规化总影响关系矩阵生成步骤于 Jupyter Notebook 界面示例

图 2-11　构面未加权的超级矩阵生成步骤于 Jupyter Notebook 界面示例

步骤（八）：建立准则的直接关系矩阵、算术平均矩阵及正规化矩阵

依据 n 位专家在 DEMATEL 问卷上对两两准则间互相影响程度的量化分值建立准则 x 对准则 y 直接关系矩阵 C_{xy}^{n}，继而参考 DANP 步骤（二）与步骤（三），求取其算术平均矩阵及其正规化矩阵。表 2－20 为某民办教育集团整体发展需求导向下智慧课堂需求评估准则的平均专家直接关系矩阵实例。[1] Python代码于 Jupyter Notebook 运行界面分别如图 2－12、图 2－13 及图 2－14 所示。

$$C_{xy}^{n}=\begin{bmatrix} 0 & C_{12}^{n} & C_{13}^{n} & \cdots \\ C_{21}^{n} & 0 & C_{23}^{n} & \cdots \\ C_{31}^{n} & C_{31}^{n} & 0 & \cdots \\ \vdots & \vdots & \vdots & \\ C_{x1}^{n} & C_{x2}^{n} & C_{x3}^{n} & \cdots \end{bmatrix} \tag{2-28}$$

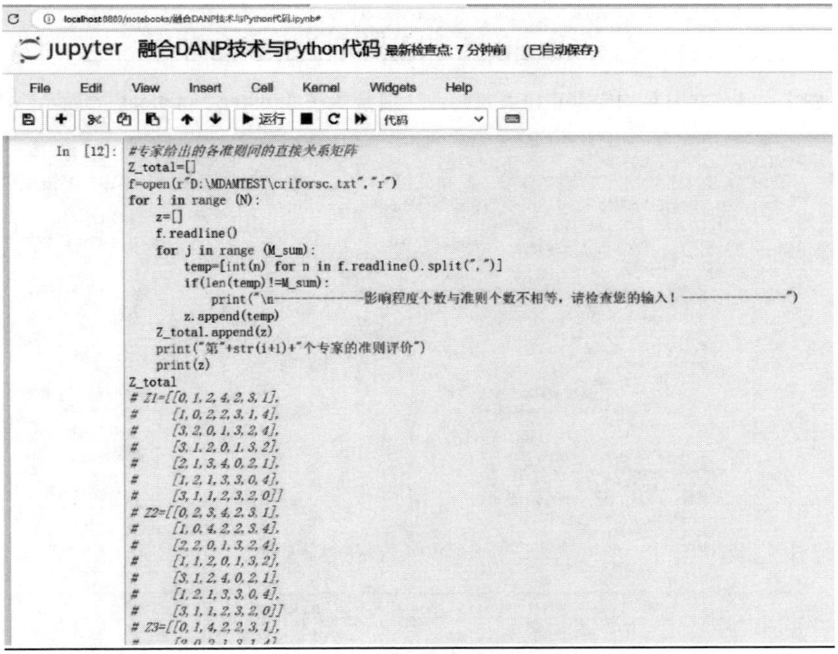

图 2－12　准则直接关系矩阵生成步骤于 Jupyter Notebook 界面示例

---

[1] 陈仰平.《教育信息化 2.0 行动计划》下私立教育集团智慧课堂建设方案需求评估机制与模型之设计研究［D］. 台北：台北教育大学，2022.

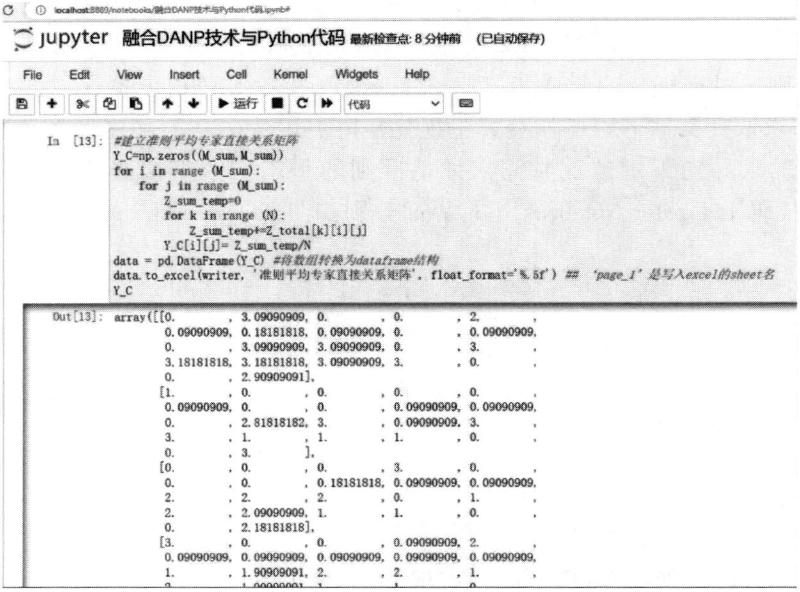

图 2 – 13　准则平均专家直接关系矩阵生成步骤于 **Jupyter Notebook** 界面示例

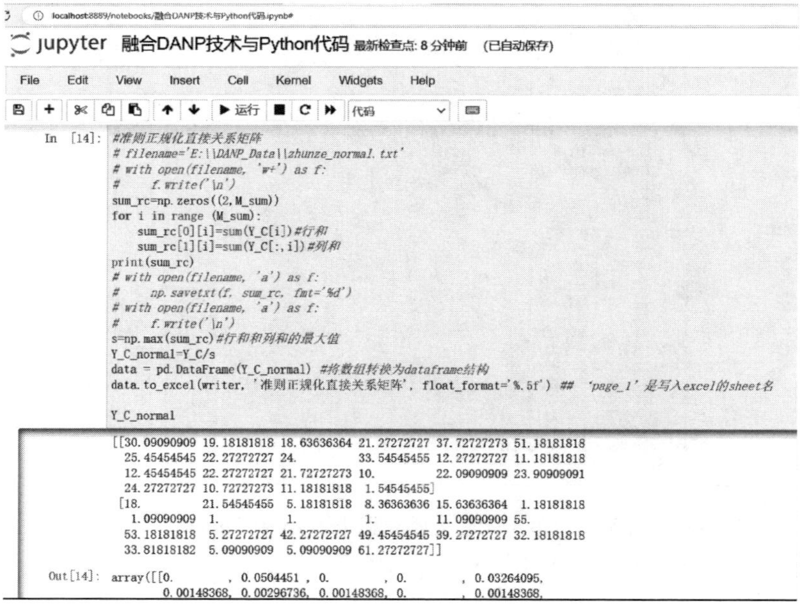

图 2 – 14　准则正规化直接关系矩阵生成步骤于 **Jupyter Notebook** 界面示例

表 2-20 需求评估准则的平均专家直接关系矩阵

评估准则	技术扩展性（A1）	技术壁垒（A2）	与教育信息化2.0行动计划之融合性（A3）	与产业链上下游之融合性（A4）	技术成熟度（A5）	产品经理能力水平（B1）	自主学习理论（C1）	八角框架理论（C2）	价值链理论（C3）	大数据理论（C4）	科技教育政策环境（D1）	对集团综效发展之影响（E1）	对下辖学校发展之影响（E2）	投资估算风险（F1）	竞品优势比对（G1）	经济寿命预测（G2）	师生使用系统之行为意图（H1）	学生自主学习力变化（H2）	学生英语学业成就变化（H3）	物理安全（I1）	数据安全（I2）	项目领导对方案之认同度（J1）	SUM
技术扩展性（A1）	0.000	3.091	0.000	0.000	2.000	0.091	0.182	0.091	0.000	0.091	0.000	3.091	3.091	0.000	3.000	3.182	3.182	3.091	3.000	0.000	0.000	2.909	30.091
技术壁垒（A2）	1.000	0.000	0.000	0.000	0.000	0.091	0.000	0.000	0.091	0.091	0.000	2.818	3.000	0.091	3.000	3.000	1.000	1.000	1.000	0.000	0.000	3.000	19.182
与教育信息化2.0行动计划之融合性（A3）	0.000	0.000	0.000	3.000	0.000	0.000	0.000	0.182	0.091	0.091	2.000	2.000	2.000	0.000	1.000	2.000	2.091	1.000	1.000	0.000	0.000	2.182	18.636
产业链上下游之融合性（A4）	3.000	0.000	0.000	0.091	2.000	0.091	0.091	0.091	0.091	0.091	1.000	1.909	2.000	2.000	1.000	2.000	1.909	1.000	1.000	0.000	0.000	1.909	21.273
技术成熟度（A5）	1.909	3.091	2.000	2.000	0.000	0.000	0.000	0.000	0.182	0.091	0.000	3.000	3.182	0.000	3.000	3.000	3.000	3.091	3.000	2.000	2.091	3.091	37.727
产品经理能力水平（B1）	3.273	3.000	3.091	3.182	3.455	0.000	0.000	0.000	0.000	0.000	3.000	3.182	2.909	3.000	3.091	3.000	3.000	3.000	3.000	3.000	3.000	2.000	51.182
自主学习理论（C1）	0.091	0.000	0.000	0.000	3.091	0.000	0.000	0.000	0.000	0.091	0.000	3.000	3.000	0.000	2.091	1.000	3.091	4.000	4.000	0.000	0.000	2.000	25.455
八角框架理论（C2）	0.000	0.000	0.000	0.000	0.000	0.091	0.000	0.000	0.000	0.000	0.000	3.000	3.182	0.000	2.000	3.000	3.000	3.000	3.000	0.000	0.000	2.000	22.273
价值链理论（C3）	0.000	1.000	0.000	0.000	0.000	0.000	0.000	0.000	0.000	0.000	0.000	3.000	3.000	0.000	3.000	3.000	2.909	3.000	3.000	0.000	0.000	2.091	24.000
大数据理论（C4）	3.091	3.000	0.000	0.000	2.000	0.000	0.000	0.000	0.000	0.000	1.091	3.182	3.000	0.000	3.000	3.182	3.000	3.000	3.000	0.000	0.000	3.000	33.545
科技教育政策环境（D1）	0.000	0.091	0.000	0.000	0.000	0.000	0.091	0.000	0.000	0.000	0.000	2.091	2.000	0.000	0.000	3.000	2.000	0.000	0.000	0.000	0.000	3.000	12.273
对集团综效发展之影响（E1）	0.000	0.000	0.000	0.000	0.000	0.000	0.000	0.000	0.000	0.000	0.000	0.000	1.091	0.091	3.000	3.091	0.000	0.000	0.000	0.000	0.000	3.909	11.182

续表

评估准则	技术扩展性（A1）	技术壁垒（A2）	与教育信息化2.0行动计划之融合性（A3）	与产业链上下游之融合性（A4）	技术成熟度（A5）	产品经理能力水平（B1）	自主学习理论（C1）	八角框架理论（C2）	价值链理论（C3）	大数据理论（C4）	科技教育政策环境（D1）	对集团综效发展之影响（E1）	对下辖学校发展之影响（E2）	投资估算风险（F1）	竞品优势比对（G1）	经济寿命预测（G2）	师生使用系统之行为意图（H1）	学生自主学习力变化（H2）	学生英语学业成就变化（H3）	物理安全（I1）	数据安全（I2）	项目领导对方案之认同度（J1）	SUM
对下辖学校发展之影响（E2）	0.000	0.000	0.000	0.000	0.000	0.000	0.000	0.000	0.000	0.000	0.000	3.000	0.000	0.000	3.000	3.000	0.000	0.000	0.000	0.000	0.000	3.455	12.455
投资估算风险（F1）	3.091	3.091	0.000	0.000	3.091	0.000	0.000	0.000	0.000	0.000	0.000	3.000	3.000	0.000	1.000	0.000	1.000	1.000	1.000	0.000	0.000	3.000	22.273
竞品优势比对（G1）	0.000	3.909	0.000	0.000	0.000	0.000	0.000	0.000	0.000	0.000	0.000	3.000	3.000	0.000	0.000	3.000	2.000	1.909	1.909	0.000	0.000	3.000	21.727
经济寿命预测（G2）	2.182	1.000	0.000	0.000	0.000	0.000	0.000	0.000	0.000	0.000	0.000	1.818	2.000	0.000	0.000	0.000	0.000	0.000	0.000	0.000	0.000	3.000	10.000
师生使用系统之行为意图（H1）	0.091	0.000	0.000	0.000	0.000	0.000	0.000	0.000	0.091	0.000	0.000	4.000	4.000	0.000	3.000	3.000	0.000	1.000	2.909	0.091	0.000	3.909	22.091
学生自主学习力变化（H2）	0.000	0.000	0.000	0.000	0.000	0.000	0.000	0.000	0.091	0.000	0.000	4.000	3.818	0.000	3.000	3.000	3.000	0.000	3.000	0.000	0.000	4.000	23.909
学生英语学业成就变化（H3）	0.000	0.000	0.000	0.000	0.000	0.182	0.091	0.091	0.091	0.091	0.000	3.909	3.909	0.000	3.000	2.909	3.091	3.000	0.000	0.000	0.000	3.909	24.273
物理安全（I1）	0.000	0.000	0.000	0.000	0.000	0.182	0.182	0.273	0.000	0.000	2.000	1.000	1.000	0.091	1.000	1.000	1.000	0.000	0.000	0.000	0.000	3.000	10.727
数据安全（I2）	0.000	0.091	0.091	0.000	0.000	0.182	0.273	0.182	0.091	0.182	2.000	1.000	1.000	0.000	1.091	1.091	1.000	0.000	0.000	0.000	0.000	2.909	11.182
项目领导对方案之认同度（J1）	0.273	0.182	0.000	0.091	0.000	0.273	0.182	0.091	0.182	0.182	0.000	0.000	0.000	0.000	0.000	0.000	0.000	0.091	0.000	0.000	0.000	0.000	1.545

注：DANP问卷的专家背景资料详见附录（五）；欲获取DANP技术的Python代码与本实例数据请联系作者（yangping@fjsmu.edu.cn）。

步骤（九）：建立准则总影响关系矩阵及其正规化矩阵

准则的总影响关系矩阵 C_D 计算逻辑与构面的总影响关系矩阵相同（详见 DEMATEL 计算第五步），但是其正规化计算逻辑略有不同——先计算总影响关系矩阵各构面内的列值加总 l_i 和各行值加总 h_i，再将矩阵元素值除以所在构面的行和 h_i。令 t_{xy}（x，$y=1$，2，3，…，n）为总影响关系矩阵中的要素，i 构面下第 j 个准则的 h 值与 l 值可分别依式（2－29）与式（2－30）计算出，准则总影响关系矩阵的正规化矩阵 T_normal 可由式（2－31）求出。表 2－21 为某民办教育集团整体发展需求导向下智慧课堂需求评估准则的平均专家直接关系矩阵实例❶，表 2－22 为其总影响关系矩阵的实例，表 2－23 为其标准化的实例，Python 代码于 Jupyter Notebook 运行界面实例如图 2－15 与图 2－16 所示。

$$l_i = \sum_{j=1}^{n} t_{ij} \quad (j = 1,2,3,\cdots,n) \tag{2-29}$$

$$h_i = \sum_{i=1}^{n} t_{ij} \quad (j = 1,2,3,\cdots,n) \tag{2-30}$$

$$T\_normal = \frac{t_{xy}}{h_i} \tag{2-31}$$

步骤（十）：计算评估准则间的交错关联度、原因度与因果关系

依 DEMATEL 计算第六步骤，求得准则间的交错关联度与原因度。

步骤（十一）：计算准则排序表并绘制准则关系图

依 DEMATEL 计算第六步骤，计算准则排序表并绘制准则关系图。表 2－24 为某民办教育集团整体发展需求导向下智慧课堂需求评估准则层级的影响关联性及排序情况❷，图 2－17 为其准则间的关系图。

---

❶ 陈仰平.《教育信息化 2.0 行动计划》下私立教育集团智慧课堂建设方案需求评估机制与模型之设计研究［D］. 台北：台北教育大学，2022.

❷ 陈仰平.《教育信息化 2.0 行动计划》下私立教育集团智慧课堂建设方案需求评估机制与模型之设计研究［D］. 台北：台北教育大学，2022.

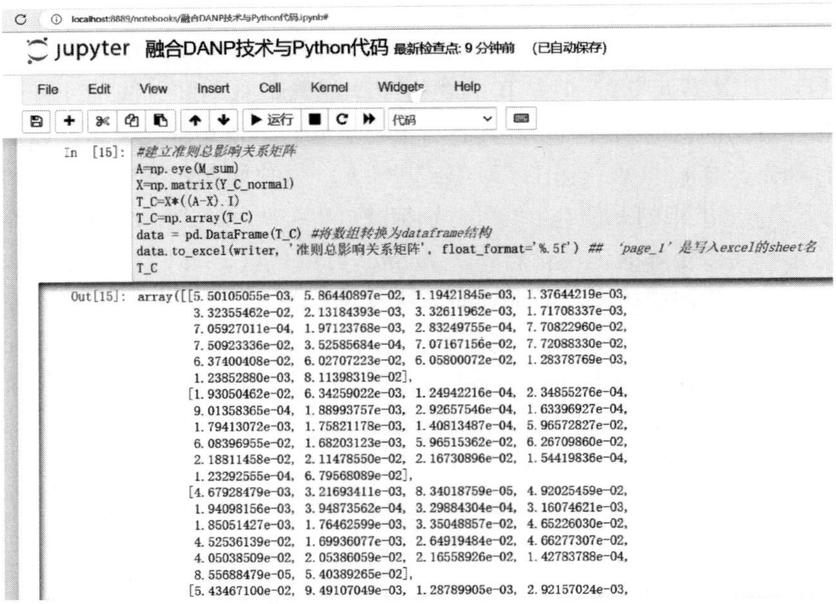

图 2－15 准则总影响关系矩阵生成步骤于 Jupyter Notebook 界面示例

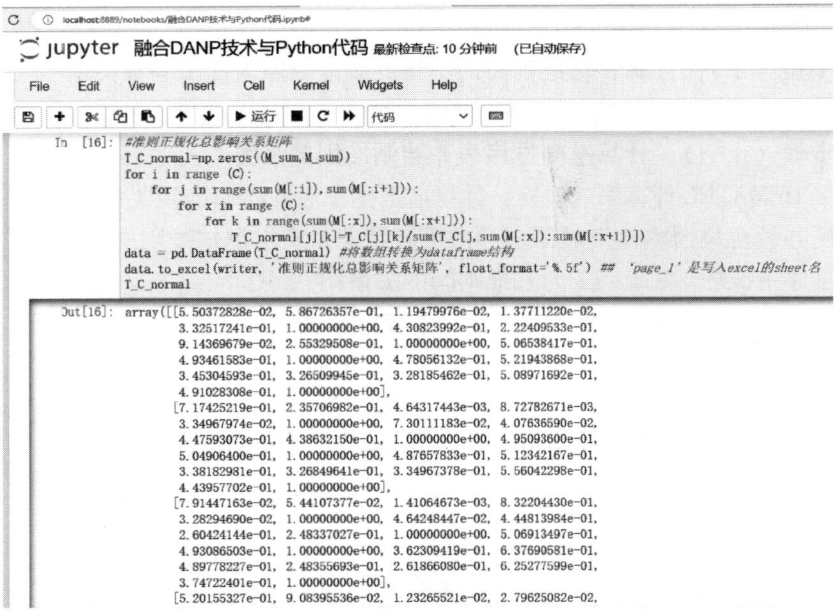

图 2－16 准则正规化总影响关系矩阵生成步骤于 Jupyter Notebook 界面示例

表 2-21 需求评估准则总影响关系矩阵

评估准则	技术扩展性（A1）	技术壁垒（A2）	与教育信息化2.0行动计划之融合性（A3）	与产业链上下游之融合性（A4）	技术成熟度（A5）	产品经理能力水平（B1）	自主学习理论（C1）	八角框架理论（C2）	价值链理论（C3）	大数据理论（C4）	科技教育政策环境（D1）	对集团综效发展之影响（E1）	对下辖学校发展之影响（E2）	投资估算风险（F1）	竞品优势比对（G1）	经济寿命预测（G2）	师生使用系统之行为意图（H1）	学生自主学习力变化（H2）	学生英语学业成就变化（H3）	物理安全（I1）	数据安全（I2）	项目领导对方案之认同度（J1）
技术扩展性（A1）	.006	.059	.001	.001	.033	.002	.003	.002	.001	.002	.001	.077	.075	.001	.071	.077	.064	.060	.061	.001	.001	.081
技术壁垒（A2）	.019	.006	.001	.001	.001	.002	.001	.001	.002	.002	.001	.060	.061	.002	.060	.063	.022	.021	.022	.001	.001	.068
与教育信息化2.0行动计划之融合性（A3）	.005	.003	.001	.049	.002	.001	.001	.003	.002	.002	.034	.047	.045	.002	.026	.047	.041	.021	.022	.001	.001	.054
产业链上下游之融合性（A4）	.054	.009	.001	.003	.036	.002	.002	.002	.002	.002	.017	.050	.051	.033	.032	.050	.041	.025	.026	.001	.001	.055
技术成熟度（A5）	.037	.059	.033	.035	.003	.001	.001	.001	.004	.002	.004	.080	.080	.001	.073	.078	.064	.061	.062	.033	.034	.090
产品经理能力水平（B1）	.066	.065	.053	.057	.063	.001	.001	.001	.001	.001	.055	.096	.089	.051	.084	.090	.074	.067	.069	.051	.051	.089
自主学习理论（C1）	.005	.007	.002	.002	.051	.001	.001	.001	.001	.002	.001	.074	.072	.001	.055	.040	.063	.075	.077	.002	.002	.064
八角框架理论（C2）	.003	.005	.001	.001	.001	.002	.001	.001	.001	.001	.001	.068	.069	.001	.048	.067	.056	.055	.056	.001	.001	.058
价值链理论（C3）	.003	.022	.001	.001	.001	.001	.001	.001	.001	.001	.001	.070	.068	.001	.065	.068	.056	.055	.057	.001	.001	.061
大数据理论（C4）	.056	.060	.001	.001	.035	.001	.001	.001	.001	.001	.018	.082	.077	.001	.074	.081	.064	.061	.063	.001	.001	.087
科技教育政策环境（D1）	.002	.003	.001	.001	.001	.001	.002	.001	.001	.001	.001	.041	.038	.001	.006	.055	.033	.001	.002	.001	.001	.059
对集团综效发展之影响（E1）	.002	.005	.001	.001	.001	.001	.001	.001	.001	.001	.001	.006	.023	.002	.051	.055	.002	.002	.002	.001	.001	.072

续表

评估准则	技术扩展性（A1）	技术壁垒（A2）	与教育信息化2.0行动计划之融合性（A3）	与产业链上下游之融合性（A4）	技术成熟度（A5）	产品经理能力水平（B1）	自主学习理论（C1）	八角框架理论（C2）	价值链理论（C3）	大数据理论（C4）	科技教育政策环境（D1）	对集团综效发展之影响（E1）	对下辖学校发展之影响（E2）	投资估算风险（F1）	竞品优势比对（G1）	经济寿命预测（G2）	师生使用系统之行为意图（H1）	学生自主学习力变化（H2）	学生英语学业成就变化（H3）	物理安全（I1）	数据安全（I2）	项目领导对方案之认同度（J1）
对下辖学校发展之影响（E2）	.002	.005	.001	.001	.001	.001	.001	.001	.001	.001	.001	.054	.006	.001	.053	.055	.002	.002	.002	.001	.001	.066
投资估算风险（F1）	.054	.059	.002	.002	.052	.001	.001	.001	.001	.001	.001	.068	.066	.001	.035	.021	.027	.026	.026	.002	.002	.073
竞品优势比对（G1）	.004	.066	.001	.001	.001	.001	.001	.001	.001	.001	.001	.065	.064	.001	.015	.065	.038	.036	.037	.001	.001	.071
经济寿命预测（G2）	.037	.019	.001	.001	.001	.001	.001	.001	.001	.001	.001	.035	.037	.001	.007	.007	.003	.003	.003	.001	.001	.057
师生使用系统之行为意图（H1）	.004	.006	.001	.001	.001	.001	.001	.001	.002	.001	.001	.080	.078	.001	.061	.064	.006	.021	.051	.002	.001	.085
学生自主学习力变化（H2）	.003	.006	.001	.001	.001	.001	.001	.001	.002	.001	.001	.082	.077	.001	.063	.066	.054	.006	.054	.001	.001	.089
学生英语学业成就变化（H3）	.003	.006	.001	.001	.001	.003	.002	.002	.002	.002	.001	.081	.079	.001	.064	.065	.056	.053	.008	.001	.001	.088
物理安全（I1）	.001	.002	.001	.001	.001	.003	.003	.005	.001	.001	.033	.023	.022	.002	.020	.023	.019	.002	.002	.001	.001	.058
数据安全（I2）	.002	.004	.002	.001	.001	.003	.005	.003	.002	.003	.033	.023	.022	.001	.022	.025	.019	.002	.003	.001	.001	.057
项目领导对方案之认同度（J1）	.005	.004	.001	.002	.001	.004	.003	.002	.003	.003	.001	.002	.002	.001	.002	.002	.001	.003	.001	.001	.001	.002

注：表中数据较多，便于版面展示，小数点前的零未显示。

表 2－22　需求评估准则之总影响关系矩阵

评估准则	技术扩展性（A1）	技术壁垒（A2）	与教育信息化 2.0 行动计划之融合性（A3）	与产业链上下游之融合性（A4）	技术成熟度（A5）	产品经理能力水平（B1）	自主学习理论（C1）	八角框架理论（C2）	价值链理论（C3）	大数据理论（C4）	科技教育政策环境（D1）	对集团综效发展之影响（E1）	对下辖学校发展之影响（E2）	投资估算风险（F1）	竞品优势比对（G1）	经济寿命预测（G2）	师生使用系统之行为意图（H1）	学生自主学习力变化（H2）	学生英语学业成就变化（H3）	物理安全（I1）	数据安全（I2）	项目领导对方案之认同度（J1）
技术扩展性（A1）	.006	.059	.001	.001	.033	.002	.003	.002	.001	.002	.000	.077	.075	.000	.071	.077	.064	.060	.061	.001	.001	.081
技术壁垒（A2）	.019	.006	.000	.000	.001	.002	.000	.000	.002	.002	.000	.060	.061	.002	.060	.063	.022	.021	.022	.000	.000	.068
与教育信息化 2.0 行动计划之融合性（A3）	.005	.003	.000	.049	.002	.000	.000	.003	.002	.002	.034	.047	.045	.002	.026	.047	.041	.021	.022	.000	.000	.054
产业链上下游之融合性（A4）	.054	.009	.001	.003	.036	.002	.002	.002	.002	.002	.017	.050	.051	.033	.032	.050	.041	.025	.026	.001	.001	.055
技术成熟度（A5）	.037	.059	.033	.035	.003	.001	.001	.001	.004	.002	.004	.080	.080	.001	.073	.078	.064	.061	.062	.033	.034	.090
产品经理能力水平（B1）	.066	.065	.053	.057	.063	.001	.001	.001	.001	.001	.055	.096	.089	.051	.084	.090	.074	.067	.069	.051	.051	.089
自主学习理论（C1）	.005	.007	.002	.002	.051	.001	.000	.000	.001	.002	.000	.074	.072	.000	.055	.040	.063	.075	.077	.002	.002	.064
八角框架理论（C2）	.003	.005	.000	.000	.000	.002	.000	.000	.000	.000	.000	.068	.069	.000	.048	.067	.056	.055	.056	.000	.000	.058
价值链理论（C3）	.003	.022	.000	.000	.000	.000	.000	.000	.000	.000	.000	.070	.068	.000	.065	.068	.056	.055	.057	.000	.000	.061
大数据理论（C4）	.056	.060	.001	.001	.035	.001	.001	.000	.001	.001	.018	.082	.077	.000	.074	.081	.064	.061	.063	.001	.001	.087
科技教育政策环境（D1）	.002	.003	.000	.000	.000	.000	.002	.000	.000	.000	.000	.041	.038	.000	.006	.055	.033	.001	.002	.000	.000	.059
对集团综效发展之影响（E1）	.002	.005	.000	.000	.000	.000	.000	.000	.000	.000	.000	.006	.023	.002	.051	.055	.002	.002	.002	.000	.000	.072

续表

评估准则	技术扩展性（A1）	技术壁垒（A2）	与教育信息化2.0行动计划之融合性（A3）	与产业链上下游之融合性（A4）	技术成熟度（A5）	产品经理能力水平（B1）	自主学习理论（C1）	八角框架理论（C2）	价值链理论（C3）	大数据理论（C4）	科技教育政策环境（D1）	对集团综效发展之影响（E1）	对下辖学校发展之影响（E2）	投资估算风险（F1）	竞品优势比对（G1）	经济寿命预测（G2）	师生使用系统之行为意图（H1）	学生自主学习力变化（H2）	学生英语学业成就变化（H3）	物理安全（I1）	数据安全（I2）	项目领导对方案之认同度（J1）
对下辖学校发展之影响（E2）	.002	.005	.000	.000	.000	.000	.000	.000	.000	.000	.000	.054	.006	.000	.053	.055	.002	.002	.002	.000	.000	.066
投资估算风险（F1）	.054	.059	.002	.002	.052	.001	.000	.000	.001	.001	.000	.068	.066	.000	.035	.021	.027	.026	.026	.002	.002	.073
竞品优势比对（G1）	.004	.066	.000	.000	.000	.001	.000	.000	.000	.000	.000	.065	.064	.000	.015	.065	.038	.036	.037	.000	.000	.071
经济寿命预测（G2）	.037	.019	.000	.000	.001	.000	.000	.000	.000	.000	.000	.035	.037	.000	.007	.007	.003	.003	.003	.000	.000	.057
师生使用系统之行为意图（H1）	.004	.006	.000	.000	.000	.001	.000	.000	.002	.000	.000	.080	.078	.000	.061	.064	.006	.021	.051	.002	.000	.085
学生自主学习力变化（H2）	.003	.006	.000	.000	.000	.001	.000	.000	.002	.000	.000	.082	.077	.000	.063	.066	.054	.006	.054	.000	.000	.089
学生英语学业成就变化（H3）	.003	.006	.000	.000	.000	.003	.002	.002	.002	.002	.000	.081	.079	.000	.064	.065	.056	.053	.008	.000	.000	.088
物理安全（I1）	.001	.002	.000	.000	.000	.003	.003	.005	.000	.000	.033	.023	.022	.002	.020	.023	.019	.002	.002	.000	.000	.058
数据安全（I2）	.002	.004	.002	.000	.001	.003	.005	.003	.002	.003	.033	.023	.022	.000	.022	.025	.019	.002	.003	.000	.000	.057
项目领导对方案之认同度（J1）	.005	.004	.000	.002	.001	.004	.003	.002	.003	.003	.000	.002	.002	.000	.002	.002	.001	.003	.001	.000	.000	.002

注：表中数据较多，便于版面展示，小数点前的零未显示。DANP问卷的专家背景资料详见附录（五）；欲获取DANP技术的Python代码与本实例数据请联系作者（E-mail：yangping@fjsmu.edu.cn）。

表 2－23 需求评估准则之标准化总影响关系矩阵

评估准则	技术扩展性（A1）	技术壁垒（A2）	与教育信息化2.0行动计划之融合性（A3）	与产业链上下游之融合性（A4）	技术成熟度（A5）	产品经理能力水平（B1）	自主学习理论（C1）	八角框架理论（C2）	价值链理论（C3）	大数据理论（C4）	科技教育政策环境（D1）	对集团综效发展之影响（E1）	对下辖学校发展之影响（E2）	投资估算风险（F1）	竞品优势比对（G1）	经济寿命预测（G2）	师生使用系统之行为意图（H1）	学生自主学习力变化（H2）	学生英语学业成就变化（H3）	物理安全（I1）	数据安全（I2）	项目领导对方案之认同度（J1）
技术扩展性（A1）	.055	.587	.012	.014	.333	1.000	.431	.222	.091	.255	1.000	.507	.493	1.000	.478	.522	.345	.327	.328	.509	.491	1.000
技术壁垒（A2）	.717	.236	.005	.009	.034	1.000	.073	.041	.448	.439	1.000	.495	.505	1.000	.488	.512	.338	.327	.335	.556	.444	1.000
与教育信息化2.0行动计划之融合性（A3）	.079	.054	.001	.832	.033	1.000	.046	.445	.260	.248	1.000	.507	.493	1.000	.362	.638	.490	.248	.262	.625	.375	1.000
产业链上下游之融合性（A4）	.520	.091	.012	.028	.349	1.000	.257	.232	.260	.251	1.000	.500	.500	1.000	.388	.612	.445	.272	.283	.501	.499	1.000
技术成熟度（A5）	.225	.355	.197	.208	.016	1.000	.105	.092	.507	.296	1.000	.498	.502	1.000	.484	.516	.343	.328	.329	.490	.510	1.000
产品经理能力水平（B1）	.216	.215	.173	.187	.208	1.000	.268	.231	.266	.235	1.000	.518	.482	1.000	.481	.519	.354	.319	.328	.500	.500	1.000
自主学习理论（C1）	.078	.110	.025	.028	.759	1.000	.106	.075	.216	.602	1.000	.507	.493	1.000	.579	.421	.293	.349	.357	.503	.497	1.000
八角框架理论（C2）	.363	.570	.013	.025	.030	1.000	.233	.154	.377	.236	1.000	.497	.503	1.000	.419	.581	.337	.327	.336	.645	.355	1.000
价值链理论（C3）	.126	.862	.001	.005	.007	1.000	.225	.148	.379	.248	1.000	.507	.493	1.000	.488	.512	.332	.329	.339	.793	.207	1.000
大数据理论（C4）	.366	.391	.008	.009	.226	1.000	.253	.146	.335	.266	1.000	.516	.484	1.000	.475	.525	.340	.326	.334	.509	.491	1.000
科技教育政策环境（D1）	.409	.535	.004	.019	.033	1.000	.762	.044	.108	.087	1.000	.516	.484	1.000	.098	.902	.907	.034	.059	.774	.226	1.000
对集团综效发展之影响（E1）	.333	.620	.003	.018	.027	1.000	.281	.143	.289	.286	1.000	.211	.789	1.000	.481	.519	.340	.333	.327	.530	.470	1.000

续表

评估准则	技术扩展性（A1）	技术壁垒（A2）	与教育信息化2.0行动计划之融合性（A3）	与产业链上下游之融合性（A4）	技术成熟度（A5）	产品经理能力水平（B1）	自主学习理论（C1）	八角框架理论（C2）	价值链理论（C3）	大数据理论（C4）	科技教育政策环境（D1）	对集团综效发展之影响（E1）	对下辖学校发展之影响（E2）	投资估算风险（F1）	竞品优势比对（G1）	经济寿命预测（G2）	师生使用系统之行为意图（H1）	学生自主学习力变化（H2）	学生英语学业成就变化（H3）	物理安全（I1）	数据安全（I2）	项目领导对方案之认同度（J1）
对下辖学校发展之影响（E2）	.328	.636	.003	.016	.017	1.000	.281	.143	.290	.286	1.000	.898	.102	1.000	.488	.512	.341	.332	.327	.537	.463	1.000
投资估算风险（F1）	.321	.347	.010	.011	.310	1.000	.244	.140	.328	.288	1.000	.506	.494	1.000	.628	.372	.339	.327	.334	.495	.505	1.000
竞品优势比对（G1）	.054	.940	.000	.002	.003	1.000	.215	.129	.368	.288	1.000	.506	.494	1.000	.190	.810	.346	.322	.332	.731	.269	1.000
经济寿命预测（G2）	.641	.333	.001	.003	.022	1.000	.314	.160	.238	.288	1.000	.487	.513	1.000	.483	.517	.341	.332	.326	.510	.490	1.000
师生使用系统之行为意图（H1）	.421	.538	.003	.016	.021	1.000	.125	.078	.673	.124	1.000	.507	.493	1.000	.488	.512	.078	.272	.650	.978	.022	1.000
学生自主学习力变化（H2）	.334	.624	.004	.019	.019	1.000	.124	.076	.674	.125	1.000	.516	.484	1.000	.488	.512	.475	.053	.472	.772	.228	1.000
学生英语学业成就变化（H3）	.319	.582	.019	.033	.047	1.000	.249	.230	.272	.250	1.000	.507	.493	1.000	.493	.507	.479	.452	.069	.593	.407	1.000
物理安全（I1）	.311	.484	.039	.060	.106	1.000	.393	.558	.026	.023	1.000	.507	.493	1.000	.470	.530	.814	.082	.103	.536	.464	1.000
数据安全（I2）	.197	.485	.203	.043	.073	1.000	.371	.243	.135	.251	1.000	.507	.493	1.000	.471	.529	.792	.094	.114	.536	.464	1.000
项目领导对方案之认同度（J1）	.437	.328	.021	.150	.063	1.000	.286	.143	.285	.286	1.000	.509	.491	1.000	.483	.517	.255	.494	.251	.501	.499	1.000

注：表中数据较多，便于版面展示，小数点前的零未显示。DANP问卷的专家背景资料详见附录（五）；欲获取DANP技术的Python代码与本实例数据请联系作者（E-mail：yangping@fjsmu.edu.cn）。

表 2－24　需求评估准则层级之影响关联性及排序表

评估准则	行值加总 (h)		列值加总 (l)		交错关联度 (h+l)		原因度 (h－l)	
	数值	排序	数值	排序	数值	排序	数值	排序
技术扩展性（A1）	0.679	4	0.375	10	1.054	11	0.304	10
技术壁垒（A2）	0.410	14	0.479	9	0.890	12	－0.069	14
与教育信息化 2.0 行动计划之融合性（A3）	0.404	15	0.095	14	0.499	19	0.308	9
与产业链上下游之融合性（A4）	0.497	10	0.154	13	0.651	14	0.342	8
技术成熟度（A5）	0.837	2	0.281	11	1.118	10	0.556	4
产品经理能力水平（B1）	1.176	1	0.030	18	1.206	8	1.146	1
自主学习理论（C1）	0.594	5	0.026	20	0.619	15	0.568	3
八角框架理论（C2）	0.489	11	0.021	22	0.510	18	0.467	6
价值链理论（C3）	0.528	6	0.026	19	0.554	17	0.502	5
大数据理论（C4）	0.766	3	0.024	21	0.790	13	0.742	2
科技教育政策环境（D1）	0.245	17	0.195	12	0.440	20	0.050	13
对集团综效发展之影响（E1）	0.224	19	1.264	2	1.487	2	－1.040	21
对下辖学校发展之影响（E2）	0.250	16	1.201	3	1.451	3	－0.951	19
投资估算风险（F1）	0.518	7	0.095	15	0.613	16	0.422	7
竞品优势比对（G1）	0.463	12	0.987	5	1.450	4	－0.524	18
经济寿命预测（G2）	0.211	21	1.166	4	1.377	5	－0.955	20
师生使用系统之行为意图（H1）	0.462	13	0.807	6	1.269	6	－0.345	17
学生自主学习力变化（H2）	0.505	9	0.659	8	1.164	9	－0.154	15
学生英语学业成就变化（H3）	0.517	8	0.706	7	1.222	7	－0.189	16
物理安全（I1）	0.220	20	0.095	16	0.315	22	0.125	12
数据安全（I2）	0.232	18	0.094	17	0.326	21	0.137	11
项目领导对方案之认同度（J1）	0.043	22	1.485	1	1.527	1	－1.442	22

数据来源：陈仰平.《教育信息化 2.0 行动计划》下私立教育集团智慧课堂建设方案需求评估机制与模型之设计研究［D］. 台北：台北教育大学，2022.

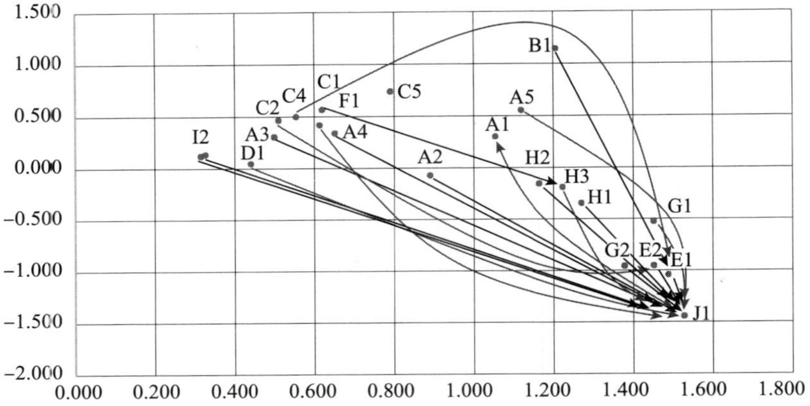

图 2－17 智慧课堂需求评估准则间的关系图

资料来源：陈仰平.《教育信息化 2.0 行动计划》下私立教育集团智慧课堂建设方案需求评估机制与模型之设计研究［D］. 台北：台北教育大学，2022.

图表解读与讨论：

表 2－24 显示，专家达成以下共识：（1）产品经理能力水平（B1）准则（1.146）对以下 5 项准则——师生使用系统之行为意图（H1）（－0.345）、经济寿命预测（G2）（－0.955）、对下辖学校发展之影响（E2）（－0.951）、对集团综效发展之影响（E1）（－1.040）及竞品优势比对（G1）（－0.524）皆有明显影响；（2）项目领导对方案之认同度（J1）（－1.442）受物理安全（I1）（0.125）、数据安全（I2）（0.137）、科技教育政策环境（D1）（0.050）、与教育信息化 2.0 行动计划之融合性（A3）（0.308）、与产业链上下游之融合性（A4）（0.342）、投资估算风险（F1）（0.422）、大数据理论（C4）（0.742）、技术成熟度（A5）（0.556）、技术扩展性（A1）（0.304）及其他共 16 项准则的综合影响；（3）自主学习理论（C1）准则（0.568）影响学生自主学习力变化（H2）（－0.154）。在所有准则中，交错关联度分列前二的准则为项目领导对方案之认同度（J1）（1.527）与对集团综效发展之影响（E1）（1.487），原因度分列前二的准则为产品经理能力水平（B1）（1.146）与大数据理论（C4）（0.742）。

"产品经理能力水平"不仅在 22 项评估准则中属权重最大的原因度，且至少影响了其他 12 项准则，说明招募高胜任力的产品经理对需求评估的成败至关重要。这个分析结果亦与姜杰夫[1]的研究发现相印证。在信息化产品领域，产品经理担负着产品迭代的推演、产品模式与链路闭环的设计、创造性地为需求找到最优解、从全局角度考虑权衡取舍、了解项目产品的成长所伴随的

---

[1] 姜杰夫. 高效产品攻略：泛产品经理必备的效率提升实践宝典［M］. 北京：中国工信出版传媒集团，2020.

社会变迁、产品变迁以及用户变迁情况，甚至担负着为团队传授需求评估的方法论的重任。

“项目领导对方案之认同度”准则列为交错关联度首位，符合学术界的普遍共识——领导认知结构会影响决策能力。然而，“对集团综效发展之影响”准则被列为第二权重的关联要素，此外，“教学实验成效与使用者接受度”构面内三项准则被迫退居第6至第9位，这应当引起实务界警惕。因为，依据“教育地产融合”发展模式，地产业务乃主赢利事业，在此种情形下，若未能将“教学实验成效”列为需求评估的优先位置，考虑到民办教育组织内常见的董事会干涉校务的机制，极可能导致项目需求萃取与功能设计偏移真正造福师生这一根本理念，流于营销噱头。值得欣慰的是，专家将“对下辖学校发展之影响”纳入集团综合绩效评估的关键要素，这可在一定程度上减少民办教育集团重商轻教的风险。总之，该指标权重排序显示民办教育集团当前的智慧课堂项目建设立于商业与教育的博弈之间。

民办教育集团智慧课堂需求评估指标的“技术扩展性”准则、“技术壁垒”准则与“技术成熟度”准则的权重值皆远大于“与教育信息化2.0行动计划之融合性”准则与“与产业链上下游之融合性”准则，说明专家群体普遍重视原型的技术情况。然而，在“互联网+”时代，从业者极易遵惯性思维将智慧课堂的发展路径推向互联网战略模式——平台化战略，因此，项目领导在需求评估过程经常陷入高科技产品与互联网产品的定位中摇摆。而在实务方面，绝大部分智慧课堂成熟产品在产品成熟后的某个阶段选择“依靠整合资源获得成长与流量”的互联网发展模式，但是不敢一路到底，因为互联网发展模式亦有多项弊端致使教育无法承受，例如，互联网发展模式有时要求“精准筛选目标用户”，即以平台为本位筛选适应性与接受度较强的师生群体使用平台，接受度较低的师生将被平台自然淘汰，这就与教育所提倡的“因材施教”与“有教无类”的初衷相违背。一言以概之，智慧课堂建设虽借鉴了互联网战略思维，但其需求导向仍属科技产品范畴。

步骤（十二）：建立准则加权超级矩阵

将DANP第六步求得的标准化构面总关系矩阵 T_D^{α} 与ANP第四步求得的未加权超级矩阵 W 结合，获得ANP已加权超级矩阵 W^{α}［见式（2－32）］。表2－25为某民办教育集团整体发展需求导向下智慧课堂需求评估的加权后的评估准则超级矩阵实例。[1] 图2－18与图2－19为Python代码于Jupyter Notebook运行界面示例图。

---

[1] 陈仰平.《教育信息化2.0行动计划》下私立教育集团智慧课堂建设方案需求评估机制与模型之设计研究［D］. 台北：台北教育大学，2022.

表 2－25 加权后的评估准则超级矩阵

评估准则	技术扩展性（A1）	技术壁垒（A2）	与教育信息化2.0行动计划之融合性（A3）	与产业链上下游之融合性（A4）	技术成熟度（A5）	产品经理能力水平（B1）	自主学习理论（C1）	八角框架理论（C2）	价值链理论（C3）	大数据理论（C4）	科技教育政策环境（D1）	对集团综效发展之影响（E1）	对下辖学校发展之影响（E2）	投资估算风险（F1）	竞品优势比对（G1）	经济寿命预测（G2）	师生使用系统之行为意图（H1）	学生自主学习力变化（H2）	学生英语学业成就变化（H3）	物理安全（I1）	数据安全（I2）	项目领导对方案之认同度（J1）
技术扩展性（A1）	0. 003	0. 038	0. 004	0. 027	0. 012	0. 023	0. 000	0. 000	0. 000	0. 000	0. 000	0. 000	0. 000	0. 037	0. 000	0. 000	0. 027	0. 022	0. 021	0. 041	0. 026	0. 071
技术壁垒（A2）	0. 031	0. 012	0. 003	0. 005	0. 019	0. 023	0. 000	0. 000	0. 000	0. 000	0. 000	0. 000	0. 000	0. 039	0. 000	0. 000	0. 035	0. 041	0. 038	0. 065	0. 065	0. 053
与教育信息化2. 0行动计划之融合性（A3）	0. 001	0. 000	0. 000	0. 001	0. 010	0. 018	0. 000	0. 000	0. 000	0. 000	0. 000	0. 000	0. 000	0. 001	0. 000	0. 000	0. 000	0. 000	0. 001	0. 005	0. 027	0. 003
产业链上下游之融合性（A4）	0. 001	0. 000	0. 044	0. 001	0. 011	0. 020	0. 000	0. 000	0. 000	0. 000	0. 000	0. 000	0. 000	0. 001	0. 000	0. 000	0. 001	0. 001	0. 002	0. 008	0. 006	0. 024
技术成熟度（A5）	0. 018	0. 002	0. 002	0. 018	0. 001	0. 022	0. 000	0. 000	0. 000	0. 000	0. 000	0. 000	0. 000	0. 035	0. 000	0. 000	0. 001	0. 001	0. 003	0. 014	0. 010	0. 010
产品经理能力水平（B1）	0. 000	0. 000	0. 000	0. 000	0. 000	0. 000	0. 000	0. 000	0. 000	0. 000	0. 000	0. 000	0. 000	0. 071	0. 000	0. 000	0. 000	0. 000	0. 000	0. 000	0. 000	0. 000
自主学习理论（C1）	0. 000	0. 000	0. 000	0. 000	0. 000	0. 021	0. 000	0. 000	0. 000	0. 000	0. 000	0. 000	0. 000	0. 000	0. 000	0. 000	0. 000	0. 000	0. 000	0. 000	0. 000	0. 000
八角框架理论（C2）	0. 000	0. 000	0. 000	0. 000	0. 000	0. 018	0. 000	0. 000	0. 000	0. 000	0. 000	0. 000	0. 000	0. 000	0. 000	0. 000	0. 000	0. 000	0. 000	0. 000	0. 000	0. 000
价值链理论（C3）	0. 000	0. 000	0. 000	0. 000	0. 000	0. 021	0. 000	0. 000	0. 000	0. 000	0. 000	0. 000	0. 000	0. 000	0. 000	0. 000	0. 000	0. 000	0. 000	0. 000	0. 000	0. 000
大数据理论（C4）	0. 000	0. 000	0. 000	0. 000	0. 000	0. 018	0. 000	0. 000	0. 000	0. 000	0. 000	0. 000	0. 000	0. 000	0. 000	0. 000	0. 000	0. 000	0. 000	0. 000	0. 000	0. 000
科技教育政策环境（D1）	0. 000	0. 000	0. 000	0. 000	0. 000	0. 047	0. 000	0. 000	0. 000	0. 000	0. 000	0. 000	0. 000	0. 000	0. 000	0. 000	0. 000	0. 000	0. 000	0. 000	0. 000	0. 000
对集团综效发展之影响（E1）	0. 088	0. 086	0. 088	0. 087	0. 087	0. 080	0. 124	0. 121	0. 124	0. 126	0. 143	0. 025	0. 105	0. 078	0. 144	0. 139	0. 108	0. 109	0. 108	0. 071	0. 071	0. 084

续表

评估准则	技术扩展性（A1）	技术壁垒（A2）	与教育信息化2.0行动计划之融合性（A3）	与产业链上下游之融合性（A4）	技术成熟度（A5）	产品经理能力水平（B1）	自主学习理论（C1）	八角框架理论（C2）	价值链理论（C3）	大数据理论（C4）	科技教育政策环境（D1）	对集团综效发展之影响（E1）	对下辖学校发展之影响（E2）	投资估算风险（F1）	竞品优势比对（G1）	经济寿命预测（G2）	师生使用系统之行为意图（H1）	学生自主学习力变化（H2）	学生英语学业成就变化（H3）	物理安全（I1）	数据安全（I2）	项目领导对方案之认同度（J1）
对下辖学校发展之影响（E2）	0.086	0.088	0.086	0.087	0.087	0.074	0.120	0.123	0.120	0.118	0.134	0.092	0.012	0.076	0.141	0.146	0.105	0.103	0.104	0.069	0.069	0.081
投资估算风险（F1）	0.111	0.111	0.111	0.111	0.111	0.089	0.094	0.094	0.094	0.094	0.000	0.276	0.276	0.077	0.000	0.000	0.193	0.193	0.193	0.156	0.156	0.138
竞品优势比对（G1）	0.078	0.080	0.059	0.063	0.079	0.067	0.129	0.093	0.109	0.106	0.024	0.055	0.056	0.097	0.000	0.000	0.095	0.095	0.096	0.079	0.079	0.075
经济寿命预测（G2）	0.085	0.084	0.104	0.100	0.084	0.073	0.094	0.129	0.114	0.117	0.221	0.059	0.058	0.057	0.000	0.000	0.100	0.100	0.099	0.089	0.089	0.080
师生使用系统之行为意图（H1）	0.067	0.066	0.095	0.087	0.067	0.053	0.075	0.087	0.085	0.087	0.165	0.060	0.060	0.056	0.094	0.093	0.008	0.048	0.048	0.170	0.165	0.048
学生自主学习力变化（H2）	0.064	0.064	0.048	0.053	0.064	0.047	0.090	0.084	0.085	0.084	0.006	0.059	0.058	0.054	0.088	0.091	0.027	0.005	0.045	0.017	0.020	0.094
学生英语学业成就变化（H3）	0.064	0.065	0.051	0.055	0.064	0.049	0.092	0.086	0.087	0.086	0.011	0.057	0.058	0.055	0.091	0.089	0.065	0.047	0.007	0.021	0.024	0.048
物理安全（I1）	0.058	0.063	0.071	0.057	0.056	0.036	0.000	0.000	0.000	0.000	0.000	0.000	0.000	0.048	0.000	0.000	0.000	0.000	0.000	0.000	0.000	0.035
数据安全（I2）	0.056	0.050	0.043	0.057	0.058	0.036	0.000	0.000	0.000	0.000	0.000	0.000	0.000	0.049	0.000	0.000	0.000	0.000	0.000	0.000	0.000	0.035
项目领导对方案之认同度（J1）	0.191	0.191	0.191	0.191	0.191	0.165	0.183	0.183	0.183	0.183	0.296	0.317	0.317	0.169	0.442	0.442	0.234	0.234	0.234	0.193	0.193	0.120

注：DANP 问卷的专家背景资料详见附录（五）；欲获取 DANP 技术的 Python 代码与本实例数据请联系作者（E－mail：yangping@ fjsmu. edu. cn）。

$$W^{a}=T_{D}^{a}\times W=\begin{bmatrix} t_{D}^{a11}\times W^{11} & \cdots & t_{D}^{ai1}\times W^{i1} & \cdots & t_{D}^{an1}\times W^{n1} \\ \vdots & & \vdots & & \vdots \\ t_{D}^{a1j}\times W^{1j} & \cdots & t_{D}^{aij}\times W^{ij} & \cdots & t_{D}^{anj}\times W^{nj} \\ \vdots & & \vdots & & \vdots \\ t_{D}^{a1n}\times W^{1n} & \cdots & t_{D}^{ain}\times W^{in} & \cdots & t_{D}^{ann}\times W^{nn} \end{bmatrix} \quad (2-32)$$

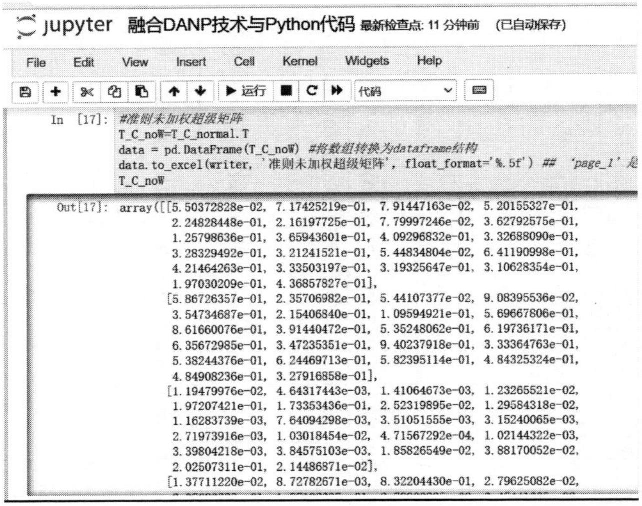

图 2-18 准则未加权超级矩阵生成步骤于 Jupyter Notebook 界面示例

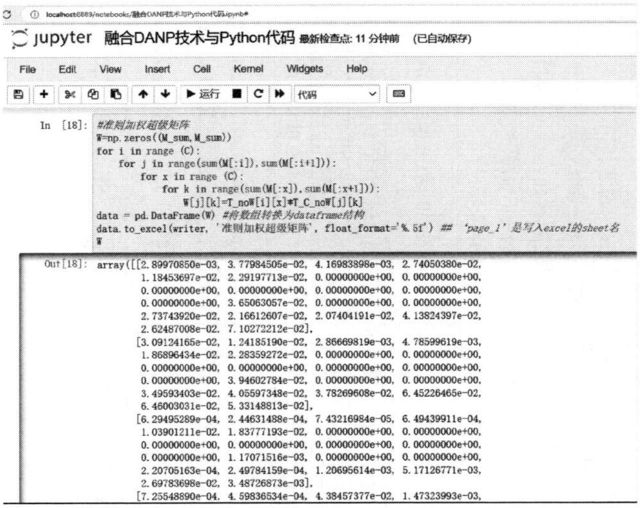

图 2-19 准则加权超级矩阵生成步骤于 Jupyter Notebook 界面示例

步骤（十三）：获取极限化超级矩阵

依据 ANP 第四步收敛加权超级矩阵 W^a，直到变成长期稳定的超级矩阵 W^*，随后计算出整体权重值、构面权重值以及构面下准则权重值，计算过程见式（2－33）。表 2－26 为某民办教育集团整体发展需求导向下智慧课堂需求评估准则权重的排序结果实例。[1] Python 代码于 Jupyter Notebook 运行界面如图 2－20 与图 2－21 所示。

$$W^* = \lim_{c \to \infty}(W^a)^c \tag{2-33}$$

表 2－26　需求评估准则权重排序

评估准则	准则权重值	排序	评估构面	构面权重值	排序
技术扩展性（A1）	0.029	11	软硬件技术（A）	0.077	6
技术壁垒（A2）	0.029	10			
与教育信息化 2.0 行动计划之融合性（A3）	0.002	17			
与产业链上下游之融合性（A4）	0.007	16			
技术成熟度（A5）	0.009	15			
产品经理能力水平（B1）	0.010	14	人资与团队（B）	0.010	8
自主学习理论（C1）	0.000	20	理论技术（C）	0.001	9
八角框架理论（C2）	0.000	22			
价值链理论（C3）	0.000	19			
大数据理论（C4）	0.000	21			
科技教育政策环境（D1）	0.000	18	政策法规之契合度（D）	0.000	10
对集团综效发展之影响（E1）	0.091	3	集团与社会效益（E）	0.179	3
对下辖学校发展之影响（E2）	0.088	4			
投资估算风险（F1）	0.143	2	资金情况（F）	0.143	4
竞品优势比对（G1）	0.068	5	竞品与生命周期（G）	0.135	5
经济寿命预测（G2）	0.067	6			
师生使用系统之行为意图（H1）	0.062	8	教学实验成效与使用者接受度（H）	0.180	2
学生自主学习力变化（H2）	0.063	7			
学生英语学业成就变化（H3）	0.055	9			
物理安全（I1）	0.020	12	安全分析（I）	0.040	7
数据安全（I2）	0.020	13			
项目领导对方案之认同度（J1）	0.235	1	决策领导之认同（J）	0.235	1

[1] 陈仰平.《教育信息化 2.0 行动计划》下私立教育集团智慧课堂建设方案需求评估机制与模型之设计研究［D］. 台北：台北教育大学，2022.

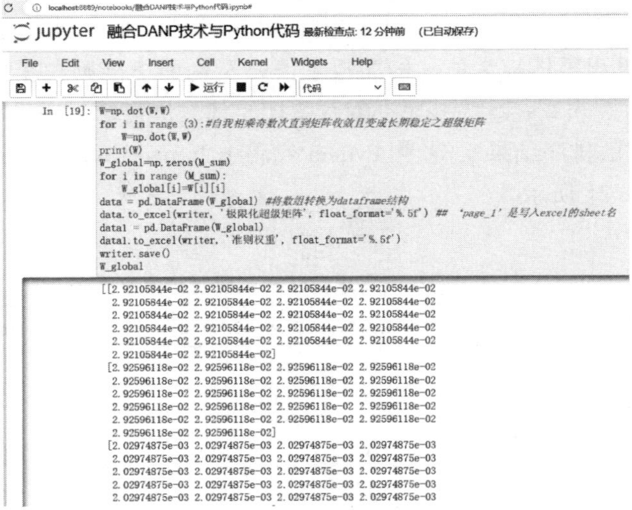

图 2-20 极限化超级矩阵生成步骤于 Jupyter Notebook 界面示例

图 2-21 Python 运算结果保存界面

注：保存位置与输出文件名可在 Python 代码中自由设置，欲获取 DANP 技术的 Python 代码与本实例数据请联系作者（E-mail：yangping@ fjsmu. edu. cn）。

图表解读与讨论：

表2－26显示，10项构面依权重值从大到小依次为决策领导之认同（K）（0.235）、教学实验成效与使用者接受度（H）（0.180）、集团与社会效益（E）（0.179）、竞品与生命周期（G）（0.135）、资金情况（F）（0.143）、软硬件技术（A）（0.077）、安全分析（I）（0.040）、人资与团队（B）（0.010）、理论技术（C）（0.001）及政策法规之契合度（D）（0.000），说明民办教育集团智慧课堂项目的需求评估者当面对评估过程的不确定性博弈时，更倾向于选择摒弃传统的"寡头"经验，立足于智慧课堂内部功能为本位思考需求，甚至会深入洞察竞品并对标行业数据，彰显匠心。

表2－26亦显示，评估者对于智慧课堂方案的认知与需求的挖掘更愿意基于教学实验成效、用户对智慧课堂原型的接受度、对竞品与生命周期的洞察、对集团与社会效益影响的预见等指标，此亦说明传统的决策机制正受到信息化与大数据的解构。故今后可进一步依托大数据决策机制与信息化建立大调研格局以提升决策理性，例如，建立大数据分析机制搭建多维调研平台、采取信息化手段建立需求评估的决策制度以捍卫程序正义、贯彻大调研格局令业务部门做好基础调研工作、邀请外部的业内专家共同参与对话与指导等。

（二）需求评估各构面内准则间因果关系研析技巧

本节借由DEMATEL探究评估构面下各准则间的交错关联度与原因度数据，并对图表逐一解读与讨论。

1. 软硬件技术（A）构面内各准则间的因果

表2－27为软硬件技术（A）构面内准则总影响关系矩阵及其行列和。图2－22为其影响网络关系图。

表2－27　软硬件技术（A）构面内准则间影响程度

评估构面（A）	技术扩展性（A1）	技术壁垒（A2）	与教育信息化2.0行动计划之融合性（A3）	与产业链上下游之融合性（A4）	技术成熟度（A5）	行和（r）	交错关联度（$r+c$）	原因度（$r-c$）
技术扩展性（A1）	0.006	0.059*	0.001	0.001	0.033*	0.100	0.221	－0.021
技术壁垒（A2）	0.019*	0.006	0.001	0.001	0.001	0.028	0.164	－0.108
与教育信息化2.0行动计划之融合性（A3）	0.005	0.003	0.001	0.049*	0.002	0.06	0.097	0.023

续表

评估构面（A）	技术扩展性（A1）	技术壁垒（A2）	与教育信息化2.0行动计划之融合性（A3）	与产业链上下游之融合性（A4）	技术成熟度（A5）	行和（r）	交错关联度（$r+c$）	原因度（$r-c$）
与产业链上下游之融合（A4）	0.054 *	0.009 *	0.001	0.003	0.036 *	0.103	0.192	0.014
技术成熟度（A5）	0.037 *	0.059 *	0.033 *	0.035 *	0.003	0.167	0.242	0.092
列和（c）	0.121	0.136	0.037	0.089	0.075			

注：* 表示大于门槛值（0.007），DANP 问卷的专家背景资料详见附录（五）。

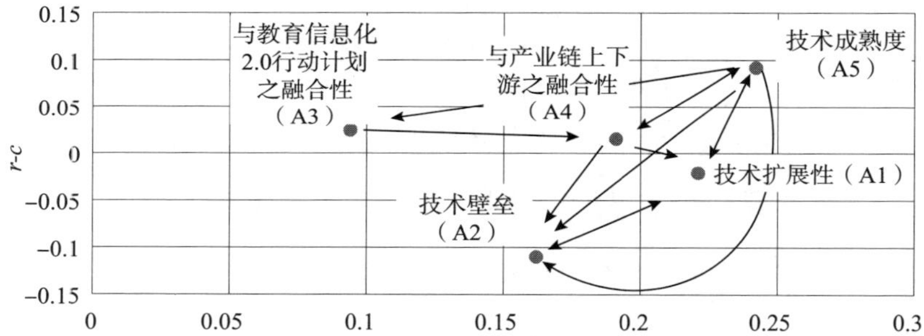

图 2－22 软硬件技术（A）构面内准则间影响网络关系图

注：DANP 问卷的专家背景资料详见附录（五）；欲获取 DANP 技术的 Python 代码与本实例数据请联系作者（E－mail：yangping@ fjsmu. edu. cn）。

图表解读与讨论：追求“技术—社会”脉络下的技术壁垒。

表 2－27 显示，在软硬件技术（A）构面内，“技术扩展性”与“技术成熟度”皆对“技术壁垒”产生重要影响（0.059）。此外，“与产业链上下游之融合性”准则对“技术扩展性”影响亦相当明显（0.054）。

依泽姆利基恩（Zemlickiene）❶、张素敏❷、贾雷坡等❸的研究发现，在社

❶ ZEMLICKIENE V. Analysis of high－technology product development models [J]. Intellectual Economics，2001，5（10），283－297.

❷ 张素敏. 地方政府在促进科技成果转化过程中的注意力配置——基于 15 个省域政策文本的 NVivo 分析 [J]. 河南师范大学学报（自然科学版），2022，50（3）：104－112.

❸ 贾雷坡，张志旻，唐隆华. 中国高校和科研机构科技成果转化的问题与对策研究 [J]. 中国科学基金，2022，36（2）：7.

会系统的新型科技成果转化领域，“无论何种转化主体与转化方式，技术成果的成熟度一直是影响转化成效的重要因素”。表2－27与图2－22显示，需求评估者亦认同智慧课堂原型设计技术的成熟度携手技术扩展性有助于打造技术壁垒。对比此二者，显示民办教育集团智慧课堂项目的需求评估过程受到社会系统的产业发展理念影响，曹晓明将这种现象称为“技术—社会”脉络。[1] 王曙将此现象的原因归结为系统整体力量下的跨域协同演化。[2] 但是，无论何种力量影响民办教育集团智慧课堂需求评估过程，多属性决策方法结果至少证明：评估者期待教育信息化2.0时代下民办教育集团的智慧课堂生态能真正凭借技术而重构。

2. 理论技术（C）构面内各准则间的因果

表2－28为理论技术（C）构面内准则总影响关系矩阵及其行列和。

表2－28 理论技术（C）构面内准则间影响程度

评估构面（C）	自主学习理论（C1）	八角框架理论（C2）	价值链理论（C3）	大数据理论（C4）	行和（r）	交错关联度（r＋c）	原因度（r－c）
自主学习理论（C1）	0.001	0.001	0.001	0.001	0.004	0.008	0.000
八角框架理论（C2）	0.001	0.001	0.001	0.001	0.004	0.008	0.000
价值链理论（C3）	0.001	0.001	0.001	0.001	0.004	0.008	0.000
大数据理论（C4）	0.001	0.001	0.001	0.001	0.004	0.008	0.000
列和（c）	0.004	0.004	0.004	0.004			

注：DANP问卷的专家背景资料详见附录（五）；欲获取DANP技术的Python代码与本实例数据请联系作者（E－mail：yangping@fjsmu.edu.cn）。

图表解读与讨论：

如表2－28所示，理论技术（C）构面内4个准则间的交错关联度相当微弱。由此可见，智慧课堂需求评估所涉4则理论——自主学习理论、八角框架理论、价值链理论以及大数据理论的共通性与概念间的交错关联度皆不大。或者说，专家共识认为此4则理论的内在逻辑无相通之处，即在各自的延伸空间

[1] 曹晓明．“智能＋”校园：教育信息化2.0视域下的学校发展新样态［J］．远程教育杂志，2018，36（4）：57－68．

[2] 王曙．逃离“为做而做”的竞品分析，获取真正的产品价值［EB/OL］．（2020－03－11）［2022－03－05］．https：//www.woshipm.com/pmd/3496300.html．

上不具有较为相近的理论基础，未能建构其间的对话与融合路径。

3. 集团与社会效益（E）构面内各准则间的因果

表2-29为集团与社会效益（E）构面内准则总影响关系矩阵及其行列和，图2-23为其影响网络关系图。

表2-29 集团与社会效益（E）构面内各准则间影响程度

评估构面（E）	对集团综效发展之影响（E1）	对下辖学校发展之影响（E2）	行和（*r*）	交错关联度（*r*+*c*）	原因度（*r*-*c*）
对集团综效发展之影响（E1）	0.006	0.023*	0.029	0.090	-0.031
对下辖学校发展之影响（E2）	0.054*	0.006	0.060	0.090	0.031
列和（*c*）	0.060	0.029			

*表示大于门槛值（0.015），DANP问卷的专家背景资料详见附录（五）。

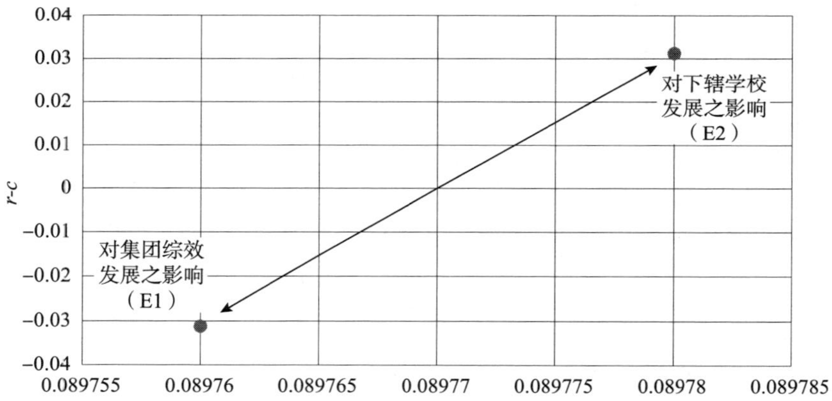

图2-23 集团与社会效益（E）构面内各准则间影响网络关系图

注：DANP问卷的专家背景资料详见附录（五）；欲获取DANP技术的Python代码与本实例数据请联系作者（E-mail：yangping@fjsmu.edu.cn）。

图表解读：

表2-29及图2-23皆显示，“对下辖学校发展之影响”准则对“对集团综效发展之影响”准则的关联系数为0.054，且二者之间存在互为因果的关系。

4. 竞品与生命周期（G）构面内各准则间的因果

表2-30为竞品与生命周期（G）构面内准则总影响关系矩阵及其行列和，图2-24为其影响网络关系图。

表 2－30　竞品与生命周期（G）构面内各准则间影响程度

评估构面（G）	竞品优势比对（G1）	经济寿命预测（G2）	行和（r）	交错关联度（$r+c$）	原因度（$r-c$）
竞品优势比对（G1）	0.015	0.065*	0.080	0.102	0.058
经济寿命预测（G2）	0.007	0.007	0.014	0.086	－0.058
列和（c）	0.022	0.072			

注：*表示大于门槛值（0.015），DANP 问卷的专家背景资料详见附录（五）。

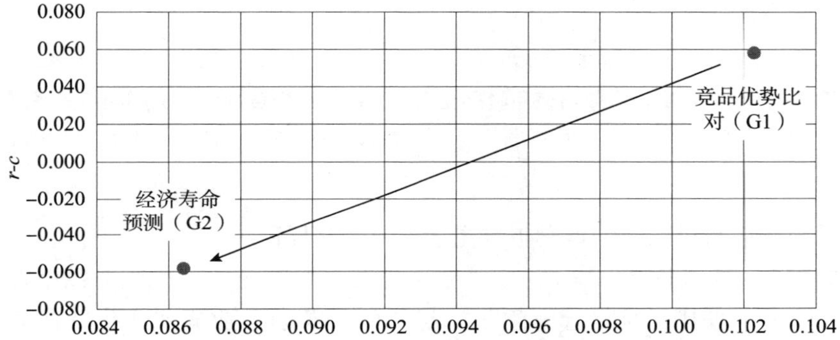

图 2－24　竞品与生命周期（G）构面内各准则间影响网络关系图

注：DANP 问卷的专家背景资料详见附录（五）；欲获取 DANP 技术的 Python 代码与本实例数据请联系作者（E－mail：yangping@ fjsmu. edu. cn）。

图表解读：

如表 2－30 及图 2－24 皆显示，“竞品优势比对”准则对“经济寿命预测”准则的影响系数为 0.065，且“竞品优势比对”对“经济寿命预测”有着显著影响。

5. 教学实验成效与使用者接受度（H）构面内各准则间的因果

表 2－31 为教学实验成效与使用者接受度（H）构面内各准则影响关系矩阵及其行列和。图 2－25 为其影响网络关系图。

表 2－31　教学实验成效与使用者接受度（H）构面内各准则间影响程度

评估构面（H）	师生使用系统之行为意图（H1）	学生自主学习力变化（H2）	学生英语学业成就变化（H3）	行和（r）	交错关联度（$r+c$）	原因度（$r-c$）
师生使用系统之行为意图（H1）	0.006	0.021	0.051*	0.079	0.196	－0.038
学生自主学习力变化（H2）	0.054*	0.006	0.054*	0.115	0.196	0.034
学生英语学业成就变化（H3）	0.056*	0.053*	0.008	0.118	0.231	0.004
列和（c）	0.117	0.081	0.114			

注：*表示大于门槛值（0.024），DANP 问卷的专家背景资料详见附录（五）。

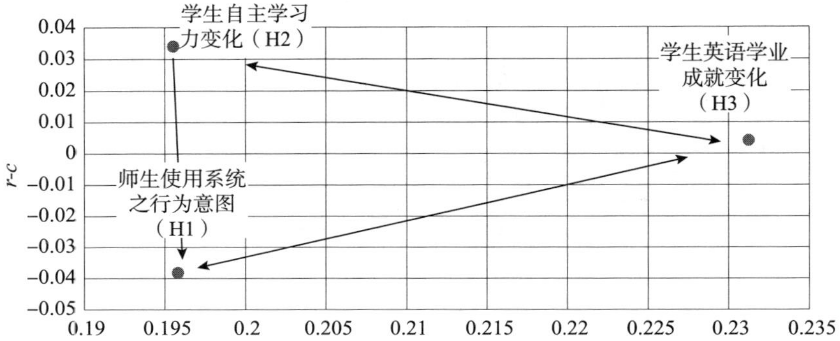

图 2-25　教学实验成效与使用者接受度（H）构面内各准则间影响网络关系图

注：DANP 问卷的专家背景资料详见附录（五）；欲获取 DANP 技术的 Python 代码与本实例数据请联系作者（yangping@ fjsmu. edu. cn）。

图表解读与讨论：培育学生自主学习力乃首要需求。

如表 2-31 及图 2-25 显示，“学生自主学习力变化”准则对以下两项准则——“师生使用系统之行为意图”与“学生英语学业成就变化”的影响力分别为 0.021 与 0.051。且，该构面内三准则间亦存有交叉影响，即“学生自主学习力变化”准则与“学生英语学业成就变化”皆对“师生使用系统之行为意图”存在影响。该结果符印麦克马洪（McMahon）和奥利弗（Oliver）的研究发现[1]——数字学习环境的设计须首先考虑“培育学生自主学习力”功能。

6. 安全分析（I）构面内各准则间的关联并不显著

表 2-32 为安全分析（I）构面内准则总影响关系矩阵及其行列和。

表 2-32　安全分析（I）构面内各准则间的影响程度

评估构面（I）	物理安全（I1）	数据安全（I2）	行和（r）	交错关联度（$r+c$）	原因度（$r-c$）
物理安全（I1）	0.001	0.001	0.002	0.004	0.000
数据安全（I2）	0.001	0.001	0.002	0.004	0.000
列和（c）	0.002	0.002			

注：DANP 问卷的专家背景资料详见附录（五）；欲获取 DANP 技术的 Python 代码与本实例数据请联系作者（E-mail：yangping@ fjsmu. edu. cn）。

[1] MCMAHON M，OLIVER R. Promoting self-regulated learning in an online environment：proceedings of World Conference on Educational Multimedia，Hypermedia and Telecommunications 2001，Chesapeake，VA，USA，June 25-30，2001 [C]. Virginia：AACE，2001.

表格解读：

如表 2 – 32 所示，安全分析（I）构面下的各准则间未呈现关联，说明专家群体认为物理安全与数据安全之间无关联，即智慧课堂需求评估所考虑的数据安全保障不受物理安全的影响，物理安全亦不需要数据安全的保障。

第三节　智慧课堂需求方案绩效排序方法

最优化妥协法（VlseKriterijumska optimizacija ikomopromisno resenje，VIKOR）属多属性决策分析中的多准则折中方法（compromise programming），其理论雏形系由游伯龙[1]与泽莱尼（Zeleny）[2] 建构，并由奥普里科维奇（Opricovic）于 1998 年正式提出，旨在从一组存在准则间冲突的备选方案中折中排序。其计算逻辑考虑到决策者的风险态度与主观偏好，且基于理想点法并兼顾最大化群效用和最小化个体遗憾，计算各备选方案与理想方案间的距离。如今，VIKOR 常与层次分析法（AHP）、加权聚合总和乘积评估（WASPAS）等其他多种类别的多属性决策方法相结合，被广泛应用于教育领域，包括办学绩效、学习成就、教师绩效评价等[3]，本节将针对 DANP 串联 VIKOR 的混合 MCDM 模型（multi – criteria decision – making，MCDM）应用于智慧课堂需求方案绩效排序技术展开阐述。

---

[1] YU P L. A Class of Solutions for Group Decision Problems [J]. Management science, 1973, 19 (8): 936 – 946.

[2] ZELENY M. Multiple Criteria Decision Making [M]. New York: McGraw – Hill, 1982.

[3] OPRICOVIC S. Multicriteria optimization of civil engineering systems [D]. Beograd: University Of Belgrade, 1998; RAHAYU E, RAHMADANI N. The comparison of WASPAS AND VIKOR methods in assessment of lecturer performance: International Conference on Social, Sciences and Information Technology, August 19, 2020 [C]. Online: ICoSSIT, 2020: 141 – 150; MURAT S, KAZAN H, COSKUN S S. An Application for Measuring Performance Quality of Schools by Using the PROMETHEE Multi – Criteria Decision – Making Method [J]. Procedia – social and behavioral sciences, 2015, 195: 729 – 738; WAAS D, SUPRAPTO S. Combination of AHP Method and VIKOR Method For Assessing Sunday School Teacher [J]. Indonesian journal of computing and cybernetics systems, 2020, 14 (1): 45 – 56; MUHAMAD S N N, HALIM A R, SHAHIDAN W N W, et al. Ranking academic performance using fuzzy Vikor: A case of secondary schools at Perlis [J]. Journal of computing research and innovation, 2018, 3 (4): 31 – 38; 陈芃婷，李宗耀，虞孝成，等. 大学教师绩效评鉴模型之应用及探讨：以一所大学为例 [J]. 教育研究集刊，2003，49 (4): 191 – 218.

一、DANP 串联 VIKOR 的混合 MCDM 模型应用于评估领域相关研究

近年来，“准则—方案”串联法被广泛应用于多属性决策领域的方案评估以求解最佳方案❶，其中，尤以 DANP 与以下算法的串联最为常见：优劣解距离法（technique for order preference by similarity to an ideal solution，TOPSIS）❷、ISO 9004：2009 成熟度自我审核工具❸、VIKOR❹、灰关联分析法❺、重要表现分析法（importance - performance analysis，IPA）❻ 等，其中以 2009 年后始出现的 DANP 串联 VIKOR 分析技术的应用最为广泛。

在 ProQuest 上，采用 DANP 串联 VIKOR 搭建混合 MCDM 模型的相关研究大多来自我国台湾地区（见表 2 - 33）。此外，海峡两岸的研究生常使用此模型完成学位论文。其最常见的研究领域为可持续发展评估与绩效评估，少数也用于供货商评选、策略评估等。但是，截至目前，需求评估领域的相关研究鲜少使用到该模型。

---

❶ 张绍勋．模糊多准则评估法及统计［M］．台北：五南图书出版公司，2012.

❷ DINCER H，AKDENIZ O O，HACIOGLU U. Competitive strategy selection in the European banking sector using a hybrid decision - making approach［J］．Zbornik radova ekonomski fakultet u rijeka，2018，36（1）：211 - 240；STOKIC M，VUJANOVIC D，SEKULIC D. A new comprehensive approach for efficient road vehicle procurement using hybrid DANP - TOPSIS method［J］．Sustainability，2020，12（10）：40 - 44.

❸ 蔡重成，黄琼蓉，洪振庭．结合多目标决策与 ISO 9004 自我评核的方法改善培训质量管理系统［J］．运筹与管理学刊，2010，9（1）：21 - 38.

❹ KHAN S，MAQBOOL A，HALEEM A，et al. Analyzing critical success factors for a successful transition towards circular economy through DANP approach［J］．Management of environmental quality，2020，31（3）：514；陈筱琪，陈文良，唐宇宏．建构产物保险业服务质量评估模式——多目标决策之观点［J］．中原企管评论，2015，13（2）：1 - 31.

❺ 陈锡洺，邱英浩，刘育芸．文化创意产业与评估指标关联性之分析［J］．都市与计划，2020，47（3）：271 - 292.

❻ 郭建昌．影响既有建筑绿色改造之关键建筑设计因素［J］．建筑与规划学报，2018，19（2）：81 - 101.

表 2－33　DANP 结合 VIKOR 的混合多准则决策分析法应用情况一览表

学者分布区域	数量	代表学者或作者	应用领域
我国台湾地区	46	林圣豪等（Lin et al.）❶	√ 可持续发展评估
		刘恭铭等（Liu et al.）❷	√ 选址评估
		徐政雄等（Hsu et al.）❸； 郭财吉等（Kuo et al.）❹	√ 供货商评选
		张世佳等（Chang et al.）❺； 黄启佑等（Huang et al.）❻； 蒂蒂亚尔等（Titiyal et al.）❼； 赵群等❽	√ 绩效评估

❶ LIN S，LIU K，HSIEH J，et al. A new hybrid modified MADM model for the potential evaluation of a comprehensive land consolidation project（LCP）toward achieving sustainable development［J］. Journal of environmental planning and management，2020，63（9）：1585－1615.

❷ LIU K，LIN S，HSIEH J，et al. Improving the food waste composting facilities site selection for sustainable development using a hybrid modified MADM model［J］. Waste management，2018，75：44－59.

❸ HSU C，WANG F，TZENG G. The best vendor selection for conducting the recycled material based on a hybrid MCDM model combining DANP with VIKOR［J］. Resources，conservation，and recycling，2012，66：95－111；HSU C，KUO T，SHYU G. et al. Low carbon supplier selection in the hotel industry［J］. Sustainability，2014，6（5）：2658－2684.

❹ KUO T C，HSU C，LI J. Developing a green supplier selection model by using the DANP with VIKOR［J］. Sustainability，2015，7（2）：1661－1689.

❺ CHANG S，LU M，PAN T，et al. Evaluating the e－health cloud computing systems adoption in Taiwan's healthcare industry［J］. Life，2021，11（4）：310.

❻ HUANG C，HSIEH H，CHEN H. Evaluating the investment projects of spinal medical device firms using the real option and DANP－mV based MCDM methods［J］. International journal of environmental research and public health，2020，17（9）：3335.

❼ TITIYAL R，BHATTACHARYA S，THAKKAR J J. The distribution strategy selection for an e－tailer using a hybrid DANP VIKOR MCDM model［J］. Benchmarking，2019，26（2）：429.

❽ ZHAO Q，TSAI P，WANG J. Improving financial service innovation strategies for enhancing China's banking industry competitive advantage during the fintech revolution：A hybrid MCDM model［J］. Sustainability，2019，11（5）：1419.

续表

学者分布区域	数量	代表学者或作者	应用领域
我国台湾地区	46	黄启佑（Chi - Yo Huang）、董怡伶（I - Ling Tung）[1]；蒂蒂亚尔等[2]	√ 策略评估
其他地区	4	阿米里等（Amiri et al.）[3]	√ 可持续农产品加工业区位规划评估
		蒂蒂亚尔等[4]	√ 电子零售商的分销策略评估
		可汗等（Khan et al.）[5]	√ 循环经济成功转型的成功因素评估
		普查尼空（Phochanikor）、谭春桥（Tan）[6]	√ 可持续供货商评选

二、VIKOR 自评问卷编制

自评问卷的第一部分通常是填答者的个人基本数据；第二部分侧重评估指标的意涵说明、需求概要及对应的方案概要；第三部分用于设计专家填答表，供专家针对各需求在各评估准则面上的绩效表现或符合程度量化评分，评分范围分成 0—10 分，0 分代表专家对该需求方案在对应构面或准则的绩效表现或符合程度最低，10 分代表最高。表 2 - 34 为 VIKOR 自评问卷实例。

【第一部分】个人基本数据（略）

【第二部分】智慧课堂建设方案的需求评估因素意涵说明（具体内容与表

❶ HUANG C，I - LING T. Strategies for heterogeneous R&D alliances of in vitro diagnostics firms in rapidly catching - up economies ［J］. International journal of environmental research and public health，2020，17（10）：3688.

❷ TITIYAL R，BHATTACHARYA S，THAKKAR J J. The distribution strategy selection for an e - tailer using a hybrid DANP VIKOR MCDM model ［J］. Benchmarking，2019，26（2）：425.

❸ AMIRI H，POUREBRAHIM S，DANEHKAR A，et al. Location - based planning for sustainable agro - processing industries using land suitability assessment and DANP - VIKOR technique ［J］. Arabian journal of geosciences，2020，13（144）：1 - 11.

❹ TITIYAL R，BHATTACHARYA S，THAKKAR J J. The distribution strategy selection for an e - tailer using a hybrid DANP VIKOR MCDM model ［J］. Benchmarking，2019，26（2）：421.

❺ KHAN S，MAQBOOL A，HALEEM A，et al. Analyzing critical success factors for a successful transition towards circular economy through DANP approach ［J］. Management of environmental quality，2020，31（3）：526.

❻ PHOCHANIKORN P，TAN C. A new extension to a multi - criteria decision - making model for sustainable supplier selection under an intuitionistic fuzzy environment ［J］. Sustainability，2019，11（19）：5413.

2－9 相同，故不赘列）。

【第三部分】智慧课堂建设第 3 轮需求说明（见表 2－34）

表 2－34　智慧课堂建设第 3 轮需求说明

需求编号	来　源	需求内容	需求方案概要
S1	上一轮 VIKOR 排位靠后	适性诊断、电子作业与学业报告	调用第三方人工智能 API 接口，智能批改多题型作业；以区块链技术保障数据安全、跨系统兼容、数据收集、数字教育资源及学习者能力，并让学习成果上链。
S3	上一轮 VIKOR 排位靠后	短视频适性推送	采取机器学习技术实现对学习行为的智能分析与推送。
S5	上一轮 VIKOR 排位靠后	自评	由 B 端或 S 端的真人教师实施鹰架批改。
S8	上一轮 VIKOR 排位靠后	自主学习力智慧诊断与预测	采取 AI 机器学习算法发展路径模型，进而通过与摄像头、CUBand 脑波仪等物联网设备的衔接实现对生理数据、教室活动数据、学习数据的智能采集，再以灯光、语音等物联设备督促学习。
S12	上一轮 VIKOR 排位靠后	终端显示方法	批量定制专属 iPad，开发 APP 终端以及家长对 iPad 的管控功能。

【第四部分】问卷填写（表 2－35 由专家填写）

请针对以下需求模块于各准则面上的绩效表现与符合程度给与量化评分（低←0，1，2，…，10→高）

表 2－35　准则绩效表现与符合程度评分

评估构面	评估准则	S1	S3	S5	S8	S12
		适性诊断、电子作业及学业报告	短视频适性推送	自评	自主学习力智慧诊断与预测	终端显示方法
软硬件技术（A）	技术扩展性（A1）					
	技术壁垒（A2）					
	与教育信息化 2.0 行动计划之融合性（A3）					

续表

评估构面	评估准则	S1	S3	S5	S8	S12
		适性诊断、电子作业及学业报告	短视频适性推送	自评	自主学习力智慧诊断与预测	终端显示方法
软硬件技术（A）	产业链上下游之融合性（A4）					
	技术成熟度（A5）					
人资与团队（B）	产品经理能力水平（B1）					
理论技术（C）	自主学习理论（C1）					
	八角框架理论（C2）					
	价值链理论（C3）					
	大数据理论（C4）					
政策法规之契合度（D）	科技教育政策环境（D1）					
集团与社会效益（E）	对集团综效发展之影响（E1）					
	对下辖学校发展之影响（E2）					
资金情况（F）	投资估算风险（F1）					
竞品与生命周期（G）	竞品优势比对（G1）					
	经济寿命预测（G2）					
教学实验成效与使用者接受度（H）	师生使用系统之行为意图（H1）					
	学生自主学习力变化（H2）					
	学生英语学业成就变化（H3）					
安全分析（I）	物理安全（I1）					
	数据安全（I2）					
决策领导之认同（J）	项目领导对方案之认同度（J1）					

三、VIKOR 问卷调查实施步骤

智慧课堂需求评估通常遵循“一项需求—多个方案”的原则，即每一项需求在教学实验过程历经多次功能方案迭代。其间，在多属性决策分析技术的评估体系下，同一需求所采取的同一方案在不同教学实验环境下或不同组织内的绩效表现通常不同。为了尽可能准确地评估这些差异，评估者需要挖掘并汇集来自教学实验、市场分析、技术适用性、政策符应、集团综合绩效等多个方面的数据作为专家填答 VIKOR 问卷时的认知依据。同时，亦要求问卷填答者尽可能广泛且深入地了解不同需求方案在每一个评估指标上的绩效表现，这些指标涉及软硬件技术、人资与团队、理论技术、政策法规与环境、集团与社会效益、资金情况、市场与竞品、实验成效与使用者接受度、安全分析等多个领域。

邀请自评专家时的一个常见困难是单个项目内通识某一个方案在全部指标面绩效的专家较少，多数情况是评估业务内部的部门成员仅通晓所处部门的指标绩效，例如，IT 部门对功能方案于软硬件技术、市场与竞品、安全分析等指标的绩效有所认知，但是对功能方案于理论技术、集团与社会效益、政策法规与环境等其他指标的绩效了解甚少。对此，可以依专家在研发过程所参与的岗位职责分工填答 VIKOR 自评问卷中对应部分的题项，即不要求专家填答完整问卷，一份问卷由不同部门的专家如项目领导、专家顾问、实验学校、教研部与 IT 部门骨干人员等分工填答。此举可能降低专家共识度，但已尽力积聚团队力量以真实反馈客观情况。

表 2－36 显示的 VIKOR 自评专家背景资料源自某民办教育集团的智慧课堂项目。其中，来自项目领导、专家顾问、实验学校、教研部、IT 部门的 24 位专家被分成 6 个填答小组，每个小组均由 4 个部门的专家组成，共同填答一份问卷。表 2－37 为分工情况：IT 部门负责软硬件技术（A）构面、安全分析（I）构面、人资与团队（B）构面中的团队协作能力（B4）准则等评估指标的绩效填答；项目领导与专家顾问负责产品经理能力水平（B1）准则与对下辖学校发展之影响（E2）准则的绩效填答；教研部负责理论技术（C）构面、政策法规之契合度（D）构面、竞品与生命周期（G）构面以及决策领导之认同（J）构面指标的绩效填答；实验学校的管理者负责教学实验成效与使用者接受度（H）构面指标的绩效填答。其中，方案对集团综效发展之影响（E1）准则与投资估算风险（F1）准则的绩效表现只能由项目领导填答，因为其他部门或外部专家对集团发展战略不甚了解。

表 2－36 VIKOR 问卷专家背景资料

编号	性别	服务部门	职务	学历	从业年资
D10	男	IT 部	IT 部负责人	大学及以下	11～20 年（含）
D8	男		IT 部负责人（已离职）	大学及以下	20 年以上
V1	男		前端主工程师	大学及以下	6～10 年（含）
V2	男		后端主工程师	大学及以下	6～10 年（含）
V3	男		后端助理工程师	大学及以下	1～5 年（含）
V4	女		前端主工程师	大学及以下	1～5 年（含）
T1	女	实验学校	教师	大学及以下	11～20 年（含）
T2	女		教师	大学及以下	11～20 年（含）
T3	女		教师	大学及以下	11～20 年（含）
T4	男		教师	大学及以下	20 年以上
V6	女		实验校校长	大学及以下	20 年以上
D12	男		实验校主任	大学及以下	20 年以上
D2	男	项目领导与专家顾问	外聘专家	大学及以下	20 年以上
D9	男		集团项目总监	大学及以下	20 年以上
D13	男		董事长助理	大学及以下	20 年以上
G1	女		兼职顾问	大学及以下	6～10 年（含
G2	女		兼职顾问	硕士	6～10 年（含
G3	男		兼职顾问	大学及以下	6～10 年（含
R10	男	教研部	教研部负责人	硕士	11～20 年（含）
R11	男		兼职顾问	博士	11～20 年（含）
R12	男		兼职顾问	博士	11～20 年（含）
R13	男		兼职顾问	博士	11～20 年（含）
R14	男		兼职顾问	博士	11～20 年（含）
R15	男		产品经理	大学及以下	11～20 年（含）

表 2－37 VIKOR 自评问卷填答分工情况

评估构面	评估准则	填答者所属部门
软硬件技术（A）	技术扩展性（A1）	IT 部
	技术壁垒（A2）	IT 部
	与教育信息化 2.0 行动计划之融合性（A3）	IT 部
	与产业链上下游之融合性（A4）	IT 部
	技术成熟度（A5）	IT 部

续表

评估构面	评估准则	填答者所属部门
人资与团队（B）	产品经理能力水平（B1）	项目领导与专家顾问
	团队协作能力（B4）	IT 部
理论技术（C）	自主学习理论（C1）	教研部
	八角框架理论（C2）	教研部
	价值链理论（C3）	教研部
	大数据理论（C4）	教研部
政策法规之契合度（D）	科技教育政策环境（D1）	教研部
集团与社会效益（E）	对集团综效发展之影响（E1）	项目领导
	对下辖学校发展之影响（E2）	项目领导与专家顾问
资金情况（F）	投资估算风险（F1）	项目领导
竞品与生命周期（G）	竞品优势比对（G1）	教研部
	经济寿命预测（G2）	教研部
教学实验成效与使用者接受度（H）	师生使用系统之行为意图（H1）	实验学校
	学生自主学习力变化（H2）	实验学校
	学生英语学业成就变化（H3）	实验学校
安全分析（I）	物理安全（I1）	IT 部
	数据安全（I2）	IT 部
决策领导之认同（J）	项目领导对方案之认同度（J1）	教研部

剔除无效问卷数据后，有效数据将被录入 EXCEL。若填答小组有 s 个，可生成 s 个 $n \times m$ 矩阵（n 为方案数量；m 为准则数量），遂将矩阵导入 VIKOR 计算。

四、VIKOR 计算步骤

为了计算各需求方案的绩效表现或在各评估指标上的符合程度，可将 DANP 计算出的各准则权重值代入 VIKOR 所得的绩效数据矩阵，以计算出最佳需求方案（正理想解）与最差需求方案（负理想解），并比较需求方案的评估值与理想方案的接近程度，进而计算出各方案的优劣顺位序。

本书以 Python 代码融合 VIKOR 实现智慧计算功能，图 2 - 26 为自评问卷的数据导入 Jupyter Notebook 的界面示例。

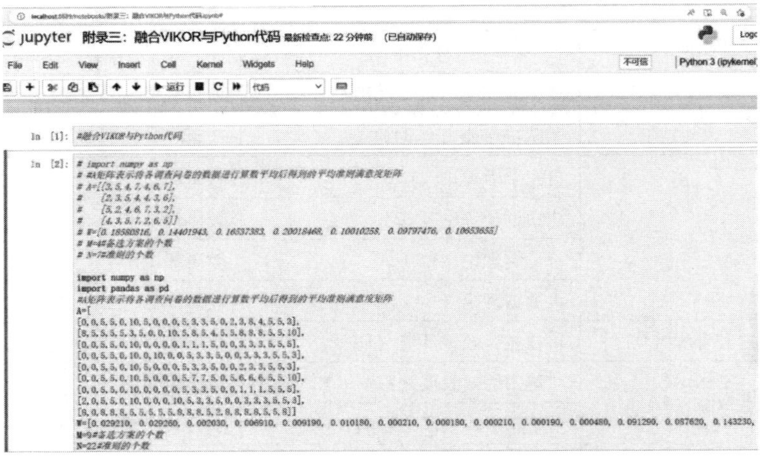

图 2－26 自评问卷数据导入 Jupyter Notebook 界面示例

智慧课堂的需求评估准则间难免相互冲突，因此须妥协让步。如图 2－27 所示，当准则（一）与准则（二）相排互敌时，若实现需求方案在准则（一）上的理想绩效表现，其势必削弱该需求方案在准则（二）上的绩效值，此时，两个准则需要相互妥协。准则（一）与准则（二）的妥协程度分别为：$\Delta f_1 = f_1^* - f_1^c$、$\Delta f_2 = f_2^* - f_2^c$，而非劣解集合（圆弧线所示）上的 F^c 因最接近理想解（F^*），则为妥协后的最佳解。具体计算步骤如下。

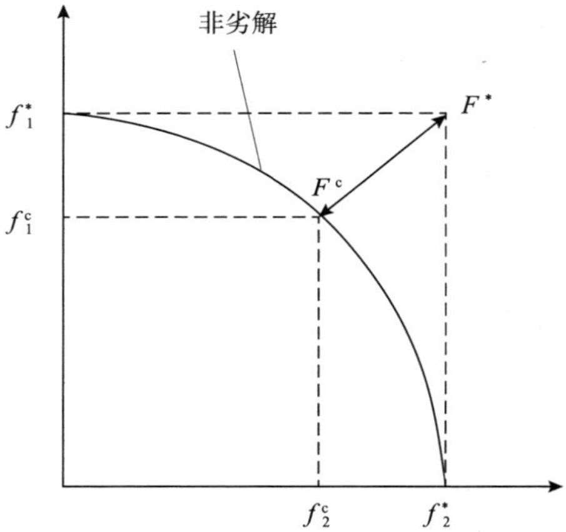

图 2－27 理想解与妥协解示意图

资料来源：林俊宏，曾国雄，任维廉．利用 VIKOR 方法解决企业资源规划系统评选问题［J］．农业与经济，2005，34：80.

（一）求得正理想解和负理想解

建立规范化平均准则满意度矩阵，图 2－28 为对应的 Python 代码于 Jupyter Notebook 的运行界面。

若准则 i 呈现效益准则 I_1 特征，则备选需求方案 j 在该准则上的正理想解 f_i^* 与负理想解 f_i^- 的计算公式如下：

$$f_i^* = [(\max_j f_{ij} \mid i \in I_1)] \forall i \tag{2-34}$$

$$f_i^- = [(\min_j f_{ij} \mid i \in I_1)] \forall i \tag{2-35}$$

若准则 i 呈现成本准则 I_2 特征，则备选需求方案 j 在该准则上的正理想解 f_i^* 与负理想解 f_i^- 的计算公式如下：

$$f_i^* = [(\min_j f_{ij} \mid i \in I_2)] \forall i \tag{2-36}$$

$$f_i^- = [(\max_j f_{ij} \mid i \in I_2)] \forall i \tag{2-37}$$

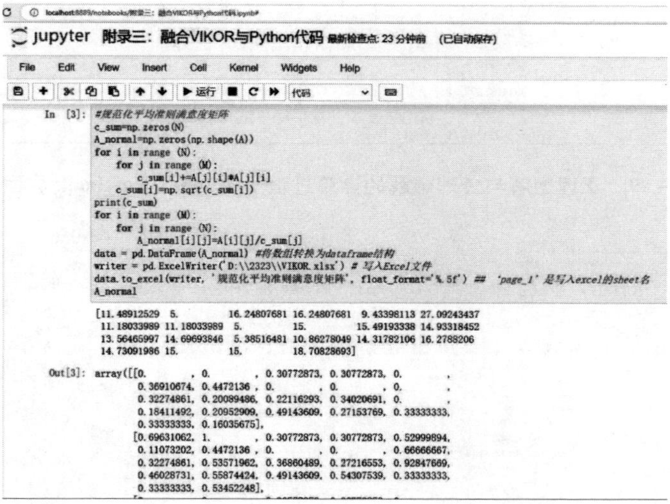

图 2－28　规范化平均准则满意度矩阵的生成步骤于 Jupyter Notebook 界面示例

（二）计算需求方案与正理想解 S_j 和负理想解的距离比值 R_j

第 j 需求方案与正理想解的距离比值 S_j，又称为群体效用值，计算公式如下：

$$S_j = \sum_{i=1}^{n} W_i(f_i^* - f_{ij})/(f_i^* - f_i^-) \forall j \tag{2-38}$$

第 j 需求方案与负理想解的距离比值 R_j，又称为个体遗憾值，计算公式如下：

$$R_j = \max_i [W_i(f_i^* - f_{ij})/(f_i^* - f_j^-)] \forall j \qquad (2-39)$$

上式中的 W_i 是 DANP 计算出的各评估准则间的相对权重值。图 2－29 与图 2－30 为对应的 Python 代码于 Jupyter Notebook 的运行界面。

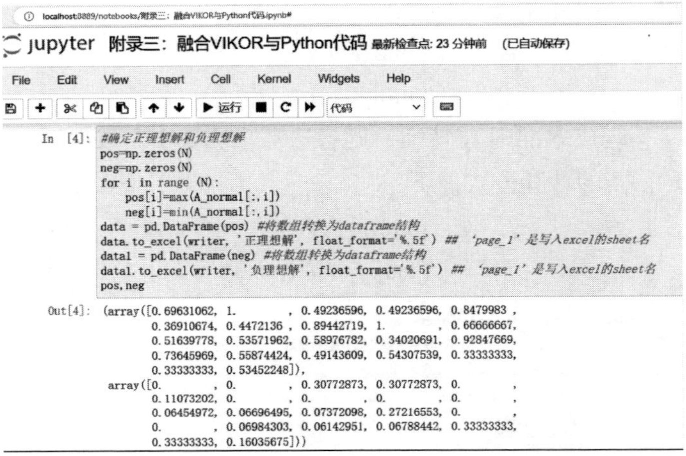

图 2－29　正理想解与负理想解的计算过程于 Jupyter Notebook 界面示例

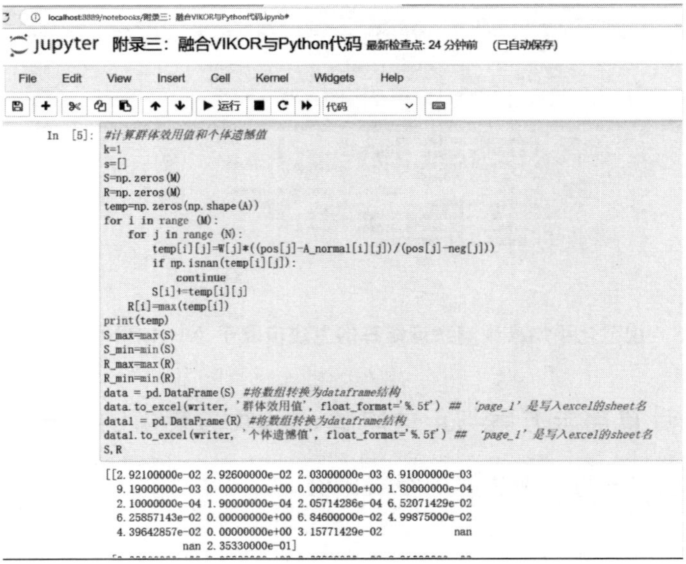

图 2－30　群体效用值与个体遗憾值的计算过程于 Jupyter Notebook 界面示例

（三）计算利益比率 Q_j

方案 j 的 VIKOR 综合指标计算公式如下：

$$Q_j = v(S_j - S^*)/(S^- - S^*) + (1 - v)(R_j - R^*)/(R^- - R^*)\ \forall j \qquad (2-40)$$

在上式的利益比率中，v 为决策机制系数，代表理想解与负理想解距离比值的权重。若将 v 设定为小于0.5，表示依据少数人所持的反对意见制定决策；若将 v 设定为小于0.5，表示依据赞同情况即大多数群体的利益制定决策；若将 v 设定为大于0.5时，则表示根据大多数人的决议制定决策。图2－31为对应的 Python 代码于 Jupyter Notebook 的运行界面。

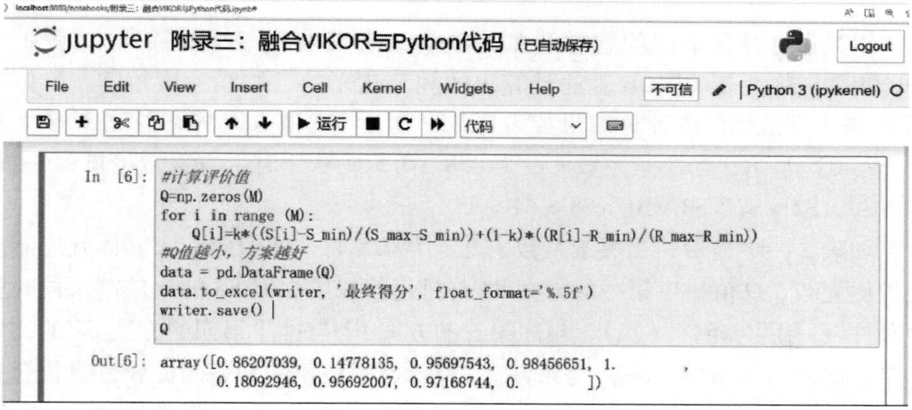

图2－31　利益比率计算步骤于 Jupyter Notebook 界面示例

（四）依据 Q_j、R_j、S_j 对需求方案进行排序

需求方案若要依据 Q_j 的大小进行排序，须同时符合以下两个条件：

条件（一）：可接受利益的门槛。两个方案之间的利益比率（Q_j）的差值必须不小于门槛值，计算公式如下：

$$(Q^{j+1} - Q^j) \geqslant \frac{1}{(j' - 1)} \qquad (2-41)$$

上式中，j'表示方案数量；Q^{j+1}表示依据 Q_j 值排序后，第 $j+1$ 顺位方案的 Q 值，Q_j 则是第 j 顺位方案的 Q 值。

条件（二）：可接受的决策可靠度。各方案依据 Q_j 值排序后，如果第 j 顺位方案的 S_j 值大于第 $j+1$ 顺位方案的 S_{j+1} 值或第 j 顺位方案的 R_j 大于第 $j+1$ 顺位方案的 R_{j+1}，则可判定第 j 顺位方案优于第 $j+1$ 顺位方案。比较顺序如下：第 j 顺位方案首先与第 $j+1$ 顺位方案比较，其次与第 $j+2$ 顺位方案比较，随后与第 $j+3$ 顺位方案比较，依序遍历至最后一个方案。

据林俊宏等的判定规则：当第一顺位的方案与第二顺位的方案比较时，若同时符合条件（一）与条件（二），则第一顺位方案将被判定为最佳方案；若只符合条件（二）时，第一顺位与第二顺位的需求方案同为折中解。当第一顺位的方案与其他方案比较时，若不符合条件（一）而只符条件（二）时，则该其他方案与第一顺位的方案同列为最佳方案。[1]

五、VIKOR 计算结果解读

以某民办教育集团的智慧课堂原型的 9 项需求方案绩效数据为例[2]，其中，表 2－38 为依 VIKOR 算法计算出的规范化平均准则满意度矩阵。群体效用 S_i 与个别遗憾值的计算结果如表 2－39 所示。9 项方案的利益比率 Q_j（见表 2－40）显示，当决策系数 v 设为 0.8、0.5 或 0.2 时，方案初始排序一致：S9 > S6 > S2 > S7 > S3 > S1 > S8 > S4 > S5。

如表 2－41 显示，当决策系数 v 设定为 0.8 时，即偏向专家群体效应制定决策优先级，Q 值排序第一的方案 S9 与排序第二的方案 S6 的比较结果同时符合条件（一）与条件（二），排序第三的方案 S2 与排序第四的方案 S7 的比较结果亦同时符合条件（一）与条件（二），而其他相邻方案的比较皆只符合条件（二）。故，决策系数 v 为 0.8 时，VIKOR 的综合分析结果推论如下：方案 S9 为经过妥协解后的最优化方案，方案 S6 与 S2 并列为次选择，其余方案纳入第三选择。

表 2－42 与表 2－43 显示，当决策系数 v 设定为 0.5 或 0.2 时，即决策机制逐渐偏向拒绝情况制定决策优先级时，Q 值排序第一的方案 S9 与排序第二的方案 S6 比较结果、Q 值排序第三的方案 S2 与排序第四的 S7 的比较结果、Q 值排序第五的方案 S3 与排序第六的方案 S1 的比较结果皆同时符合条件（一）与条件（二），而其他相邻方案的比较皆只符合条件（二）。故，决策系数 v 为 0.5 时，VIKOR 计算结果推论如下：方案 S9 与方案 S6 并列第一顺位；方案 S2 列第二顺位；方案 S7 与方案 S3 列为第三顺位；其余方案列入第四顺位。

---

[1] 林俊宏，曾国雄，任维廉．利用 VIKOR 方法解决企业资源规划系统评选问题［J］．农业与经济，2005，34：80．

[2] 欲获取 VIKOR 技术的 Python 代码与本实例数据请联系作者（E－mail：yangping@fjsmu.edu.cn）。

表 2-38 规范化平均准则满意度矩阵

方案	技术扩展性（A1）	技术壁垒（A2）	与教育信息化2.0行动计划之融合性（A3）	与产业链上下游之融合性（A4）	技术成熟度（A5）	产品经理能力水平（B1）	自主学习理论（C1）	八角框架理论（C2）	价值链理论（C3）	大数据理论（C4）	科技教育政策环境（D1）	对集团综效发展之影响（E1）	对下辖学校发展之影响（E2）	投资估算风险（F1）	竞品优势比对（G1）	经济寿命预测（G2）	师生使用系统之行为意图（H1）	学生自主学习力变化（H2）	学生英语学业成就变化（H3）	物理安全（I1）	数据安全（I2）	项目领导对方案之认同度（J1）
适性诊断与电子作业（S1）	0.000	0.000	0.308	0.308	0.000	0.369	0.447	0.000	0.000	0.000	0.323	0.201	0.221	0.340	0.000	0.184	0.210	0.491	0.272	0.333	0.333	0.160
学习任务自主认领（S2）	0.696	1.000	0.308	0.308	0.530	0.111	0.447	0.000	0.000	0.667	0.323	0.536	0.369	0.272	0.928	0.460	0.559	0.491	0.543	0.333	0.333	0.535
短视频适性推送（S3）	0.000	0.000	0.308	0.308	0.000	0.369	0.000	0.000	0.000	0.000	0.065	0.067	0.074	0.340	0.000	0.000	0.210	0.184	0.204	0.333	0.333	0.267
积分激励（S4）	0.000	0.000	0.308	0.308	0.000	0.369	0.000	0.894	0.000	0.000	0.323	0.201	0.221	0.340	0.000	0.000	0.210	0.184	0.204	0.333	0.333	0.160
自评（S5）	0.000	0.000	0.308	0.308	0.000	0.369	0.447	0.000	0.000	0.000	0.323	0.201	0.221	0.340	0.000	0.000	0.140	0.184	0.204	0.333	0.333	0.160
同侪他律（S6）	0.000	0.000	0.308	0.308	0.000	0.369	0.447	0.000	0.000	0.000	0.323	0.469	0.516	0.340	0.000	0.460	0.419	0.369	0.407	0.333	0.333	0.535
传统线下教学活动的数字化（S7）	0.000	0.000	0.308	0.308	0.000	0.369	0.000	0.000	0.000	0.000	0.323	0.201	0.221	0.340	0.000	0.000	0.070	0.061	0.068	0.333	0.333	0.267
自主学习力智慧诊断与预测（S8）	0.174	0.000	0.308	0.308	0.000	0.369	0.000	0.000	0.000	0.667	0.323	0.201	0.221	0.340	0.000	0.000	0.210	0.184	0.204	0.333	0.333	0.160
英语学科内容数字化（S9）	0.696	0.000	0.492	0.492	0.848	0.185	0.447	0.447	1.000	0.333	0.516	0.536	0.590	0.340	0.371	0.736	0.559	0.491	0.543	0.333	0.333	0.428

表 2－39　需求方案之群体效用值与个体遗憾值

方案	适性诊断与电子作业（S1）	学习任务自主认领（S2）	短视频适性推送（S3）	积分激励（S4）	自评（S5）	同侪他律（S6）	参考线下课堂教学工具（S7）	自主学习力智慧诊断与预测（S8）	英语学科内容数字化（S9）
群体效用值	0. 635	0. 229	0. 688	0. 704	0. 713	0. 248	0. 688	0. 697	0. 145
个体遗憾值	0. 235	0. 143	0. 168	0. 235	0. 235	0. 068	0. 168	0. 235	0. 067

表 2－40　需求方案之利益比率（VIKOR）

扰动系数		适性诊断与电子作业（S1）	学习任务自主认领（S2）	短视频适性推送（S3）	积分激励（S4）	自评（S5）	同侪他律（S6）	参考线下课堂教学工具（S7）	自主学习力智慧诊断与预测（S8）	英语学科内容数字化（S9）
v =00. 8	Q 值 （初始排序）	0. 890 （6）	0. 209 （3）	0. 886 （5）	0. 988 （8）	10. 000 （9）	0. 146 （2）	0. 886 （4）	0. 977 （7）	0. 000 （1）
v =00. 5	Q 值 （初始排序）	0. 931 （6）	0. 300 （3）	0. 778 （5）	0. 992 （8）	10. 000 （9）	0. 094 （2）	0. 778 （4）	0. 986 （7）	0. 000 （1）
v =00. 2	Q 值 （初始排序）	0. 972 （6）	0. 391 （3）	0. 671 （5）	0. 997 （8）	10. 000 （9）	0. 042 （2）	0. 671 （4）	0. 994 （7）	0. 000 （1）

表 2－41　利益门槛与决策可靠程度筛选情况（v =0. 8）

样本相邻组	$Q_m - Q_n$	$S_m - S_n$	$R_m - R_n$	条件（一）	条件（二）
S9 – S6	0. 146 *	0. 103	0. 001	是	是
S6 – S2	0. 062	–0. 019	0. 075	否	是
S2 – S7	0. 677 *	0. 459	0. 025	是	是
S7 – S3	0. 000	0. 000	0. 000	否	是
S3 – S1	0. 004	–0. 054	0. 067	否	是
S1 – S8	0. 088	0. 062	0. 000	否	是
S8 – S4	0. 010	0. 007	0. 000	否	是
S4 – S5	0. 012	0. 009	0. 000	否	是

注：* 表示（$Q_m - Q_n$）大于门槛值（0. 125）。

表 2-42　利益门槛与决策可靠程度筛选情况（$v=0.5$）

样本相邻组	Q_m-Q_n	S_m-S_n	R_m-R_n	条件（一）	条件（二）
S9-S6	0.094	0.103	0.001	否	是
S6-S2	0.206*	-0.019	0.075	是	是
S2-S7	0.479*	0.459	0.025	是	是
S7-S3	0.000	0.000	0.000	否	是
S3-S1	0.153*	-0.054	0.067	是	是
S1-S8	0.055	0.062	0.000	否	是
S8-S4	0.006	0.007	0.000	否	是
S4-S5	0.008	0.009	0.000	否	是

注：* 表示（Q_m-Q_n）大于门槛值（0.125）。

表 2-43　利益门槛与决策可靠程度筛选情况（$v=0.2$）

样本相邻组	Q_m-Q_n	S_m-S_n	R_m-R_n	条件（一）	条件（二）
S9-S6	0.042	0.103	0.001	否	是
S6-S2	0.349*	-0.019	0.075	是	是
S2-S7	0.280*	0.459	0.025	是	是
S7-S3	0.000	0.000	0.000	否	是
S3-S1	0.301*	-0.054	0.067	是	是
S1-S8	0.022	0.062	0.000	否	是
S8-S4	0.003	0.007	0.000	否	是
S4-S5	0.003	0.009	0.000	否	是

注：* 表示大于门槛值（0.125）。

小　结

智慧课堂需求评估过程应遵循“一需求一多方案”的原则，采用 DANP 串联 VIKOR 的混合 MCDM 模型，并以不同决策（扰动）系数的空间优势从多个可行方案中筛选出优质理想方案。此外，亦有学者建议采用 TOPSIS 取代 VIKOR，但是 TOPSIS 仅能求得唯一的最优解，这与评估过程可能出现多个并列的最佳方案相矛盾。

第三章　智慧课堂教学实验数据汇集方法与记录工具编制

第一节　需求访谈数据汇集方法与记录工具编制

多属性决策技术支撑下的需求评估须汇集教学实验成效数据作为各功能绩效排序的关键依据之一，否则，方案绩效在借由 VIKOR 自评时将缺乏量化依据。此外，利益关系者的需求生成亦需要教学实验成效的刺激，以利益关系者对原型的接受度与行为意图，在“观察”实验成效的过程中“生出”新需求。故，评估者须使用多种资料汇集方法，编制多种记录工具以实现上述目的，诸研究方法及对应的研究工具如表 3－1 所示。

表 3－1　研究工具的功能及对应的研究方法

研究目的	研究方法	研究工具
学生英语学业成就变化	问卷调查与量化分析：难度、鉴别度及诱答力分析、配对样本平均数 t 检定、独立样本平均数 t 检定等	英语学科知识成就测验试卷
学生使用技术的比率变化	课堂观察、弗兰德互动分析系统（flanders’ interaction analysis system，FIAS）	智慧课堂教学互动分析编码系统
教师的智慧课堂需求成长情形	半结构式访谈	访谈大纲
集团整体发展需求导向下需求方案规划者的智慧课堂需求成长情形	焦点团体访谈	访谈大纲

本节就智慧课堂原型应用多轮教学实验的历程探究教学实验实施步骤、教

学实验数据汇集方法及记录工具编制方法，期能给后来研究者与评估者提供不同学校背景下智慧课堂教学实验提供操作技巧方面的参考与借鉴。

一、教学实验实施技巧

教学实验的准备阶段包含以下11项要点。

1. 制订教学实验工作计划

编制与申请教学实验的项目经费预算；确立任务分工、责任人、时间进度、完成时限；制定绩效考核方案；设计教学实验的预期效益及达成指标；等等。在人员分工上，除了安排计算机工程师与客服协助及排除学校网络联机、硬件操作、师生在数字学习平台的账号等问题，亦须至少安排一名教育专家负责主持数字学习工作坊与科技辅助学习工作坊，入校协助、陪伴、分析教师解决教学及备课过程相关问题，适时调整协助方式，提升教师尝试新教学方式的信心，激励学校与教师持续使用及深化教学质量。经费预算包含研发人员薪资、教师授课补贴费用、信息设备采购与维护费、学生奖品文具采购、工作坊奖品、证书费等。

2. 采取学说驱动取向设计智慧课堂原型开发的“理论技术”版需求，为智慧课堂的需求培育打造学习与沟通工具

可实施问卷调查探究学生使用自主学习策略的情形及存在问题，继而通过文献分析法筛选匹配的教育理论技术，例如齐默尔曼自主学习理论，作为智慧课堂原型开发的雏形理论，并依学说带动取向生成理论技术版需求，以供IT部门将其转化为开发软件的功能需求方案。

3. 设计智慧课堂需求评估的VIKOR自评问卷，同时采取DANP模化各评估构面与准则所对应的权重，完成需求多属性决策技术评估工具设计

首先，借自身经验以及文献分析法初步拟定智慧课堂建设各项需求方案的评估指标；其次，采取三角模糊德尔菲法，借由专家群体共识以及量化门槛值筛选出理性的评估构面与准则；再次，依据三角模糊德尔菲法确定的构面与准则分别设计出两套问卷——智慧课堂需求评估的DEMATEL专家问卷与VIKOR自评问卷；最后，DEMATEL专家问卷所得数据经DANP运算后模化成各构面与准则所对应的权重，具体计算步骤详见前章。

4. 开发原型并订定智慧课堂标准作业程序（SOP）手册

依上述第二步所生成的需求开发系统原型，为了降低实验阶段对底层硬件

的依赖与升级成本，建议IT部门在程序设计的语言上采用Html、CSS与JavaScript开发WEB前端、PHP编写服务端及MySQL数据库系统以实现快速开发并满足C端在Safari、Chrome和Opera等浏览器上的自适应布局。另，采用Python独立开发部署人工智能模块相关需求开发。原型于测试通过后至交付前，须制定智慧课堂标准作业程序（SOP）手册。

5. 编制实验数据记录工具

编制实验数据记录工具，包括教师访谈大纲、英语学科知识成就测验试卷、智慧课堂教学互动分析编码系统，等等，具体工具内容可依据本章要点实施。

6. 联系洽谈并选定实验班级

第一，借由同质性检验比对实验班与控制班于前测成绩的显著差异，选定具有同质性的两个同年级班参与实验；第二，挑选对信息化教学接受度高的教师参与教学实验，尤其是曾接触过智慧课堂产品的教师，实验班与控制班的学科教师可为同一人；第三，考虑到教学实验可能的失败风险与学生的信息化素养，建议选择四年级、五年级、七年级或八年级班级参与实验，不建议安排复习任务较重的毕业班与高中或信息素养尚未成熟的小学低年级；第四，考虑到实验目的之一在于检测实验教学对学生学业成就的变化，故教学实验的时间长度至少一个月以上，至少须完成一个单元的教学，但考虑到可能存在的教学实验失败风险，实验时间亦不可超过两个月，否则可能给既定教学与学习进度带来难以弥补的破坏。

7. 智慧教室环境搭建

（1）基于教学实验的短期性，若实验学校的信息化设备无法满足实验需求，可采用以下措施：在校园原先信息化规划建设的录播室里增设环境智能终端、教室智能终端、教学与管理智能终端；（2）选择性价比较高的非定制化平板为C端学习终端以节约成本，同时令学校机房管理人员在校园网络路由器上设置白名单以防止学生使用非定制化平板访问规定外IP；（3）在学校原有校园网公网出口带宽的基础上新装IP及POE交换机以满足最低50台终端联网的网络带宽需求；（4）以录播室原有的数字设备包括大屏幕计算机、话筒、摄像头等作为智慧课堂远程客服指导、课堂观察、教研的工具。

8. 运维

教学实验期间通常由IT部门工程师连同教研部负责原型系统的运维，但为了防止可能的教学事故或降低实验失败带来的负面影响，建议借鉴鹰架理论设计系统功能模仿平台，组织人员于其他常用的实时通信App平台模仿原型的基本功能，一方面作为原型系统故障时的紧急教学系统，另一方面作为常规运维人员与学生间的日常交流管道。图 3 - 1 为实施教学实验前智慧教室环境搭建流程。

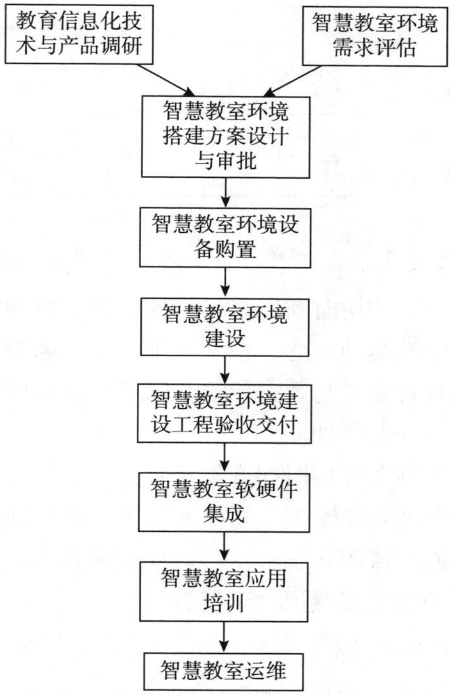

图 3 - 1 智慧教室环境搭建流程

9. 制定实验学校移动终端（平板）相关设备使用管理机制

为校方制定的移动终端（平板）相关设备使用管理机制须至少包含以下方面：一是制定移动终端借用、管理、报修及运维作业程序（SOP）；二是将操作系统（包括 App）、固件、程序等的报修及运维作业程序（SOP）内嵌入移动终端（平板），包括充电器与耳塞维护机制；三是将学生移动设备管理（mobile device management，MDM）连接以下四个终端：原型 S 端、校级信息化监控系统、教师操作的交互式智能平板及学生终端等，并于需要时可远程清除学生终端内数据；四是赋予原型 S 端拥有能逐周、逐月智能统计相关设备使用记录数据，包括使用移动终端（平板）于学习与教学的时数及变化，具体字段及佐证数据参考见表 3 - 2；五是督导学校对学生提倡终端正确使用习惯，包括视力保护、信息意识、信息技能、信息伦理等。

表 3－2 智慧课堂使用数据包含以下字段及佐证数据示例

序号	学生代号	班级名称	本周停留平台时间	本周观看短视频时间	本周完成电子作业时间
1	A1				
2	A2				
3	A3				
…	…				
合计	____小时	____小时	____小时	____小时	____小时

10. 举办科技辅助自主学习工作坊与数字学习讲师培训工作坊

科技辅助自主学习工作坊时间以半日为佳，旨在协助实验学校的管理者与一线教师了解原型赋能教学的理念、教学实施模式，原型的功能特色、数字学习资源、功能背后的教育意义与教育价值。除了邀请实验班教师参加，另鼓励校长、主任、班主任等一并参加。

而数字学习讲师培训工作坊时间亦以半日为佳，工作坊内容包括标准作业程序（SOP）手册、终端管理操作、原型平台使用教育训练等，旨在协助实验班级教师熟悉原型的操作流程与细节。若教学实验在多校异步实施，可组织新进实验班级的教师跨校观摩智慧课堂示范教学。

11. 智慧课堂使用场景选择

智慧课堂有两种常见的使用场景，一是融合传统课堂，线上与线下一体；二是线下无真人教师参与的纯线上课堂，这种场景可运用于特殊情况，如疫情导致的大面积、长时间停课。

在融合传统的课堂教学场景下，原型将融入学科教学与学习的课前、课中、课后环节。授课仍由原先的教师负责，教师使用系统 B 端，学生使用 C 端。实验期间，控制班与实验班的教学进度皆与同年级的其他班级同步。实验班在原型系统智能流程的引导下，实施线上与线下一体、课前与课后融合教学，并且，实验班于实验学科的所有课时皆转为智慧课堂。实验期间，评估者可借由原型系统的智能功能结合人工统计学生使用原型系统的平均时长，并剔除无效数据，以下学生的数据被认为是无效的：课中环节请假或缺席；系统多次卡顿导致学习任务未能如期完成；实验期间未能完成一个自主学习闭环——历经初诊、订立学习契约、短视频学习、过关检测以及复盘自评；信息素养不足导致对智慧原型系统的操作不适应。

纯线上课堂场景完全由学生自主使用学习系统。此种情形可邀请各地市级以上的体育运动学校学生作为实验对象，因为此类学生群体因运动竞技备战需要，常须驻外封闭集训，驻训期间一般难安排文化学科教师跟队授课。学生可通过“手机终端+5G”参与智慧课堂的在线学习。学习内容可与运动学校内同年级的其他班级同步。无效数据的判定可参考融合传统课堂的智慧课堂。此模式的智慧课堂同样需要统计有效数据。

二、教师对智慧课堂需求的数据汇集方法与记录工具编制

为探究教师对智慧课堂的需求成长情形，评估者应在原型系统应用于教学实验期间借由扎根理论，邀请教师就使用系统的行为意图及希望扩充的新功能需求展开深度交流。

1. 教师访谈大纲编制与注意事项

智慧课堂教学实验班级的数量一般为个位数，参与的教师难达量化研究所需的样本要求，因此，为了探究教师对智慧课堂的需求的成长情形，可以采用质性研究的半结构访谈。访谈大纲的主题多围绕教师对原型的接受度与希望扩充的新需求展开（见表3-3）。

表3-3　教师使用原型的行为意图访谈大纲示例

轮次	内容
第一轮访谈提纲	（1）对于当前的“适性诊断、电子作业及学业报告”功能，您觉得其对学生的帮助大吗？ （2）您对“学习任务自主认领”功能，您觉得其对学生自主学习力培育的帮助大吗？ （3）对于“短视频适性推送”功能满意吗？其对学生的帮助大吗？ （4）对于“积分激励”功能满意吗？您觉得其对学生的帮助大吗？ （5）对于“自评”功能，您觉得其对学生的帮助大吗？ （6）对于“同侪他律”功能，您觉得其对学生的帮助大吗？ （7）您对“课中工具”功能的使用还满意吗？ （8）“自主学习力智能诊断与预测”功能的准确性如何？ （9）是否有新的需求需要增加？
第二轮访谈提纲	（1）对于当前的“自主学习力智能诊断与预测”功能，您觉得其对学生的帮助大吗？ （2）对于当前的“短视频适性推送”功能，您觉得其对学生的帮助大吗？ （3）对于当前的“积分激励”功能，您觉得其对学生的帮助大吗？ （4）对于当前的“自评”功能，您觉得其对学生的帮助大吗？ （5）对于当前的“传统线下教学活动的数字化”功能，您觉得其对学生的帮助大吗？ （6）对于当前的“自主学习力智能诊断与预测”功能，您觉得其对学生的帮助大吗？ （7）对于当前的“注意力监测”功能，您觉得其对学生的帮助大吗？ （8）对于当前的IE浏览器登录使用，学生使用起来还方便吗？ （9）是否有新的需求需要增加？

续表

轮次	内容
第三轮访谈提纲	(1) 对于当前的“适性诊断、电子作业及学业报告”功能，您觉得其对学生的帮助大吗? (2) 对于当前的“短视频适性推送”功能，您觉得其对学生的帮助大吗? (3) 对于当前的“自评”功能，您觉得其对学生的帮助大吗? (4) 对于当前的“自主学习力智能诊断与预测”功能，您觉得其对学生的帮助大吗? (5) 对于当前的“拓展学习行为捕捉管道”功能，您觉得其对学生的帮助大吗? (6) 对于当前的“积分激励”功能，您觉得其对学生的帮助大吗? (7) 对于当前的“结合定制 iPad 的 APP 终端”功能，您觉得其对学生的帮助大吗?

2. 教师访谈实施技巧

为减少遗忘对原型系统使用感受的影响，建议将访谈实施的时间安排在教师使用系统的当日，借由微信或电话语音，每次访谈时间以 8 ~ 10 分钟为佳。在每轮教学实验的最后一次访谈前，评估者须将当轮实验所得的学生自主学习力检核情况、英语学科知识成就的前后测报告、学生使用智慧课堂原型系统的行为意图等分享于受访教师，以协助教师了解教学实验成效，进而辅助教师对系统作出更真实的回馈。

为了萃取到话语文本背后的真实需求，访谈过程须注意以下要点：

(1) 为了避免访谈对象对参与实验班时的真实体验的遗忘或在下课后因习得新理论或新经验导致自我否定参与课题时的真实想法，访谈时尽量以课题开展时呈现的现象线索协助访谈者追忆其当初的动机。

(2) 若评估者与受访教师为组织内上下级关系或是受访者认可的专业人士，为了避免专家话语威权影响受访对象发言时的主体意识或减少权力距离对回馈真实性的影响，一是告知教师教学实验的目的是挖掘原型的弊端，所搜集的意见仅是为了了解需求被满足否及功能适用否；二是以物质奖励形式鼓励有价值的回馈与意见；三要鼓励受访对象展开话语描述并挖掘其失败的原因，并且在访谈过程中以鼓励与欣赏的姿态开展对话，不针对对象话语进行任何可能导致负面倾向的评判与回应。

(3) 访谈开始前，以文献分析法考究智慧课堂相关的教育部门法规、通知、课程标准、学业质量评价标准、考试大纲，以更清晰地洞察与解构不同受访对象在参与教学实验时的政策性顾虑。

(4) 结合评估者对受访教师的了解，从受访者复杂的语言描述中洞察其真正的想法。

(5) 用抽象的元语言 (meta) 归纳与萃取每次访谈记录的原始数据，并用简单、抽象的概念去重新定义受访者所描述的文本。

（6）以三角检证方法力求理论饱和与数据真实性。

（7）若教学实验班教师数有两位或以上，评估者可借鉴扎根理论式的“Z”字形访谈实施多轮访谈以实现访谈信息饱和，将上一轮访谈萃取所得的元概念（初始概念）作为下一轮访谈的主题以进一步追问（probing），而下一轮访谈若归纳出新的范畴，须重新联系上一轮受访教师作补充回答，如此反复直到饱和——未有新的初始范畴出现。若参与实验班的教师仅一位，未能以扎根理论式的“Z”字形访谈来检验访谈的饱和度，可额外采取三角检证以提升访谈数据的科学性与信度。

3. 访谈数据处理

访谈所得数据以质化编码处理方式（如表 3－4 所示），数据分析处理采取扎根理论研究方法，即将数据分割成 5 个阶段的解码与整合：开放性编码、主轴编码、选择编码、主题浮现、理论建构，探究各类需求背后的真实意图，建构出产品的用户画像。

表 3－4　访谈数据处理示例

数据种类	编码系统	文件名单	呈现方式
教师访谈	搜集日期－数据种类－访谈对象编号	20211203 教师访谈 TI	T1 访 202111 T2 访 202112 T3 访 202112 T4 访 202202

（1）开放性译码（open coding）。

开放性译码阶段是把访谈所得原始数据用抽象的“元语言”进行归纳与萃取，根据对事的了解与对受访者的了解从受访者复杂的语言描述中洞察其真正的想法，并且用简单、抽象的概念去重新定义受访者所描述的文本，此过程又称为“萃取概念范畴”。开放性译码的目的，就是在研究的现象中发现范畴并给予名字，进而找出它的性质与面向，此阶段的抽样是开放性的。[1]

（2）主轴译码（axial coding）。

主轴译码技术是采用典范模型，将开放性译码阶段萃取到的概念与范畴结合故事发展的“因果条件、现象、脉络、中介条件、行动/互动策略、结果”等六个元素，归纳出概念图。图 3－2 是采用主轴译码技术并基于本书第三章

[1] 徐宗国．扎根理论研究法：渊源、原则、技术与涵义［J］．香港社会科学学报，1994（4）：194－221．

第二节的实例访谈资料而建构的“使用者对智慧课堂需求之概念图”。从图中可知，使用者对智慧课堂的需求可萃取成四个面向：教师工作减负、学生寻求自主学习优质环境与条件、家长了解学生学习情况、学校教学管理。每个面向亦包含三至五个概念范畴。

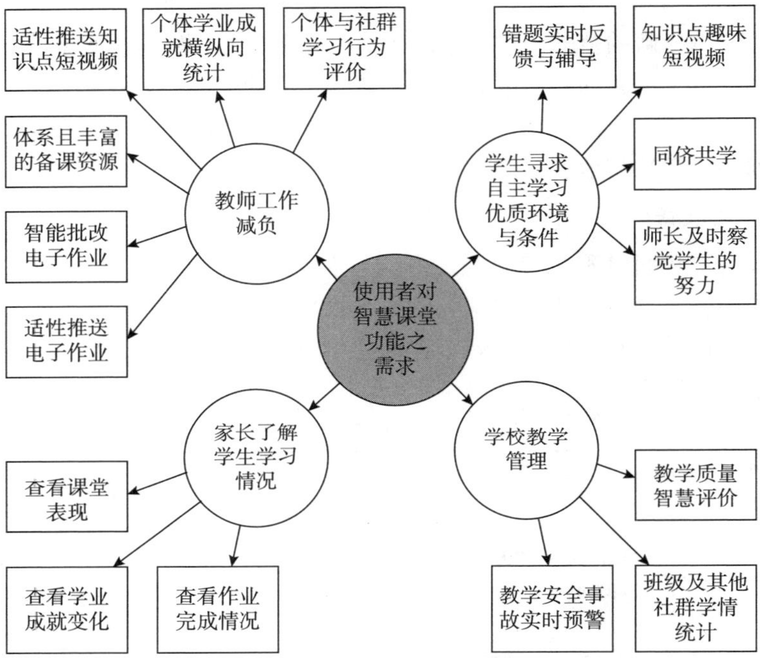

图 3-2 使用者对智慧课堂需求的概念图示例

资料来源：基于本书第三章第二节的实例访谈资料建构。

主轴式译码是扎根理论三段编码的核心环节，旨在将开放性编码所提炼出的初步概念确定类属的属性和维度，即将开放性编码提炼出的初步概念依其属性添加到对应的维度上，过程中须兼具信度和效度。其实这个过程与量化统计中的因素分析技术异曲同工，提炼代表性的特征概念（因素），即用尽可能简练的概念（因素）诠释尽可能多的现象与文本信息。它有别于开放性编码的地方是，其归纳面向的过程好比山水画的传统作画步骤——心中先有山水的形与神，再以淡墨描绘主干，继而从主干生枝点苔。

主轴式译码技术的实施过程须注意两点：首先，分析典范（coding paradigm）是主轴式编码的 SOP，包括前因条件（causal conditions）、中心现象（central phenomenon）、脉络背景（context）、中介条件（intervening conditions)、行动/互动策略(action/interaction strategies)、行动后果(consequence)等环节[1],旨在以哲学思维进一步归纳开放性编码所提炼出来的概念,归纳成高度抽象的核心范畴,为不同维度(面向)下概念间的比对和联结创造条件。以画树为喻,分析典范的归纳过程好比从一片茂密的树叶里寻树干,可能是断枝,也可能很瘦小,但是不能误将分叉当成树干。在画出树干后,绘出最能代表树的生长情况或外观的那几片典型树叶。这种做法无须画出所有树叶,仅用少许笔墨点睛,却能窥全貌,高效还原本体。其次,不可为了追求精简,在维度和属性未饱和的情况下匆匆结束主轴译码,这样可能导致后续所建构出的理论不完整或失真。主轴译码统整表见附录(七)。

(3)选择性译码与分析结果。

通过开放性译码以及主轴译码,统合出概念图,再结合受访对象所处的教学脉络、组织架构、政策制度等环境因素,形塑出教师对智慧课堂的真实需求与意图。附录(八)是以扎根理论探析英语自然拼读法在我国推广的影响因素的访谈逐字稿、开放性译码表及主轴译码统整过程。

三、项目领导对智慧课堂需求的数据汇集方法与记录工具编制

为探究项目领导对智慧课堂的需求,一般采用焦点团体访谈了解其对需求的意图与规划,并引导其生成新需求。

(一)焦点团体访谈大纲编制

焦点团体访谈常用于探究评估者群体对智慧课堂内部需求的成长情形,而访谈大纲内容设计的原则须围绕师生使用原型的反馈数据为首要基础设计大纲,旨在引导评估者群体深度了解科技接受模式下实验班的师生对原型的认知有用性、认知便捷性、认知趣味性、互动质量及其行为意图,此外,还要向评估者群体提供教学实验期间学生学习力、学业成就变化、学生使用技术的比率变化等实验反馈数据,以作为评估者群体调整需求的依据。表3-5为某民办教育集团智慧课堂需求评估焦点团体访谈大纲实例。

---

[1] CORBIN J M, STRAUSS A L. Basics of qualitative research: Techniques and procedures for developing grounded theory [M]. 4th ed. Thousand Oaks: Sage Publications, 2015.

表 3-5 焦点团体访谈大纲

轮次	内容
首轮	(1) 待主持人汇报首轮教学实验班师生使用原型系统的行为意图回馈数据，讨论原型于师生认知有用性、师生认知易用性、师生认知趣味性、互动质量 4 个面向的绩效水平。 (2) 讨论该版本需求方案的开发技术、成本与周期估算。 (3) 讨论打造产品技术壁垒的方向。 (4) 从集团综效发展角度提出内部需求。 (5) 从学校发展角度提出内部需求。
次轮	(1) 待主持人汇报首轮教学实验班师生使用原型系统的行为意图回馈数据，讨论原型系统（第二版）于师生认知有用性、师生认知易用性、师生认知趣味性、互动质量 4 个面向的绩效水平。 (2) 讨论该版本需求方案的开发技术、成本与周期估算。 (3) 分析对应需求与需求方案在市面上的竞品情况与经济寿命。 (4) 讨论打造产品技术壁垒的方向。 (5) 讨论第一轮教师需求成长访谈汇总而来的需求。 (6) 围绕需求讨论产业链上下游对接情况。 (7) 从集团综效发展角度提出内部需求。 (8) 从学校发展角度提出内部需求。

(二) 焦点团体访谈实施步骤

为了探究需求评估团队对智慧课堂内部需求的成长情形，评估项目负责人可召集全体利害关系人参与焦点团体访谈。访谈施展时机如下：在每一轮的教学实验结束后，召集校长、教研部负责人、IT 部门负责人、产品经理，以及评审委员会其他成员了解实验成效、师生对原型系统的接受度、新挖掘出的需求等数据，随后借由焦点团体访谈引导需求评估团队生成智慧课堂新需求。

须注意，每一轮教学实验至少须安排两场次的焦点团体访谈，每一场访谈的主题各有侧重：第一场访谈时，评估者将当轮教学实验所得的学生自主学习力智慧检核报告、英语学科知识成就测验前测与后测报告以及师生使用原型系统的行为意图向访谈者报告，旨在协助访谈者深入了解实验教学成效。第二场访谈要求访谈者依据实验教学成效，以交互诘问和言辞辩论形式，从教育理论与教育实务的角度提出智慧课堂建设的新需求。

（三）智慧课堂教学互动分析数据汇集方法与记录工具编制

智慧课堂环境下的教学互动情形是检证智慧课堂对学生学业成就的影响与判定师生对智慧课堂接受度的重要依据之一，而课堂观察是分析课堂教学互动情形的最常见研究方法。与常见学术论文所采用的课堂观察不同，智慧课堂需求评估阶段的观察者由教研部、IT 部门甚至评审委员会其他专家共同组成，即由多名观察者组成观察团，且需要在课后结合脉络从多个角度回馈、解构、分析及研磨观课细节。故，课堂观察工具首选“录影”供 FIAS 法分析，再辅以“逸事记录”描述与诠释易被量化技术遗漏的新情况。

1. 智慧课堂教学互动分析编码系统建构

张屹等曾依教师与机器、学生与机器、教师与学生之间的三角对话将智慧课堂教学互动行为细分成 18 类[1]（如表 3－6）。研究者可以参照此 18 类课堂教学互动行为，采取全程录像的方式回溯师生使用智慧课堂的互动情况。须注意，课堂沉默亦须记录于编码内，且须区隔为“思考（传统学具式的练习、做笔记等）”与“无助于教学进展的停顿或课堂混乱”两类。

表 3－6 智慧教室环境下课堂教学互动分析编码表

分类		编码	内容	备注
言语	教师言语行为	1	讲授	讲解教学内容或解释学生问题。
		2	开放式问题	提出开放式问题。
		3	封闭式问题	提出封闭式的问题。
		4	言语评价	针对学生的回答或反应实时点评。
		5	组织指示	组织学习活动流程，如说明任务、个别小组进程指导等。
	学生言语行为	6	被动应答	学生被动要求回答教师的问题。
		7	积极应答	积极主动回答教师问题。
		8	主动提问	学生提出自己的问题。
		9	交流讨论	同伴讨论，表达自己作品的观点，分享小组交流观点。
		10	言语评价	对同伴的回答或观点进行评价描述。

[1] 张屹，祝园，白清玉，等. 智慧教室环境下小学数学课堂教学互动行为特征研究［J］. 中国电化教育，2016，353：43－64.

续表

分 类		编码	内 容	备 注
技术	教师－技术	11	操作演示内容	操作演示步骤、展示学习内容或资源。
		12	展示学生成果	学生作品、学生作业等。
		13	教师评价	利用技术评价学生，如布置交互题、展示量规、评选作品等。
		14	技术指导	进行技术指导、参与小组“学生—技术”活动。
	学生－技术	15	自主学习	个人操作、观看视频、浏览网页等自主学习活动。
		16	合作实践	合作创作、合作探究。
		17	分享展示	展示作品、演示步骤等。
		18	学生评价	交互式练习、自我评价、同伴评价等。
沉寂		19	有助于教学的沉寂	思考（传统学具式的练习、做笔记等）。
		20	无助于教学的停顿或混乱	无助于教学进展的停顿或课堂混乱。

资料来源：张屹，祝园，白清玉，等. 智慧教室环境下小学数学课堂教学互动行为特征研究［J］. 中国电化教育，2016（6）：43－48，64.

2. 基于视频的课堂教学观察实施步骤

借由表3－6的课堂教学互动分析编码系统分析课堂录像视频，以3秒为单位定义师生的课堂活动所属类别并编码，所得数据导入EXCEL后，采用FIAS法求得分析矩阵，再转成课堂交互行为比率统计表。

表3－7是以完全的观察者角色进入某智慧课堂所得的视频数据实例，表3－8为采用FIAS分析模型统计出的交互行为比率。其中，课例（一）的教师与学生的言语行为占比分别是61.20%以及38.80%、教师与学生使用技术占比分别达到29.50%与70.50%。学生于“主动提问”“合作实践”“分享展示”三个方面的行为占比较少，分别是7.30%、5.40%以及3.50%；教师于“开放式问题”“言语评价”两个方面的行为占比较少，分别是5.20%与7.50%。

表3－7　课堂教学观察视频的基本数据

编　码	时长	学生人数	教学模式	学习内容
20211123	46′11″	41	交互式	仁爱英语七年级第二单元
20211228	45′32″	48	生成性	人教英语八年级第八单元

表3-8　智慧课堂交互行为比率统计

交互行为		课例（一）交互行为占比（%）	课例（二）交互行为占比（%）
1	教师言语行为	61.20	58.30
2	学生言语行为	38.80	42.20
3	教师-技术	29.50	21.80
4	学生-技术	70.50	78.20
5	沉寂	15.90	14.80
6	讲授	19.55	15.80
7	开放式问题	5.20	7.30
8	封闭式问题	16.20	5.90
9	组织指示	5.30	9.80
10	被动应答	29.70	18.60
11	积极应答	16.30	28.60
12	主动提问	7.30	8.50
13	交流讨论	1.20	2.20
14	言语评价	7.50	9.30
15	操作演示内容	9.20	11.40
16	展示学生成果	3.20	5.80
17	教师评价	9.60	9.20
18	技术指导	5.90	6.40
19	自主学习	28.50	35.50
20	合作实践	5.40	8.20
21	分享展示	3.50	4.60
22	学生评价	0.00	1.80
23	有助于教学的沉寂	6.50	7.90
24	无助于教学进展的停顿或混乱	8.30	9.40

课中辅助教学工具经迭代升级后，课例（二）的学生“对智能设备使用率”却未能获得提升，“教师行为”、“学生行为”与“开展合作实践”的占比略有提升。此外，两节课皆有32%以及37%的学生没完成课前预习。

两次课堂观察发现，“无助于教学进展的停顿或混乱”占比均不低于8%，系因两节课中皆有一定比例的学习终端平板出现系统卡顿以及网络掉线等现象，教师不得不暂停授课转而协助解决。这一现象说明，“系统卡顿”或“网络掉线”易导致教学事故，硬件终端配置以及网络环境对智慧课堂的支撑至关重要，且可能严重影响教师与学生对其的接受度。

3. 逸事记录

与追求信度与客观度的 FIAS 法不同，“逸事记录”是一种带有描述和诠释任务的推论性记录，属课堂观察工具中的质性技术之一。智慧课堂的“逸事记录”要求评估者带着明确目的，以观察者的身份进入课堂，依时间序简要记录课堂事件，而且，亦须记录事件发生的前后脉络。期间，为减小可能存在的霍桑效应（Hawthorne effect）或约翰·亨利效应（John Henry effect），可考虑在教室里增设单面镜，营造“类实验室观察”的感觉。总之，观察者处于旁观者的角色，不参与课堂，主观与客观上皆尽量不影响教学行为。

顾名思义，“逸事记录”所记录的是观察者自主认定的“逸”事——观察者认为有意义的或重要的言语或非言语信息，尤其是观察范围内的新情况。在智慧课堂的需求评估阶段，其更适合于那些易被量化技术遗漏的信息，比如学生对系统的言语抱怨、原型系统运行故障、原定的教学计划与时间分布被智慧课堂拖慢、某组或某群体学生于智慧课堂的互动变得更积极或更不积极、尚未被教学互动分析编码系统涵盖的教学行为，等等。然而，“逸事记录”亦被指责易受观察者的主观影响较大，可能存在月晕效应或不自觉的偏见，尤其是完全观察者，其与被观察者之间的交互被隔绝，可能存在误解观察事件的风险。因此，观察者在描述事件时尽量保持客观，在诠释事件的背景与脉络时，勿过度类推。逸事记录实例详见附录（九）。

第二节　面向学生的数据汇集方法与记录工具编制

如第一章第二节所述，实务界的智慧课堂产品研发大多选择建构主义或经典自主学习理论或联通主义为理论技术指导功能框架的设计，故在智慧课堂需求评估的准备阶段，为了给原型的功能框架设计找到可靠的初始依据，不少评估者致力于探究学生使用自主学习策略的真实情形与常见问题。并且，为了给原型的绩效表现寻找到实证数据，需求评估阶段亦关注原型应用于教学实验期间的学生学科知识成就变化与使用原型的行为意图。对此，本节将探究自主学习策略、学生学科知识成就变化及学生使用原型的行为意图的数据汇集方法及相关记录工具的编制技巧。

一、量表与问卷的区别

初学者欲编制研究工具以汇集学生心理或行为数据，首先应能区分量表与问卷的差异：

（1）量表用于测量个体的心理层面特质、能力或态度，例如本节关注的自主学习策略量表。问卷则用于社会现象层面的资料汇集，包括个体在人力资源、学校与行政组织发展、社会文化发展、行政管理议题、公共政策议题等❶，例如行政管理体制现状问卷、人力资源指数问卷、公共采购模式问卷等。

（2）量表须循理论技术，从上而下设计内部架构，通常以分量表代表维度。表 3－9 是遵循戴维斯（Davis）的科技接受模式（technology acceptance model，TAM）理论框架所编制的学生使用智慧课堂系统行为意图量表，理论框架中的各维度转化成各分量表：认知有用性（perceived usefulness，PU）、认知易用性（perceived ease－of－use，PEOU）、趣味性、互动性及行为意图。❷此外，学术研究须在文中清晰界定量表的操作型定义，包括所囊括的维度及所借鉴理论的来源。问卷则无须循理论技术，可围绕研究主题自行编制，表 3－10 是一份关于核心素养导向课堂教学策略的问卷范例。

表 3－9　量表示例

分量表	题项内容	非常不同意	不同意	一般/普通	同意	非常同意
认知有用性	2－1. 我觉得智慧课堂系统可以让我更快速地完成作业及学习任务。					
	2－2. 我觉得智慧课堂系统可以让我的学习进步更快。					
	2－3. 我觉得智慧课堂系统可以增加我的学习力，包括学习方法、学习技巧、学习动力、学习目标。					
	2－4. 我觉得智慧课堂的数学学科内容对我的学习有帮助。					
	2－5. 我觉得智慧课堂的英语学科内容对我学习有帮助。					

❶ 张芳全. 问卷就是要这样编［M］. 新北：心理出版社，2018：7.

❷ DAVIS F D. Perceived usefulness，perceived ease of use，and user acceptance of information technology［J］. MIS Quarterly，1989，13（3）：319－340.

续表

分量表	题项内容	非常不同意	不同意	一般/普通	同意	非常同意
认知易用性	2－6. 我觉得智慧课堂系统可以快速上手。					
	2－7. 我觉得用智慧课堂系统没有太多卡顿。					
	2－8. 我觉得我想要的系统功能与界面，我都能很快找到。					
趣味性	2－9. 我觉得使用智慧课堂系统进行学习时，不知不觉时间就过去了。					
	2－10. 我觉得使用智慧课堂系统会引起我的兴趣，挺好玩的。					
	2－11. 我觉得智慧课堂系统使得完成学习作业这件事变得更有趣了。					
	2－12. 我觉得使用智慧课堂系统的过程令我感到轻松愉快。					
	2－13. 我觉得使用智慧课堂系统挺好玩的，会让我想去试试它还有哪些功能更好玩。					
	2－14. 我觉得智慧课堂的数学学科内容挺有趣，不枯燥。					
	2－15. 我觉得智慧课堂的英语学科内容挺有趣，不枯燥。					
互动性	2－16. 我觉得智慧课堂系统让我更经常与同学讨论与交流，比如通过见证人功能与同学们交流学习进展。					
	2－17. 我觉得在智慧课堂系统平台内和微信群里的助教老师的互动很方便且高效，包括兑换奖品、系统操作解答、引导、系统 BUG 修复，大部分时候能及时获得想要的解答与帮助。					
	2－18. 我愿意使用智慧课堂系统与同学及老师讨论学习问题。					

续表

分量表	题项内容	非常不同意	不同意	一般/普通	同意	非常同意
行为意图	2-19. 未来我愿意继续使用智慧课堂系统来进行学习。					
	2-20. 如果还有其他的线上学习系统可以选择，我仍然会以使用智慧课堂系统为主。					
	2-21. 我愿意将智慧课堂系统推荐分享给身边同学一起使用。					

表3-10　核心素养导向课堂教学策略问卷范例

1. 您对2016年版《中国学生发展核心素养》了解多少?
( ) 研读过；　( ) 没读过
2. 在过去两年的英语课堂教学中，您曾安排如下的教学活动或课堂活动吗?
(1) 要求学生体验与模仿美式或者英式英语的发音，模仿其停顿、连读、爆破、节奏等。
( ) 每周至少安排1~2次。
( ) 每个月安排了1~2次。
( ) 每学期安排了1~2次。
( ) 还没什么安排，目前的条件或课堂时间不足，今后有打算。
( ) 与现阶段的授课目标的直接关联不大，恐怕近阶段没时间安排。
(2) 组织英语话剧比赛、英语朗诵、听力练习、口头模仿或朗读训练等让学生开口说英语的活动。
( ) 每周至少安排1~2次。
( ) 每个月安排了1~2次。
( ) 每学期安排了1~2次。
( ) 还没什么安排，目前的条件或课堂时间不足，今后有打算。
( ) 与现阶段的授课目标的直接关联不大，恐怕近期没时间安排。
(3) 除了教材课文精讲，经常给学生提供关于人与自我、人与社会、人与自然等多主题语境的英语阅读篇章作为练习讲解。
( ) 每周至少安排1~2次。
( ) 每个月安排了1~2次。
( ) 每学期安排了1~2次。
( ) 还没什么安排，目前的条件或课堂时间不足，今后有打算。
( ) 与现阶段的授课目标的直接关联不大，恐怕近期没时间安排。
(4) 除了教材课文精讲，额外提供并精讲多主题语境的英语篇章让学生积累学习词语。
( ) 每周至少安排1~2次。
( ) 每个月安排了1~2次。
( ) 每学期安排了1~2次。
( ) 还没什么安排，目前的条件或课堂时间不足，今后有打算。
( ) 与现阶段的授课目标的直接关联不大，恐怕近期没时间安排。

…………

（3）在填答与计分方式上，量表一般采用李克特量表，以分量表为单位统计分值；问卷的答案选项一般不统一，如表 3－10 所示，可能是“有/无”，也可能是具体次数，统计分值时按照题项为单位。

（4）在统计分析上，量表数据可用于计算标准差、平均数、Z 检验、t 检验、变异数分析（ANOVA）、相关分析（correlation analysis）、共变数分析（ANCOVA）及回归分析（regression analysis）；而问卷数据可用于计算累积次数分配（cumulative frequency distribution）、百分比、卡方检验（χ^2 检验）等。

二、自编量表的技巧

自编量表的步骤分别为准备阶段与预试阶段，现阐述如下。

（一）准备阶段

此阶段可依据文献编写量表题项草稿，再借由德怀术（Delphi technique）修正题项。表 3－11 为德怀术专家对一份自主学习策略使用状况量表的评鉴意见范例。

表 3－11 德怀术专家评鉴意见范例

序号	原量表题目	分量表	阶段	修正后题项	专家评鉴意见
1	我会为每个阶段的学习活动设定阶段性目标。	认知领域	准备		无
2	读书时，我会注意自己读书速度的快慢。		监测	阅读时，会注意自己阅读的速度。	“读书”一词主要指阅读书籍。
3	我会反复背诵课文中的重要内容。		控制	会认真背诵教师布置的课文内容。	部分学生不具备断定教材内容重要与否的能力。

（二）预试阶段

在母群体中选择小群体实施样本预试，依据张芳全的研究建议，预试样本数与正式样本的比例以 1∶4 或 1∶5 为佳。[1] 预试有效数据借由因子分析与信度分析确定为正式量表题项。

[1] 张芳全. 问卷就是要这样编［M］. 4 版. 新北：心理出版社，2018：112.

因子分析系采用巴特利特球形检验、KMO（Kaiser－Meyer－Olkin）检验及直接斜交法的转轴法筛选出因素负荷量大于0.4的题项，然后再从中剔除具有双重及以上负荷量的或单一因素未超过2个的题项。SPSS操作步骤如图3－3、图3－4、图3－5所示，报表结果范例如表3－12所示。

图3－3　SPSS因子分析操作界面（一）

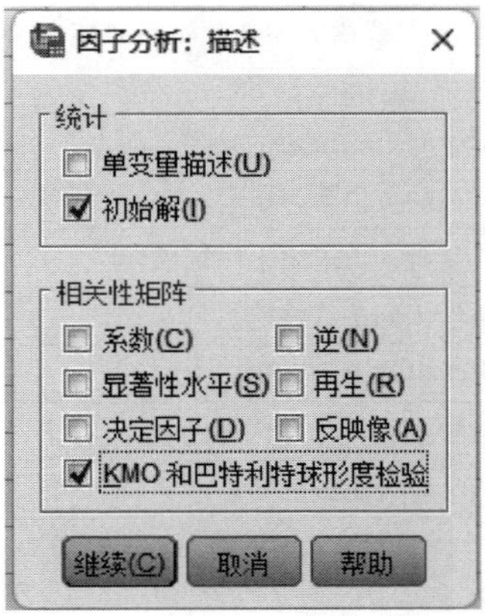

图3－4　SPSS因子分析操作界面（二）

注：点击“描述”，选择“初始解”与“KNO和巴特利特球形度检验”。

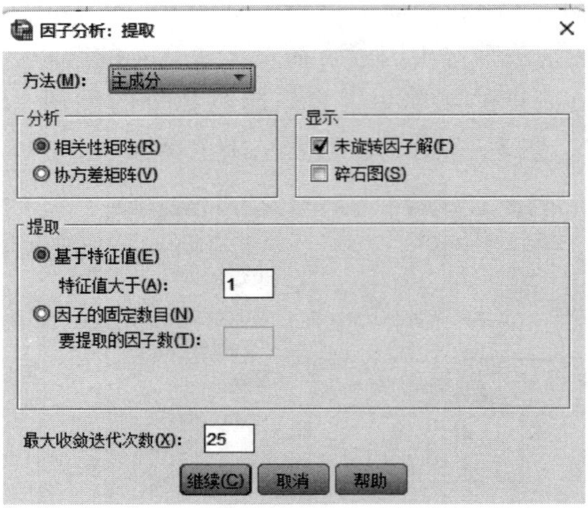

图 3－5　SPSS 因子分析操作界面（三）

注：点击“提取”，选择“主成分”“相关性矩阵”及“未旋转因子解”。

表 3－12　SPSS 因子分析报表范例（旋转后的成分矩阵）

题项内容	成分	
	1	2
22. 讲解英语课文或篇章时，带领学生讨论绘画、建筑、影视、音乐等领域的代表性作品和人物。	0.736	
23. 讲解英语课文或篇章时，带领学生讨论不同民族文化习俗与传统节日。	0.812	
27. 要求学生用英语诉说自己的故事或者写英语日记。	0.779	
28. 组织学生一起探讨英语教材里课文篇章的写作优缺点或者分析篇章的中心思想与哲学宗教思想的关联。	0.672	
30. 通过故事或者亲身经历激发学生对英语学习的兴趣与动力。	0.697	
31. 与学生分享那些对英语学习有益的英语学习资料。	0.857	
34. 要求学生就考试成绩作反省或复盘，力求更上一层楼。	0.684	
36. 中考英语的测评方式会评量出学生的语言技能。		0.858
37. 中考英语的测评方式会评量出学生的语言知识。		0.864
38. 中考英语的测评方式会评量出学生的文化意识。		0.919
39. 中考英语的测评方式会评量出学生的思维品质。		0.831
提取方法：主成分分析法。 旋转方法：凯撒正态化最大方差法。		
a. 旋转在 3 次迭代后已收敛。		

注：成分 1 为核心素养导向课堂教学策略。成分 2 为中考命题方向认知。

信度分析以 Cronbach's α（克隆巴赫 Alpha）系数为判定依据，各分量表与总量表的 Cronbach's α 系数须大于0.7方能被认定为正式题项。图3－6至图3－10为IBM SPSS（26）版信度分析操作界面，表3－13为 Cronbach's α 系数报表范例。

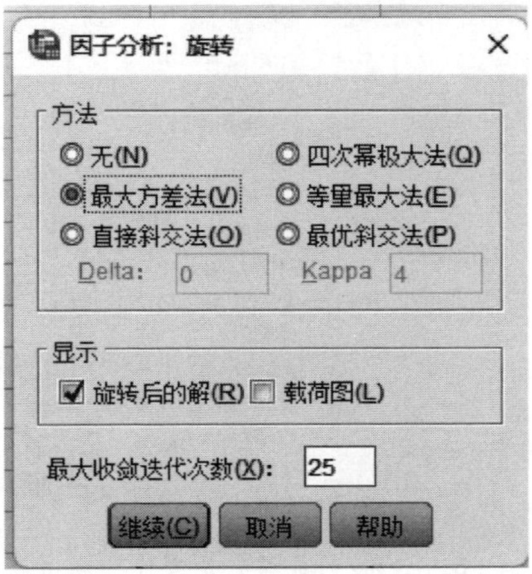

图3－6　SPSS 可靠性分析操作界面（一）

注：点击"旋转"，选择"最大方差法"与"旋转后的解"。

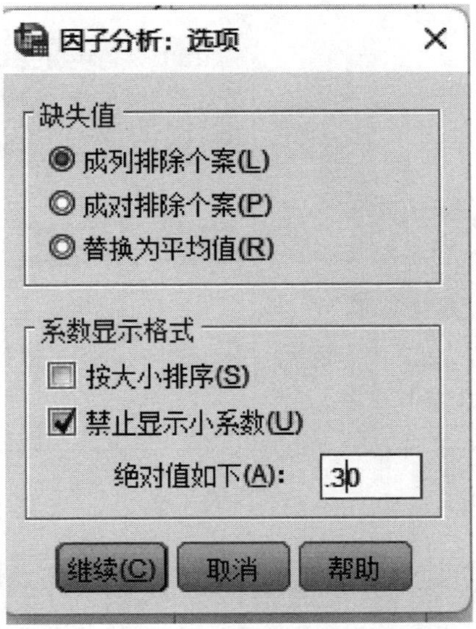

图3－7　SPSS 因子分析操作界面（二）

注：点击"选项"，选择"成列排除个案"与"禁止显示绝对值小于0.30的系数"。

图 3-8　SPSS 可靠性分析操作界面（三）

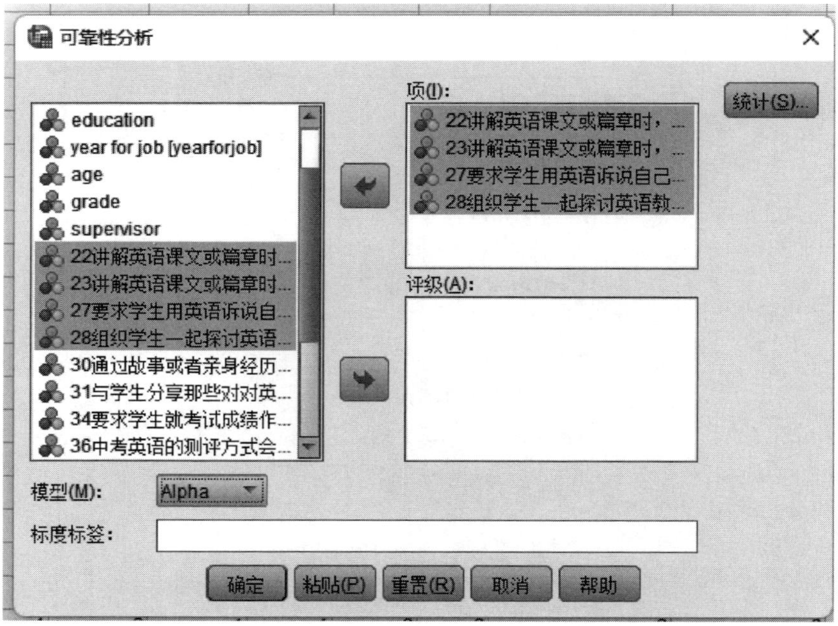

图 3-9　SPSS 可靠性分析操作界面（四）

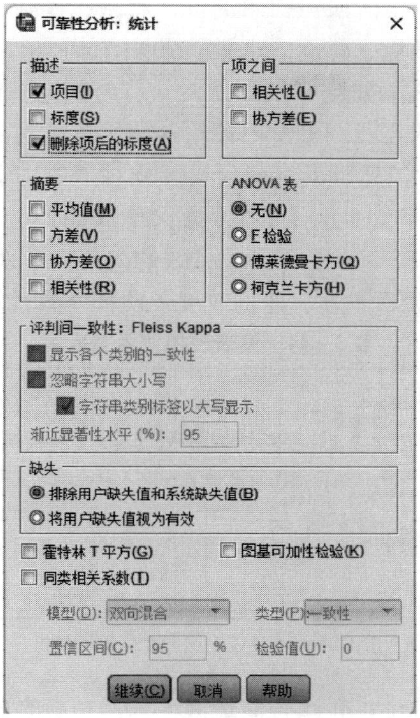

图 3－10　SPSS 可靠性分析操作界面（五）

表 3－13　SPSS 可靠性分析结果界面

Cronbach's α	项　数
0.808	4

三、量表改编技巧

受限于研究计划与资源，亦可选择改编他人成熟量表作为研究工具。基于学术伦理考虑，改编须获原著者同意，此外，除了准备阶段的梳理文献可以豁免外，改编亦须历经准备阶段与预试阶段的所有作业环节。以下是“初中学生自我调整学习策略量表”的改编实例❶：

此次改编已获原著者的许可（量表授权使用书见表 3－14）。原量表将自

❶ 原量表来自陈志恒，林清文. 初中学生自我调整学习策略量表之编制及效度研究［J］. 辅导与咨商学报，2008，30（2）：1－36.

我调整学习历程分成四个阶段：初始准备、监测、控制、反应、反映，归纳为认知、动机、任务、环境、时间、求助资源六个构面，共24个题目，采用李克特五点量尺计分：从不如此、很少如此、有时如此、经常如此、总是如此，得分越高代表受试者的自我调整学习策略的使用程度越高。因为五点量尺中的“很少如此”与“有时如此”的字面含义区分对于中小学生存在语义模糊，故修改为四点量尺：从不如此、有时如此、经常如此、一直如此。原量表的Cronbach's α系数为0.98，六个构面分量表的内部一致性Cronbach α介于0.75~0.92之间，且效标关联效度、建构效度及内部一致性均良好。

表3-14　量表授权使用书范例

兹同意陈仰平使用“初中学生自我调整学习策略量表”（刊登于《辅导与咨商学报》2008年第30卷2期《初中学生自我调整学习策略量表之编制及效度研究》一文），作为其研究论文《〈教育信息化2.0行动计划〉背景下私立教育集团智慧课堂建设方案需求评估机制与模型之设计研究》的工具。

本同意书仅限于同意该量表作为学术研究之用，并请在适当处注明出处，以符合学术论作规定。

立同意书人：＊＊＊

资料来源：“初中学生自我调整学习策略量表”编制者陈志恒授权。

原量表的实验场域位于我国台湾地区，为避免教育制度与用语差异导致量表信效度降低，笔者邀请了来自学术界与实务界的9位专家评鉴原题项的内容。在采纳专家意见后，修改了部分题项的表述。专家背景数据如表3-15所示，评鉴意见如表3-16所示，学生自主学习策略预试量表如表3-17所示。

表3-15　自主学习策略量表题项评鉴受邀专家背景数据

编号	性别	学历/研究方向	（原）服务单位	职务	背景
S01	女	博士/比较教育	浙师大教师教育学院	副研究员	理论
S02	男	博士/教育管理	民政部培训中心	讲师	理论
S03	男	博士/教育学	A教育集团	高管	理论
S04	男	博士/比较教育	北师大教育学部	讲师	理论
S05	男	博士/教育学	福师大教育学部	副教授	理论
S06	女	大学	平潭第一中学	语文教师	实务
S07	男	大学	福州第十八中学	语文教师	实务
S08	男	大学	A教育集团教研中心	教研部助教	实务
S09	男	大学	A教育集团教研中心	教研部助教	实务

表 3－16　学生自主学习策略量表题项之专家评鉴意见汇整一览

序号	原量表题目	分量表	阶段	修正后的题项内容	专家评鉴意见
1	我会为每个阶段的学习活动设定阶段性目标。	认知领域	准备		无
2	读书时，我会注意自己读书速度的快慢。		监测	阅读时会注意自己阅读的速度。	√“读书”一词主要指阅读书籍。
3	我会反复背诵课文中的重要内容。		控制	会认真背诵教师布置的课文内容。	√部分学生不具备断定教材内容重要与否能力。
4	当我成绩退步时，我会调整或修正目前的读书方法。		反应	当成绩退步时，我会调整自己的学习方式。	√“读书”一词主要指阅读书籍。
5	我觉得到学校读书求学是一件很有趣的事情。	动机领域	准备	在学校学习是一件有趣的事，我喜欢去学校上学。	√建议修改成更通俗表达。
6	接近考试时，我会观察自己的情绪变化，及其对我读书动力的影响。		监测	临近考试时，会注意自己的情绪变化，尽量避免负面情绪对学习状态的影响。	√“读书”一词主要指阅读书籍。
7	当我的考试信心低落时，我会说些激励士气的话语勉励自己。		控制	当考试信心低落时，我会勉励自己不要放弃。	√“激励士气”这个词一般不用来描述“勉强自己”。
8	考试后，我会检讨自己用来提升学习动力的方法是否有效。		反应		无
9	温习功课前，我会先充分了解应阅读的范围、内容及页数。	任务领域	准备	温习功课前，会先充分了解复习范围与内容。	√温习功课还包含做练习，修改为涵盖面更广的“复习”为佳。
10	学习时，我会观察学习内容对自己而言是否变得较简单或较困难。		监测	完成学习任务前，会事先评估内容对自己是简单还是困难。	√“变得较简单”这个词指涉不明。
11	当无法达到教师的要求时，我会与教师讨论，请求降低标准。		控制		无
12	学习后，我会修正自己对学习进度与要求标准的调整方法，以因应下个阶段的学习或考试。		反应	经常阶段性调整自己的学习目标，以更好完成下阶段的学习或考试。	√“学习后”一词指涉不明。

续表

序号	原量表题目	分量表	阶段	修正后的题项内容	专家评鉴意见
13	读书前，我会注意读书的地点是否安静。	环境领域	准备	会注意学习地点环境是否安静，以免别人打扰我。	√“读书”一词主要指阅读书籍。
14	我会注意教师的个性、要求与教学方式及其对我读书学习的影响。		监测	会注意教师的个性、要求、教学方式等对我学习的影响。	√“读书”一词主要指阅读书籍。
15	念书前，我会整理书房与书桌，移除会使我分心的物品。		控制	做作业前，会整理书房与书桌，把可能让我分心的物品移走。	√“念书”这个词比较口语化。
16	读书后，我会检讨与同学一起念书时的读书效果。		反应	我会对比单独学习与同学一起学习的区别与效果。	√“读书”一词主要指阅读书籍。
17	我知道每天可用于温习功课的时间有哪些。	时间领域	准备	知道如何更有效地利用每一天的时间，知道每天可用来学习的有效时间有哪些。	√建议修改成更通俗表达。
18	读书时，我会监控各个时段的读书效率与生理状况。		监测		无
19	准备考试时，我会预定各个科目的温习进度。		控制	考前温书，会提前制定各科的温习时间表。	√“预定”一词目前比较罕见。
20	学习后，我会检讨自己执行读书计划与进度的成效。		反应	我会阶段性地回顾、反思、总结自己的学习成效与不足。	√“检讨”一词为贬义词。
21	读书前，我知道可以向哪些人请教课业上的疑难问题。	求助资源领域	准备	我知道该向谁请教课业上的疑难问题。	√“读书”一词主要指阅读书籍。
22	学习时，我会注意周遭是否新增一些可运用的资源。		监测	学习时，我会注意周围有没有好的辅导书可以读或者好的教师可以求助。	√“资源”一词的指涉范围过广。
23	我常使用参考书中的重点整理帮助自己记忆与理解学习内容。		控制	我常使用辅导书帮助自己记忆与理解学习内容。	√此处表述可进一步简化。
24	考试后，我会检讨向他人请教课业是否有助于提升成绩。		反应		无

表 3－17　中小学生自主学习策略使用现状量表预试

【第一部分】背景数据（略）

【第二部分】自主学习策略使用现状

构面	题项内容		从不如此	有时如此	经常如此	一直如此
认知	1	会为每个阶段的学习活动设定阶段性目标。				
	2	阅读时，会注意自己阅读的速度。				
	3	会认真背诵教师布置的课文内容。				
	4	当成绩退步时，会调整自己的学习方式。				
动机/情感	5	在学校学习是一件有趣的事，我喜欢去学校上学。				
	6	临近考试时，会注意自己的情绪变化，尽量避免负面情绪对学习状态的影响。				
	7	当考试信心低落时，会勉励自己不要放弃。				
	8	考试后，会检讨自己用来提升学习动力的方法是否有效。				
任务	9	温习功课前，会先充分了解复习范围与内容。				
	10	完成学习任务前，会事先评估内容对自己是简单还是困难。				
	11	当无法达到教师的要求时，会与教师讨论，请求降低标准。				
	12	经常阶段性调整自己的学习目标，以更好完成下阶段的学习或考试。				
环境	13	会注意学习地点环境是否安静，以免别人打扰我。				
	14	会注意教师的个性、要求、教学方式等对我学习的影响。				
	15	做作业前，会整理书房与书桌，把可能让我分心的物品移走。				
	16	会对比单独学习与同学一起学习的区别与效果。				

续表

构面	题项内容		从不如此	有时如此	经常如此	一直如此
时间	17	知道如何更有效地利用每一天的时间，知道每天可用来学习的有效时间有哪些。				
	18	读书时，会监控各个时段的读书效率与生理状况。				
	19	考前温书，会提前制定各科的温习时间表。				
	20	会阶段性地回顾、反思、总结自己的学习成效与不足。				
求助资源	21	知道该向谁请教课业上的疑难问题。				
	22	学习时，会注意周围有没有好的辅导书可以读或者好的教师可以求助。				
	23	常使用辅导书帮助自己记忆与理解学习内容。				
	24	考试后，会检讨向他人请教课业是否有助于提升成绩。				

预测量表可以反映出受访者是否理解量表上的文字。依据张芳全的研究结果，预试样本人数应在题目数的 3 ~ 5 倍之间[1]，故，本实例邀请了 A 学校八年级 3 个班级共 131 位学生借由“问卷星”（在线问卷调查平台）参加自主学习策略量表预试。

剔除做题时间少于 80 秒或长于 364 秒或填答不完整的无效数据后，共得有效预试量表 120 份，有效回收率达 85.1%，其中，女生 50 位，男生 70 位。所得数据导入 SPSS（26 版）开展信度与效度分析，即采取主成分分析法、KMO 与巴特利特球形检验、直接斜交法的转轴法且以特征值大于 1 为依据撷取题项。预试的 KMO 取样适切性量数为 0.76，说明数据符合取样适切性。待删除偏离因素轴以及因素负荷量少于 0.40 的题目（题目 4、题目 11、题目 17、题目 22）后，从原量表中保留了 20 个题项并编为自主学习策略正式量表（见表 3 – 18），因素分析直交转轴摘要如表 3 – 19 所示：正式量表的 Cronbach's α 信度系数为 0.81，说明构面间的内部一致性处于合理范围。

[1] 张芳全．问卷就是要这样编［M］．新北：心理出版社，2018．

表 3－18 中小学生自主学习策略使用现状量表（正式）

【第一部分】背景数据（略）

【第二部分】自主学习策略使用现状

构面	题项内容		从不如此	有时如此	经常如此	一直如此
认知	1	会为每个阶段的学习活动设定阶段性目标。				
	2	阅读时，会注意自己阅读的速度。				
	3	会认真背诵教师布置的课文内容。				
动机/情感	4	在学校学习是一件有趣的事，我喜欢去学校上学。				
	5	临近考试时，会注意自己的情绪变化，尽量避免负面情绪对学习状态的影响。				
	6	当考试信心低落时，会勉励自己不要放弃。				
	7	考试后，会检讨自己用来提升学习动力的方法是否有效。				
任务	8	温习功课前，会先充分了解复习范围与内容。				
	9	完成学习任务前，会事先评估内容简单与否。				
	10	经常阶段性调整自己的学习目标，以更好完成下阶段的学习或考试。				
环境	11	会注意学习地点环境是否安静，以免别人打扰我。				
	12	会注意教师的个性、要求、教学方式等对我学习的影响。				
	13	做作业前，会整理书房与书桌，把可能让我分心的物品移走。				
	14	会对比单独学习与同学一起学习的区别与效果。				
时间	15	读书时，会监控各个时段的读书效率与生理状况。				
	16	考前温书，会提前制定各科的温习时间表。				
	17	会阶段性地回顾、反思、总结自己的学习成效与不足。				
求助资源	18	知道该向谁请教课业上的疑难问题。				
	19	常使用辅导书帮助自己记忆与理解学习内容。				
	20	考试后，会检讨向他人请教课业是否有助于提升成绩。				

表 3-19　学生自主学习策略因素分析直交转轴摘要

构面	题项内容	因素（一）负荷量	因素（二）负荷量	因素（三）负荷量	因素（四）负荷量	因素（五）负荷量	因素（六）负荷量	共同性	特征值	总变异解释量（%）
认知	1. 会为每个阶段的学习活动设定阶段性目标。	0.09	0.05	0.08	-0.03	-0.01	0.92	0.87	2.36	11.77
	2. 阅读时，会注意自己阅读的速度。	-0.08	0.10	0.03	-0.01	0.17	0.83	0.74		
	3. 会认真背诵教师布置的课文内容。	-0.01	0.09	-0.07	-0.07	-0.01	0.87	0.78		
动机/情感	4. 在学校学习是一件有趣的事，我喜欢去学校上学。	0.74	0.12	0.09	0.05	0.36	0.00	0.70	2.66	13.29
	5. 临近考试时，会注意自己的情绪变化，尽量避免负面情绪对学习状态的影响。	0.71	0.06	0.38	0.10	-0.20	-0.03			
	6. 当考试信心低落时，会勉励自己不要放弃。	0.62	-0.02	0.35	0.02	0.49	0.01			
	7. 考试后会检讨自己用来提升学习动力的方法是否有效。	0.85	0.02	0.09	-0.07	0.18	0.01	0.77		
任务	8. 温习功课前，会先充分了解复习范围与内容。	0.00	0.01	0.20	0.05	0.77	0.09		2.46	12.30
	9. 完成学习任务前，会事先评估内容简单与否。	0.43	-0.06	0.43	-0.06	0.61	0.08			
	10. 经常阶段性调整自己的学习目标，以更好完成下阶段的学习或考试。	0.24	-0.07	0.12	0.06	0.78	0.03	0.68		

续表

构面	题项内容	因素（一）负荷量	因素（二）负荷量	因素（三）负荷量	因素（四）负荷量	因素（五）负荷量	因素（六）负荷量	共同性	特征值	总变异解释量（%）
环境	11. 会注意学习地点环境是否安静，以免别人打扰我。	0.04	-0.01	0.68	-0.08	0.37	0.03	0.61	2.54	12.7
	12. 会注意教师的个性、要求、教学方式等对我学习的影响。	0.17	0.09	0.77	0.06	0.03	-0.01	0.64		
	13. 做作业前，会整理书房与书桌，把可能让我分心的物品移走。	0.24	0.04	0.78	0.03	0.23	0.02			
	14. 会对比单独学习与同学一起学习的区别与效果。	0.37	-0.05	0.56	0.02	0.48	0.00	0.68		
时间	15. 读书时，会监控各个时段的读书效率与生理状况。	0.09	0.96	-0.04	-0.02	-0.06	0.09		2.63	13.14
	16. 考前温书，会提前制定各科的温习时间表。	0.01	0.89	0.08	-0.01	-0.05	0.03			
	17. 会阶段性地回顾、反思、总结自己的学习成效与不足。	0.03	0.91	0.06	0.01	0.02	0.12	0.85		
求助资源	18. 知道该向谁请教课业上的疑难问题。	0.01	0.05	0.01	0.95	0.00	-0.07		2.49	12.45
	19. 常使用辅导书帮助自己记忆与理解学习内容。	0.03	-0.05	0.00	0.84	0.01	-0.02			
	20. 考试后，会检讨向他人请教课业是否有助于提升成绩。	0.00	.00	0.02	0.91	0.07	-0.02	0.83		

四、量表施测技巧

评估者可采取立意抽样实施量表调查。例如，学界认为八年级是初中学生成绩出现较大分化的阶段❶，可考虑邀请八年级学生参与自主学习策略使用量表的调查。样本数不能太多亦不能过少，过多则可能因细微的差异导致研究结果呈显著，从而导致第一类错误（type Ⅰ error）的几率提升❷，太少亦可能导致抽样误差变大，存在假阴性风险。盖伊（Gay）建议：描述性统计的样本数占母群体的比例介于10%～20%为佳❸；采用相关系数判断试卷的难度、鉴别度和诱答力分析至少须有30份样本；包括独立样本平均数 t 检验及莱文方差等同性（Levene）检验在内的比较研究则需要为实验组与控制组各搜集30份样本。以下是某智慧课堂项目在需求评估阶段使用自主学习策略量表的描述性统计过程：

本实例邀请L学校八年级的141位学生参与自主学习策略使用现状的正式调查。在教师协助下，学生登录“问卷星”完成在线问卷填答。剔除做题时间少于80秒或长于364秒或填答不完整的无效数据后，共得有效数据126份，正式量表可用率89.36%。研究对象的背景数据如表3－20所示。

表3－20　自主学习策略使用现状正式量表填答对象（有效数据）的背景数据

性别	人数	百分比（%）
男	59	46.83
女	67	53.17

实例调查所得结果如表3－21所示，学生使用自主学习策略的“认知”领域、“动机/情感”领域、“时间”领域以及“求助资源”领域的平均值皆低于3，而“任务”领域“环境”领域的平均值虽大于3，但分值相对较低——介于3.01～3.08。其中，“认知”领域与“动机/情感”领域的平均数分值最

❶ 宋现超．浅谈初二英语“两极分化”现象形成原因与解决策略［J］．中国教师，2018，S1：75；林吉．初二英语两极分化成因及对策浅析［J］．现代职业教育，2016，17：48；胡美珍．如何减小初中数学学习分化——以初二学生为例［J］．中国校外教育，2015，24：96．

❷ DAVIS B. Experimentwise type I error：What are they and how do they apply to both univariate post hoc and multivariate testing?：Proceedings of the Annual Meeting of the Southwest，February 1－3，2001［C］. New Orleans：Educational Research Association，2001.

❸ GAY L R. Educational research competencies for analysis and application［M］. New York：Macmillan，1992.

低（2.70）。单题项方面，平均值最低的是第七题——“考试后，会检讨自己用来提升学习动力的方法是否有效”（2.52），而最高的则为第八题——“温习功课前，我会先充分了解需要复习的范围与内容”（3.35）。

表 3-21　原型应用于教学实验前学生自主学习策略使用情形（N=126）

题项内容		平均数	标准差
认知		2.70	0.76
1	会为每个阶段的学习活动设定阶段性目标。	2.84	0.82
2	阅读时，会注意自己阅读的速度。	2.62	0.84
3	会认真背诵教师布置的课文内容。	2.65	0.92
动机/情感		2.70	0.78
4	在学校学习是一件有趣的事，我喜欢去学校上学。	2.83	1.00
5	临近考试时，会注意自己的情绪变化，尽量避免负面情绪对学习状态的影响。	2.59	1.03
6	当考试信心低落时，会勉励自己不要放弃。	2.85	0.89
7	考试后，会检讨自己用来提升学习动力的方法是否有效。	2.52	1.01
任务		3.01	0.72
8	温习功课前，会先充分了解复习范围与内容。	3.35	0.70
9	完成学习任务前，会事先评估内容简单与否。	2.84	0.92
10	经常阶段性调整自己的学习目标，以更好完成下阶段的学习或考试。	2.84	1.02
环境		3.08	0.68
11	会注意学习地点环境是否安静，以免别人打扰我。	3.06	0.89
12	会注意教师的个性、要求、教学方式等对我学习的影响。	3.23	0.84
13	做作业前，会整理书房与书桌，把可能让我分心的物品移走。	3.16	0.89
14	会对比单独学习与同学一起学习的区别与效果。	2.88	0.89
时间		2.83	0.83
15	读书时，会监控各个时段的读书效率与生理状况。	3.18	0.84
16	考前温书，会提前制定各科的温习时间表。	2.97	0.98
17	会阶段性地回顾、反思、总结自己的学习成效与不足。	3.06	0.91
求助资源		2.83	0.83
18	知道该向谁请教课业上的疑难问题。	2.95	0.94
19	常使用辅导书帮助自己记忆与理解学习内容。	2.77	0.88
20	考试后，会检讨向他人请教课业是否有助于提升成绩。	2.75	0.97

五、学科知识成就测验数据汇集方法与记录工具编制

欲探究原型应用在教学实验期间的学科知识成就测验数据，评估者实施以下作业：编制英语学科知识成就测验量表、制定双向细目表，难度、鉴别度和诱答力分析，实验班学生于英语学业成就的变化情况的成对样本平均数 t 检验，控制班与实验班英语学业前测成绩的莱文方差等同性（Levene）检验，控制班与实验班英语学业后测成绩的独立样本平均数 t 检验，进而获得英语学业成就后测成绩在实验班与控制班之间的差异数据。针对这些方法，现阐述如下：

（一）知识成就测验量表编制

知识成就测验量表一般用在探究原型系统应用于教学实验期间英语学科学习成就的变化情形。因为智慧课堂原型通常设计有适性诊断与电子作业功能模块，所以评估者可依教学实验所涵盖的教学进度将学科知识成就测验题库录入原型系统，实现智慧诊断与智慧批改。学生在实验始末日分别登录原型系统的适性诊断与电子作业功能模块参加前测与后测。

（二）制定双向细目表

双向细目表通常借鉴布鲁姆的认知领域六层次理论——知识成就测验的认知向度被划分为记忆、理解、应用、分析、综合及评鉴❶，并结合课程标准与教师教学用书编制而成。表 3－22 为英语学科知识成就前后测试卷的双向细目表结构范例。

表 3－22 英语学科知识成就前后测试卷之双向细目表结构范例

教学目标与要求				认知向度					
	目标要求	技能	知识要点	记忆	理解	应用	分析	综合	评鉴
知识向度	语言技能	听							
		说							

❶ BLOOM B S. Taxonomy of educational objectives: The classification of educational goals [M]. London: Longmans, 1956.

续表

教学目标与要求				认知向度					
	目标要求	技能	知识要点	记忆	理解	应用	分析	综合	评鉴
知识向度	语言知识	语音							
		词汇和常用表达							
		语法							
		功能							
		话题							
	学习策略	认知策略							
	文化意识	文化知识							

（三）试题编制与命题检核

每轮教学实验须至少准备两套试卷，分别用于前测与后测。考虑到智慧课堂原型系统对作业题型的智能批改功能不足，建议试卷题型设置为听力、语法、完形填空、阅读理解等客观题，不采用主观题。同时，评估者邀请资深英语教师参与试题审查，检核试题是否超范围、难度适切度与答题时间合理性。

（四）难度、鉴别度和诱答力分析

上述编制的试题须经过难度、鉴别度及诱答力分析方有信效度。评估者可邀请学生参加预试。预试所得有效数据导入 SPSS 进行项目分析。依凯利（Kelly）的研究建议，高低组的分组门槛在 27% ~33% 为合理[1]。鉴别度越高越佳且不低于 0.25[2]，难度值（P）愈接近 0.5 为佳，试题的诱答力判定以低分组学生必须有答错的为依据。

（五）知识成就测验前测与后测实施程序

在教学实验的第一天，评估者组织实验班与控制班学生于原型系统参加学科知识成就测验前测，并于实验最后一天参加后测。前后测所得数据经删除无效数据后导入 SPSS 以分析学生参加实验教学期间的学科知识成就变化，并及

---

[1] KELLY T L. The selection of upper and lower groups for the validation of test items [J]. Journal of educational psychology, 1939, 30: 17 -24.

[2] 余民宁. 教育测验与评量：成就测验与教学评量 [M]. 新北：心理出版社，2011.

时统计有效数据比例。

（六）样本平均数 t 检验

为考察智慧课堂环境下的实验教学模式对英语学科成就的影响差异，评估者可基于实验班与控制班的英语学科前后测成绩，采取成对样本平均数 t 检验实验班学生学业成就的变化情况，采取独立样本平均数 t 检验实验班学生学习成效后测表现是否显著优于控制班学生。

1. 实验班学生学业成就变化情况之成对样本平均数 t 检验

首先，检验实验班学生学业成就的前后测差异是否呈现统计学上的显著差异（$t<0.01$），若是，则说明原型应用于教学实验后，实验班学生的学业成就发生显著变化。其次，检验教学实验的后测成绩是否超出前测，并统计成对样本的相关程度数值，综合判定学业成绩是否获得提升。SPSS 成对样本平均数 t 检验操作步骤见图 3－11、图 3－12。

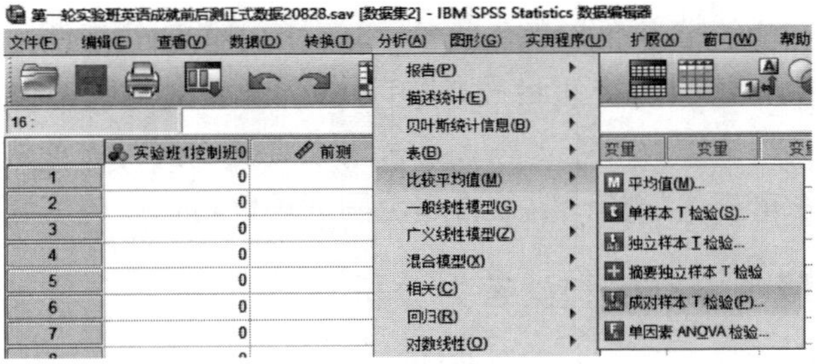

图 3－11　SPSS 成对样本平均数 t 检验操作步骤（一）

注：点击“分析”，选择“比较平均值”，再选择“成对样本 T 检验（P）”。

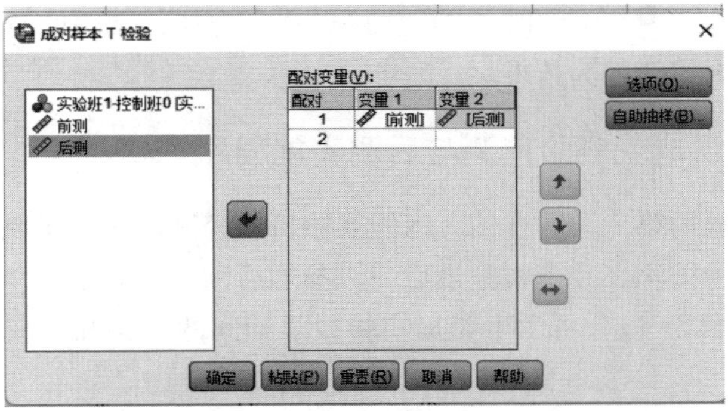

图 3－12　SPSS 成对样本平均数 t 检验操作步骤（二）

注：将前测与后测数据分别拉入配对变量中的变量 1 与变量 2，点击“确定”。

报表解读：

如表 3－23 所示，实验班学生于英语学业成就的前后测差异均呈现统计上的显著差异（$t<0.01$），说明原型应用于教学实验后，实验班学生的英语学业成就发生显著变化。后测成绩平均值超出前测成绩 5.5 分，成对样本的相关程度分别为 0.988，说明原型系统应用于教学实验后，学生的英语学业成绩获得提升。

表 3－23　SPSS 成对样本平均数 t 检验报表

配对样本统计

		平均值	个案数	标准偏差	标准误差平均值
配对 1	前测	76.29	83	7.757	0.851
	后测	81.79	83	8.862	0.973

配对样本相关性

		个案数	相关性	显著性
配对 1	前测 & 后测	83	0.988	0.000

配对样本检验

		平均值	标准偏差	标准误差平均值	差值 95% 置信区间		t	自由度	Sig.（双尾）
					下限	上限			
配对 1	前测－后测	－5.506	1.713	0.188	－5.880	－5.132	－29.275	82	0.000

2. 实验班与控制班学业成就变化之独立样本平均数 t 检验

（1）控制班与实验班英语学业前测成绩的莱文方差等同性（Levene）检验。

以莱文方差等同性检验（又称为变异数同质检验）实验班与控制班学业成就前测成绩的 F 值是否达到统计显著水平（p 值），以判定两组（控制班与实验班）前测得分是否符合同构型，即判定两组（控制班与实验班）学生学业成就于实验开始时的程度是否接近，是否符合后续后测成绩独立样本平均数 t 检验所要求的条件。换句话说，在实施莱文方差等同性检验之前，须检验前后测成绩的回归斜率是否一致。SPSS 回归斜率同构型检验操作步骤见图 3－13 至图 3－16。

图 3-13 SPSS 回归斜率同构型检验操作步骤（一）

注：第一列为组别数值（1 表示实验班；0 表示控制班）；第二列与第三列为前后测卷面成绩。

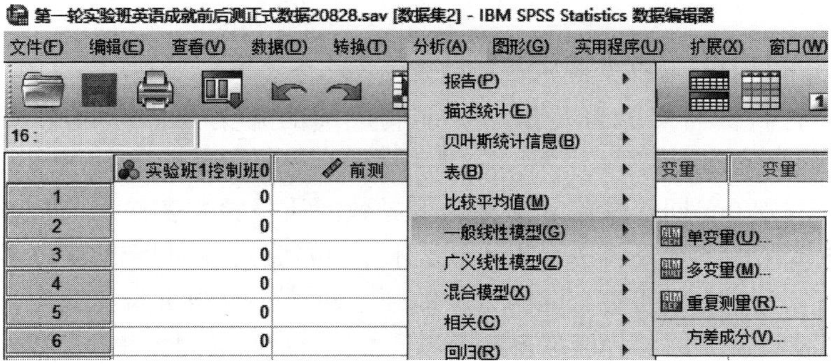

图 3-14 SPSS 回归斜率同构型检验操作步骤（二）

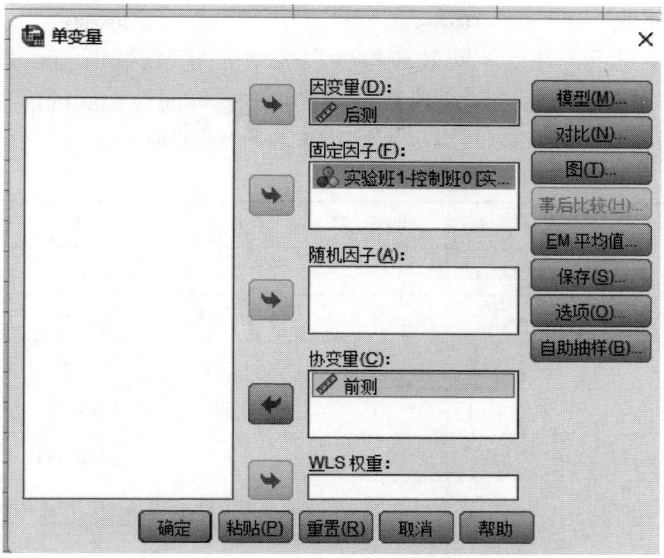

图 3－15　SPSS 回归斜率同构型检验操作步骤（三）

注："后测成绩" 设为因变量，"组别数值" 设为固定因子，"前测成绩" 设为协变量。

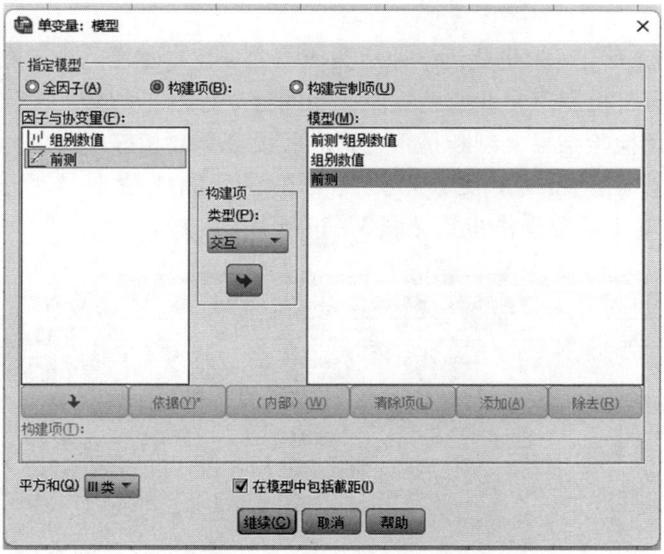

图 3－16　SPSS 回归斜率同构型检验操作步骤（四）

注：点击"模型"，选择"构建项"，随后分别将"前测"、"组别数值"及"前测＊组别数值"等三项通过右箭头置入模型。在"因子与协变量"框按住 SHIFT 键不放，同时点击"前测成绩"与"组别数值"，再点击右箭头即可将"前测＊组别数值"置入模型，点击"继续"。

报表解读：

表3－24显示，在主体间效应检验报表中，“组别数值*前测”的显著性值为0.143（>0.05），表示此数据符合莱文方差等同性检验的前提假设。

表3－24　主体间效应检验分析报表

因变量：后测

源	Ⅲ类平方和	自由度	均方	*F*	显著性
修正模型	6388.006a	3	2129.335	3246.799	0.000
截距	15.058	1	15.058	22.961	0.000
组别数值*前测	1.435	1	1.435	2.187	0.143
组别数值	0.024	1	0.024	0.037	0.849
前测	6267.018	1	6267.018	9555.914	0.000
误差	51.810	79	0.656		
总计	561720.633	83			
修正后总计	6439.816	82			

a. R方=0.992（调整后R方=0.992）。

注：点击确定即可生成方差的单变量分析报表。

（2）控制班与实验班英语学业后测成绩之独立样本平均数 *t* 检验。

以实验班与控制班学业成就后测成绩的独立样本平均数 *t* 检验结果结合莱文方差等同性检验结果，判断是否可采取假设变异数相等模式。同时以实验班与控制班间的显著性（双尾）值判定各组在后测成绩上是否达显著差异。SPSS独立样本T检验操作步骤见图3－17至图3－19。

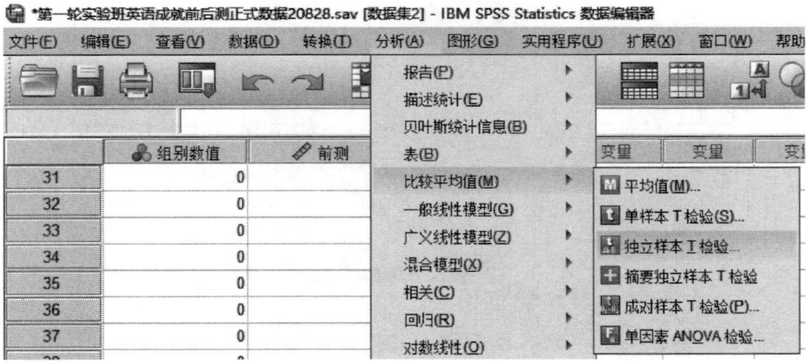

图3－17　SPSS独立样本 *t* 检验操作步骤（一）

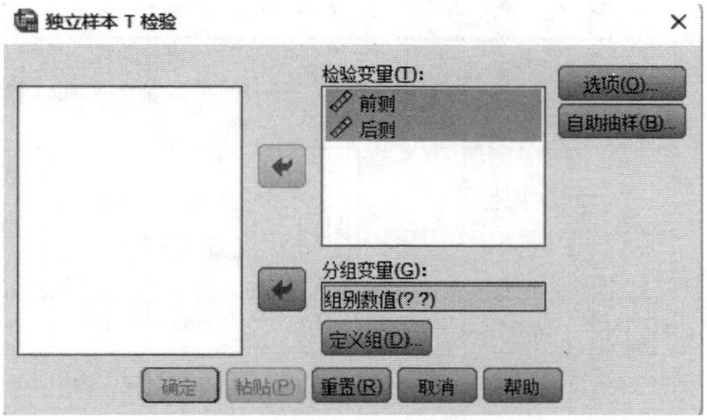

图 3－18　SPSS 独立样本 *t* 检验操作步骤（二）

注：将前测成绩与后测成绩置入检验变量，将组别数据置入分组变量，并点击“定义组”。

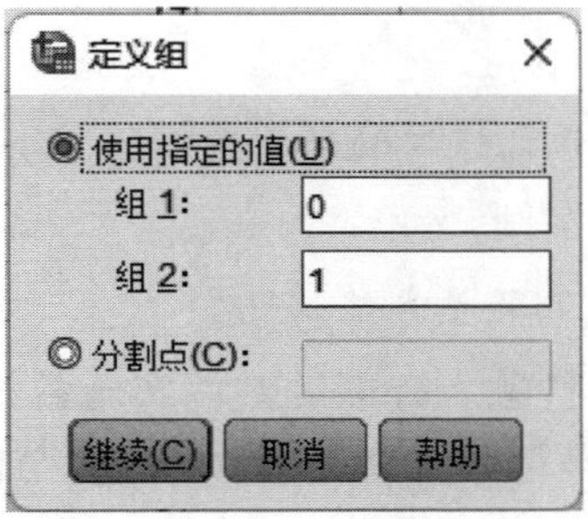

图 3－19　SPSS 独立样本 *t* 检验操作步骤（三）

注：组 0 为实验班，组 1 为控制班。具体数值须以研究者自行设定的“组别数值”为准。

报表解读：

莱文方差等同性检验显示（见表 3－25、表 3－26），前测与后测成绩的显著性（p）分别为 0.833 与 0.878，皆大于 0.05，说明实验班与控制班的样本群体具同质性，即可以采用假定等方差相等模式进行样本比较。表中亦显示，实验班与控制班之间的后测成绩显著性（双尾）值为 0.224，说明两组在后测成绩上未达显著差异。

表 3－25　SPSS 独立样本 *t* 检验报表之各组统计

实验班（1）－控制班（0）		个案数	平均值	标准偏差	标准误差平均值
前测	0	42	76.24	7.909	1.220
	1	41	76.34	7.696	1.202
后测	0	42	80.62	8.844	1.365
	1	41	83.00	8.826	1.378

表 3－26 SPSS 独立样本 T 检验报表

测试次序	采用的方差类型	莱文方差等同性检验		平均值等同性 t 检验						
		F	显著性（p）	t	自由度	$Sig.$（双尾）	平均值差值	标准误差差值	差值 95% 置信区间	
									下限	上限
前测	假定等方差	0.045	0.833	－0.058	81	0.954	－0.100	1.713	－3.509	3.31
	不假定等方差			－0.058	80.999	0.954	－0.100	1.713	－3.508	3.308
后测	假定等方差	0.024	0.878	－1.226	81	0.224	－2.377	1.94	－6.237	1.482
	不假定等方差			－1.226	80.96	0.224	－2.377	1.94	－6.237	1.482

（七）实例

以下是某智慧课堂原型应用于教学实验期间，初中英语学科知识成就测验数据汇集与试题编制过程实例：

1. 英语学科知识成就测验量表编制

本实例将初中英语学科融入智慧课堂以实施教学实验。先是依福州（仁爱版）、临沂（人教版）英语教科书各单元的目标与内容自编英语学科知识成就测验量表，然后将学科知识成就测验题库录入原型系统，以实现智慧诊断与智慧批改。学生在实验始末日集体登录原型系统的适性诊断与电子作业功能模块参加前测与后测。

2. 制定双向细目表

本实例采用前文所述的布鲁姆认知领域 6 层次理论结合 2011 年版《义务教育英语课程标准》❶、2012 年版《义务教育教科书教师教学用书英语（PEP）》❷ 以及 2019 年版《仁爱版英语教师教学用书》❸ 编制双向细目表。图 3－20 为仁爱版初中英语知识星空图，表 3－27 为英语单元学习重点双向细目表（人教版七年级下册 Unit 1）。

❶ 教育部. 教育部关于印发义务教育语文等学科课程标准（2011 年版）的通知：教基二〔2011〕9 号［A/OL］.（2011－12－28）［2023－02－22］. http://www.moe.gov.cn/srcsite/A26/s8001/201112/t20111228_167340.html.

❷ 人民教育出版社课程教材研究所，人民教育出版社英语课程教材研究开发中心，圣智学习集团. 义务教育教科书教师教学用书英语（PEP）［M］. 北京：人民教育出版社，2012.

❸ 北京仁爱教育研究所. 仁爱版英语教师教学用书［M］. 北京：科学普及出版社，2019.

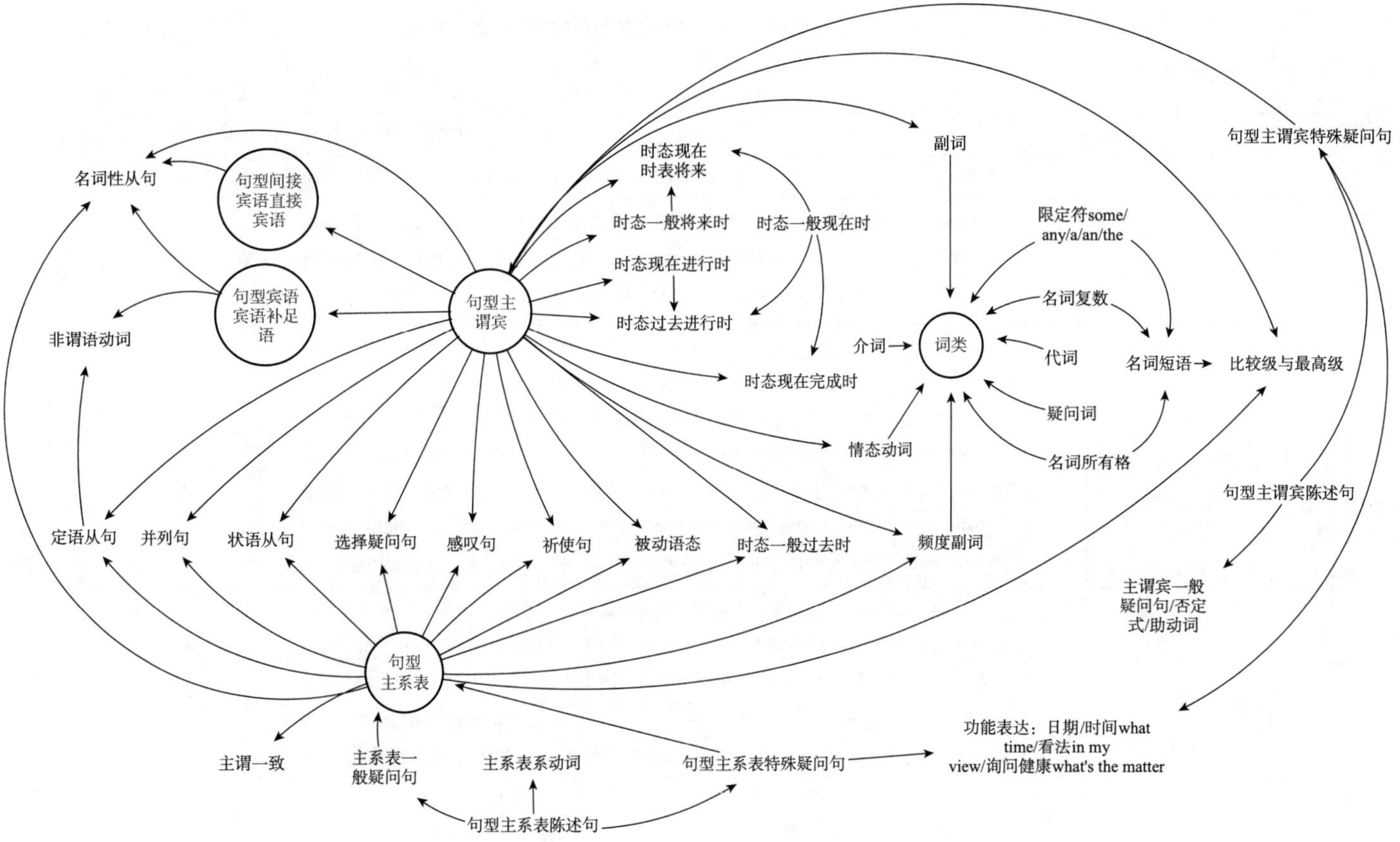

图 3－20　仁爱版初中英语知识星空

表 3－27　人教版英语七年级下册 Unit 1 单元学习重点双向细目表

教学目标与要求				认知向度					
	目标要求	技能	知识要点	记忆	理解	应用	分析	综合	评鉴
知识向度	语言技能	听	以"加入俱乐部"为话题，复习听力"Do you like…? Yes，I do. /No，I don't."；练习听力："Can you swim? Yes，I can. /No，I can't."			√			选择题
		说	以"加入俱乐部"为话题，复习口语句型"Do you like…? Yes，I do. /No，I don't."；练习口语句型："Can you swim? Yes，I can. /No，I can't."			√			
	语言知识	语音	（1）掌握元音字母 u 在重读音节中的三种常见读音/juː/，/uː/，/ʌ/；（2）掌握 5 个元音字母与 r 组合后的发音，即 ar，er，ir，or，ur 的发音；（3）掌握字母组合 ph，sh，th，tch，wh 的发音；（4）准确把握 can 的肯定句和否定句的重音变化。						
		词汇和常用表达	（1）能正确使用下列词汇（curriculum words）：guitar，chess，club，story，show，drum，violin，people，home，center，weekend，musician，sing，swim，dance，draw，speak，join，tell，write，talk，make，teach，or，also，today；（2）能正确使用下列常用表达（useful expressions）：play chess，speak English，be good at，be good with，talk to，play the drums/piano/violin，be good with，make friends，help sb. with something on the weekend，sports/music/art/chess club，join a club，do kung fu；（3）能认读下列词汇（Non－curriculum words）：Kung Fu，piano			√			
		语法	（1）能正确使用情态动词 can（Modal verb can）；（2）能正确使用包含 can 的一般疑问句并做简略回答（Yes/No questions and short answers）（3）能正确使用 what 引导的特殊疑问句询问某人的能力及加入俱乐部的倾向（What questions）。		√	√			
		功能	能谈论自己或他人的能力（Talk about abilities）。			√			
		话题	加入俱乐部（Joining a club）。						
	学习策略	认知策略	体会语法对于词汇学习的重要性。		√				
	文化意识	文化知识	（1）了解中外课外活动或社团活动的差异；（2）了解招聘海报的特点。		√				

3. 试题编制与命题检核

本实例分别在山东与福建两地的初中实施了3轮教学实验，试题编制过程阐述如下：

山东人教版初中英语的每一个单元有2个小节（section），而福建仁爱英语每一个单元有3个主题（topic），故，针对每个小节与主题的话题、功能、语法以及词汇，编制了6套试题用于检测学生在参加实验前后的英语学科知识成就变化，试题范围如表3－28所示。题项数量上，前后测6套试卷的预试卷皆为70道题，所有题型皆为客观题：听力（20道题）、语法（15道）、完形填空（10道）、阅读理解（25道题）。其间，邀请了L学校2位英语教师参与试题审查。

表3－28 三轮教学实验之英语学科知识成就测验试题范围

教学实验轮次	测验范围	教材版本	试卷编号	
1	七年级“Unit 2 Looking different”	福建仁爱	PRE1	前测
			POST1	后测
2	八年级“Unit 8 Have you read Treasure Island yet? “	山东人教	PRE2	前测
			POST2	后测
3	七年级“Unit 5 Our school life”	福建仁爱	PRE3	前测
			POST3	后测

为了分析试题的难度、鉴别度及诱答力，邀请了福建平潭K学校九年级的280位学生与山东临沂L校九年级的140位学生分别参与仁爱版与人教版试题的预试。待剔除答案填写不全的无效答题卷，共收回399份有效试卷，有效试卷回收率如表3－29所示。预试所得数据导入IBM SPSS（26）版进行项目分析。6套预试卷的难度分析、鉴别度分析、诱答力分析结果范例如表3－30与表3－31所示；待删除难度、鉴别度及诱答力不佳的题项后，各试卷的正式题项数量如表3－32所示。

表3－29 试题分析预试卷有效回收率分析

试卷编号	参与预试学生（人）	有效试卷数（份）	有效试卷回收率（%）
PRE1	70	67	95.71
POST1	70	68	97.14
PRE2	70	69	98.57
POST2	70	65	92.86

续表

试卷编号	参与预试学生（人）	有效试卷数（份）	有效试卷回收率（%）
PRE3	70	66	94.28
POST3	70	64	91.43
总计	420	399	95

表 3－30　试题 PRE1 英语知识成就试题项目分析摘要表范例

题号	高分组答对人数	低分组答对人数	低分组通过率 *PL*（%）	高分组通过率 *PH*（%）	难度值 *Pi*（%）	鉴别度 *D*（%）	试题处理
1	17	20	94.44	100.00	97.22	5.56	删除
2	18	20	100.00	100.00	100.00	0.00	删除
3	18	20	100.00	100.00	100.00	0.00	删除
4	17	20	94.44	100.00	97.22	5.56	删除
5	18	20	100.00	100.00	100.00	0.00	删除
…	…	…	…	…	…	…	…

注：此处省略 POST1、PRE2、POST2、PRE3、POST3 等试卷的项目分析摘要表。

表 3－31　英语知识成就测验试题诱答力分析摘要表（选错的学生数）　（人）

题序	分组	试题 1	试题 2	试题 3	试题 4	试题 5	试题 6
1	低分组	1	2	2	0	10	2
	高分组	0	0	0	0	1	0
2	低分组	18	1	2	2	3	1
	高分组	20	0	0	0	0	0
3	低分组	18	2	7	7	9	4
	高分组	20	0	0	0	1	0
4	低分组	1	3	3	20	6	1
	高分组	0	0	0	20	0	0
5	低分组	18	2	2	3	5	2
	高分组	20	0	0	0	1	0
…	…	…	…	…	…	…	…

表3-32　试题处理情况汇整一览表　（人）

试卷编号	预试题项数量	正式题项数量	删除题项数量
PRE1	70	47	23
POST1	70	41	29
PRE2	70	56	14
POST2	70	50	20
PRE3	70	56	14
POST3	70	51	19

4. 英语学科知识成就测验前测与后测实施程序

在教学实验的第一天，评估者组织实验班与控制班学生登录原型系统完成英语学科知识成就测验前测，于实验最后一天参加后测。前后测所得数据经删除无效数据后导入SPSS（26版）以分析学生参加实验教学期间的英语学科知识成就变化，有效数据比例见表3-33。

表3-33　实验班与控制班学生背景数据

轮次	年级	班别	班级学生数（人）	性别		有效数据比例（%）	平均使用时长/周	
				男（人）	女（人）		天数	时长
1	7	实验班	41	19	22	95.1	3	3小时42分钟
		控制班	42	20	22	95.2		
2	8	实验班	146	81	65	96.6	3	1小时12分钟
		控制班	142	85	57	97.2		
3	7	实验班	32	20	12	96.9	6	6小时25分钟
		控制班	39	24	25	94.9		

5. 实例报表解读

（1）实验班学生于英语学科知识成就的变化情况之成对样本平均数t检验。

如表3-34所示，三轮教学实验的实验班学生英语学科知识成就的前后测差异均呈现统计上的显著差异（$t<0.01$），说明原型应用于教学实验后，实验班学生的英语学科知识成就发生显著变化。三轮教学实验的后测成绩分别超出前测成绩6.29分、5.71分、3.86分，成对样本的相关程度分别为0.97、0.99、0.99，说明原型应用于教学实验后，学生的英语学科知识成绩获得提升。

表 3－34　实验班学生英语成绩的前后测检验

教学实验轮次	项目	平均数	标准偏差	平均数差异	t 值	相关
1（$N=41$）	前测	76.34	7.70	－6.29**	－17.67	0.97
	后测	82.63	8.81			
2（$N=139$）	前测	103.96	12.26	－5.70**	－29.40	0.99
	后测	109.67	13.20			
3（$N=29$）	前测	115.97	7.67	－3.86**	－15.98	0.99
	后测	119.83	7.41			

注：* $P<0.05$；** $P<0.01$。

（2）实验班与控制班于英语学科知识成就变化之独立样本平均数 t 检验。

1）控制班与实验班英语学科知识前测成绩之莱文方差等同性检验。

实验班与控制班英语学科知识成就的前测成绩的莱文方差等同性检验显示（见表 3－35），三对控制班与实验班学生的英语前测成绩的 F 值皆没有达到统计显著水平（P 值分别为 0.83、0.73、0.70），可见，本实例选择的三对控制班与实验班学生的英语科前测得分皆符合同构型，即各对班级间的学生英语学科知识成就在实验开始时的程度接近，可进行后续的后测成绩独立样本平均数 t 检验。

表 3－35　英语学科知识成就的前测成绩于实验班与控制班之间的差异

测试次序	莱文方差等同性检验		班别	人数	平均数	标准偏差	平均数差异	t 值
	F	显著性（P）						
第一轮前测	0.05	0.83	控制班	42	76.24	7.91	－0.10	－0.06
			实验班	41	76.34	7.70	－0.10	－0.06
第二轮前测	0.12	0.73	控制班	138	104.36	11.89	0.40	0.27
			实验班	139	103.96	12.26	0.40	0.27
第三轮前测	0.16	0.70	控制班	32	117.00	8.23	1.03	0.51
			实验班	29	115.97	7.67	1.03	0.51

注：* $P<0.05$；** $P<0.01$。

2）控制班与实验班英语学科知识后测成绩之独立样本平均数 t 检验。

实验班与控制班于英语学科知识成就后测成绩的独立样本平均数 t 检验结果如表 3－36 所示。其中，莱文方差等同性检验显示，三组实验班与控制班英语前测成绩的显著性（P）分别为0.88、0.41、0.70，所以均采取假定方差相等模式。第一轮、第二轮、第三轮的实验班与控制班之间的显著性（双尾）值分别为0.22、0.24、0.58，说明在三轮教学实验期间，实验组与控制组在后测成绩上皆未达显著差异。

表3-36 英语学科知识成就后测成绩于实验班与控制班之间的差异

测试顺序	莱文方差等同性检验		班别	人数	平均数	标准偏差	平均数差异	t 值	显著性（双尾）
	F	显著性（P）							
第一轮前测	0.02	0.88	控制班	42	80.62	8.84	-2.38	-1.23	0.22
			实验班	41	83.00	8.83	-2.38	-1.23	
第二轮前测	0.69	0.41	控制班	138	107.85	12.50	-1.82	-1.18	0.24
			实验班	139	109.67	13.20	-1.82	-1.18	
第三轮前测	0.15	0.70	控制班	32	118.72	8.13	-1.11	-0.55	0.58
			实验班	29	119.83	7.41	-1.11	-0.56	

注：$^{*}P<0.05$；$^{**}P<0.01$。

六、学生使用原型的行为意图数据汇集方法与记录工具编制

学生使用原型的行为意图属个体对外界物体的接受度，依据本节对量表与问卷的界定，应选择量表为佳，而非问卷。而关于科技产品接受度的理论研究以戴维斯提出的科技接受模型（technology acceptance model，TAM）[1] 最为典型。故，评估者可依据该理论设计量表或改编他人成熟量表，具体编制技巧参考本节前文。

行为意图调查的分析结果即学生对智慧课堂的接受度将作为需求评估阶段教师访谈与焦点团体访谈的大纲要点之一，亦是专家评量VIKOR中“实验成效与使用者接受度”构面绩效的依据。因此在数据汇集与分析方法上，评估者一般采用描述性分析，并借由戴维斯的科技接受模型理论解构学生对原型的接受度。

[1] DAVIS F D. Perceived usefulness, perceived ease of use, and user acceptance of information technology [J]. MIS Quarterly, 1989, 13 (3): 319-340.

1. 学生使用原型的行为意图量表编制实例

本实例改编吴建清与陈鹤元两位学者基于戴维斯科技接受模式理论设计的"初中生使用谷歌课堂行为意图量表❶"以探究智慧课堂应用于教学实验期间学生对原型的接受度。原量表已征求原著同意使用（量表授权使用书范例见表3－37）。原量表包括认知有用性、认知便捷性、认知趣味性、互动品质、计算机自我效能、行为意图等6个构面。评估者可依不同研究场域下的研究目的，选用其中的部分或全部构面。故本实例依据研究架构忽略计算机自我效能面向，仅采纳其中的5个构面：认知有用性、认知便捷性、认知趣味性、互动品质、行为意图。

表3－37 量表授权使用书范例

兹同意×××使用"初中生使用谷歌课堂科技接受模式行为意图量表"（原文《以科技接受模式探讨初中生使用 Google Classroom 之行为意向研究》发表于2017年第九届教育专业发展学术研讨会），作为其研究论文《〈教育信息化2.0行动计划〉背景下私立教育集团智慧课堂建设方案需求评估机制与模型之设计研究》的工具。

本同意书仅限于同意该量表作为学术研究之用，并请在适当处注明出处，以符合学术论著规定。

授权人：×××

2022年2月15日

资料来源："初中生使用谷歌课堂科技接受模式行为意图量表"编制者吴建清授权。

原量表的施测场域系我国台湾地区的初级中学，而本实例的量表填答对象系我国大陆的初级中学，虽填答者的年龄相仿，但两者的汉字用语与文化存一定差异，故邀请专家对题项的表述进行评鉴修正，并在量表各构面下预留空白栏供专家扩填新题项，专家评鉴意见如表3－38所示。

表3－38 学生使用原型的行为意图量表专家评鉴情况汇整一览表

构面	原题项	专家意见	修正后的题项内容	采纳与否
认知有用性	1. 我觉得使用谷歌教室可以让我更快速地完成作业及任务。	无	智慧课堂系统可以让我更快速地完成作业及学习任务。	是

❶ 吴建清，陈鹤元．以科技接受模式探讨初中生使用 Google Classroom 之行为意向研究［C］// 第九届教育专业发展学术研讨会论文集．台中：东海大学教育研究所，2017.

续表

构面	原题项	专家意见	修正后的题项内容	采纳与否
认知有用性	2. 我觉得使用谷歌教室可以让我的学习更进步。	无	智慧课堂系统可以让我的学习进步更快。	是
	3. 我觉得使用谷歌教室可以增加我的学习能力。	无	智慧课堂系统可以增加我的学习力。	是
	4. 我觉得使用谷歌教室可以让我很快学会课程内容。	无	智慧课堂系统可以让我很快学会课程内容。	是
	5. 整体而言，我觉得使用谷歌教室对我的学习是有帮助的。	√ 与第 2 题项意涵重复。		否
		√ 新增题项：智慧课堂的数学学科内容对我的学习有帮助。		
		√ 新增题项：智慧课堂的英语学科内容对我学习有说明。		
认知便捷性	6. 我觉得学会使用谷歌教室是很容易的。	√ 与第 7 题项意涵重复。		否
	7. 我觉得我可以轻易地使用谷歌教室。	√ 此处建议使用更通俗语言。	实验班智慧课堂系统可以快速上手。	是
	8. 我觉得谷歌教室的操作步骤是清楚易懂的。	√ 与第 7 题项意涵重复。		否
	9. 我觉得要熟练谷歌教室的操作技巧是简单的。			否
	10. 整体而言，我觉得谷歌教室是容易使用的。			否
	11. 我觉得使用谷歌教室进行学习时，不知不觉时间就过去了。		我觉得使用智慧课堂进行学习时，不知不觉时间就过去了。	是
		√ 新增题项。	我觉得使用智慧课堂过程不会太多卡顿。	

续表

构面	原题项	专家意见	修正后的题项内容	采纳与否
		√ 新增题项。	我想要的功能与接口，我都能很快找到，不难找。	
认知趣味性	12. 我觉得使用谷歌教室会引起我的好奇心	√建议用更通俗语言描述。	智慧课堂系统会引起我的兴趣，挺好玩的。	是
	13. 我觉得通过谷歌教室的使用，使得写作业这件事变得更有趣了。		智慧课堂使得完成学习作业这件事变得更有趣了。	是
	14. 我觉得使用谷歌教室是让人感到轻松愉快的。		智慧课堂让人感到轻松愉快	是
	15. 我觉得使用谷歌教室会让我想去试试它还有哪些功能。		智慧课堂系统会让我想去试试它还有哪些功能更好玩。	是
		新增题项。	我觉得智慧课堂上的数学学科内容挺有趣，不枯燥。	
		新增题项。	我觉得智慧课堂上的英语学科内容挺有趣，不枯燥。	
互动品质	16. 我觉得使用谷歌教室可以很容易和其他同学进行讨论与交流。	√ 谷歌教室在功能上与本实例的智慧课堂存差异。	智慧课堂让我更经常与同学讨论与交流。	是
	17. 我觉得使用谷歌教室令我在学习上和同学保持良好的互动。	√ 与第 16 题项意涵重复。		否
	18. 我觉得在谷歌教室平台内，和教师的互动是很方便的。		智慧课堂内和教师的互动很方便。	是
	19. 我觉得通过谷歌教室，在学习上，我能和教教师保持良好的互动。	√ 与第 18 题项意涵重复。		否
	20. 我觉得通过谷歌教室，我可以很清楚地了解教师教学的教材内容与流程。		智慧课堂令我很清楚地了解教师的教材内容与流程。	是

续表

构面	原题项	专家意见	修正后的题项内容	采纳与否
互动品质	21. 我觉得通过谷歌教室教师教学的教材指引，我可以很容易地自主学习。		借助智慧课堂上教师的教材指引，我可以很容易地做到自主学习。	是
计算机自我效能（22～26 题项）（删除）				
行为意图	27. 我愿意使用谷歌教室与同学及教师进行讨论与学习。		我愿意在智慧课堂上与同学及教师讨论学习问题。	是
	28. 我会常常使用谷歌教室来进行学习。	√ 与第 20 题项意涵重复。		否
	29. 未来我愿意继续使用谷歌教室来进行学习。		未来我愿意继续参加智慧课堂进行学习。	是
	30. 如果还有其他的数字学习网站可以选择，我仍然会以使用谷歌教室为主。		如果还有其他的在线学习系统可选择，我仍然会使用这套智慧课堂系统。	是
	31. 整体而言，在学习上，我觉得谷歌教室是值得推荐或推广使用的。	√"推广"修改为"分享"。	我愿意将智慧课堂推荐分享给身边同学。	是

经专家评鉴，对原量表部分题项的语句表述进行了修正，删除了专家认为意涵重复的 8 个题项，另新增 6 个题项，共整理出 24 个题项并编入预试量表（如表 3－39）。

表 3－39 学生使用智慧课堂系统之行为意向预试量表

【第一部分】背景数据（略）

【第二部分】使用智慧课堂系统的行为意向

构面	题项内容		非常不同意	不同意	一般/普通	同意	非常同意
认知有用性	1	智慧课堂系统可以让我更快速地完成作业及学习任务。					
	2	智慧课堂系统可以让我的学习进步更快。					
	3	智慧课堂系统可以增加我的学习力。					
	4	智慧课堂系统可以让我很快学会课程内容。					

续表

构面	题项内容		非常不同意	不同意	一般/普通	同意	非常同意
认知有用性	5	新增题项：智慧课堂的数学学科内容对我的学习有帮助。					
	6	新增题项：智慧课堂上的英语学科内容对我学习有帮助。					
认知便捷性	7	实验班智慧课堂系统可以快速上手。					
	8	新增题项：我使用智慧课堂过程不会太多卡顿。					
	9	新增题项：我想要的功能与接口，都能很快找到，不难找。					
认知趣味性	10	我觉得参加智慧课堂学习时，不知不觉时间就过去了。					
	11	智慧课堂系统会引起我的兴趣，挺好玩的。					
	12	智慧课堂使完成学习作业这件事变得更有趣。					
	13	智慧课堂让人感到轻松愉快。					
	14	智慧课堂系统会让我想去试试它还有哪些功能更好玩。					
	15	新增题项：我觉得智慧课堂的数学学科内容挺有趣，不枯燥。					
	16	新增题项：我觉得智慧课堂的英语学科内容挺有趣，不枯燥。					
互动品质	17	智慧课堂让我更经常与同学讨论与交流。					
	18	智慧课堂内和教师的互动很方便。					
	19	智慧课堂令我很清楚地了解教师的教材内容与流程。					
	20	借助智慧课堂上教师的教材指引，我可以很容易地做到自主学习。					
	21	我愿意在智慧课堂上参与课堂讨论。					

续表

构面	题项内容		非常不同意	不同意	一般/普通	同意	非常同意
行为意图	22	我愿意继续参加智慧课堂学习。					
	23	如果还有其他的智慧学习系统可选择，我仍然会使用这套智慧课堂系统。					
	24	我愿意将智慧课堂推荐分享给身边同学。					

第一版原型经 IT 部门发布后，福建省连江县 T 学校七年级 109 位学生参与了五周的智慧课堂学习实验（2021 年 7 月 1 日—8 月 6 日）。T 学校系县体育局下辖少儿业余体育运动中心，常年有县域中小学的体育特长生于下午与晚上到该中心参加竞技体育集训，上午则在各自学校参加常规文化课学习。实验期间，教师组织学生于周一至周五晚上 7：00—7：40 经由 iPad 终端登录原型系统参加英语学科课后复习，由 T 学校内聘文化辅导教师在教室现场协助教学实验。实验结束后，学生借由“问卷星”填答《使用智慧课堂原型的行为意图量表》。在剔除做题时间少于 90 秒以及填答不完整的无效量表，共得有效预试量表 104 份，有效回收率达 95.41%，其中女生 47 位，男生 57 位。所得数据导入 SPSS（26 版）进行信度与效度分析，即采取主成分分析法、KMO 与巴特利特球形检验、直接斜交法的转轴法且以特征值大于 1 为依据撷取题项。删除偏离因素轴以及因素负荷量少于 0.40 的七个题项（题项 4、题项 5、题项 6、题项 12、题项 14、题项 15 以及题项 21），KMO 取样适切性量数为 0.93。本实例萃取出 17 个题目编订为科技接受模型下学生使用智慧课堂行为意图正式量表（见表 3－40），因素分析直交转轴摘要如表 3－41 所示：学生使用智慧课堂原型系统之行为意图正式量表的 Cronbach's α 信度系数为 0.95，说明构面间的内部一致性良好。

表3-40　学生使用智慧课堂系统之行为意图量表（正式）

【第一部分】背景数据（略）

【第二部分】使用智慧课堂系统的行为意向

构面	题项内容		非常不同意	不同意	一般/普通	同意	非常同意
认知有用性	A1	我觉得实验班的智慧课堂系统可以让我更快速地完成作业及学习任务。					
	A2	我觉得实验班的智慧课堂系统可以让我的学习进步更快。					
	A3	我觉得实验班的智慧课堂系统可以增加我的学习力。					
认知便捷性	A4	我觉得实验班的智慧课堂系统可以快速上手。					
	A5	我觉得使用实验班的智慧课堂系统不会出现太多卡顿。					
	A6	我想要的功能与接口，我都能很快找到，不难找。					
认知趣味性	A7	我觉得使用实验班的智慧课堂系统进行学习时，不知不觉时间就过去了。					
	A8	我觉得使用实验班的智慧课堂系统会引起我的兴趣，挺好玩的。					
	A9	我觉得使用实验班的智慧课堂系统是让人感到轻松愉快的。					
	A10	我觉得实验班的的智慧课堂的学科内容挺有趣，不枯燥。					
互动品质	A11	我觉得实验班智慧课堂系统让我更经常与同学讨论与交流，比如通过见证人功能与同学们交流学习进展。					
	A12	我觉得在实验班智慧课堂系统平台内和教师的互动是很方便的。					
	A13	我觉得通过实验班智慧课堂系统可以很清楚地了解教师的教材内容与教学流程。					
	A14	我觉得通过实验班智慧课堂系统上教师的教材指引，我可以很容易地自主学习。					

续表

构面	题项内容		非常不同意	不同意	一般/普通	同意	非常同意
行为意向	A15	未来我愿意继续使用实验班的智慧课堂系统来进行学习。					
	A16	如果还有其他的在线学习系统可以选择，我仍然会以使用我们实验班的智慧课堂系统为主。					
	A17	我愿意将我们实验班的智慧课堂系统推荐分享给身边同学一起使用。					

表 3-41　学生使用智慧课堂原型系统之行为意图量表因素分析直交转轴摘要表

构面	题项内容（摘要）	因素（一）负荷量	因素（二）负荷量	因素（三）负荷量	因素（四）负荷量	因素（五）负荷量	共同性	特征值	总变异解释量（%）
认知有用性	1. 智慧课堂系统可以令我更快速地完成作业及学习任务。	0.11	0.13	0.19	0.12	0.87	0.84	3.44	18.12
	2. 智慧课堂系统可以让我的学习进步更快。	0.44	0.28	0.14	0.33	0.45	0.6		
	3. 智慧课堂系统可以增加我的学习力。	0.35	0.29	0.21	0.25	0.64	0.72		
认知便捷性	4. 实验班智慧课堂系统可以快速上手。	0.2	0.67	0.07	0.29	0.12	0.59	3.35	17.61
	5. 使用智慧课堂过程不会出现太多卡顿。	0.21	0.72	0.07	0.16	0.15	0.62		
	6. 我想要的功能与接口，我都能很快找到，不难找。	0.17	0.85	0.22	0.14	0.08	0.83		

续表

构面	题项内容（摘要）	因素（一）负荷量	因素（二）负荷量	因素（三）负荷量	因素（四）负荷量	因素（五）负荷量	共同性	特征值	总变异解释量（%）
认知有趣性	7. 参加智慧课堂学习时，时间不知不觉就过去了。	0.1	0.24	0.09	0.83	0.08	0.76	2.66	13.99
	8. 智慧课堂系统会引起我的兴趣，挺好玩的。	0.35	0.42	0.27	0.49	0.29	0.69		
	9. 智慧课堂令人感到轻松愉快。	0.41	0.48	0.32	0.52	0.1	0.78		
	10. 我觉得智慧课堂的学科内容挺有趣，不枯燥。	0.49	0.21	0.1	0.58	0.1	0.64		
互动品质	11. 智慧课堂令我更经常与同学讨论与交流。	0.60	0.08	0.54	0.23	-0.01	0.71	2.46	12.94
	12. 智慧课堂上与教师的互动很方便。	0.49	0.37	0.33	0.38	0.3	0.72		
	13. 智慧课堂令我很清楚地了解教师的教学内容与流程。	0.6	0.33	0.35	0.35	0.25	0.78		
	14. 借助智慧课堂上教师的教材指引，我可以很容易地自主学习。	0.77	0.37	0.12	0.08	0.06	0.76		
行为意图	15. 未来我愿意继续参加智慧课堂学习。	0.50	0.01	0.61	0.05	0.29	0.71	1.66	8.75
	16. 如果还有其他的智慧学习系统可选择，我仍然会选择使用这套智慧课堂系统。	0.39	0.41	0.49	0.27	0.07	0.64		
	17. 我愿意将智慧课堂推荐分享给身边同学。	0.09	0.19	0.84	0.3	0.11	0.85		

2. 施测步骤

于教学实验结束那天，邀请了实验班的146位学生在“问卷星”上填答行为意图量表。所得数据导入SPSS26（26版）进行统计分析。剔除做题时间少于90秒以及填答不完整的无效数据后，共得有效数据105份，数据可用率达到71.92%。

3. 实例报表解读

如表3－42所示，学生在使用智慧课堂的“认知有用性”构面的平均数为4.02，各题项平均数介于4.00～4.04，标准偏差介于0.81～0.91，说明学生认为智慧课堂对其学习有帮助。

表3－42　学生使用智慧课堂行为意图之“认知有用性”构面分析情形（$N=105$）

题项内容（摘要）		平均值	标准偏差
	认知有用性	4.02	0.76
1	智慧课堂系统可以令我更快速地完成作业及学习任务。	4.02	0.91
2	智慧课堂系统可以让我的学习进步更快。	4.00	0.81
3	智慧课堂系统可以增加我的学习力。	4.04	0.83

表3－43显示，“认知便捷性”构面的平均数为3.96，构面下各题项平均数介于3.85～4.05，标准偏差介于0.91～0.97。此外，题项A4——“我觉得实验班智慧课堂系统可以快速上手”的得分最高，说明学生对原型的易用性的评价较高。

表3－43　学生使用智慧课堂行为意图之“认知便捷性”构面分析情形（$N=105$）

题项内容（摘要）		平均值	标准偏差
	认知便捷性	3.96	0.78
4	实验班智慧课堂系统可以快速上手。	4.05	0.92
5	使用智慧课堂过程不会出现太多卡顿。	3.85	0.97
6	我想要的功能与接口，我都能很快找到，不难找。	3.94	0.91

表3－44显示，“认知趣味性”构面的平均数为3.99，各题项平均数介于3.87～4.11，标准偏差介于0.83～0.88。其中，题项A7——“参加智慧课堂学习时，不知不觉时间就过去了”得分最高，说明学生认为智慧课堂具有一定程度的趣味性。

表 3－44　学生使用智慧课堂行为意图之“认知趣味性”构面分析情形（$N=105$）

题项内容（摘要）		平均值	标准偏差
	认知趣味性	3.99	0.78
7	参加智慧课堂学习时，时间不知不觉就过去了。	4.11	0.85
8	智慧课堂系统会引起我的兴趣，挺好玩的	4.04	0.83
9	智慧课堂让人感到轻松愉快。	3.92	0.87
10	我觉得智慧课堂的学科内容挺有趣，不枯燥。	3.87	0.88

从表 3－45 可知，“互动品质”构面的平均数为 4.00，各题项平均数介于 3.89～4.11，标准偏差介于 0.90～0.95。其中，题项 A13——“智慧课堂令我很清楚地了解教师的教学内容与流程”得分最高，说明多数学生认同原型能促进师生间与同学间的互动。

表 3－45　学生使用智慧课堂行为意图之“互动品质”构面分析情形（$N=105$）

题项内容（摘要）		平均值	标准偏差
	互动品质	4.00	0.82
11	智慧课堂让我更经常与同学讨论与交流。	3.89	0.89
12	智慧课堂上与教师的互动很方便。	4.00	0.88
13	智慧课堂令我很清楚地了解教师的教学内容与流程。	4.11	0.95
14	借助智慧课堂上教师的教材指引，我可以很容易地自主学习。	3.89	0.90

从表 3－46 可知，因变项“行为意图”的平均数为 4.14，各题项平均数介于 4.08～4.23，标准偏差介于 0.80～0.87。其中，题项 A15——“未来我愿意继续参加智慧课堂进行学习”得分最高，说明超过半数的学生对智慧课堂的接受度较高。

表 3－46　学生使用智慧课堂行为意图之“行为意图”构面分析情形（$N=105$）

题项内容（摘要）		平均值	标准偏差
	行为意图	4.14	0.81
15	未来我愿意继续参加智慧课堂学习。	4.23	0.80
16	如果还有其他的智慧学习系统可选择，我仍然会选择使用这套智慧课堂系统。	4.08	0.87
17	我愿意将智慧课堂推荐分享给身边同学。	4.11	0.87

第四章　智慧课堂需求成长情况（2018—2022年）

第一节　人工智能产业风口下的民办教育集团对智慧课堂的需求状况

一、“教育+地产”互哺发展模式的民办教育集团入局智慧课堂赛道的缘起与契机

根据所经营行业的数量与类型，民办教育集团可分为两类——单一化经营与多元化经营。前者的业务范围仅涉及投资办学，后者选择跨行业发展模式，其中尤以1994年后出现的“教育+地产”互哺发展模式❶的经济总量最大，且2017—2020年的集团净利润大多为正（如表4-1所示）。

表4-1　“教育+地产”融合发展的教育集团净利润一览表　（亿元人民币）

集团	2017年	2018年	2019年	2020年	2021年上半年
博实乐		1.91	2.93	2.38	1.42
雅居乐教育	60.25	83.58	92.33	122.49	64.70
海亮教育	7.05	9.09	10.63	6.75	6.22
招商蛇口教育	122.20	152.40	160.00	122.53	71.17
保利和乐教育	156.26	189.00	279.59	289.00	102.98

资料来源：笔者自行整理。

注：数值不包含企业集团内的地产板块利润。

❶ 1994年初，碧桂园于广东省地产开发项目区域内创办碧桂园学校，系教育地产互哺发展模式在我国的首次落地。

“教育+地产”互哺发展模式的投资领域至少包括地产与社区配套中小学。如图4－1所示，在商业地产销售阶段，集团的主营利项目为商业地产，此时的配套学校对于集团的贡献主要聚焦于学区房打造以发挥不动产溢价与房价上涨效用。

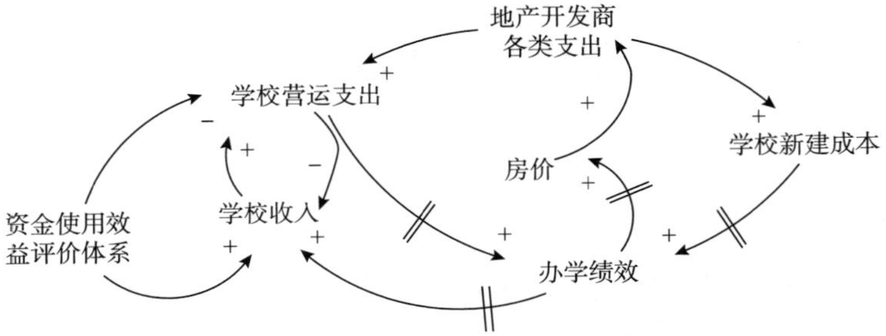

图4－1 “教育+地产”互哺发展模式下学校发展的主体因素关联回路

资料来源：陈仰平. 以系统思考探讨教育地产互哺模式下“民办公助”学校永续发展模式——以临沂市某学校为例［J］. 中文科技期刊数据库（引文版）教育科学，2020，12（4）：277.

2016年伊始，民办教育集团敏锐捕捉上位政策的转向与人工智能产业风口，试图快步入局智慧教育行业，其中，以“教育+地产”互哺发展模式的集团最为活跃。据统计（见表4－2），2016—2020年，至少有6家民办教育集团投入智慧课堂项目的研发，其因有三：

表4－2 民办教育集团投资研发智慧教育产品情形（2016—2020年）

集团	所创办学校数量（所）	品　牌	产业链地位	发布时间（年）
新鸥鹏	44	教育MALL	智慧小区、智慧校园、智慧课堂	2016
中锐	10	中锐智慧云课堂平台	智慧课堂	2016
海尔	300余	智海云天VR多维课堂	智慧教育	2017
海亮	19	海亮教育智慧校园系统	智慧校园	2017
雅居乐	3	乐芽智慧平台	智慧校园	2018
碧桂园	52	云蝶乐育云校OMO	智慧教育	2020

资料来源：笔者自行整理。

（1）至2016年，我国房地产业历经了十余年的高速发展，这为“教育+地产”互哺发展模式的教育集团积累了雄厚的资本，恰逢彼时四处风传人工智能技术将推动传统产业变革，能提升传统产业的价值链与生态链，能为企业带来更大的资本增值空间与想象力，亦能为传统产业打造数据壁垒与技术壁垒……拥有流量与资源有优势的教育集团蜂拥而至。至 2021 年，热度依然不减——当年教育产业排名前十的融资额事件皆是围绕智慧教育（见表 4 -3）。

表 4 -3　2021 我国教育产业排名前十融资额事件一览表

排名	项目	智慧教育产品	融资轮次	融资额（亿元人民币）
1	粉笔教育	智慧教室	A	24. 8
2	核桃程序设计	青少年程序设计平台	C	12. 7
3	云学堂	云课堂智慧教学平台	E2	12. 1
4	火花思维	儿童逻辑思维在线教育平台	E +	9. 5
5	小鹅通	以知识产品与用户服务为核心的技术服务商	D	7. 6
6	LingoAce	在线教育	C	6. 7
7	尔湾科技	在线直播课智能交互辅助系统、在线直播课智能磨课系统、内容安全智能审核系统	E	6. 4
8	叽里呱啦	在线教育	C	6. 4
9	开课吧	在线教育	B	6. 4
10	布鲁可	智能硬件、教学软件、幼教资源、AiS 一体化教育需求方案	B	6. 4

（2）中央编办会同教育部、财政部、人力资源社会保障部于 2019 年 12 月 16 日召开新闻发布会❶，明令禁止公办在编教师到民办学校长期任职。2021 年 8 月，教育部会同中央编办、国家发展改革委、民政部、财政部、人力资源和社会保障部、自然资源部、住房和城乡建设部等部门发文❷（教发〔2021〕

---

❶ 中央编办四局. 关于进一步挖潜创新加强中小学教职工管理有关政策情况的介绍［EB/OL］.（2019 -12 -16）［2023 -02 -21］. http：//www. moe. gov. cn/fbh/live/2019/51624/sfcl/201912/t20191216_412115. html.

❷ 教育部，中央编办，国家发展改革委，等. 教育部等八部门关于规范公办学校举办或者参与举办民办义务教育学校的通知［EB/OL］.（2021 -07 -08）［2023 -02 -21］. http：//www. gov. cn/zhengce/zhengceku/2021 -08/25/content_5633199. htm.

9 号)，要求民办校有事业编制教职工分阶段分步骤有序引导退出，不符合“六独立要求”的私立学校转为公办或终止办学。这些上位政策改变了地产与教育的融合生态，地产配套校对地产的加持力与撬动力快速衰减，民办学校的生态亦因此受到严重冲击。民办学校的投资方则开始慌乱求救，尤其在学校的核心竞争力——师资队伍建设方面，四处寻求新的优质教学资源与外部力量加持，人工智能技术打造的智慧课堂与 AI 超级教师让他们看到了一丝希望。

（3）2019 年新型冠状病毒感染疫情导致全球校园长时间关闭，虚拟与现实一体化、线上与线下一体化、课前与课后一体化成为教学与学习的新常态，然而，匆忙上阵的线上学习平台疲于应对，在课程规划、课程评估、学习成就评量等多个方面给教师带来大量的新问题与新挑战：1）教师尤其是 35 岁后方接触数字产品的“数字移民”在与千禧一代的学生在沟通上存在不小的代沟，教师甚至难以判定学生参与在线学习的动机因素[1]；2）受限于信息技术素养，教师对信息与通信技术（ICT）的相关硬件与软件存在操作难的问题；3）教师纠结于学生学习成就的评量方式；4）教师困惑于如何评量学生对线上学习的投入度[2]；5）教师纠结在线教学的内容与考题设计，苦无良方[3]；6）面对学生因长时间居家学习导致的上课分心或厌倦时，教师束手无策[4]。诸如此类的问题导致师生关系紧张，部分教师明显表现出难以胜任线上教学[5]。故民办学校渴求人工智能技术能打造“超级教师”应对此新场景。

民办教育集团从集团综效发展需求出发，举集团整体的人力、物力、经费投入智慧课堂项目的研发与建设，且短期内不考量单项目的内部绩效，对于我国智慧教育产业发展，实属难逢的良机。又因彼时正逢各界大力推广《教育

---

❶ ADEDOYIN O B, SOYKAN E. COVID－19 Pandemic and Online Learning: The Challenges and Opportunities [J]. Interactive learning environment, 2020, 31 (2): 863－875.

❷ FIRMANSYAH R, PUTRI D M, WICAKSONO M G S, et al. Educational Transformation: An Evaluation of Online Learning Due to COVID－19 [J]. International journal of emerging technologies in learning, 2021, 16: 61－76; MUSTAPHA R, MAHMUD M, BURHAN N M, et al. An Exploration on Online Learning Challenges in Malaysian Higher Education: The Post COVID－19 Pandemic Outbreak [J]. International journal of advanced computer science and applications, 2021, 12 (7): 391－398.

❸ MUILENBURG L Y, BERGE Z L. Student Barriers to Online Learning: A factor analytic study [J]. Distance education, 2005, 26 (1): 29－48.

❹ MAHYOOB M. Challenges of e－Learning during the COVID－19 pandemic experienced by EFL learners [J]. Arab world english journal, 2020, 11 (4): 351－362; MOUNJID B, EL H E, AMRANI F. Teachers' Perceptions and the challenges of online teaching/learning in Morocco during Covid－19 crisis [J]. Arab world english journal, 2021 (7): 38－52.

❺ 陈仰平. 新冠疫情下小学教师线上教学胜任力评价模型建构——基于社会学习理论观点 [J]. 教育进展, 2022, 12 (8): 3154－3164.

信息化 2.0 行动计划》，故其平台的功能架构几乎都是建立在“三通两平台”与“三全两高一大”之上，且研发的初期多奉建构主义、自主学习力、联通主义、区块链、价值链、大数据等理论为技术以加快原型系统出厂效率，并依托物联网、云计算、人工智能、移动通信技术等新一代信息技术追求网络化、数据化、交互化、智慧化、虚拟与现实一体化、线上与线下一体化及课内与课外一体化，甚至高度期待智慧课堂能推动各学科智慧课堂教学模式创新，高度期待智慧课堂能依托数据流贯穿课前预习、课堂教学（课中）及课后电子作业全闭环，实现个性化学习与因材施教（如表 4－4 所示）。

表 4－4　智慧课堂数据流动架构

	课前	课中	课后
应用层 ⬆	整体化学情分析	及时性评价反馈	智能化测评反馈
	个性化差异关注	互动性课堂教学	分层化资源推送
	差异性教学设计	动态性教学调整	针对性辅导答疑
数据层 ⬆	资源学习数据	互动行为数据	作业练习数据
	教师备课数据	随堂测试数据	个人反思数据
	课前测试数据	师生情绪数据	辅导答疑数据等
	讨论交流数据	班级管理数据等	
	学习者特征数据等		
服务层 ⬆	资源管理与应用	资源管理与应用	资源管理与应用
	在线学习与服务	在线学习与服务	在线学习与服务
	测试发布与评价	测试发布与评价	测试发布与评价
	互动服务与记录等	互动服务与记录	反思工具与记录等
		学习全过程记录等	
系统层	备课系统	在线教学系统	作业系统
	在线学习系统	智能录播系统	在线学习系统
	资源库系统等	互动系统	智能评测系统等
		智能评测系统等	

资料来源：单必英. 基于动态学习数据流的“伴随式评价”活动研究［D］. 无锡：江南大学，2020：44.

二、民办教育集团实施智慧课堂需求评估的常见组织架构

在智慧课堂项目筹备期，集团至少需要新设立基础教育研发部门（下称教研部）、IT 部门（下称 IT 部）与非实体部门的需求评审委员会（下称评委会）以应对需求评估。需求评估阶段的项目利害关系人涉及董事会、基础教育学校、教研部、IT 部（如表 4 -5 所示），故，通常由董事会任命一位项目总监全权管理基础教育学校、教研部、IT 部，同时在筹备阶段负责财务预算编制、人力资源规划与绩效考核制度制定、现有员工委派、外部员工招募、部门与岗位职责制定、场地设施调配与布置以及教学实验协调等事务。此外，教研部负责人须具有教学信息类产品需求评估经验，例如产品经理岗经历，方能胜任需求分析与萃取。

表 4 -5 智慧课堂需求评估之利害关系人

项目领导	实验学校	教研部	IT 部
√ 集团董事会成员 √ 智慧课堂项目总监	√ 校长 √ 主任 √ 教师 √ 学生	√ 教研部负责人 √ 产品经理组	√ IT 部负责人 √ 前端主工程师 √ 后端主工程师

通常，集团董事会成员与项目总监从集团发展综合绩效的角度提出需求，落实董事会的战略意图，因此二者又成为智慧课堂建设的“项目领导”，本书所称的“项目领导”即指涉此群体。而项目内的其他利害关系人未必能接触或了解集团整体发展意图，故一般不担任智慧课堂建设的“项目领导”。项目领导的一个重要工作职责是召集与主持需求评审会议，而评委会其他成员则由 IT 部、教研部、实验学校的常务负责人、主管、技术骨干及外聘专家共同组成。在日常工作中，评委会化整为零，依评审工作需要与进展定期或临时聚集，借由集体智慧统筹与协调各部门共同参与需求评审并监督各部门的整体工作进度。图 4 -2 为其常见组织架构。

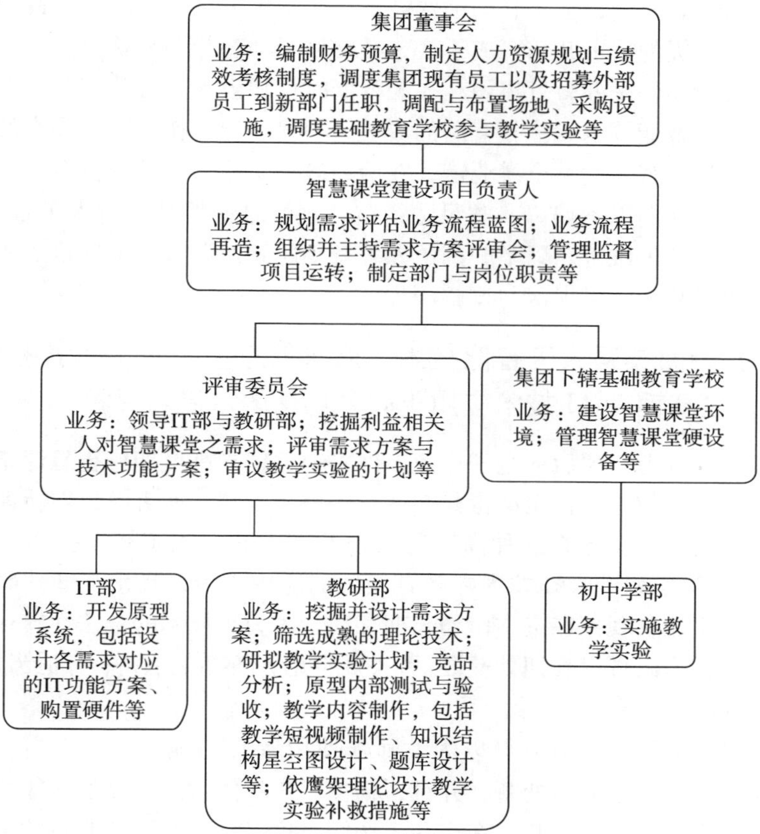

图 4－2　民办教育集团智慧课堂建设项目的常见组织架构

三、民办教育集团项目领导对智慧课堂需求的成长情形

产品需求与功能的设计过程既要考虑外部需求，亦须将内部需求纳入，二者共同融合成智慧课堂的需求方案。而内部需求即为项目领导对智慧课堂的需求，一线师生对智慧课堂的需求被称为外部需求。如上文所述，与外部需求不同的是，内部需求通常从民办教育集团的整体发展需求角度提出。然而，项目领导对智慧课堂的需求不能仅从集团整体发展角度出发，亦须结合第二章所建构的需求评估体系，包括原型应用于教学实验的成效、软硬件技术、人资与团队、理论技术、政策法规符应度、竞品与寿命、资金情况、使用者接受度、安全分析等。在这种评估体系下，验证某个需求尤其是其对应的多个方案在以上

指标的绩效需要时间，甚至有的绩效需要在历程中彰显。因此，项目领导在需求评估过程所提的需求并非一成不变，经常处于动态与调整状况。

如前文所述，民办教育集团在人工智能时代积极入局智慧产业，然而因为高度期待人工智能技术赋能教育后的成效，项目领导最初对智慧课堂的需求往往偏向全场景、智慧化、全产业链。在历经教学实验与实证分析后，其后期的需求很可能会转向以下偏好：驻足边缘链、理性且谨慎地看待人工智能技术、借鉴互联网整合思维等。以下胪列民办教育集团智慧课堂建设项目的领导在设计内部需求过程的常见误区与调整历程。

(一) 盲目崇拜人工智能技术，追求信息技术对全场景教学闭环的覆盖，过高期待 AI 技术应用于教育场景的广度与目标

除了课前预习与课后的电子作业，许多项目领导高度期待智慧课堂能赋能传统的线下课堂教学，甚至期待其能达到塔赫里亚德[1]所期待的创新课堂教学模式与典范的功效。导致这种高期待的根源在于其对人工智能技术的盲目崇拜，过高估算大数据与 AI 技术在教育领域的应用张力，且乐观低估研发周期及造价。其实这种现象在资本市场长期存在，因为当技术的合法性转化为社会的合法性，技术崇拜就会四处蔓延。[2]《资本论》亦曾言："一有适当的利润，资本就胆大起来。"[3]

在产品功能侧，项目领导以为教师（使用者）与他们一样，高度期待人工智能带来的教学创新与变革，并且，相信用户在体验到产品的功能与服务后会推介给同事、学生及家长。在产品市场侧，项目领导坚信这股科技力量能打造出一条理想的产品链与市场推广模式。

科大讯飞课中系统产品的每年收费是四千多元，我们用 AI 开发出实时回馈系统（interactive response system，IRS）、抢答、随堂小测、分组教学等功能，免费供教师于课堂使用，助力教师实现差异化

---

[1] TAHERISADR M，DEMIREL B U，FARUQUE M A，et al. Future of smart classroom in the era of wearable neurotechnology［EB/OL］.［2022－10－05］. http：//www. researchgate. net/publication/355495131_Future_of_Smart_Classroom_in_the_Era_of_Wearable_Neurotechnology/fulltext/61763fc0eef53e51e1e4716f/Future－of－Smart－Classroom－in－the－Era－of－Wearable－Neurotechnology. pdf? origin＝publication_detail.

[2] MARCUSE H. One－dimensional man：Studies in the ideology of advanced industrial society［M］. 2nd ed. Massachusetts：Beacon Press，1991.

[3] 马克思，恩格斯. 马克思恩格斯全集：第 23 卷［M］. 中共中央著作编译局，译. 北京：人民出版社，1972：829.

教学，我相信老师会喜欢。（D2 焦 202112）[1]

当原型应用于传统线下课堂教学的成效不佳，教师反馈仅于“外语听力与口语练习环节有效使用，其他教学活动鲜少使用”时，项目领导仍督促产品经理与 IT 工程师升级技术方案，甚至怀疑是因开发团队的技术能力不足导致 AI 性能不足。

其实，当前的智慧教育产品能实现对教学全场景——课前预习、课堂教学及课后电子作业覆盖的产品极少。教学实验显示，传统的线下课堂教学模式与流程如艺术般的灵性与理性，不同教师所秉持的教学风格与课堂理念迥异，当前尚处弱人工智能时代的 AI 技术对此赋能时显得捉襟见肘。而且，就算不考虑技术先进性因素，与科技企业的投资规模对比，民办教育集团以如此小规模的资金研发原型平台，所实现的功能恐难达到赋能线下课堂的功效，就算退守垂直域的教学辅助零件工具研发都有困难。

一言以蔽之，尽管民办教育集团对于解放当前教育产业的桎梏具有迫切感，但是在当前的弱人工智能时代，智慧课堂的管理方、产业及平台尚处多方求变的路口，需求真伪的实证过程更需谨慎且耐心。在需求评估之前，项目领导有必要持续修正自身对智慧课堂及人工智能技术的认知，因为该认知将影响需求评估过程的业务流程、原型功能架构、业务形态、需求场景、数据表现、功能迭代、产品的价值与定位、差异化“护城河”的打造甚至战略布局。

（二）将传统行业供应链风险思维迁移至智慧教育产业的供应链体系，所提需求偏向全产业链，甚至过度防控供应链动荡风险

供应链风险一直是绝大部分集团企业高度防控的环节。[2] 在智慧课堂研发阶段，项目领导出于惯性思维，往往担忧产品的供应链风险。在面对本应由供应链合作方提供协助时，项目领导可能追求全产业链战略，要求自主供应——以基于业务逻辑规则设计的简易方案替代之。例如，“适性诊断与电子作业”与“注意力监测”需求希望链上的合作方提供作文 AI 批改、数学速算、语音测评、脑波测评等 AI 功能支持，项目领导要求产品经理将该需求改以客观题、判断题、填空题等简易方案替代之或“阉割”需求。

---

[1] 本节的访谈数据均来自笔者主持某智慧课堂项目研发期间的焦点团体访谈，受访对象背景资料详见附录（十）。

[2] 李陶然．浅析供应链的风险管理和弹性打造［J］．现代经济（现代物业下半月刊），2009，8（3）：72－75；吴维军．基于供应链突发事件的风险策略研究［J］．东方企业文化，2010，3：74－75；夏德，王林．供应链风险识别与风险管理杠杆选择［J］．企业经济，2012，31（7）：24－27．

我们要准备供应链断裂的应急方案，我不相信k公司（匿名）AI作文批改的精度，如果把他的AI接到我们平台上，若返回的数据精度不高，我们挺尴尬的，所以凡是依赖上下游供应的功能都尽量自行开发简易替代功能，减少依赖。（D10 焦 202202）

（三）从集团整体发展战略需求出发，急于将原型实验成果产业化，不惜承担高财务风险

“投资估算”一直是大部分学校在评估智慧课堂需求时的考量要素之一。[1]面对动辄几个亿的智慧课堂研发费用，大部分民办教育集团难以承受，因此，选择对外采购成熟产品必然是常态。然而，如前文所述，值此人工智能产业风口，那些多角化经营且具有一定经济规模的少数民办教育集团选择承担高财务风险进行独立研发或合作研发或委外研发。曾有项目领导在面对“短视频适性推送”需求时，因简易功能表现不佳须使用可能导致现有数据库的解耦成本陡升的“基于学习行为序列分析的协同过滤算法”新升级方案，最后仍坚持升级。在面对“自主学习力智慧诊断与预测”需求时，IT部担忧若在现有原型的PHP技术上采用大数据技术搭建主从数据库并发展路径模型，此方案的改动工作量将陡增，项目领导向董事会申请追加“投资”。

有几个需求所对应的技术方案的实现成本已超出原先的估算，但是为了获得入局智慧课堂产业赛道的机会，舍不得放弃，再试试看。（D9 焦 202202）

智慧课堂领域的风险投资本身就考虑到抗风险的能力，更应该关注的是未来的发展前景，目前的产业泡沫对投资风险不大。（D9 焦 202202）

（四）重整合、轻研发的互联网思维逐渐占主流

弱人工智能（weak AI）时代下的智慧课堂注定成效不佳。近年来，学术界对于弱人工智能技术赋能教育出现了质疑的声音：以概率统计为核心技术的大数据与AI计算所得结论反映的总体特征实际上是通过对个案特征剪枝而来，由此导致总体结论无法有效反向还原至个体的具体特征，而个性化教育恰恰需

---

[1] 耿珍．教育信息化的新阶段：从数字校园到智慧校园［J］．计算机时代，2019，2：76－79；袁国麟．基于互联网的智慧校园建设方案［J］．电子技术，2021，50（5）：112－113．

要对个体特征的发现和关注，这也正是“大数据”局限性之所在。❶

大部分项目领导在历经原型应用于教学实验后，对人工智能技术的认知亦经历了一种类似于 Comte 所描述的人类理解世界的方式与历程❷——从最初的“形而上”式的崇拜，到最后不再“迷恋”，甚至步向反技术的浪漫主义，而对智慧课堂的内部需求亦发生转向：谨慎对待 AI 对教育的赋能成效、保守估算大数据与 AI 技术打造智慧课堂的成本投入规模、理性规避研发成本风险、侧重供应链管理，以及轻研发、注重整合上下游产品（教学资源、硬件以及相关应用）等。

> 头部科技企业（leading enterprises）布局全产业链以打造生态闭环相当常见，然而小型科技类企业或预算不足的民办教育集团可以考虑扬弃全产业链思维，采取“互联网 +”整合策略亦符合生存法则。(D10 焦 202203)

曾有项目领导最初拒绝跟任何供应链方合作，在历经教学实验后，其需求亦发生转向。当了解到“基于 uni - app 的 H5 平台”常导致学生利用终端玩电子游戏时，同意采购供应链方提供的“定制化 Pad 终端”，甚至提出以下辖学校的用户流量占用上游产品的现金流。

> 集团下辖的几所学校有几万名的线下学生用户，流量为王，使用者至上，上下游需要使用者管道，我们具备占用他们资金的能力与资格。(D2 焦 202203)

四、小结

项目领导在功能设计时不应高估 AI 对教育的赋能深度与广度。当前的 AI 算法与能力尚处弱人工智能阶段，尽管其打造的智能功能在少数教育场景下可超越真人教师，但在更多领域，其与真人教师的教学能力差距甚大。比如，AI 技术支撑的电子作业批改功能尚仅能适用于客观题、小学数学题型、英语听力与口语训练的人机对话等，而对中英作文批改的精度尚不足，再扩大至批判性思考的拓展、美育、德育等领域，AI 则显得黔驴技穷。

---

❶ 刘凯，胡祥恩，王培．机器也需教育？论通用人工智能与教育学的革新［J］．开放教育研究，2018，24（1）：10 - 15．

❷ COMTE A. Cours de philosophie positive［M］．1st ed. Paris：Bachelier：1830 - 1842．

需求培育过程不可吝啬原型的保真度。原型的保真度在很大程度上影响教学实验的成效，师生很可能因低保真原型所带来的不良体验而抵触智慧课堂。故，项目领导应以谨慎与批判性思维看待低保真原型的实验成效。若资金风险控制在可接受范围内，于需求评估阶段提升原型的保真度有其必要性。

重整合、轻研发的互联网思维兼具分散、协作、共享特色，该模式在当前的生态与持久生命力可期，里夫金（Rifkin）甚至预言：到21世纪中期，传统市场的资本主义将受到冲击，协调共享将日益占据主导地位。[1] 民办教育集团研发智慧课堂的过程须承受高风险的现金流压力，项目领导可借鉴互联网共享模式，摒弃科研式开发模式，理性看待上中下游的供应链管理，力促上下游协同、汇聚、共享。在需求评估阶段，可阶段性缩窄“护城河”，并以集团下辖学校的师生流量为优势，力邀智能学习产业链上下游协同、汇聚、共享。

弱人工智能时代的智慧课堂欲大面积创新线下课堂教学模式，为时尚早。企业界的产品经理圈亦已高度质疑当前的智慧课堂能否颠覆传统课堂的教学策略。[2] 这种情况下，项目领导应多听取一线教师与学界的反馈，丢弃对人工智能技术的迷信与崇拜，多考虑外部需求，未经实证前，不宜先入为主地认定信息技术拥有解决教育全场景问题或创新教学范式的颠覆性功能。

“技术－社会”脉络下的智慧课堂项目领导应理性辨别需求真伪，解构真需求，尤其要深度探究需求背后的教育问题，多聚焦“点”需求与“高频”需求，搁置“面”需求，不轻易放大需求。尤为关键的是，项目领导要秉持教育信息化的本质——教育为本，要相信不是所有教育问题与教育需求都能经由信息化实现高效解决，一定还有其他多种管道，信息化始终为备选方案之一，非唯一。

一言以概之，智慧时代下的民办教育集团呈现出抢入智慧教育产业的战略意图，从宏观上看，这个局面具有应用现代信息技术深化教育发展与改革之千秋功效，实属教育之幸。

---

[1] RIFKIN J. The zero marginal cost society：The internet of things，the collaborative commons，and the eclipse of capitalism［M］. New York：St Martins Press，2014：368.

[2] 胡鹏辉. 思考：智慧课堂产品有哪些弊病？［EB/OL］.（2021－04－23）［2022－01－20］. http：//www.woshipm.com/operate/4483357.html；壹度叔. 究竟是哪些问题，圈起了智慧课堂这片蓝海？［EB/OL］.（2018－07－13）［2021－12－09］. http：//www.woshipm.com/it/1106716.html.

第二节　中小学教师对智慧课堂的需求状况（2021—2022 年）

智慧课堂需求建构过程的一个关键环节是借由原型应用于教学实验的历程培养利害关系人对智慧课堂的新需求，包括教师对智慧课堂的外部需求与前节所述的项目领导对智慧课堂的内部需求。因为，智慧课堂使用者难具备定义使用者需求的能力，大多数情况下须在原型应用于教学实验的环境下建构出需求。[1] 以查和安两位学者的教学实验为例，在使用原型后，教师对信息系统是否应连接国家教育系统的需求态度从“难以确定”转变为“同意”。[2]

因此，需求评估的大致过程是：在接获初版或迭代版的需求方案后，评估者令 IT 部采取演进式雏形策略快速开发原型，再借由原型赋能教学实验以重构教学形态。教学实验期间，评估者采取课堂观察、问卷量表、平台的智慧捕捉功能、半结构式访谈等渠道捕捉原型应用于教学实验的成效，这些成效包括原型应用期间学生在某个或多个学科的学习成就、师生对原型的接受度、智能设备使用率的变化情形等。其间，评估者亦要记录教师对智慧课堂需求的成长情形以及基于不同导向背景下的项目领导对智慧课堂需求的成长情形。本节第一部分借由扎根理论分析某智慧课堂教学实验实例，记录 2021—2022 年福建省与山东省三所不同背景的初中实验学校教师对智慧课堂的需求成长情形。第二部分建构一套智慧课堂环境下教师胜任力评价指标及权重，助力评估者快速筛选出优质教师参与教学实验。

一、教师对智慧课堂的需求成长状况（2021—2022 年）（实例）

本实例数据源自某智慧课堂原型应用于福州市仓山的 F 学校与临沂市 A 学校的三轮教学实验。其中，F 学校位于福建省福州市区，成立于 1989 年，是全日制公办学校，设小学 7 个班、初中 8 个班以及中专 6 个班，教师共 34

---

[1] KUJALA S. Effective user involvement in product development by improving the analysis of user needs [J]. Behaviour & information technology, 2008, 27 (6): 457 -473.

[2] CHA H J, AHN M L. Design and development of a smart - tool prototype to promote differentiated instruction: A user - centered design approach [J]. Interactive learning environments, 2020, 28 (6): 777.

名（小学12名、中学11名、中专11名），皆为公办编制内教师。A学校位于山东省临沂市，创办于2014年，是一所从幼儿园到高中的15年一贯制公助民办学校，现有幼儿园12个班，小学60个班，初中35个班，高中12个班，共119个教学班，近6000名学生，教师300余人。两所学校的所有教室皆配有交互式电子白板与移动WIFI。教学实验、实施、评鉴周期如表4－6所示。

表4－6　教学实验、实施、评鉴周期一览表

实验轮次	准备阶段		实施阶段	评鉴阶段
	优化需求方案 → 业务流程再造	原型	教学实验	需求方案绩效评估 → 业务流程诊断
1		迭代开发	2021年10月20日—11月24日	2021年11月1日—11月7日
2	2021年11月10—16日		2021年12月2日—12月30日	2021年12月15日—2022年1月7日
3	2022年1月10日—13日		2022年2月11日—3月4日	2022年2月25日—3月8日

为了跟踪并挖掘教师对智慧课堂的需求发展历程，采用本书第三章第一节所述的扎根理论研究方法汇集与分析实验数据。受访对象为实验班的4位教师（教师背景资料见表4－7），实验班与控制班学生的背景数据如表4－8所示。

表4－7　受访教师背景资料

轮次	编号	性别	从业年资	教学年资（年）	岗位	访谈次序	访谈渠道	访谈时间
1	T1	女	11～20年（含）	15～20	教师	第一轮	微信	2021年11月
						第二轮	电话	
2	T2	女	11～20年（含）	15～20	教师	第一轮	电话	2021年12月
						第二轮	电话	
	T3	女	11～20年（含）	15～20	教师	第一轮	电话	
						第二轮	电话	
3	T4	男	20年以上	20年以上	教师	第一轮	电话	2022年2月
						第二轮	电话	

表 4 –8　实验班与控制班学生背景数据分析

轮次	年级	班别	班级学生数	性别		有效数据比例（%）	平均使用时长/周	
				男（人）	女（人）		天数	时长
1	7	实验班	41	19	22	95.1	3	3 小时 42 分钟
		控制班	42	20	22	95.2		
2	8	实验班	146	81	65	96.6	3	1 小时 12 分钟
		控制班	142	85	57	97.2		
3	7	实验班	32	20	12	96.9	6	6 小时 25 分钟
		控制班	39	24	25	94.9		

（一）教学实验实施步骤

1. 首轮教学实验

在 IT 部发布第一版原型后（首轮原型需求及对应功能见表 4 –9），评估者邀请 F 学校七年级某班的 41 位学生参与为期 5 周的智慧课堂教学实验（2021 年 10 月 20 日—11 月 24 日），另安排一个控制班，亦属七年级，采用传统教学，有 42 位学生。两个班级的英语学科教师皆为同一人，英语学科课课时皆是每周 6 节（每节课为 45 分钟）。

表 4 –9　首轮原型需求及对应功能一览表

需求编号	需　　求	功能概要
S1	适性诊断、电子作业及学业报告	采用选择题检测学生对知识、能力及素养的掌握情况，并生成基于个体与社群的横纵向学业报告。
S2	学习任务自主认领	由学生自主设定学习任务完成的时间、自主邀请学习见证人，进而订立学习契约；采取大数据算法生成任务模型并据此评判所订立契约的适性度。
S3	短视频适性推送	依据练习完成情况，智能推送薄弱知识点所对应的微视频或微课并督促学生完成补救学习。
S4	学生学习激励	捕捉学生学习行为，再以回归算法统计“学习力”分数，生成学业水平横、纵向报告，一可作为学生学习生态的通证，二可作为兑换奖品、评选奖学金、推免升学的依据。
S5	自　评	学生在完成对某个任务知识点的学习后，自主总结学习感想，自主梳理学习方法、策略及技巧，以及自主开展学习评价。

续表

需求编号	需　　求	功能概要
S6	同侪他律	学生可自主邀请同学或教师担任学习见证人，亦可自主决定是否出任同学的见证人。上述活动将以学习力积分的形式量化，鼓励互动，打造生态型学习共同体。
S7	传统线下教学活动的数字化	可智能化上传与下发微课视频、PPT、随堂练习，以及其他教学素材，并能针对随堂练习（仅限客观题）开展智能批改、分析。
S8	自主学习力智慧诊断与预测	采取规则逻辑技术分析学生学习行为，再以回归分析算法收敛成维度指针，发展指针模型，生成指针报表。
S9	英语学科内容数字化	编制知识星空图，依知识细目表编制英语题库，搜罗与筛选教学实验所用知识点短视频。

本轮实验以原型融入英语学科的课前预习、课中教学及课后复习。教师使用系统 B 端，学生使用 C 端。实验期间，授课仍由该班级原先的教师负责，教学进度与年级内其他班级同步，教学内容为仁爱英语七年级第二单元。实验班使用智慧课堂原型设定的智能功能，采取线上与线下一体化、课前与课后融合教学。

教学实验具体数据汇集方法、记录工具及无效数据处理方式详见第三章。首轮教学实验期间学生使用系统平均时长为 3 小时 42 分钟（人/周）（如表 4－8 所示），正式有效数据共计 39 份，数据有效率达 95.1%，控制班的有效数据共计 40 份，数据有效率达 95.2%。

2. 次轮教学实验

第二版原型由 IT 部发布后（次轮新增的原型功能与需求来源详见表 4－10），评估者邀请 A 学校八年级 3 个班计 146 位学生持智慧终端参与 4 周的智慧课堂教学实验（2021 年 12 月 2—30 日），教学内容与同年级其他班级同步，皆为人教版英语八年级第八单元。从实验班每周 5 节的英语课中挪出 1 节课用于智慧课堂课中模块实验，每周另安排 2 节的晚自习课时（每节课时长为 50 分钟）用于智慧课堂课前与课后功能模块实验，其余课时仍按照传统教学计划实施。实验班的英语教师亦负责控制班的英语教学，控制班是 2 个班，计 142 位学生。实验班与控制班学生背景数据如表 4－8 所示。剔除无效数据后，实验班共获 141 份正式有效数据，有效率达 96.6%，控制班的有效数据共计为 138 份，有效率达 97.2%。

表 4－10　次轮教学实验所用原型的新增功能与需求来源情况

需求编号	需求来源	需求内容	功能概要
S1	上一轮 VIKOR 排位靠后	适性诊断、电子作业及学业报告	在选择题基础上增加填空题与判断题类型的习题库，并实现智能批改。
S3	上一轮 VIKOR 排位靠后	短视频适性推送	升级到基于学习行为序列分析的协同过滤算法。
S4	上一轮 VIKOR 排位靠后	学生学习激励	应用八角行为框架理论，实现游戏化驱动与正向激励。
S5	上一轮 VIKOR 排位靠后	自　评	调用具有智能批改作文功能的第三方 API，实现对自评报告的智能批改与回馈。
S7	上一轮 VIKOR 排位靠后	传统线下教学活动的数字化	调用第三方人工智能 API 接口，智能批改多题型作业。
S8	上一轮 VIKOR 排位靠后	自主学习力智慧诊断与预测	搭建主从数据库供大数据技术运算，可智能萃取自主学习力维度，智能设计、推荐、优化学习路径。
S10	教师访谈之新增外部需求	数学学科内容数字化	编制初中数学知识星空图，依知识细目表编制数学题库，搜罗与筛选教学实验所用数学知识点短视频。
S11	教师访谈之新增外部需求	注意力监测	结合脑波生理回馈机制，在学生观看微课视频时，采用 CUBand 脑波仪的干电极非侵入式采集脑电信号（无信号发射），并以专用芯片实现信号采集、滤波、放大、计算等一体化工作，输出 α、β 等原始脑波数据以分析学习时的专注度、放松度等心理状态参数。
S12	焦点团体访谈之新增内部需求	基于uni－app的 H5 平台	采取 H5 框架实现跨终端自适应显示。

3. 第三轮教学实验

第三轮教学实验新增功能的概要及其需求来源如表 4－11 所示。此轮实验的目的在于验证智慧课堂纯线上教学的成效，即实验期间完全由学生自主使用智慧课堂学习系统，未安排线下教师开展课堂教学。故，邀请了F学校七年级的驻外封闭集训班学生作为实验对象。集训班系体育特长班，实验教学期间恰逢全体学生于2022年春节后于福州北峰进行射箭项目封闭集训，驻训期间无文化学科教师跟队授课。根据本轮教学实验要求，实验为期3周（2022年2月11日—3月4日），学生通过“手机终端+5G网络”参与智慧课堂线上学习。学习内容与F学校同年级的其他班级同步，为仁爱英语七年级第五单元Topic 1。控制组对象系来自同年级其他班（39位学生）。

表4-11 第三轮教学实验所用原型的新增功能及其需求来源

需求编号	需求来源	需求内容	功能概要
S1	上一轮VIKOR排位靠后	适性诊断、电子作业及学业报告	调用第三方人工智能API接口，智能批改多题型作业；以区块链技术保障数据安全、跨系统兼容、数据收集、数字教育资源，以及学习者能力，并让学习成果上链。
S3	上一轮VIKOR排位靠后	短视频适性推送	采取机器学习技术实现对学习行为的智慧分析与推送。
S5	上一轮VIKOR排位靠后	自　评	由B端或S端的真人教师实施鹰架批改。
S8	上一轮VIKOR排位靠后	自主学习力智慧诊断与预测	采取AI机器学习算法发展路径模型，进而通过与摄像头、CUBand脑波仪等物联网设备的衔接实现对生理数据、教室活动数据、学习数据的智能采集，再以灯光、语音等物联设备督促学习。

表4-8显示，第三轮教学实验学生每周平均有6天使用了智慧学习系统，每周于系统的活跃时长平均达6小时25分钟。剔除无效数据后，本轮教学实验获31份有效数据，数据有效率达96.9%；控制班获37份有效数据，数据有效率达94.9%。

（二）访谈结果

为减少教师对实验细节的遗忘，访谈的时间皆安排在教师使用智慧课堂平台的当日，通过微信或电话语音，每次访谈持续8—10分钟。在每轮教学实验的最后一次访谈前，评估者皆将当轮实验所得的学生自主学习力检核情况、英语学科知识成就前后测报告，以及学生使用智慧课堂原型系统的行为意图报告分享于受访教师，以协助教师了解教学实验成效，辅助教师对系统作出更真实的回馈。访谈所得数据分析结果如下：

1. 教师对智慧课堂的关切点落在工作减负，缺乏 AI 技术支撑的低保真原型难满足此需求

访谈发现，与项目领导对智慧课堂的内部需求不同，教师并未期待智慧课堂具有提升学生学业成就或核心素养的功效，更期盼智慧课堂环境下的教学方式能助其工作减负，如“备课”环节的课件资源、课前练习库、智慧推送、智慧批改、统计预习情况，“电子作业”环节的适性规划、智慧推送、智慧批改、统计并跟踪作业完成情况等。实际上，近年的智慧教育产品亦捕捉到该需求，电子作业 AI 批改成为智慧课堂平台的核心功能之一，甚至出现了电子作业类专门产品，且颇受用户欢迎。《中国消费者报》发布的调查报告显示，在所有教辅类 APP 中，某品牌电子作业产品的知晓度与使用率皆居首位，月活用户超过 1.7 亿。[1]

> 没听说智慧课堂比传统教学方式更能“提分”，如果能帮我批改课后作业或督促课前预习，就很不错！（T1 访 202111）

然而，访谈发现，若仅实现针对客观题型的“适性诊断与电子作业”功能，难满足教师对此的需求。

> 客观题型诊断应用于薄弱点诊断勉强尚可，但是知识提升至素养层面则不能仅靠单一的客观题练习，听说科大讯飞就有英语人机对话、拼读纠音、作文批改，同事说这些功能的实用性强。（T1 访 202111）

2. 教师对自主学习模式下的“自评”功能的价值意涵认知不足

访谈发现，教师质疑“自评”的教育功能，无论是采用低保真的问卷回顾式，还是调用外部 AI 接口实现智慧评价与反馈，抑或采取人工鹰架批改，皆难获教师认可。究其因，乃教师对自主学习理论缺乏系统认知，质疑“自评”对改善学生自主学习元认知的功效。

> 平台上的“自评”功能很像 IB 学校的“四维五级”式自评工具，但我觉得这个年龄段的学生有可能胡乱填答，评价信息不真实。（T1 访 202111）
>
> “自评”可能可以起到引导学生自我领悟的作用，但是我觉得学

---

[1] 桑雪骐. 中国消费者报社联合八省市消费者组织发布的《教辅类 APP 使用状况及满意度评价调查报告》显示——APP 在用率、满意度颇佳 消费者权益保护意识待提高［N/OL］. 中国消费者报社，(2020－12－22)［2023－02－21］. http：//paper. people. com. cn/rmrb/html/2013－01/12/nw.

生在应付，不知道是否真的在反思感悟，感受不到学生在“自评”后的自主学习策略有明显改善。(T2 访 202112)

3. 教师抵触智慧课堂带给线下课堂的结构化冲击

智慧课堂对部分教学环节的助力成效有目共睹，例如，英语课堂上的 AI 技术“弥补了教师发音不准或口语不佳的困境”(T2 访 202112)。然而，智慧课堂在形塑课堂教学范式的过程中往往受商品化思维影响，倾向于“一劳永逸”地打造标准化流程，这种做法对教师提出了适应其技术流程的额外要求，在很大程度上改变其原先的课堂结构。此外，在众多学科或课堂模式中，相对单调的智慧课堂功能难获广泛的赋能成效，就算是将其降格为辅助课堂教学的零件工具，亦受抵触。

课堂之于教师犹如医生的手术台，这个环节应该令教师拥有专业自主权，若一味遵照机器规定之流程实施，部分的课堂环节可能适用，部分不适用。(T1 访 202111)

访谈发现，较之 40 岁以上的中老年教师，年轻教师对智慧课堂的需求较为活跃。大部分中老年教师不“迷信”AI 技术，不愿相信智慧课堂是解决其教学需求的最佳方法，更谈不上智慧课堂具有“创新课堂教学策略”的功效。

课堂是一种艺术，当前水平的信息技术所打造的教学工具很难适应如此灵性的课堂教学模式。(T3 访 202112)

4. 教师认可八角行为框架理论技术支撑的“学生学习激励”需求

首轮原型以基于学习行为的简单加减式应对“学生学习激励”需求，教师可自主设定学习行为的类别与评价分值，并能将线上激励与线下奖励相结合，给教师塑造符合自身需求的课堂，教师初步反馈良好。然而，这种奖励制度带来的成就感随着时间呈快速下降趋势，如 T1 所描述：

刚开始大部分孩子喜欢这种奖励，但是跟虚拟游戏比起来，吸引力不够持久，是否能多些花样？(T1 访 202111)

升级后的原型借助八角行为框架理论技术（如图 4－3 所示），将自主学习力的维度设计成八角行为框架中的“成就”维度（界面如图 4－4 所示），即将游戏化与核心素养维度合二为一。教师反馈：升级后的功能不仅拓展了游戏化教学路径，且提升了学生对自主学习的元认知：

多维度的激励手段确实令更多学生找到成就感，我相信这也刺激

了他们思考如何提升学习力。（T2 访 202112）

在线游戏化积分结合线下课堂的奖励制度，令更多学生主动参与智慧课堂。（T4 访 202202）

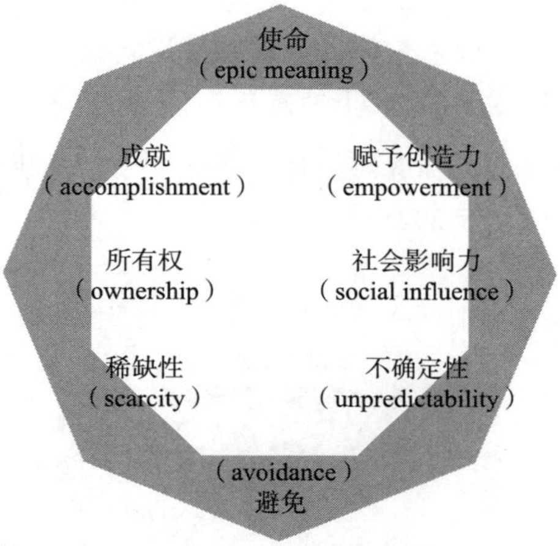

图 4－3　社会影响力八角行为框架分析理论

资料来源：CHOU Y K. Actionable gamification：Beyond points，badges，and leaderboards［M］. Wyoming：Octalysis Media，2019.

图 4－4　八角行为框架理论框架下学生学习激励界面示例

资料来源：笔者主持研发的某智慧课堂学生端界面。

5. “短视频适性推送”需求在大数据算法与 AI 技术的支撑下，渐获教师认可

图 4－5 为平台自动推送的知识点短视频界面。首轮原型中的“短视频适性推送”功能方案缺乏大数据算法与 AI 技术支撑，不同程度学生收到一样的短视频学习内容，未能区分依个体差异适性推送，且同一知识点对应的学习短视频仅一个，无难易度区分。如 T1 所描述：

> 有的学生觉得系统推送的短视频太简单了，很快就学完，有的学生又觉得太难。(T1 访 202111)

图 4－5 短视频学习界面示例

资料来源：笔者主持研发的某智慧课堂学生端界面。

次轮原型采取大数据技术——基于学习行为序列分析的协同过滤算法技术以升级功能，该方案使用协同过滤算法分析学生的学习行为，然后按照提前设置的规则自动为学生群体分类，系统据此推送知识点短视频与规划个体学习路

径，具有一定的适性特征。教学实验显示，较之首轮原型，教师对“短视频适性推送”的反馈有所提升，然而，亦指出原型平台推送的短视频的趣味性与交互性难以媲美传统课堂：

跟抖音相比，学科知识有关的短视频缺乏趣味性，再加上在线视频学习没有传统教学所具有的活动交互，学生对它的趣度不高。（T2 访 202112）

低年级学生观看短视频的动机并不够理性，一旦内容的吸引力不足，很容易放弃。（T2 访 202116）

洋葱数学设计的数学短视频其实还不错，它们用 AI 实现了一定程度的交互，学生更喜欢，其他平台的短视频则趣味不足。（T3 访 202112）

第三轮原型以“机器学习技术分析学习行为”应对需求，知识点推送的适性度获得提升，教师对该功能的接受度亦获得提升。

尤其在课后复习环节，推送的知识点短视频能针对不同程度学生较为精准地补缺补漏。（T3 访 202113）

然而，该功能于课前预习的成效仍受诟病：当学生面对“线下教师未教过的新知识点，缺乏互动的短视频教学难吸引学生兴趣”（T4 访 202202）。

6. 智慧课堂存误导学习注意力之虞，但可借由物联网技术改善

教师反馈，学生使用智慧课堂终端存在注意力失焦现象，尤其在课后的电子作业与课前的预习环节：

学生在操作终端的间隙，快速切换至其他接口，未能跟随课堂流程与节奏。（T2 访 202112）

学生拿着终端预习半个小时，却一道练习题都没完成，不是不会做，是专注度问题。（T3 访 202112）

在采用 CUBand 脑波仪监测注意力后，注意力失焦现象明显减少：

也许是穿戴设备带来的心理暗示，学生使用终端时的自我控制力明显提升，与学习无关的活动减少了。（T4 访 202202）

综上所述，教师对智慧课堂的需求可借由不同保真度的原型应用于教学实验以实现再教育并收获成长，表 4 - 12 是在教学实验过程记录下的需求汇总（2021—2022 年）。

表 4－12　初中教师对智慧课堂需求的成长记录（2021—2022 年）

序号	需求成长记录
1	教师期待智慧课堂能为其工作减负，然而，仅能批改选择题的“电子作业”功能难获教师青睐。
2	“自评”需求无论采取简易的回顾式问卷功能方案，抑或调用外部 AI 作文批改接口功能实现智慧批改与回馈，甚至采用人工鹰架，皆难获教师认同。
3	教师抵触智慧课堂对线下传统课堂的结构性介入，对弱人工智能时代的人工智能技术能否创新课堂模式存疑。
4	教师对包括“学习任务自主认领”、“同侪他律”及“注意力监测”等在内的自主学习元认知范畴的需求较高。
5	以简单的学习行为加减方式以应对“学生学习激励”需求难获教师的持续满意，但若将核心素养评价融入八角框架理论的游戏化框架，确实大幅提升学生对智慧课堂平台的认知趣味性，教师对此需求变得强烈。
6	缺乏大数据算法与 AI 技术支撑的“短视频适性推送”功能难满足教师的需求，在采用大数据算法与机器学习技术分析学习行为后，平台所推送的知识点短视频的适性度受到教师褒奖。
7	针对“自主学习力智慧诊断与预测”需求，若采取规则逻辑技术分析学生学习行为，再以回归分析算法收敛成维度指针，发展指针模型，生成指标报表，此类方法难令教师信服。教师更认可的是，先采用物联网设备采集生理数据、教室活动数据及学习数据，再采取 AI 机器学习算法诊断自主学习力，并发展出路径模型。
8	基于 uni－app 的 H5 框架可实现跨终端自适应显示，不仅给师生带来使用便利，亦节省了终端采购费用，但是，当非定制化的智慧终端被学生用于非学习用途，教师对实现跨终端自适应的需求减弱。
9	以区块链技术保障数据安全、跨系统兼容、数据收集、数字教育资源，以及学习者能力，并让学习成果上链，此举令教师更加认可智慧系统出具的学生学习力报告。
10	教师担忧智慧学习环境下的学生学习注意力失焦问题影响，提出以脑波仪等物联网设备应对此问题。

（三）小结

1. 八角行为框架理论技术指导下的学习力评价与激励模块能有效提升学生对自我管理的认知，一定程度上可提升自主性自律与自省能力

很长一段时间，实务界使用者对智慧课堂的认知是：枯燥且冰冷的数字教学难吸引初中及以下阶段学生的参与意愿，部分学者将此现象归咎于数字环境

下学生在自我管理与调整能力方面存困难。[1] 然而，亦有学者持反对意见——数字学习环境可有效提升学生的学习动机及对自我调整的元认知能力[2]，理由是：智慧课堂环境下的“学习任务自主认领”“同侪他律”“注意力监测”等功能于教学实验期间皆有上佳表现。现如今，学界支持后者占多数。因为当原型依八角行为框架理论拥有“游戏激励”机制时，学生呈现出“钻研”虚拟游戏般的激情。或许，本就不存在自我管理与调整能力方面的“困难”，是因为对平台缺乏兴趣而不愿“努力”，换句话说，是动力不足而非对自我管理的元认知不足。此间，学界开始惊讶于：备受教师与家长诟病的虚拟游戏的背后竟然潜伏着一套可以为教学信息化理论技术加持的神奇理论。智慧课堂需求的评估者亦受启发：科技接受模式下的“认知有用性”决定着智慧课堂能否被教师接受，但趣味性的不足却让产品失去了黏性，尤其是学生端。

2. 智慧课堂的“用户成功”应定位为教师减负

虽然智慧课堂在部分教学环节成功扮演了零件式工具的角色，例如英语词汇教学、听力与口语教学、数学速算教学等环节，以至于部分学者惊呼智慧课堂具有创新课堂教学策略的功效[3]，然而，在其他大部分教学场景下，智慧课堂则显得心有余而力不足。因为，传统的线下课堂已传承千年，其教学模式充斥着理性与灵动，以当前弱人工智能时代的信息技术打造的智慧课堂教学工具尚难撼动课堂教学范式的革新，尤其是面对全科的需求，当前的智慧课堂赋能传统线下课堂教学的效用有限，至少在强人工智能（strong AI）时代来临前，

---

[1] BYLIEVA D, HONG J, LOBATYUK V, et al. Self – regulation in e – learning environment [J]. Education sciences, 2021, 11 (12): 13. DOI: 10.3390/educsci11120785; DENTON P, MADDEN J, ROBERTS M, et al. Students' response to traditional and computer – assisted formative feedback: A comparative case study [J]. British journal of educational technology, 2008, 39 (3): 486 – 500; MCMAHON M, OLIVER R. Promoting self – regulated learning in an online environment: proceedings of World Conference on Educational Multimedia, Hypermedia and Telecommunications 2001, Chesapeake, VA, USA, June 25 – 30, 2001 [C]. Virginia: AACE, 2001.

[2] HUTT S, OCUMPAUGH J, ANDRES J M A L, et al. Investigating smart models of self – regulation and their impact on learning: The 14th International Conference on Educational Data Mining, June 29 – July 2, 2021 [C]. Online, 2021: 585; JOHNSON G, DAVIES S. Self – regulated learning in digital environments: Theory, research, praxis [J]. British journal of research, 2014, 1 (2): 1 – 14; KIM S, PARK N, JOO K. Effects of flipped classroom based on smart learning on self – directed and collaborative learning [J]. International journal of control and automation, 2014, 7 (12): 69 – 80; PEREZ – ALVAREZ R, MALDONADO – MAHAUAD R, PEREZ – SANAGUSTIN M. Tools to support self – regulated learning in online environments: Literature review: European Conference on Technology Enhanced Learning, September 3 – 5, 2018 [C]. Cham: Springer Nature Switzerland AG, 2018.

[3] TAHERISADR M, DEMIREL B U, FARUQUE M A, et al. Future of smart classroom in the era of wearable neurotechnology [J]. IEEE bio – inspired computing STC newsletter, 2021, 1 (1): 7 – 12.

这种“创新”恐难实现。故，若将当前智慧课堂的“用户成功”定位为给教师减负，或将产品的核心功能定位为AI垂直领域的英文听力或口语训练平台，抑或将功能设置为美国ClassDojo模式——不与教师争课堂教学范式，仅专注于为家长、教师及学生搭建学习成果展示平台，即教师可基于自身的教学理念、课堂要求及教学模式自主设置学生评价指标、学习行为类别及对应的评量分值（见图4-6）。此开放模式可能更合乎当前的需求。

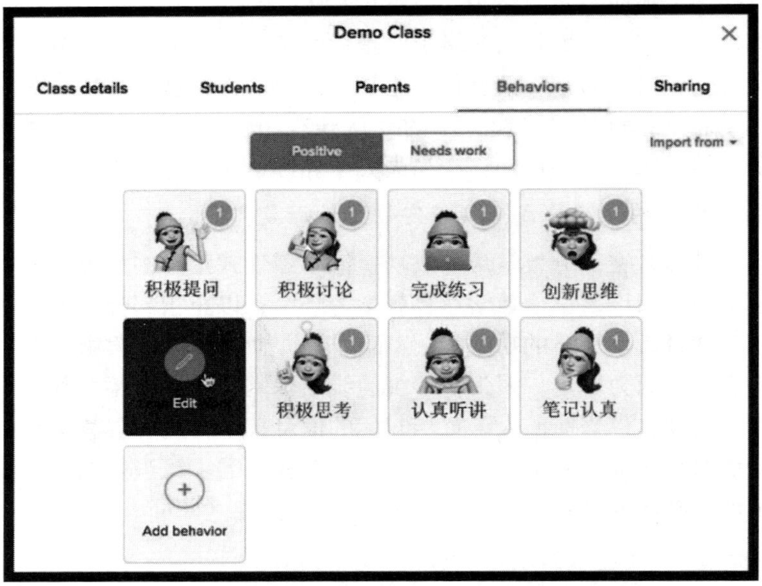

图4-6 ClassDojo教师自主设置学习行为评价与分值设置界面

3. “自评”教育意涵与价值亟待普及

尽管学界早已提倡通过“自评”助力学生更清楚地洞察自身的能力与优缺点[1]，一线教师却迟迟未能科学认知此教学方式的教育意涵与价值，批评“自评”功能无法求真求实，即学生的自我回馈缺乏真实性，“看不到”其对自主学习力提升的正面影响，反复驳斥“自评”的合理性。评估者为此需求做了多番迭代，仍难获一线教师的认可，期盼此部分认知能借由教师在职进修获改善。

4. 深刻反思经典自主学习理论在智慧时代的困境与挣扎，适时考虑将线下课堂教学环节退还给真人教师

从技术迭代的角度诠释人工智能范式的意涵，当前的“弱人工智能技术”

---

[1] BALLARD L. Portfolios and self-assessment [J]. English journal, 1992, 81 (2): 46-48.

（Weak AI）仅能执行事先由程序设定的、无进化能力、无独立思考能力的简单交互。那么，这样的弱人工智能技术是否已发展到足以支撑《教育信息化2.0行动计划》所要求的“推动人工智慧在教学、管理等方面的全流程应用”？而以美国ClassDojo为代表的一部分智慧学习产品早已放弃对教学理论与模式的追求，亦放弃对教学范式的干预，将课堂退还给教师，转而借由智慧课堂的信息传输优势与数据分析优势，聚焦于打造一套能将不同教学范式的成果向家长展示的家校共育平台，近年已成为市面上最受欢迎的智慧学习产品之一。由此思考：当前的人工智能技术非得介入线下课堂吗，若将线下课堂退还给真人教师，让人工智能技术退守课后电子作业、课前预习等课外环节，会不会相对更谨慎些？只要教师真的“懂”学生，“懂”教材，“懂”环境，“懂”方法，则以充满“教育爱”的心，就算没有智慧课堂，是不是也能做到因势利导，因材施教，以及有教无类？智慧课堂真的需要自主学习或联通主义抑或其他教育理论的附体吗？如果做一个类似于ClassDojo、能包容所有理论与范式的学生素养展示平台会不会更有生命力？

总之，教师对智慧课堂的需求成长与接受度须过程性培育与挖掘，快速原型模式的动态性尤其是原型保真度可快速提升的优势很适用于不断演变的新兴技术领域的需求评估。[1] 换句话说，智慧课堂作为新兴技术，教师需要在尽可能深入地沉浸在原型环境下，生成对智慧课堂的“爱恨”与“期待”，此即本节欲建构的“需求”。一方面，受到教师教学脉络所处的结构化背景的影响，这份“需求”可能是源自使用者原有的需求，即阿纳斯塔索娃等（Anastassova et al.）[2] 所谓的第一类需求——在未接触智慧教育类产品前既有的需求，例如，来自传统工作结构的压力，包括减少备课、批改作业、课后跟踪、差异化评量等工作所带来的负担。那么，在这种需求导向下，智慧课堂定义用户成功（customer success）的标准不能聚焦于“提升学生的学业分数”，而应尽力让教师“相信”智慧课堂能助其减负，此即产品的真正需求与功能设计着力点。另一方面，随着教学实验的深入，原型对教师的刺激愈甚，教师对智慧课堂的智慧化需求愈高，评估者应敏锐捕捉并尽可能地提升原型的保真度。

---

[1] ANASTASSOVA M，MEGARD C，BURKHARDT J. Prototype evaluation and user – needs analysis in the early design of emerging technologies［C］//HCII 2007，July 22 – 27，2007，Beijing，China. Berlin：Springer，2007：383 – 392.

[2] ANASTASSOVA M，MEGARD C，BURKHARDT J. Prototype evaluation and user – needs analysis in the early design of emerging technologies［C］//HCII 2007，July 22 – 27，2007，Beijing，China. Berlin：Springer，2007：383 – 392.

二、智慧课堂环境下的教师胜任力

亚当斯（Adams）认为："人在15岁至35岁时接触到新诞生的科技，会感觉兴奋，且可能觉得该科技具有革命性的意义，能改变世界，甚至期望有机会从事与其相关的职业。而35岁以后接触到新科技，大有可能认为其违反了自然规律而抵触。"[1] 而在我国部分地区，中小学教师的平均年龄在40岁上下[2]，一些村小和教学点教师的平均年龄已达50岁[3]。故，智慧课堂作为由新兴技术支撑的系统，有必要筛选参与教学实验的教师群体，但亦不能仅考虑年龄因素，还需要一套能评价智慧课堂环境下的教师胜任力的指标体系。因为，传统课堂内的绩优教师未必能快速适应并胜任智慧教学环境下的教学[4]，就算是年轻的绩优教师也未必能做到。

（一）智慧课堂环境下的教师胜任力评价指标及权重

智慧课堂环境下教师胜任力评价的关联因素涉及教师核心素养、教学行为及多样化场景，评价的过程须深剖教师的核心素养并解构背后的社会环境脉络。社会学习理论认为，发生于社会脉络中的学习行为皆伴随着动态性、互惠性及互动性，且该互动关系存在于个人、行为与所处环境三者间，呈现一种三角对等性（triadic reciprocality）。[5] 那么，若能借由社会学习理论框架系统梳理智慧课堂环境下教师胜任力评价指标与层级结构，即将教师胜任力水平差异背后的成因路径置于个体教师对社会学习理论的认知与应用、所处社会环境及三者间所存的矛盾，势必有助于教师胜任力评价不流于传统评鉴的"纯行为"。基于此框架，本节以教师的教学素养、教学行为策略及教学环境为评估构面，

---

[1] ADAMS D. The Salmon of doubt：Hitchhiking the galaxy one last time（Dirk Gently）［M］. London：Pan Books，2012.

[2] 转引自王家源，徐光明，甘甜. 促进义务教育均衡发展，这些地方有实招［N/OL］. 中国教育报，(2019 -04 -02)［2023 -02 -24］. http：//www. moe. gov. cn/jyb_xwfb/moe_2082/zl_2019n/2019_zl19/201904/t20190402_376385. html.

[3] 邓晖，晋浩天. 让乡村教师"下得去、留得住、教得好"——代表委员热议《乡村教师扶持计划（2015—2020）》［N/OL］. 光明日报，(2016 -03 -16)［2023 -02 -21］. https：//epaper. gmw. cn/gmrb/html/2016 -03/16/nw.

[4] 陈仰平. 新冠疫情下小学教师线上教学胜任力评价模型建构——基于社会学习理论观点［J］. 教育进展，2022，12（8）：3162.

[5] BANDURA A. Self -referent mechanisms in social -learning theory［J］. American psychologist，1979，34（5）：439 -441. DOI：10. 1037/0003 -066X. 34. 5. 439. b；COMPEAU D R，HIGGINS C A. Computer self -efficacy：development of a measure and initial test［J］. MIS quarterly，1995，19（2）：189 -211.

建构出智慧课堂环境下教师胜任力评价指标体系❶，包含 14 项评估准则（见表 4－13），依权重值从大到小排序：工作忠诚度、教学策略、数字素养、教师复原力、自我效能感、师生互动、社会情感学习力、融合场景、评量策略、数字资源、网瘾对策、家长交流、视保对策、教学工具。其中，“工作忠诚度”准则的权重值（0.29）远大于其他准则。超过半数的准则的权重值不超过 0.05。

表 4－13　智慧课堂环境下教师胜任力评价指标之权重

评估构面	构面权重	评估准则	准则权重	排序
核心素养	0.55	自我效能感（A）	0.06	5
		工作忠诚度（B）	0.29	1
		教师复原力（C）	0.06	4
		数字素养（D）	0.08	3
		社会情感学习力（E）	0.05	7
教学策略	0.27	教学策略（F）	0.16	2
		视保对策（G）	0.03	13
		网瘾对策（H）	0.04	11
		评量策略（I）	0.04	9
教学环境	0.18	教学工具（J）	0.01	14
		融合场景（K）	0.05	8
		师生互动（L）	0.05	6
		数字资源（M）	0.04	10
		家长交流（N）	0.04	12

资料来源：陈仰平．新冠疫情下小学教师线上教学胜任力评价模型建构——基于社会学习理论观点［J］．教育进展，2022，12（8）：3154－3164．

（二）实例：智慧课堂环境下中小学教师胜任力评价指标之因果关系

本实例以社会学习理论为研究架构，借由 DANP 技术探究各评估指标的权重与模型（DANP 计算步骤详见第二章第三节）。研究样本来自福建省三所省级示范小学的 15 位校长与教导主任，调查实施期间恰逢新冠疫情导致全省范围的学校停课数月，样本学校启用智慧教学系统应对。共发放问卷 15 份，回

❶ 评价模型建构过程详见陈仰平．新冠疫情下小学教师线上教学胜任力评价模型建构——基于社会学习理论观点［J］．教育进展，2022，12（8）：3154－3164．

收 15 份，有效数据 100%，附录（十一）为 DANP 原始数据（DANP 融合 Python 计算结果）。DANP 分析结果如下：

图 4－7 与图 4－8 分别是构面间与准则间的因果关系图，表 4－14 与表 4－15 分别为 DANP 计算出的各构面与准则的中心度与原因度。图表显示，3 个构面互为因果，其中，“教学环境”构面的原因度最高，中心度最高的构面是“核心素养”，显示专家认为教学环境会影响教师的教学素养与教学策略，教学素养亦可外显成教学行为以及教学环境适应力，而且，智慧课堂环境下的教学行为亦可内化成教学素养。

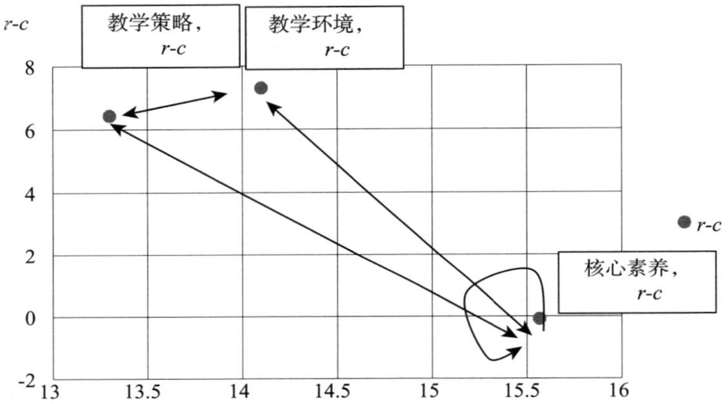

图 4－7 教师胜任力评价构面间之因果关系图

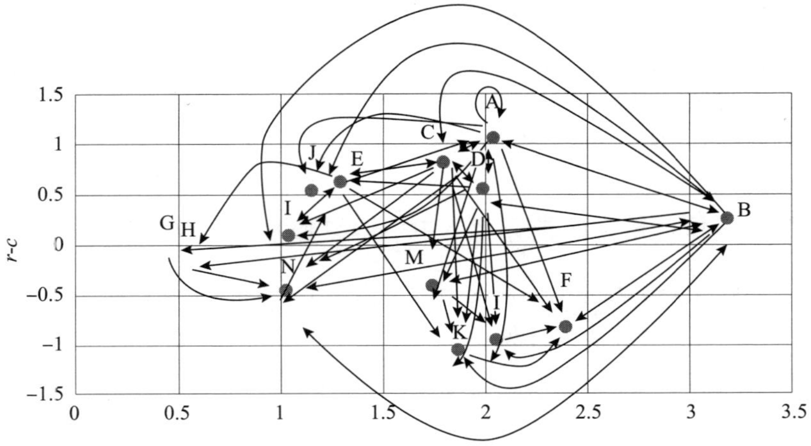

图 4－8 教师胜任力评价准则间之因果关系图

表 4－14 评价构面之总影响关系矩阵及其中心度与原因度

	核心素养	教学策略	教学环境	中心度（$r+c$）	原因度（$r-c$）
核心素养	2.58*	2.58*	2.58*	15.57	－0.09
教学策略	2.46*	1.88	2.43*	13.64	6.77
教学环境	2.78*	2.40*	2.12	14.44	7.31

注：总影响关系矩阵的几何平均值被认定为门槛值（2.41），* 代表大于门槛值的元素。

表 4－15 教师胜任力评价准则之中心度与原因度排序

序号	评估准则	行值（r）		列值（c）		中心度（$r+c$）		原因度（$r-c$）	
		数值	排序	数值	排序	数值	排序	数值	排序
1	自我效能感（A）	1.54	14	0.50	8	2.04	4	1.04	1
2	工作忠诚度（B）	1.72	13	1.47	3	3.19	1	0.25	6
3	教师复原力（C）	1.31	12	0.50	9	1.80	7	0.81	2
4	数字素养（D）	1.26	11	0.72	7	1.98	5	0.55	4
5	社会情感学习力（E）	0.96	10	0.32	12	1.28	9	0.64	3
6	教学策略（F）	0.78	9	1.60	1	2.39	2	－0.82	12
7	视保对策（G）	0.18	8	0.27	14	0.45	14	－0.09	8
8	网瘾对策（H）	0.18	7	0.38	11	0.56	13	－0.20	9
9	评量策略（I）	0.56	6	0.48	10	1.04	11	0.08	7
10	教学工具（J）	0.85	5	0.31	13	1.15	10	0.54	5
11	融合场景（K）	0.42	4	1.45	4	1.86	6	－1.03	14
12	师生互动（L）	0.55	3	1.50	2	2.04	3	－0.95	13
13	数字资源（M）	0.68	2	1.07	5	1.75	8	－0.38	10
14	家长交流（N）	0.29	1	0.73	6	1.03	12	－0.44	11

很长一段时间，社会认知论认为“自我效能感”是内隐且难以捕捉的，而本实例中的“自我效能感”于诸准则中的原因度最高，不仅说明教育管理者越来越关注一线教师操作智慧课堂平台时的教师自我效能，亦说明借由多属性决策技术，“自我效能感”元素可以从社会认知论中浮现且剥离。

中心度最高的准则是“工作忠诚度”，说明专家群察觉到部分教师虽拥有操作智慧课堂的技能与素养，却缺乏岗位工作忠诚度，不愿投入与深耕。此外，该研究发现从另一方面验证了戈比等[1]的观点：紧急且大面积启用的智慧课堂形成一片前所未有的教学场景，传统教学督察机制很可能失能，在新机制尚未成型之际，暂时依靠的只能是个体的“忠诚度”。

“师生互动”准则位列中心度第三位，说明专家普遍认为智慧课堂环境下的教师须具备依托智慧设备营造互动课堂的能力，因为智慧课堂环境下须有互动方能提升学生学习的积极性。[2]“融合场景”准则的中心度位居诸准则第六位（1.86），说明专家认为智慧课堂环境下的教师应具有建构线上与线下融合教学策略的能力，此点与莫索尤等（Mosoiu et al.）[3]的观点一致。

在诸准则的中心度末位，“家长交流”准则列倒数第三，说明教育管理者尚未关注智慧教育环境下的教师于家校沟通的能力，因为智慧课堂并未针对家校沟通这一需求设计新的功能，家校交流方式仍按传统模式，“协作方式单一，教师与家长之间缺乏双向沟通，家长依然处于居家学习的旁观者角色”[4]，并未因智慧课堂系统的介入而发生改变。

在诸准则的中心度末位，“网瘾对策”准则与“视保对策”准则分列中心度第十三与第十四，说明智慧教育环境下的网瘾与视保问题尚未引起专家群的注意，概因智慧课堂的学生学习终端设计有家长管控、视力保护、屏除游戏化等功能[5]，这从客观上保障了线上学习环境的健康；监管学生对屏幕使用行为的主体更多是家长，而非教师。[6]故，专家群并未对一线教师的“网瘾对策”准则与“视保对策”提出要求。

一言以概之，智慧课堂环境下的教学胜任力评估体可借由社会学习理论深

---

[1] GOBBI E, BERTOLLO M, COLANGELO A, et al. Primary school physical education at the time of the COVID－19 pandemic: Could online teaching undermine teachers' self－efficacy and work engagement? [J]. Sustainability, 2021, 13 (17): 9830.

[2] OGODO J A, SIMON M, MORRIS D, et al. Examining k－12 teachers' digital competency and technology self－efficacy during covid－19 pandemic [J]. Journal of higher education theory and practice, 2021, 21: 13－27；张瑞宾，李建华．远距教学常态化问题之探讨与建议［J］．台湾教育评论月刊，2021，10（6）：27－34．

[3] MOSOIU O, MEDESAN R, POPA L. Online education during a time of pandemic: Teachers' perspective of online education, digital competencies and the post－covid－19 legacy: Proceedings of the 17th International Scientific Conference eLearning and Software for Education Bucharest, April 22－23, 2021 [C]. Bucharest: ADL Romania, 2021: 227－232.

[4] 白然，张伟远，管艳，等．后疫情时代家校协同的变革路径探析——基于“停课不停学”期间1440个家庭的问卷调查［J］．中国电化教育，2021（3）：30－37．

[5] 赵国良．智能化设备对儿童青少年视力健康的危害［J］．中国眼镜科技杂志，2021（7）：117－119．

[6] 尹灿灿，施姣姣，王昱杰，等．上海市中小学生新冠肺炎疫情前后屏幕使用行为分析［J］．中国学校卫生，2022，43（1）：61－66．

剖教师的线上教学素养、教学行为及所处的教学环境，即将智慧课堂环境下教师的胜任力差异置于个体教师的认知、行为、所处社会环境及三者之间所存的矛盾中系统解构，不停留于传统评鉴的“纯行为”面向或将其单向归结于环境因素。

第五章　智慧课堂需求评估模型、机制与采购评标方法

第一节　民办教育集团智慧课堂需求评估模型

一、民办教育集团智慧课堂需求评估的实征模型

如第一章所述，科技型企业常采用快速原型模式评估教育信息化产品的需求，所研发的部分产品在市场上快速取得成功，并且，快速原型模式应用于民办教育集团的智慧课堂需求评估也有着独特优势。然而，由于民办教育集团与科技型企业在主要业务、商业模式、运营模式、管理模式等方面有较大差异，前者在“照搬”后者的“快速原型模式”用于需求评估时，常会出现失真的问题，这也是民办教育集团所研发的智慧课堂产品近年来未能在市场上占有一席之地的主要原因之一。对此，本节综合前四章所述的需求评估技巧，提出一种适用于民办教育集团智慧课堂需求评估的实征模型❶。此模型的初步建构模式是：首先采用成熟的教育理论技术开发出原型，经过教学实验的探讨后，将所得数据依 VIKOR 技术计算出需求优劣（见图 5 - 1）。模型建构过程可分成 3 个阶段：准备阶段、实践阶段及评鉴阶段（见表 5 - 1）。此外，为适应民办教育集团所处的复杂的内外环境，模型结合业务流程再造（business process re-engineering，BPR）与设计本位研究（design - based research，DBR）理念，提出了两种可供模型优化的策略。

---

❶ 模型名称中的“实征”有两个意涵：（1）借鉴孔德（Auguste Comte，1798 - 1857）对“positivism”一词的意涵与边界的诠释——可重复实验，可客观观察，实征所得通则能呈现出与虚幻相反的真实、与无用对比的有用、与犹豫对立的肯定、与模糊相对的精确、与否定相反的肯定（Auguste Comte，1830）；（2）借鉴否证论（falsification）的态度——允许借由常见的科学方法如观察、统计、归纳、迭代、实验等修改或升级甚至重构模型。

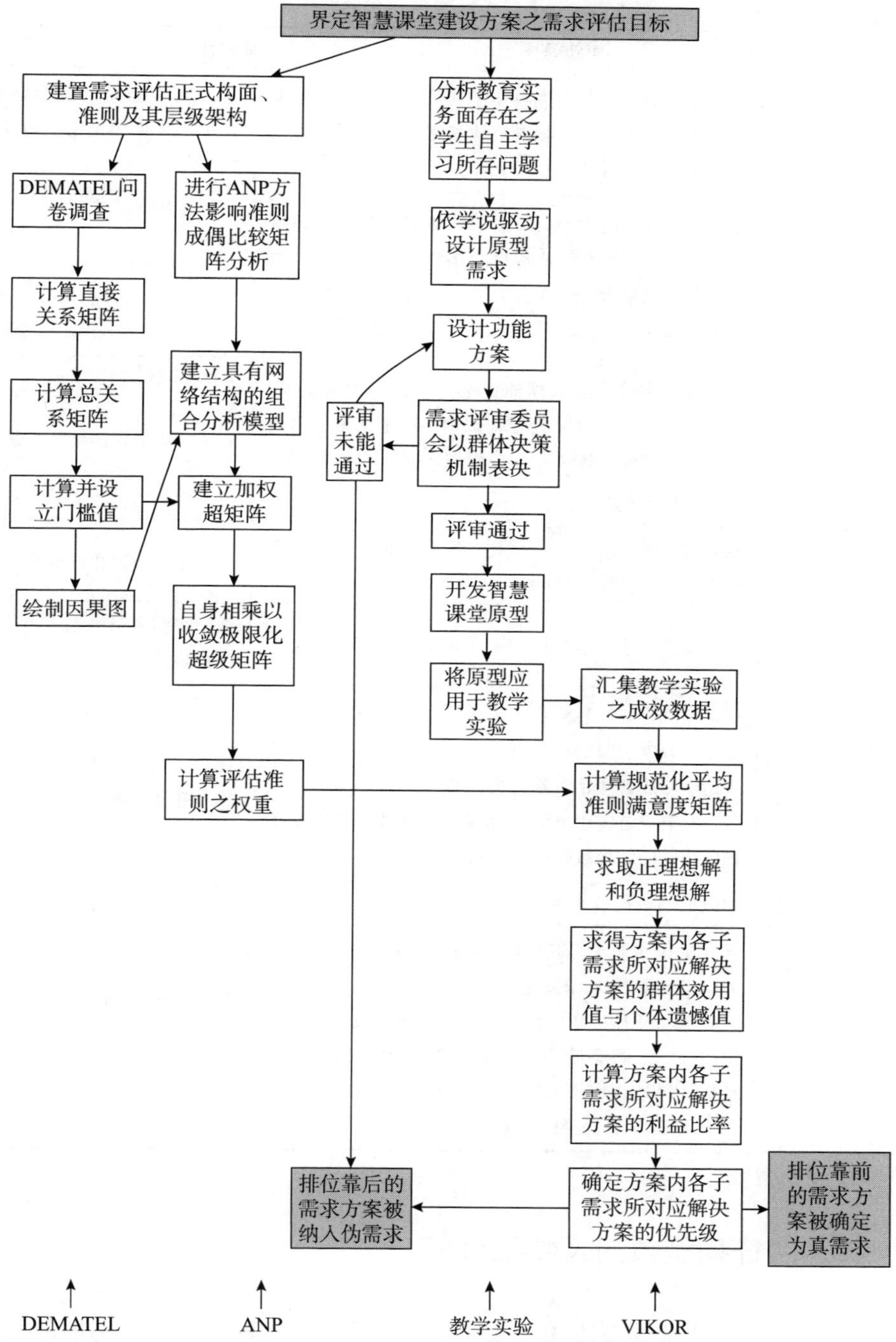

图5－1　民办教育集团整体发展需求导向下智慧课堂需求评估实征模型

表 5－1　实征模型运转步骤

阶段	步　骤		备　注
准备	(一)	从实务面切入探究学生自主学习所存问题，采取文献分析法筛选匹配的教育理论技术，并依学说驱动引导由教研部门设计出原型需求。	自主学习策略使用现状调查实施步骤详见第三章第二节。
	(二)	依教研部设计的需求方案，遂将方案呈报需求评审委员会，由评审专家依群体决策作三选一表决：通过、返回重新设计、丢弃。表决通过的需求方案交由 IT 部设计出原型。	—
	(三)	编制教学实验成效数据捕捉工具与数据记录工具，包括英语学科知识成就测验试卷、自主学习力测验工具、智慧课堂教学互动分析编码系统、教师与项目领导访谈大纲。	具体编制步骤详见第三章。
	(四)	建置智慧课堂需求评估指标、层级结构、指标间的因果关系及权重系数。	具体建置步骤详见第二章。
实践	(一)	将原型应用于教学实验，并组织师生参与。	教学实验实施步骤详见第四章第二节。
	(二)	以课堂观察、问卷调查、访谈等方式挖掘汇集原型应用于教学实验的成效数据，包括教学实验期间学生的学习成就变化、学习力之变化、对原型的接受度、智能设备使用率的变化等，作为评估原型功能在各指针的绩效数据源与依据。	教学实验数据汇集方法实施步骤详见第三章。
评鉴	(一)	VIKOR 自评问卷调查。	具体实施步骤详见第二章第三节。
	(二)	问卷所得数据依 VIKOR 演算出各方案的优劣序。VIKOR 计算系基于要素：(1) VIKOR 自评问卷填答者对原型各功能在教学实验期间的绩效表现的共识值；(2) 准备阶段所建置的智慧课堂需求评估指标、层级结构、指标间的因果关系及权重系数；(3) VIKOR 所选择的决策（扰动）系数。	

二、实征模型效用及特征分析

表 5－2 是此实征模型应用于某民办教育集团智慧课堂需求评估的效用数据。表中显示，在单一方案的排序方面，VIKOR 演算结果与个案集团的实际

决策序基本相同，然而，部分优质方案在模型中难以呈现高绩效。尽管在决策态度偏向拒绝的情况时，即决策系数设为 0.5 以下时，模型效用有所改善，但仍有为数不少的优质方案因被堆积在末位而无法辨识。

表 5－2　实证模型应用于某智慧课堂需求评估之效用检证数据

顺位	VIKOR 综合分析排序			实际决策结果
	$v=0.8$	$v=0.5$	$v=0.2$	
1	S9	S9、S6	S9、S6	S9、S6、S2、S7、S1
2	S6、S2	S2	S2	S5、S8、S4
3	S7、S3、S1、S8、S4、S5	S7、S3	S7、S3	S3
4		S1、S8、S4、S5	S1、S8、S4、S5	

注：S 为需求编号，对应需求内容详见附录（一）。

数据来源：陈仰平.《教育信息化 2.0 行动计划》下私立教育集团智慧课堂建设方案需求评估机制与模型之设计研究［D］. 台北：台北教育大学，2022.

其实，模型辨别力不足的关键原因在于缺乏对模型运转背后人性的考虑，与实证科学常被指责的“见物不见人”的缺陷如出一辙[1]，这些缺陷体现在以下四个方面。

（一）未能考虑教学实验教师的参与意愿

实征模型未能建立需求评估业务的跨部门协作与激励机制，导致实验学校、教研部、IT 部以及评审委员会之间无法实现制度化沟通，特别是担负着挖掘教师需求重责的教研部未能重视客情关系（customer emotional relationship）维护。最直接的影响是参与教学实验教师表现出参与意愿不强、不愿深入了解、不愿尝试改变、流于碎片式的被动应付，导致需求评估过程未能体现出部门间以及利害关系人之间的战略一致性，教学实验所培育的内外部需求存在信效度失真风险。

（二）忽视教研部与 IT 部监督与共生过程的主客体关系，轻视部门间的协作与监督，或者说，部门间的内部牵制和监督制约机制被割裂

正如软件行业中产品经理与程序员存在的普遍矛盾，负责需求萃取的教研

[1] 周可真. 实证科学的缺陷与科学发展的趋势［EB/OL］.（2015－07－16）［2023－02－22］. https：//blog. sciencenet. cn/blog－126－905877. html.

部与执行原型开发的IT部间存在博弈，而实征模型导致这种博弈不对称。例如，实例中的“自主学习力智慧诊断与预测”需求（S8）本应借鉴同行竞品技术——大数据技术甚至AI技术实现高保真，但IT部坚持认为当前学校的用户量不足以支撑大数据运算，且AI服务器的运维成本超过估算。面临此情形，持有不同反对意见的教研部又无权对IT部进行干预，导致该需求依IT部意见——采用规则逻辑技术实现，最后，该需求因原型的保真度过低被使用者诟病。这种不对称博弈导致教研部与IT部之间互相指责抱怨。IT部指责教研部未能分析需求背后存在的教育问题，未能有效辨别需求真伪，且所提需求过于抽象、量化不足。教研部则指责IT部开发出的原型的保真度未能达到原定方案、原型在扩展性与智慧化方面不足、交付延期等。

造成这两个部门之间的不对称博弈是因为实征模型存在如下缺陷：（1）人事架构值得商榷。负责功能方案设计的产品经理归IT部管辖，原型的功能方案设计与测试验收皆由IT部内部自主监督与执行，教研部很难对IT部开发原型的输入与输出形成有效监督。（2）实征模型忽略成员间的信息需求认知差异与冲突，尤其是教育与信息技术之间的跨域所导致的知识转移障碍，例如：人工智能技术特别是深度学习技术在计算机视觉、自然语言处理等领域的成功应用导致媒体夸大宣传AI的整体能力，较之IT部，教研部对AI的全面能力缺乏科学认知；教研部对深度学习、机器学习等人工智能功能软件的开发的复杂度与成本不甚了解，对智慧教育产品的产业化生产投入与难度评估不足，所提需求可能脱离IT部的实际生产能力；IT部工程师对教育应用场景的需求认知不足，可能导致系统架构、数据算法架构、服务架构的设计缺乏前瞻性、拓展性及稳定性。

（三）在董事会“寡头”经验与评审委员会群体决策之间博弈时，未能捍卫程序正义

在智慧课堂的需求评审会，常有董事会“寡头”背离评审制度，强势将个人“情怀式”或“经验化”需求植入方案，违反群体决策制度。例如，实例中的产品经理在设计“传统线下教学活动的数字化”功能时，寡头强势要求将个人经验与情怀纳入方案设计——打造标准化的教学流程与模式。后来的教学实验证明，以如此小规模的投入打造标准化的教学流程与模式，仅能开发出2～3种模式，且保真度较低，难以辅助灵动多样的线下传统课堂。

（四）忽略智慧课堂需求的动态性与扎根深度

实征模型未能在教学实验过程深度挖掘教师与项目领导对智慧课堂需求的

变化，并且，未能安排多轮教学实验以动态检证原型中各方案的绩效，亦未能针对各需求设计多种迭代方案。总之，实征模型未能重视项目领导与教师对智慧课堂的需求在不同原型、不同脉络、不同应用场景、不同时间下的动态性特征与变化历程。

综上所述，融合了效用理论、妥协规划法、层级分析法、优序方法及多准则决策技术的实征模型呈现两个特征：一方面，模型基于决策者的心理活动，未与客观现实世界过多接触，运转过程过于侧重专家共识，对实务的深入不足，即数据完全来自专家的主观共识，导致逆序悖论。或者说，其仅仅关注原型人造物的实验成效，导致需求评估的部门与部门之间、人与人之间、原型物与人之间均未能形成协作与合力。另一方面，在实征模型确立的最优解集合中，大部分与个案集团的实际决策结果相符，说明其能在一定程度上契合实际决策场景与实际需求。其实，此两类特征在规范性决策范式中很常见，背后的原因在于多准则决策分析范式忽略了系统层面与模型背后人性的考虑，导致多准则决策方法与系统方法论的内在关系被割裂，难逃与规则性范式的客观主义认识论相背离的嫌疑。

三、模型优化策略之一：业务流程再造

针对实征模型运转过程缺乏对人性的考量的缺陷，业务流程再造（business process reengineering，BPR）是实务界常用的应对策略之一。因为企业流程再造的核心指导思想是以人为本，从人性需求的社会性与个性关注团队内成员间与部门间的互动、交流与协作[1]，倡导人性化管理机制。在需求评估领域，常有评估者从组织面、数据面、功能面与控制面探究业务流程存在的问题，并采取渐进式局部改造以设计新流程，并且，再造的过程尤其注重所涉利害关系人的人性。而业务流程再造应用于智慧课堂需求评估的着力点在于将原型这一个人造物、利害关系人意愿以及组织意愿置于同一逻辑下思考，并纳入同一因果律支配，助力评估模型达到科学高度。

（一）业务流程再造之意涵

业务流程再造融合了信息技术、方法论与工具论，由哈默于20世纪90年代提出，其诞生之初被当成一种新的过程管理方法以解决全面质量管理（total

[1] 王庆金，郭永昌．对企业业务流程再造的几点认识［J］．辽宁工程技术大学学报（社会科学版），2001（4）：34－36．

quality management，TQM）导致的短板。BPR 的关键贡献在于其过程的投入仅仅是分解各子业务功能，解决产品需求的同时提升产品性能与服务质量，而生产成本比流程再造前更低。[1] 诞生后的 20 年间，随着全球化市场的出现以及高速互联网的普及，BPR 在商业领域取得了良好反响。

目前，学界对 BPR 的定义尚难统一，而实务界对其认知亦各执一词。总体上，其于早期的定义不提倡“大刀阔斧式”的业务流程变革，乃倡导在原有业务流程的基本框架与习惯做法基础上采取正交变换或渐进式以改进工作流。[2] 例如，达文波特（Davenport）和肖特（Short）将其定义为对组织内部和组织之间的工作流（workflow）的分析与重新设计以改进绩效。[3] 随后，BPR 的意涵转向“根本性重组”，提倡“以整体效益增益导向的整体封装代替僵化的产品导向”。例如，哈默等将其定义为“根本性的再思考与彻底性的再设计，去除现有的业务惯例与习惯做法，以拊背扼喉的方式促进成本、质量、服务和速度等方面的质变级改善”。[4] 塔瓦尔（Talwar）将其定义为“重新思考并重构企业的组织结构、工作流程和价值链”。[5] 滕等（Teng et al.）[6]、奥尼尔、索哈尔[7]等学者亦提出类似定义。但是，文卡特拉玛（Venkatraman）对此提出反驳：单纯的“渐进式”对绩效的效果有限，而“大刀阔斧式”又会对组织造成结构性风险，建议先以渐进式分步着力，后再实施大刀阔斧式的根本性重组。[8]

BPR 携信息技术助力后，其对企业的成效更上一层楼。或曰，BPR 作为

---

[1] FERGUSON J D，WILSON J. Process re – design and online learning [J]. International journal of educational technology，2001，2（2）：3. https：//ascilite. org/archived – journals/ijet/v2n2/ferguson/index. html.

[2] BURKE G，PEPPARD J. Business process redesign：Research directions [J]. Business change and reengineering，1993，1（1）：43 –47.

[3] DAVENPORT T H，SHORT J E. The new industrial engineering：Information technology and business process redesign [J]. Sloan management review，1990，31（4）：11 –27.

[4] HAMMER M，CHAMPY J. Reengineering the corporation：A manifesto for business revolution [M]. New York：Harper Collins，1993：89.

[5] TALWAR R. Business re – engineering – A strategy – driven approach [J]. Long range planning，1993，26（6）：22 –40.

[6] TENG J T C，GROVER V，FIEDLER K D. Business process reengineering：Charting a strategic path for the information age [J]. California management review，1994，36（3）：9 –31.

[7] O'NEILL P，SOHAL A S. Business process reengineering：A review of recent literature [J]. Technovation，1999，19（9）：571 –581.

[8] VENKATRAMAN N. IT induced business reconfiguration [M]//SCOTT – MORTON M S. The corporation of the 1990s：Information technology aid organizational transformation. Oxford：Oxford University Press，1991.

一种变革工具被广为接受其实正是因其对信息技术持开放态度[1]，有学者甚至将“信息技术”纳入 BPR 的定义框架：“BPR 是利用现代信息技术的力量从根本上重新设计业务流程，以实现显著改善绩效的功效。”[2] 实际上，信息技术的导入确实有助于业务流程各阶段从离散生态提升到协同发展，特别是互联网技术，流程内的部门组织不再是孤立的实体，而是成为具有业务互补功能的信息化小区（e－community）。[3] 但是，亦有学者对此提出异议，认为信息技术在各行业的 BPR 并不一定都有效，在企业内在利益的驱使下，BPR 可能变成“睁一只眼闭一只眼”的放纵。[4]

（二）业务流程再造应用于教育领域的相关研究

截至目前，学界对 BPR 在教育领域应用的研究更多聚焦于高等教育阶段（如表 5－3 所示），尤其是科研管理领域，其他教育层次的相关研究则较少。哈布（Harb）和阿巴齐德（Abazid）分析后认为，主要是因为 21 世纪的高等教育正面临着复杂的挑战，管理者热衷于借由 BPR 解决教师绩效与教育质量问题，特别是面对愈发流行的在线学习所带来的多场景教学，BPR 可及时发现与优化新形态教学的成效。[5] 蔡（Chae）与普尔（Poole）则更为具象地指出：“高等教育面临预算不足、信息技术的导入及改善问责制所带来的外部压力，以及围绕行政和财务管理存在的思维固化等问题。”[6] 卡普索（Caruso）分析认为，高等教育机构实施 BPR 的主要目的是借由信息技术改善服务，减少财务、人力资源、业务智慧、教学等方面的成本，进而改进面向学生的服务水平与效率。[7] 此外，张栋梁则认为高校科研领域的 BPR 与企业界不同，其融合了

[1] HABIB M N，SHAH A. Business process reengineering：Literature review of approaches and applications［J］. Journal of ICT in education（JICTIE），2019，6：66－85.

[2] PENROD J，DOLENCE M. Reengineering：A process for transforming higher education［M］. Colorado：CAUSE，1992：63.

[3] FERGUSON J D，WILSON J. Process re－design and online learning［J］. International journal of educational technology，2001，2（2）：5.

[4] FERGUSON J D，WILSON J. Process re－design and online learning［J］. International journal of educational technology，2001，2（2）：5.

[5] HARB H，ABAZID M. An overview of the Business process re－engineering higher education［J］. Asian journal of management sciences & education，2018，7（2）：99－106.

[6] CHAE B，POOLE M S. The surface of emergence in systems development：Agency，institutions，and large－scale information systems［J］. European journal of information systems，2005，14（1）：19－36.

[7] CARUSO J B. Good enough! IT investment and business process performance in higher education［EB/OL］. The Educause Center for Applied Research，June，2005［2021－12－26］. https：//er. educause. edu/－/media/files/articles/2006/1/ekf0504. pdf? la＝en&hash＝79A57287579BA5A6BE7ABB685C69CF5AA82C0BFC.

BPR 理论与大学流程再造理论（university process reengineering，UPR），是一种以协同管理为关键要素的新范式。[1]

表 5-3 业务流程再造应用于高等教育领域之相关研究一览表

研究目的	学 者
1. 提出一个综合性的框架重新设计高等教育环境的业务流程。	阿卜杜斯（Abdous）[2]
2. 基于文献总结出一套植根于高等教育组织文化的业务流程再造框架。	弗格森（Ferguson）、威尔逊（Wilson）[3]
3. 将 BPR 工具应用于沙特阿拉伯某学校的职能运作和管理流程，借由信息技术设计一套新的管理与教育流程模型。	拉贾比翁等（Rajabion et al.）[4]
4. 通过对 23 篇高等教育领域的 BPR 文献探究 BPM 与数据治理（data governance，DG）之间的关系	苏加纳瓦蒂等（Sujanawati et al.）[5]
5. 以半结构化访谈探究某学院内所有业务与教学相关部门的流程问题，借由信息技术优化业务流程。	海纳尔（Khairnar）[6]
6. 以流程再造实践为主体，以现代管理思想和信息技术为依托，以促进高校科研管理中横向管理部门和纵向校院系组纵横协同联动为目标的立体化、全方位、无盲点的网格式科研管理协同新机制。	郑爱平、张栋梁[7]
7. 基于流程再造理论，深入诠释科研教学协同育人机制的流程再造内涵与路径。	余红艳等[8]
8. 基于流程再造新范式探究大学科研项目协同管理机制。	张栋梁[9]

---

[1] 张栋梁. 浙江大学科研项目协同管理机制研究——基于流程再造的新范式［J］. 中国基础科学·管理论坛，2018，20（2）：53－58.

[2] ABDOUS M. Towards a framework for business process reengineering in higher education［J］. Journal of higher education policy and management，2011，33（4）：427－433.

[3] FERGUSON J D，WILSON J. Process re－design and online learning［J］. International journal of educational technology，2001，2（2）：11.

[4] RAJABION L，ALSUGHAIR F，ALDOSSARY A，et al. Business process re－design in educational institutes in middle eastern countries：Case study［J］. Issues of information systems，2010，XI（1）：364－371.

[5] SUJANAWATI R P，MAHENDRAWATHI E R，WIBOWO R P. Analysis of business process managent（BPM）effects on data and information quality improvement at higher education institutions：A literature study［J］. The journal for technology and science，2020，31（3）：353－363.

[6] KHAIRNAR R. Business process re－engineering and information technology in the educational sector［J］. International journal of application or innovation in engineering & management，2015，4（7）：52－57.

[7] 郑爱平，张栋梁. 基于流程再造的高校科研管理协同机制研究［J］. 科研管理，2016，37（8）：140－145.

[8] 余红艳，周凤珍，储德银. 财经类高校科研教学协同育人机制：流程再造与路径选择［J］. 长春大学学报，2021，31（4）：56－59.

[9] 张栋梁. 浙江大学科研项目协同管理机制研究——基于流程再造的新范式［J］. 中国基础科学·管理论坛，2018，20（2）：53－58.

BPR 在中小学教学实验中的相关研究相当罕见，但是，其作为发展学术资本主义（academic capitalism）的一种主流技术[1]，被学界认为在任何层次的教育中都可使用。截至目前，学界达成共识：若能在流程再造的过程中促使学校管理者、教职工、学生和社区共同发现、共同参与、共同成长[2]，一定有助于提升办学绩效。本书将 BPR 应用于私立教育集团内基于教育信息化领域的教学实验，希望能为 BPR 在该领域的应用提供一实证案例。

（三）业务流程再造的批判研究

业务流程再造被认为是一个高风险的过程，[3] 在缺乏共识前提下的强推可能会适得其反。据奥尼尔和索哈尔的统计，BPR 失败率介于 70% ~ 80% 之间。[4] 究其因，哈默和钱皮两位学者认为，BPR 大都采取颠覆性的、自上而下的思维模式，未能考虑员工的情绪与敬业度。[5] 图纳（Tuna）认为 BPR 追求效率的提升往往是以减少并重新部署人员为代价的，而生产成本削减与增创价值是对立的，因为这种方式从根本上否定了常规的劳动分配原则。[6] 费戈斯（Ferguson）和威尔逊（Wilson）则认为其令管理者误以为流程再造就是一个裁员的理由，因此缺乏对员工的关心，而被保留下来的员工亦因此不满。[7] 博杰（Boje）和希隆（Hillon）认为流程再造并没有遵循解决集体问题时所需要的民主和平等，而是倾向于从辩证唯心主义转变成唯物主义，表面上看是降低了成本，其实很多时候对结果无效，或号称提升了效率，实属虚假主张。[8] 就

---

[1] BOJE D M, HILLON Y. The dialectical development of ‘storytelling’ learning organizations: A case study of a public research university [J]. The learning organization, 2017, 24 (4): 230.

[2] FERGUSON J D, WILSON J. Process re - design and online learning [J]. International journal of educational technology, 2001, 2 (2): 6; RAMALEY A J. The changing role of higher education: Learning to deal with wicked problems [J]. Journal of higher education outreach and engagement, 2014, 18 (3): 18.

[3] FERGUSON J D, WILSON J. Process re - design and online learning [J]. International journal of educational technology, 2001, 2 (2): 9.

[4] O'NEILL P, SOHAL A S. Business process reengineering: A review of recent literature [J]. Technovation, 1999, 19 (9): 571 - 581.

[5] HAMMER M, CHAMPY J. Reengineering the corporation: A manifesto for business revolution [M]. New York: Harper Collins, 1993: 127.

[6] TUNA C. Champion of ‘re - engineering’ saved companies, challenged thinking [EB/OL]. The wall street journal, (2008 - 09 - 06) [2022 - 03 - 15]. https: //www. wsj. com/articles/SB122065063504705131.

[7] FERGUSON J D, WILSON J. Process re - design and online learning [J]. International journal of educational technology, 2001, 2 (2): 7.

[8] BOJE D M, HILLON Y. The dialectical development of ‘storytelling’ learning organizations: A case study of a public research university [J]. The learning organization, 2017, 24 (4): 234.

算在引入信息技术后，其实亦很难证明效率的提升系因信息技术带来的，[1] 而且，很多案例已证实，从失败的 BPR 中恢复是困难的，当意识到失败时，关键岗位的人员可能已离职。[2]

业务流程再造围绕用户需求，在理性与人文的辩证中挥舞着原始的新自由主义之锤[3]，呈现出新泰勒主义（Neo - Tayloristic approach）的固有偏见——以牺牲人类需求为代价，严重依赖权威和服从，导致不公正。[4] 此外，其不仅在范式上缺乏一种能被普遍接受的模型，在实务界亦未能达成一种普遍适用的方法。

（四）业务流程再造应用于智慧课堂需求评估的有效实施策略与实例

1. 针对教师参与教学实验的意愿度不高的问题，从集团层面督促实验学校制定教学实验激励制度

智慧课堂需求评估的教学实验环节对教师日常教学工作的冲击较大，需要教师积极参与课前备课、课中教学及课后跟踪，主动报告原型的使用体验、敞开心扉配合评估者交流需求等。因此，这需要评估者从集团层面建立教师参与其中的内向与外生激励机制，具体措施可包括：教研部邀请教师参与数字学习工作坊与科技辅助自主学习工作坊以提升教师对智慧课堂的认知水平；集团层面设立奖励制度赋予教师实验参与者的角色，鼓励教师与原型共成长，令教师认识到所提需求能被重视甚至转化为信息化功能；学校设立数字化校园建设办公室与信息技术校本应用考核制度，优秀教师经考核可获破格晋升。

2. 针对教研部与 IT 部之间的监督与被监督关系被割裂以及部门间的认知冲突，考虑以部门为单位调整分权以应对

教育与 IT 本就属于两个跨度较大的领域，导致 IT 部与教研部之间存在较为严重的信息不对称与认知偏差，再加上实征模型对 IT 部门的监督缺失，导

---

[1] BRYNJOLFSSON E, HITT L M. Beyond the productivity paradox: Computers are the catalyst for bigger changes [J]. Communications of the ACM, 1998, 41 (8): 49 - 55.

[2] FERGUSON J D, WILSON J. Process re - design and online learning [J]. International journal of educational technology, 2001, 2 (2): 10.

[3] BOJE D M, HILLON Y. The dialectical development of ‘storytelling’ learning organizations: A case study of a public research university [J]. The learning organization, 2017, 24 (4): 228.

[4] PRUIJT H. Multiple Personalities: The case of business process reengineering [J]. Journal of organizational change management, 1998, 11 (3): 260 - 268; KERBER K, BUONO A F. Rethinking organizational change: Reframing the challenge of change management [J]. Organization development journal, 2005, 23 (3): 23 - 38.

致这种不对称与偏差被叠加且放大。对此，若能给两个部门适当分权，例如，将担负成本造价与周期估算、用户调研、数据分析及竞品分析等职责的产品经理划归教研部，并授予产品经理新职责——承担原型图与产品需求设计、产品功能描述、用例模型绘制等需求管理工作，教研部监督 IT 部的资源与力量将得到加强。因为，较之原先的业务流程，划归教研部的产品经理能从“数据驱动”与“用户驱动”的双角度拥抱用户的复杂需求，不仅能将部门之间的不同价值与角色联结起来，建立共识，减少信息偏差，逐渐相辅相成，而且助力部门之间形成相互监督与制衡。

图 5－2 为新调整后的业务流程。表 5－4 是优化前后的业务流程分别应用于某智慧课堂原型测试用例的执行报告。[1] 数据比对显示，优化后的流程为教研部带来产品经理组的加持与联结，不仅原型与版本需求的契合度获得提升，第二版原型各项功能的内测通过比例较第一版高出近 17%，且原型的延迟交付现象大为减少。可见，将产品经理划归教研部后，原型与需求之间契合度不佳的问题以及工期拖延的问题因此得以改善，原型保真度与开发效率均获得提升。

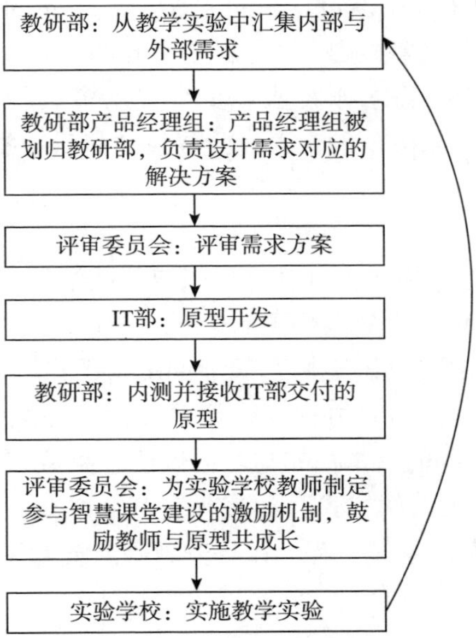

图 5－2　优化后的业务流程（一）

---

[1] 实例数据来自陈仰平.《教育信息化 2.0 行动计划》下私立教育集团智慧课堂建设方案需求评估机制与模型之设计研究［D］. 台北：台北教育大学，2022.

表 5-4 原型测试用例执行报告统计比对

测试轮次	子功能数量合计	测试通过数量	测试通过比例（%）
第一轮	52	31	59.62
第二轮	46	35	76.09

3. 以信息化技术订立公平、公开的评审会议机制，以遏止不当的行政干预

尽管博杰、希隆等学者曾对业务流程优化中的程序正义提出担忧——大部分的业务流程优化没有遵循解决集体问题所需的民主和平等❶，然而，当流程优化面临实征模型中存在的董事会“寡头”违背程序或以“寡头”经验强势干预方案设计的乱象，其实可以借由信息技术应用、评审制度建设、基于知识管理的专家情报信息服务等方式在一定程度上保障程序正义。这些举措包括：（1）制定评审会议事规则，要求采用信息技术支撑科技决策评审制度以保障平等原则；（2）邀请集团外部专家参与评审会，并要求专家在评审会上分享市场数据、竞品信息及专业知识，以降低成员间的认知差与信息差，降低形式与实质相脱节的风险，保障需求评审过程兼具程序正义与实质正义。

图 5-3 是基于以上举措新设计出的流程。2022 年的一项实证研究显示❷：三管齐下——“评审会议事规则”“外部专家参与评审会”“基于微信群的匿名投票”不仅能有效保障需求方案依“少数服从多数”的投票规则产生，亦能有效遏止评审会为“寡头”的个人经验寻找“科学依据之现象”的乱象。

（五）小结

优化的业务流程在应用于民办教育集团智慧课堂需求评估的过程中，亦须注意以下两点：一方面，须从集团层面着力，方能有效建设新的文化与制度、打造信息技术，以及调整组织架构，即须调配集团产、学、研三部门的资源与力量以优化业务流程。另一方面，建议采纳伯克和佩帕德对流程优化的意见❸——在原有业务流程的基本框架与习惯做法上采取正交变换或渐进式改进工作流，换句话说，“大刀阔斧式”的流程变革非必要。因为，智慧课堂需求评估的过程是一个繁杂的系统工程，以提升教师对智慧课堂的认知为例，欲以

---

❶ BOJE D M, HILLON Y. The dialectical development of ‘storytelling’ learning organizations: A case study of a public research university [J]. The learning organization, 2017, 24 (4): 231.

❷ 数据来自陈仰平.《教育信息化 2.0 行动计划》下私立教育集团智慧课堂建设方案需求评估机制与模型之设计研究 [D]. 台北：台北教育大学，2022.

❸ BURKE G, PEPPARD J. Business process redesign: Research directions [J]. Business change and reengineering, 1993, 1 (1): 43-47.

流程再造的方式在短期内力促这种认知发生“革命式”转变相当困难，因为，这种转变需要教师持续进修，不仅要提升其对 AI 的认知，更要提升其对教育本质和教育价值的领悟，而这一系列内容的学习过程是缓慢且有序的，速成无望。

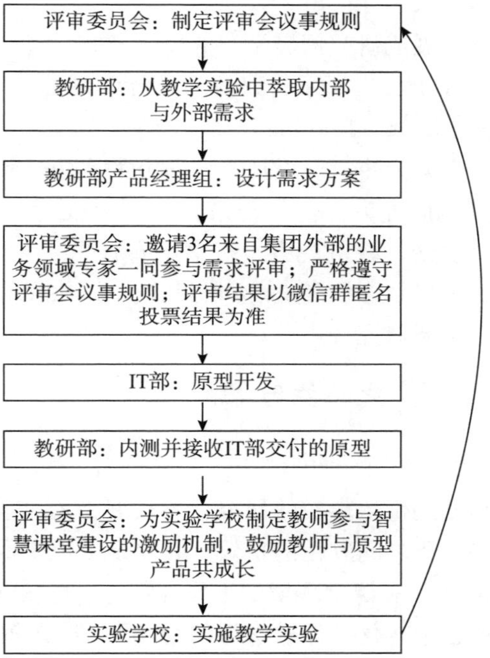

图 5-3　优化后的业务流程（二）

四、模型优化策略之二：设计本位研究

设计本位研究在学术界的首次出现可追溯到科林斯（Collins，1952—1990）与布朗（Brown，1943—1999）于 1992 年发表的论文。科林斯提出的设计实验对后来的航空科学和人工智能的发展甚具贡献❶，而布朗则开创性地将设计科学（design science）的观念迁移到教育研究，亦称之为“设计实验”（design experiments）。随后，这个包含了“设计”与“发展”元素的研究方法

❶ COLLINS A. Toward a design science of education [EB/OL]. [2023-02-22]. http://files.eric.ed.gov/fulltext/ED326179.pdf; COLLINS A. Toward a design science of education [M]//SCANLON E, O'SHEA T. New directions in educational technology. 1st ed. New York: Springer-Verlag, 1992: 15-22.

发展成一种研究范式，并出现了多个别称：发展研究❶、教育设计研究❷等。截至目前，设计本位研究方法在教育领域的应用已相当广泛，且愈发受到重视。以“design - based research”为关键词在 ProQuest 上检索，可得 18 篇发表于 2000—2010 年的经同行评审的期刊论文，另有 81 篇发表于 2011—2015 年，而 2016—2022 年的多达 287 篇。

设计本位研究已发展成研究情境学习的新兴范式，且具体应用领域大多围绕教育工学，如附录（十二）所示，以教学设计领域的“移动设备”（mobile device）、“数字化学习”（e - learning）、科技增进学习（technology - enhanced learning，TEL）的研究尤为热门。设计本位研究的实施过程大多采取整合性的研究方法，即伴随其他研究方法。如附录（十三）所示，这些方法包括焦点团体访谈、半结构式访谈、教室观察、教室反省日志、学生表现与作品搜集、个人叙事、德尔菲法、民族志影随法、田野札记、网络民族志、书面评量、内容分析、问卷调查、个案研究等。

（一）设计本位研究之特色与意涵

1. 实地研究（situ/field research）

实地研究是一种贴近生活事实的研究，不仅具有真实性和生活性❸，而且具有缩小教育研究和实务之间差距的功效。其立足于现实世界的问题，承认现实世界中实务的“混乱”和课堂环境的重要性❹，为理解与学习相关理论提供了一个在真实教育场景中转化并促进学习的视角❺，有效解决实地的弱结构性问题❻。

设计本位研究通过问题识别、理论发展、干预设计、迭代实施、与参与者

---

❶ VAN DEN AKKER J. Principles and methods of development research [M]//VAN DEN AKKER J, NIEVEEN N, BRANCH R M, et al. Design methodology and developmental research in education and training. New York: Kluwer Academic Publishers, 1999: 1 - 14.

❷ PLOMP T. Educational design research: An introduction [M]//PLOMP T, NIEVEEN N. An introduction to educational design research. Enschede: Axis Media - ontwerpers, 2013: 9 - 36.

❸ 洪伯邑. 田野敲敲门——现地研究基本功 [M]. 台北：台湾大学出版中心，2021.

❹ COTNER S H, FALL B A, WICK S M, et al. Rapid feedback assessment methods: Can we improve engagement and preparation for exams in large - enrollment courses? [J]. Journal of science education and technology, 2008, 17 (5): 437 - 443; RICK J, GUZDIAL M. Situating CoWeb: A scholarship of application [J]. International journal of computer - supported collaborative learning, 2006 (1): 89 - 115.

❺ DESIGN - BASED RESEARCH COLLECTIVE. Design - based research: An emerging paradigm for educational inquiry [J]. Educational researcher, 2003, 32 (1): 5 - 8.

❻ FORTUS, D, DERSHIMER R C, KRAJCIK J, et al. Design - based science and student learning. Journal of Research in Science Teaching, 2004, 41 (10): 1081 - 1110.

协调、回馈、修订、评估和反思等实地研究过程，提供了在真实环境中进行“干预”实验的机会，不仅探索“真实世界”中发生的事情，而且了解“干预”在真实情况下如何运作。❶ 而且，这种假设和干预是在一个特定的环境中进行数据的观察和收集，不同于实验室环境。在控制困难的环境中进行教育研究普遍存在外部有效性与真实性的问题，但是设计本位研究坚持立足实地，借由理论研究扎根于实务，基于研究者和实务者在真实环境中的协作，在真实情景中修正理论，在理论建构方面较之其他教育研究方法具有更高的生态效度与真理力量。

近年来，学界关于设计本位研究方法论地位的探讨相当热门。在 2010 年之前，学界对此的讨论主要聚焦于设计本位研究是否属方法论。福尔图斯等（Fortus et al.）❷、里克（Rick）、古兹达尔（Guzdial）❸、王枫（Wang）、汉纳芬（Hannafin）❹、设计本位研究社群❺等将其定义为一种系统且灵活的研究方法，并将其特征归纳为干预、迭代、程序导向、效用导向及理论导向。❻ 然而，亦有部分学者认为设计本位研究不是某种研究取向，而是在创造新的理论、制品（artifact）及实践，并应用于解释或改变自然情境中教与学过程的一系列取向。❼ 2010 年以降，学界更倾向于认定其为一种与实验心理学大不同、基于科技和学习环境研究的方法论。❽ 2019 年新冠疫情期间，随着在线教学的普及，设计研究的应时性价值更为凸显。

---

❶ FOLEY A R, MASINGILAJ O. Building capacity: Challenges and opportunities in large class pedagogy (LCP) in Sub – Saharan Africa [J]. Higher education, 2014, 67: 797 – 808.

❷ FORTUS D, DERSHIMER R C, KRAJCIK J, et al. Design – based science and student learning [J]. Journal of research in science teaching, 2004, 41 (10): 1081 – 1110.

❸ RICK J, GUZDIAL M. Situating CoWeb: A scholarship of application [J]. International journal of computer – supported collaborative learning, 2006, 1 (1): 89 – 115.

❹ WANG F, HANNAFIN M J. Design – based research and technology – enhanced learning environments [J]. Educational technology, research and development, 2005, 53 (4): 5 – 23.

❺ DESIGN – BASED RESEARCH COLLECTIVE. Design – based research: An emerging paradigm for educational inquiry [J]. Educational researcher, 2003, 32 (1): 5 – 8.

❻ VAN DEN AKKER J. Principles and methods of development research [M]//VAN DEN AKKER J, NIEVEEN N, BRANCH R M, et al. Design methodology and developmental research in education and training. New York: Kluwer Academic Publishers, 1999: 1 – 14.

❼ BARAB S, SQUIRE K. Design – based research: Putting a stake in the ground [J]. Journal of the learning sciences, 2004, 13 (1): 1 – 14.

❽ BOITSHWARELO B. Proposing an integrated research framework for connectivism: Utilising theoretical synergies [J]. The international review of research in open and distributed learning, 2011, 12 (3): 161 – 179; SVIHLA V. Advances in design – based research [J]. Frontline learning research, 2014, 2 (4), 35 – 45.

2. 革新教育实践，提升教育实务成效

学界早期对于设计本位研究的目的多为提炼理论，自 2003 年开始，方关注其在改进实务过程中的创新性价值。其间，最早关注其创新特征的学者来自设计本位研究社群，他们认为设计本位研究在设计实务问题解决方案的过程中，所关注的内容其实就是教育实践中的变化与进步，包括何时变化、为何变化、如何变化，以及由此激发的人类创新能力和成果。[1] 2003 年，科布等学者将设计本位研究创新教育实践的过程与具体步骤作了进一步归纳[2]：（1）教育现象的问题分析；（2）寻求相对应的理论进行诠释，并确立问题症结；（3）结合理论与实务，设计可行方案；（4）进行方案的实验与评估方案和目的适配度；（5）依据检核结果进行方案修正或确立；（6）修正后的方案较大规模地实施于教育现场，并采用纵贯性数据回溯性分析创发教育教学新理论或新的决策评估方法。[3]

如今，设计本位研究已发展成一种探索性研究，结合了创新设计与社会责任探究，并尤其强调“求新”的价值，具有在当今复杂的学习环境中履行教育实务改进甚至驱动教育实务变革的潜力。自 2004 年始，部分学者提倡将设计本位研究与其他传统教学设计方法或教学理论比对，以促进实务的成效与创新。[4] 安德森和沙特克更直言设计本位研究为教育研究与教育创新奠定了可发展性的基础。[5] 总之，设计本位研究现已被学界认定为一种致力于解决教育实务问题以及寻求创新技术的研发方法。

---

[1] RICK J, GUZDIAL M. Situating CoWeb: A scholarship of application [J]. International journal of computer - supported collaborative learning, 2006 (1): 89 - 115.

[2] COBB P, CONFREY J, DISESSA A, et al. Design Experiments in Educational Research [J]. Educational Researcher, 2003, 32 (1): 9 - 13.

[3] COBB P, CONFREY J, DISESSA A, et al. Design Experiments in Educational Research [J]. Educational researcher, 2003, 32 (1): 9 - 13.

[4] KELLY A E. Quality criteria for design research: Evidence and commitments [M]//VAN DEN AKKER J, GRAVEMEIJER K, MCKENNEY S, et al. Educational design research, 1st ed. London: Routledge, 2006: 107 - 118; OH E, REEVES T C. The implications of the differences between design research and instructional systems design for educational technology researchers and practitioners [J]. Educational media international, 2010, 47 (4): 263 - 275; RICHEY R C, KLEIN J D, NELSON W. Developmental research: Studies of instructional design and development [M]//JONASSEN D. Handbook of research for educational communications and technology. New Jersey: Lawrence Erlbaum Associates, 2004: 1099 - 1130.

[5] ANDERSON T, SHATTUCK J. Design - based research: A decade of progress in education research? [J]. Educational researcher, 2012, 41 (1): 16 - 25.

3. 促进学习生态内部要素之间的协作

为了设计出提升学习成效的方案，设计本位研究者须考虑利益相关方与参与者的固有做法与需求❶，即在理论融合实务的过程中探究学习及其相关要素之间的生态关系。这就要求设计本位研究者对学习生态（learning ecology）中各要素进行诠释并分析所存问题，继而从促进学生学习的目的出发探究学习成效相关要素之间的协作模式，并对该协作模式的革新方向作出预测。换句话说，设计本位研究者须关注学习情景的动态性与系统性，深入探究学习生态内部要素，即各教学与学习交互要素之间存在的复杂关联，并借由解构的过程，逐渐使自身进化成一种促进教学理论创新的底层技术。

4. 通过研究者和实践者之间的协作实现理论与实务的螺旋互动

早在 1997 年，朔伊布勒等（Schauble et al.）就预言设计本位研究将成为少有的几个能促进理论与实务融合并促进理论与实务永续发展的研究技术。❷ 10 年后，诺尔顿（Knowlton）证实该观点，并进一步阐述：设计本位研究的理论和实务之间存在相互依赖的关系，而且这种关系在针对传统教学设计的研究中尤为明显。❸ 这种依赖关系体现在：设计本位研究旨在教育研究与现实世界的复杂问题之间建立一个强有力的关联❹，其间须集合研究者和实务者双方优势，并基于二者在真实情景中的合作以取得最好的“干预”效果，同时在最大程度上促使学生受益。❺ 这种依赖关系亦体现在：为解决真实课堂环境中的复杂问题，设计本位研究者与一线教师分工协作，通过原理设计与技术赋能相结合的方式，创造出满足实际教学和学习所需的方案。❻ 就此言之，设计本位研究如同行动研究，二者均致力于为实务问题寻求有效的解决策略。若从诠释学的本体论理解设计本位研究中的研究者和实务者之间的分工与协作，其本

---

❶ LEE V R, THOMAS J M. Integrating physical activity data technologies into elementary school classrooms [J]. Educational technology, research and development, 2011, 59 (6): 865 - 884.

❷ SCHAUBLE L, LEINHARDT G, MARTIN L. A framework for organizing a cumulative research agenda in informal learning contexts [J]. Journal of museum education, 1997, 22 (2): 3 - 8.

❸ KNOWLTON D S. I design; therefore I research: Revealing DBR through personal narrative [J]. Journal of educational technology & society, 2007, 10 (4): 209 - 223.

❹ AMIEL T, REEVES T C. Design - based research and educational technology: Rethinking technology and the research agenda [J]. Educational technology & society, 2008, 11 (4): 29 - 40.

❺ ANDERSON T, SHATTUCK J. Design - based research: A decade of progress in education research? [J]. Educational researcher, 2012, 41 (1): 16 - 25.

❻ LOOI C, WONG L. Implementing mobile learning curricula in schools: A programme of research from innovation to scaling [J]. Educational technology & society, 2014, 17 (2), 72 - 84.

体貌似超脱时空下的理论与实务组成的螺旋体，且这种螺旋立于理论基础探究教育实践，也通过实证研究来修正理论原型，二者相辅相成。对于理论研究者，设计本位研究基于理论原型及其演化路径，带动理论导向的研究（theory - driven research），引导研究者反思教育理论和实践之关系。

设计本位研究的实施流程系由设计、实施、分析、发展与再设计的螺旋上升而组成，亦有学者将这种螺旋描述为兼具交互性与灵活性的渐进式迭代[1]，即通过多轮迭代和对理论的优化设计来检验研究的有效性与可持续性，并据此提升理论研究的影响力，这种迭代技术亦是其区别其他教育研究方法的关键特色。此外，迭代一般以三轮最为常见（见表5 -5）。

表5 -5 设计本位研究常见迭代周期

周期	学者
2	冯晓英等（Feng et al.）[2]、克伦敦（Crompton）[3]、古勒尔（Guler）、阿尔金（Altun）[4]、帕尔多 - 巴莱斯特（Pardo - Ballester）、罗德里格斯（Rodriguez）[5]、齐默尔曼等[6]

[1] ANDERSON T, SHATTUCK J. Design - based research: A decade of progress in education research? Educational Researcher, 2012, 41 (1): 16 -25; BARAB S, SQUIRE K. Design - based research: Putting a stake in the ground [J]. Journal of the learning sciences, 2004, 13 (1): 1 -14; FOLEY A R, MASINGILAJ O. Building capacity: Challenges and opportunities in large class pedagogy (LCP) in Sub - Saharan Africa [J]. Higher education, 2014, 67: 797 - 808; WANG F, HANNAFIN M J. Design - based research and technology - enhanced learning environments [J]. Educational technology, research and development, 2005, 53 (4): 5 -23.

[2] FENG X, LU G, YAO Z. Professional task - based curriculum development for distance education practitioners at master's level: A design - based research [J]. International review of research in open and distributed learning, 2015, 16 (2): 288 -310.

[3] CROMPTON H. Using context - aware ubiquitous learning to support students' understanding of geometry [J]. Journal of interactive media in education, 2015, 2015 (1): 1 -11.

[4] GULER C, ALTUN A. Teacher trainees as learning object designers: Problems and issues in learning object development process [J]. The Turkish online journal of educational technology, 2010, 9 (4): 118 -128.

[5] PARDO - BALLESTER C, RODRIGUEZ J C. Developing Spanish online readings using design - based research [J]. CALICO journal, 2010, 27 (3): 540 -553.

[6] ZIMMERMAN H T, GAMRAT C, HOOPER S. Connecting out - of - school learning to home: Digital postcards from summer camp [J]. TechTrends: linking research and practice to improve learning, 2014, 58 (2): 87 -92.

续表

周期	学 者
3	乌斯通（Ustun）、特蕾西（Tracey）❶、阿奇基尔迪兹（Acikyildiz）、科萨（Kosa）❷、埃尔南德斯等（Hernandez et al.）❸、金等（Kim et al.）❹、瓦尔蒂艾宁（Vartiainen）、恩肯伯格（Enkenberg）❺、苏孝正（So）、邦克（Bonk）❻、科特纳等（Cotner et al.）❼
4	罗兹（Rhodes）❽

（二）设计本位研究应用于智慧课堂需求评估模型建构

为了彰显科学模型的开放态度，智慧课堂需求评估模型的优化策略须秉持方法论精神，即优化后的模型具有不断提升、创新的特色，允许其借由常见的科学方法比如观察、统计、归纳、迭代、实验等修正或升级甚至重构，而设计本位研究的迭代技术正是一良方，具体表现在以下3点：（1）智慧课堂需求是设计者、用户及机器等三者间的人机交互结果（human computer interaction，HCI），是一种以用户为中心的设计模式（user - centered design，UCD），交互的过程具有迭代性质，这与设计本位研究解构学习过程各教学交互要素间的关联性如出一辙；（2）教师与项目领导对智慧课堂的需求可能会随着实验设计

---

❶ USTUN A B，TRACEY M W. An innovative way of designing blended learning through design - based research in higher education［J］. Turkish online journal of distance education，2021，22（2）：126 - 146.

❷ ACIKYILDIZ G，KOSA T. Creating design principles of a learning environment for teaching vector spaces［J］. Turkish journal of computer and mathematics education，2021，12（1）：244 - 289.

❸ HERNANDEZ M I，COUSO D，PINTO R. Analyzing students' learning progressions throughout a teaching sequence on acoustic properties of materials with a model - based inquiry approach［J］. Journal of science education and technology，2015，24（2 - 3）：356 - 377.

❹ KIM P，SUH E，SONG D. Development of a design - based learning curriculum through design - based research for a technology - enabled science classroom［J］. Educational technology research and development，2015，63（4），575 - 602.

❺ VARTIAINEN H，ENKENBERG J. Reflections of design - oriented pedagogy for sustainable learning：An international perspective［J］. Journal of teacher education for sustainability，2013，15（1）：57 - 72.

❻ SO H，BONK C J. Examining the roles of blended learning approaches in computer - supported collaborative learning（CSCL）environments：A Delphi study［J］. Educational technology & society，2010，13（3）：189 - 200.

❼ COTNER S H，FALL B A，WICK S M，et al. Rapid feedback assessment methods：Can we improve engagement and preparation for exams in large - enrollment courses?［J］. Journal of science education and technology，2008，17（5）：437 - 443.

❽ RHODES N. Creating value in accounting education with a qualitative research methodology［J］. Journal of economic and financial sciences，2015，8（3）：728 - 741.

与评估结果的发展而改变，亦会随着教学实验的时序推移而改变，此为其迭代特征之二，这可与设计本位研究的多轮教学实验相协同；（3）原型往往遵循从低保真型（low fidelity）到高拟真度（high fidelity）的发展轨迹演变[1]，此为其迭代特征之三，这与设计本位研究对原型的迭代式升级策略相匹配。

本小节将融合业务流程再造技术与雷韦斯（Reeves）的设计本位研究四阶段框架（见图5－4），升级智慧课堂需求评估的实征模型，升级后的流程如图5－5所示。具体流程阐述如下。

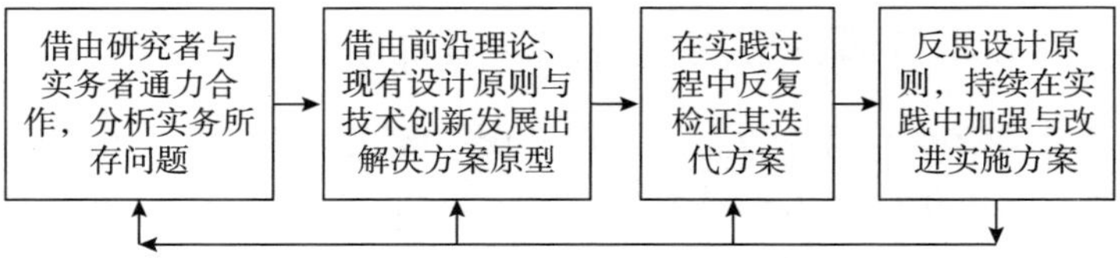

图5－4 Reeves设计本位研究四阶段框架

资料来源：REEVES T C. Enhancing the worth of instructional technology research through “design experiments” and other development research strategies：2000 International Perspectives on Instructional Technology Research for the 21st Century，April 27，2000［C］. New Orleans：The American Educational Research Association，2014.

1. 准备阶段

（1）采取学说驱动取向设计智慧课堂“理论技术”版需求，为智慧课堂需求培育打造学习与沟通工具。

以问卷调查形式探究学生自主学习策略的使用情形以及存在的问题，继而通过文献分析法筛选匹配的教育理论技术作为原型理论，并依学说驱动取向生成智慧课堂原型的理论技术版功能方案。

（2）编制多准则妥协解排序方法自评问卷（VIKOR），同时采取DANP模化各评估构面与准则所对应的权重，设计出功能方案绩效评估工具。

首先，评估者借由自身经验与后设分析法初步拟定智慧课堂建设各项需求方案的评估元素；其次，采取三角模糊德尔菲法（Fuzzy Delphi），借由专家群体共识以及量化门槛值筛选出理性的评估构面与准则；再次，依据三角模糊德尔菲法确定的构面与准则设计问卷——DEMATEL专家问卷与VIKOR自评问卷；最后，经DANP运算后模化成各构面与准则的对应权重。

[1] WALKER M，TAKAYAMA L，LANDAY J A. High－fidelity or low－fidelity，paper or computer? Choosing attributes when testing web prototypes：proceedings of the Human Factors and Ergonomics Society 46th Annual Meeting，Maryland，USA，September 29－October 4，2002［C］. Maryland：Computer Science，2002，46：661－665.

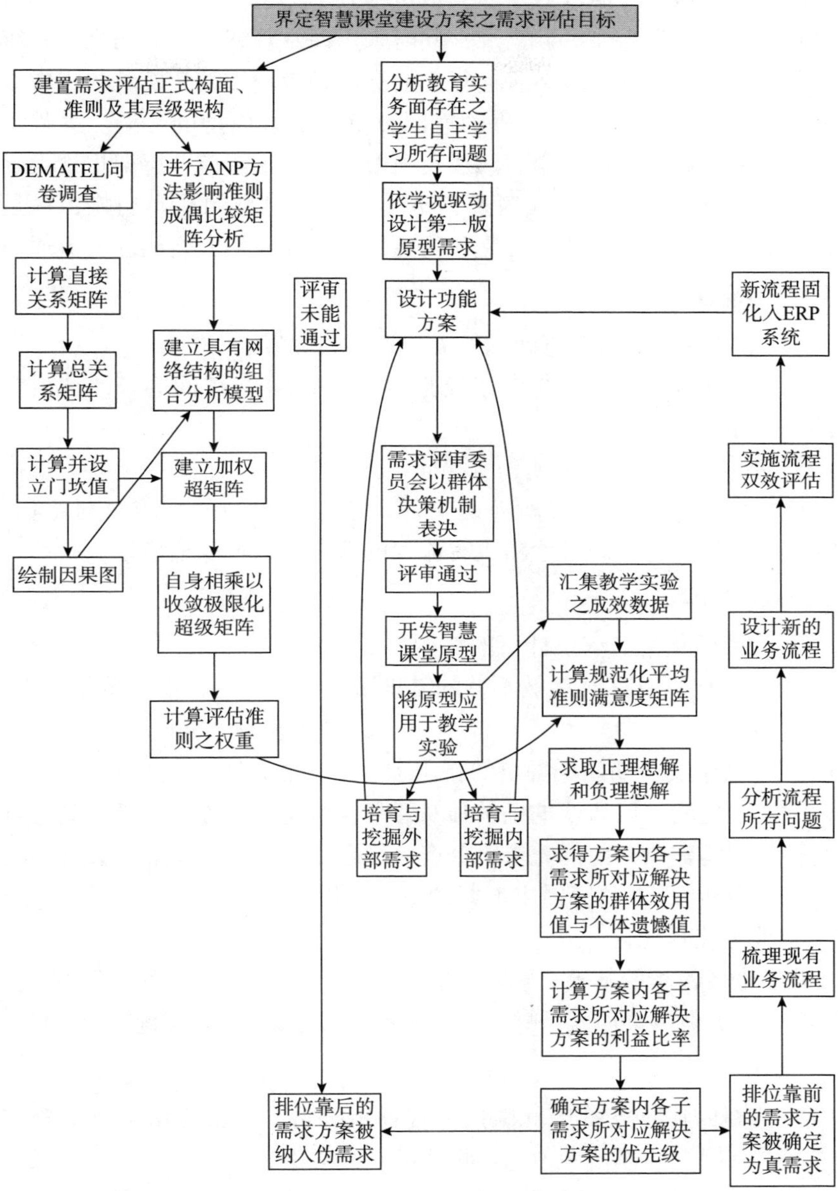

图 5－5　优化后的智慧课堂需求评估模型

2. 实施阶段

在接到初版或迭代版的需求方案后，令 IT 部采取演进式雏形策略快速开发出原型，继而将原型赋能教学实验以重构教学形态，并借此过程培养教师以及利益相关者对智慧课堂的新需求，同时采用课堂观察、量化问卷、系统智能捕捉功能及半结构式访谈等多种途径，捕捉原型应用于教学实验的成效。

教学实验期间，由 IT 部工程师连同教研部负责原型的运维。另外，为了降低教学实验可能造成的教学事故或负面影响，评估者借鉴鹰架理论设计备用平台，即组织助教于微信（实时通信 APP）模仿原型的基本功能，一是作为原型出现故障时的备用系统，二是作为运维人员与使用者之间的交流通道。

3. 评鉴阶段

（1）以 VIKOR 辨析智慧课堂各需求方案的优劣。

依据教学实验回馈数据与专家经验填答 VIKOR 自评问卷，评选出各需求方案的优劣序。

（2）评鉴需求评估业务流程所存问题。

采取分析“需求评估”所涉的文件记录与人工制品、访谈利益相关人，以及评估业务流程等措施，诊断现有流程的效果、效率及适应性。

4. 再设计阶段

（1）为待优化的需求设计新的功能方案。

令产品经理对 VIKOR 绩效不佳的需求重新设计功能方案（草稿），并估算需求方案的造价与周期。

（2）为教学实验期间挖掘出的新需求设计功能方案。

教学实验期间，以访谈挖掘教师对智慧课堂建设的外部需求与其他利益关系者对智慧课堂建设的内部需求，令产品经理小组为这些新需求设计出对应的功能方案（草稿），并估算需求方案的造价与周期。

（3）业务流程优化。

在现有业务流程的基础上采取“渐进式”或“革命式”设计新的业务流程，融入信息技术并调度集团人、财、物，督导各部门依新流程实施需求评估。

5. 迭代

（1）将新的功能方案（草稿）上报评审委员会，由评审委员会确定新版功能方案，其间，须谨慎考虑超出预算的功能方案。

（2）将新版功能方案依据优化后的业务流程衔接上述的“实施阶段”，实施多轮迭代。迭代次数依据预算与资源多寡而定，通常以 3 轮为佳。

（三）优化模型之效用检证

表 5 - 6 是将优化后的实征模型应用于某民办教育集团智慧课堂需求评估

表 5－6　需求方案之规范化平均准则满意度矩阵

方案	技术扩展性（A1）	技术壁垒（A2）	与《教育信息化2.0行动计划》之融合性（A3）	产业链上下游之融合性（A4）	技术成熟度（A5）	产品经理能力水平（B1）	自主学习理论（C1）	八角框架理论（C2）	价值链理论（C3）	大数据理论（C4）	科技教育政策法规与环境（D1）	对集团综效发展之影响（E1）	对下辖学校发展之影响（E2）	投资估算风险（F1）	竞品优势比对（G1）	经济寿命预测（G2）	师生使用系统之行为意图（H1）	学生自主学习力变化（H2）	学生英语学业成就变化（H3）	物理安全（I1）	数据安全（I2）	项目领导对方案之认同度（J1）
适性诊断与电子作业（S1）	0.485	0.508	0.479	0.447	0.479	0.280	1.000	0.000	0.000	0.000	0.521	0.453	0.437	0.590	0.247	0.513	0.590	0.521	0.579	0.447	0.327	0.743
短视频适性推送（S3）	0.485	0.609	0.479	0.447	0.479	0.373	0.000	0.000	0.000	0.000	0.521	0.543	0.524	0.295	0.658	0.587	0.524	0.521	0.514	0.447	0.546	0.464
自评（S5）	0.243	0.000	0.287	0.447	0.287	0.466	0.000	0.000	0.000	0.000	0.417	0.362	0.437	0.147	0.082	0.073	0.262	0.391	0.321	0.447	0.000	0.279
自主学习力智慧诊断与预测（S8）	0.485	0.609	0.479	0.447	0.479	0.373	0.000	0.000	0.000	0.000	0.521	0.272	0.262	0.442	0.575	0.440	0.393	0.391	0.386	0.447	0.546	0.279
终端显示方法（S11）	0.485	0.000	0.479	0.447	0.479	0.653	0.000	0.000	0.000	0.000	0.104	0.543	0.524	0.590	0.411	0.440	0.393	0.391	0.386	0.447	0.546	0.279

的规范化平均准则满意度矩阵。[1] 其群体效用值与个体遗憾值见表5－7。各需求方案于不同决策系数下的利益比率如表5－8所示，利益门槛与决策可靠程度筛选情况如表5－9、表5－10、表5－11所示。

表5－12为优化模型VIKOR综合分析结果与实际决策结果比对。比对结果发现，在不同决策系数下，优化模型中的VIKOR计算结果与实际决策结果基本一致，尤其当决策系数（v）设为0.5时，仅方案S5与方案S8的顺位序出现微弱偏差，其他方案的决策排序与实务近乎一致。可见，较之实征模型，优化模型对决策的推演结果高度契合实际决策情景与实际需求，模型的总体评估效率、性能及精度皆获得提升，且优化后的教学实验与其他部门的资源消耗亦获撙节，评估过程变得高效、有序、和谐。

表5－7 需求方案之群体效用值与个体遗憾值

S/R	适性诊断与电子作业（S1）	短视频适性推送（S3）	自评（S5）	自主学习力智慧诊断与预测（S8）	终端显示方法（S11）
群体效用值	0.141	0.283	0.829	0.678	0.493
个体遗憾值	0.049	0.141	0.188	0.235	0.235

表5－8 需求方案之利益比率 Q_j

扰动系数（v）		适性诊断与电子作业（S1）	短视频适性推送（S3）	自评（S5）	自主学习力智慧诊断与预测（S8）	终端显示方法（S11）
$v=0.8$	Q值（初始排序）	0.000（1）	0.265（2）	0.950（5）	0.825（4）	0.610（3）
$v=0.5$	Q值（初始排序）	0.000（1）	0.351（2）	0.874（4）	0.756（3）	0.891（5）
$v=0.2$	Q值（初始排序）	0.000（1）	0.437（2）	0.798（3）	0.956（5）	0.902（4）

表5－9 VIKOR之利益门槛与决策可靠程度筛选情况（$v=0.8$）

样本相邻组	Q_m-Q_n	S_m-S_n	R_m-R_n	条件（一）	条件（二）
S1－S3	0.265*	0.143	0.092	是	是
S3－S12	0.345*	0.210	0.094	是	是
S12－S8	0.215	0.185	0.000	否	是

---

[1] 实例数据来自陈仰平.《教育信息化2.0行动计划》下私立教育集团智慧课堂建设方案需求评估机制与模型之设计研究［D］. 台北：台北教育大学，2022.

续表

样本相邻组	$Q_m - Q_n$	$S_m - S_n$	$R_m - R_n$	条件（一）	条件（二）
S8 - S5	0.125	0.151	-0.047	否	是

注：* 表示（$Q_m - Q_n$）大于门槛值（0.25）。

表 5-10　VIKOR 之利益门槛与决策可靠程度筛选情况（$v = 0.5$）

样本相邻组	$Q_m - Q_n$	$S_m - S_n$	$R_m - R_n$	条件（一）	条件（二）
S1 - S3	0.351 *	0.143	0.092	是	是
S3 - S8	0.405 *	0.210	0.094	是	是
S8 - S5	0.118	0.336	-0.047	否	是
S5 - S12	0.017	-0.151	0.047	否	是

注：* 表示（$Q_m - Q_n$）大于门槛值（0.25）。

表 5-11　VIKOR 之利益门槛与决策可靠程度筛选情况（$v = 0.2$）

样本相邻组	$Q_m - Q_n$	$S_m - S_n$	$R_m - R_n$	条件（一）	条件（二）
S1 - S3	0.437 *	0.143	0.092	是	是
S3 - S5	0.361 *	0.546	0.047	是	是
S5 - S12	0.104	-0.336	0.047	否	是
S12 - S8	0.054	0.185	0.000	否	是

注：* 表示（$Q_m - Q_n$）大于门槛值（0.25）。

表 5-12　优化模型 VIKOR 综合分析结果与实际决策结果比对

顺位	第三轮 VIKOR 综合分析排序			实际决策结果
	$v = 0.8$	$v = 0.5$	$v = 0.2$	
1	S1	S1	S1	S1、S3
2	S3	S3	S3	S5、S8、S12
3	S12、S8、S5	S8、S5、S12	SS5、S12、S8	

第二节　民办教育集团智慧课堂需求评估机制

民办教育集团的智慧课堂需求评估是一项系统工程，需要围绕多个要素与维度展开评估，包括需求的优先级、集团内部资源、能力与竞争优势、项目与外部资源联结的整合力，以及评估方案满足需求的可能性等。故，本节提炼出一套由 7 个子系统有机组成的评估机制以保障评估业务有效开展。

一是多学科理论干预的理论技术机制。引进多学科理论指导智慧课堂原型的功能框架设计，即采纳自主学习理论技术打造功能框架，以大数据理论技术提升原型的适用性，以区块链理论技术打造价值链，具有节省开发周期且高效提升原型保真度的功效。

二是内外融合机制——促成学校端自我组织（self - organization）与外部环境有效融合，即从学校内部的思想、文化、制度等着力以优化内部循环，争取获得《教育信息化 2.0 行动计划》的资源扶持。

三是产业链上下游共赢机制——从共赢出发整合行业平台，即立足于智慧课堂应用平台层的研发，依托下属学校的用户流量吸引并力邀应用平台层的上下游合作，以动态型资源整合机制铺设全产业链服务功能，实现上下游产业链的跨界融合与深度融合。

四是需求评估部门间的理性共生机制——将需求评估业务的教研部打造成综合协调平衡枢纽，力保原型保真度与评估效率间的平衡。

五是宽严相济的并联监察机制——需求评估部门间创造宽严相济的检核流程，即授予项目领导自由跳跃流程内各节点的职权，与各部门管理者协同并联，优化业务流程。

六是知识管理与风险管理耦合机制——扛住评估失准的风险下蚀。

七是核心素养培育创新机制——以大数据与 AI 技术赋能学生核心素养培育方法，集团层面调用产、学、研等三方优势资源打造智慧课堂及应用机制，融入学生核心素养培育的内在机理与联通路径，以创新核心素养培育技术链。

一、多学科理论干预的理论技术机制

虽然开发高保真度原型可能带来较高的财务风险，但亦有学者认为低保真原型可能导致固化效应（design fixation），对此，引进成熟的理论技术指导原型的功能设计能有效解决此争论，例如，可采用自主学习理论技术打造快速原型的功能框架，采用大数据理论技术以解决因材施教需求，采用区块链理论技术打造价值共识链（见图 5 - 6）。理论技术的指导能在有效提升原型的保真度的同时缩短原型研发的周期与投入。

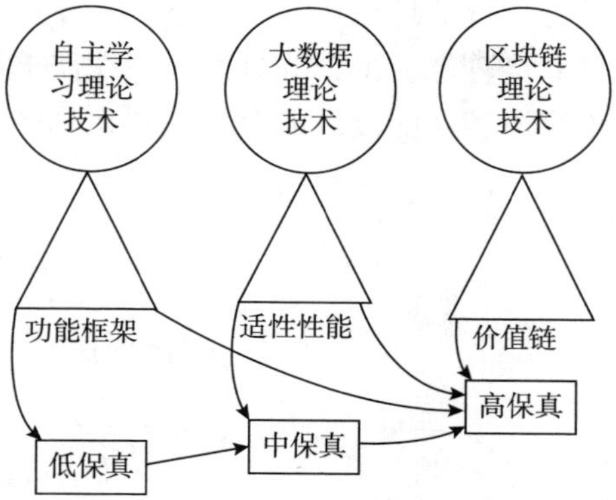

图 5-6 多学科理论干预下的理论技术机制

在科学技术风行的人工智能时代，以形而上的理论作为技术指导教育实务的某些场景确实具有“规范”性成效，与实证论提倡的“实践是理论的工具性运用”相呼应。[1] 只是，这种干预亦可能引发以下的思考：自主学习理论作为教育学理论应用于教育实务的规范无可厚非，为何同时还需要来自其他学科的理论如大数据理论与区块链理论跨界配合教育理论？是教育理论指导了教育实务，还是其他学科领域的理论在指导教育实务？自主学习理论对促进教学绩效是否具有普遍性？信息技术在带来知识获取便利性的同时，是否亦导致知识建构从“自主且深思熟虑”陷入“自主但不加思索”的窠臼？或者说，信息技术的干预是否可能导致教育教学理论的变形甚至变质？例如，近年，建构主义扎根教学信息化产品，已变形为联通主义——一种“自主但不加思索”的学习理论。从传统的教育哲学范式分析，这种学习生态明显违反了教育启蒙人类理性的本质，对批判性思考能力的提升更乏善可陈，离教育实现“超越心灵教化”的境界就更远了。[2]

二、内外融合机制

民办学校的教育信息化建设资金大都由学校自身或投资方承担，导致部分民办学校与优质公办学校存较大差距。这种差距不仅体现在学校单体装备的建设层面，还体现在优质教育资源的共享。为了缩短这种差距，集团应在智慧课

---

[1] SANDOVAL L E P，PRADO A L R. Theory – praxis relationship in education of nursing professionals：An integrative literature review ［J］. Enfermeria global，2017，16（3）：679 – 692.

[2] 温明丽. 教育哲学：我国台湾地区教育哲学的建构［M］. 台北：三民书局，2008.

堂项目建设过程积极融合教育信息化2.0大战略，尤其是教育信息化资源、装备、网络、教师信息素养培育、云平台等方面。而在需求评估阶段就应将此融合需求纳为重点，并贯穿原型功能设计的全程。图5－7勾勒出这种融合机制，具体要点阐述如下。

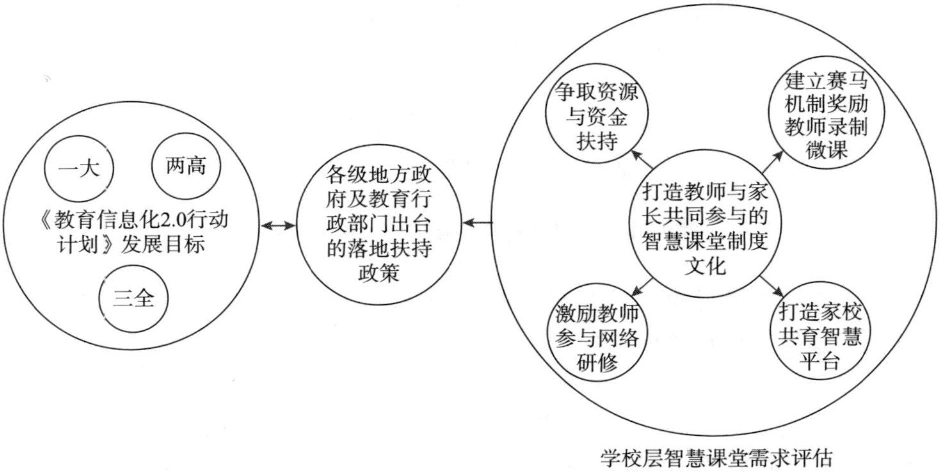

图5－7　内外融合机制

（一）集团层面联合区域内其他民办教育组织协同发力，争取教育行政部门对单体学校信息化建设的资源与资金扶持

近年来，多地政府在扶持民办学校的信息化建设方面皆有相关规划与意愿。以广东省为例，2016年始各市级教育行政部门专门对此设立财政奖励，扶持范围包括城域网接入、校园网建设、电教平台与录播室搭建及教师优课制作等，仅东莞一地就有超过37所民办学校获益。

（二）从思想与文化高度入手培育教职工对教育信息化核心价值的认知

集团可从文化哲学角度着力打造制度的价值标准，最终形成制度文化。首先，积极营造信息技术文化氛围；其次，将教育信息化的应用策略落实到规章制度、流程及日常的教学活动中，包括微课录制、教育信息化考核测评、教育信息化教学应用以及信息化课题建设等多项目活动环节；最后，逐步渗透至教、学、管、评、考环节，进而融入学生核心素养培育策略。

（三）为了避免民办学校成为信息孤岛，应积极融入国家教育公共服务平台

《教育信息化2.0行动计划》所打造的国家教育公共服务平台拥有50余万所学校用户。民办教育集团的智慧课堂项目应尽力采取多项措施与该平台互联互通，实现平台间的业务协同与信息共享，例如，设立赛马策略鼓励教师录制微课或知识点短视频；鼓励教师将原创课件与教学资源上传至区域教育行政部门的网络学习空间以供区域联动教研；鼓励教师使用网络学习空间开展网络研修；鼓励教师积极参与各地教育行政部门组织的教师信息化素养提升培训等。而在需求评估阶段，评估者应洞悉教育信息化2.0大平台建设的方向、内容与扶持政策，进而划清集团层面的智慧课堂项目建设与教育信息化2.0大平台建设的边界，避免出现重复建设甚至违反教育信息化2.0政策规定的情形。

此外，民办教育集团应积极呼吁国家中小学智慧教育平台牵头制定智慧课堂行业各企业平台间的教学资源开放共享机制。因为线上教学资源的质量对智慧课堂教学实验的成效以及需求评估的质效存较大影响，然而教育信息化1.0所打造的教学资源大都以微课为主，缺少智慧课堂所需的知识点短视频，企业生产的知识点短视频又因生态壁垒拒绝共享。故，若能由2022年3月上线的国家中小学智慧教育平台牵头，依托其流量优势、品牌优势、行业优势与地位优势制定智慧课堂行业内各企业平台间的教学资源开放共享机制，相信可在很大程度上解决此问题。

（四）打造家校共育智慧平台为教育信息化生态系统注入生命力

开发家校共育智慧平台将学生的学习成就与在校学习历程向家长分享，家长亦可借由此平台与教师通力协作，参与学校教育。从生态化视角来看，家校共育智慧平台激发了家长的教育消费需求，此需求与教育信息化2.0大平台、教育行政部门、民办教育集团、学校以及上下游供货商一起，共同构成一套更有活力的教育信息化生态系统（education information ecology），为教育信息化建设及其可持续发展提供了新思路。[1]

---

[1] 肖君，王腊梅，黄河俊．教育信息化云服务运行与管理模式研究［J］．中国教育信息化，2013（3）：18－21．DOI：10.3969/j.issn.1673－8454.2013.02.005.

三、产业链上下游共赢机制

为克服财务风险与弱人工智能时代的 AI 技术限制，民办教育集团的智慧课堂项目建设大都转向“轻研发、重整合”，即借鉴产业互联网平台常见的资源整合策略，试图以动态型资源整合机制铺设全产业链服务功能。如图 5－8 所示，项目领导在分析自身优劣势的基础上，将项目建设的核心定位为研发智慧课堂应用平台层，试图依托集团下辖学校的用户流量资源吸引产业链上下游合作。在需求评估阶段，项目领导往往将第三方的开放标准与接口功能纳入内部需求，并要求原型能快速平衡项目与上下游行业间的协同，便于日后吸引知识内容供货商、智慧课堂硬件供货商与 AI 技术外部供货商合伙加盟。

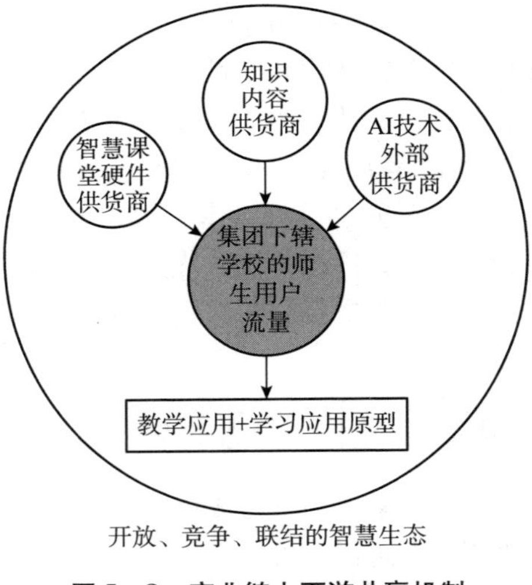

图 5－8 产业链上下游共赢机制

其实，受民办教育集团经济规模的限制，绝大部分民办教育集团在智慧教育项目上的研发投入远比不上科技型企业，若采用全产业链模式，集团将面临高财务风险，再考虑到 2017 年以来的资本市场风投对于智慧教育产业需求量下降的现象，以及业界对 AI 赛道热潮下泡沫破灭的担忧，民办教育集团借鉴互联网战略思维打造上中下游产业链的跨界融合与深度融合生态不失为理性之举，更有可能在短期内于外围打造一个具备自身开放性特征的生态圈雏形，曹晓明称其为采用共赢模式建构的“智慧+”校园新样态。[1]

虽然产业链上下游共赢机制可能在短期内难以达成理想的生态链整合规模，但其能以较少代价打造一套兼具定制化与差异化的高保真度智慧课堂原型助力需求评估的落地。若从产品长远运营的角度分析，此机制为项目产品化阶段的差异化发展以及上下游行业的协同发展奠定了坚实的平台基础，能有效改善民办教育集团研发智慧课堂产品时的市场绩效和财务绩效，此外，它亦常受到上下游伙伴的欢迎。

四、需求评估部门间的理性共生机制

需求评估过程应制定严谨科学的需求管理制度应对需求异构问题，跟踪需求，甚至控制需求的变更与版本，尽力降低需求风险，同时，应以批判性思考指导需求开发，理性辨析内外部需求，解构需求背后所存的教育问题与动机。需求评估阶段的业务架构设计应侧重打造教研部的枢纽作用，即将教研部设为综合协调部门，教研部负责协助实施教学实验的同时亦携产品经理小组监督IT部的原型开发，以平衡需求与原型间的共生成长，打造理性共生机制（如图5-9所示）。

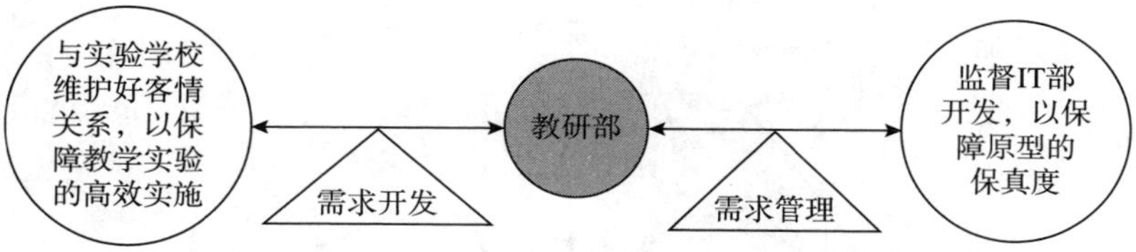

图5-9　原型保真与评估效率平衡下的“理性共生机制”

评估所涉业务部门间的理性共生机制可在一定程度上保障原型保真与评估效率间的平衡，尤其是教研部门对IT部的监督力量。一方面，教研部在督促IT部高效开发的同时亦检核IT部开发出的原型的保真度，保障需求评估工作在高效与质量间达成平衡。另一方面，教研部还承担在需求方案设计过程中挖掘用户端的需求故事与优先级。此外，智慧课堂在需求评估阶段尚属典型的进行化类型原型（evolutionary prototyping），此类原型的一个关键特征是从一开

[1] 曹晓明．“智能+”校园：教育信息化2.0视域下的学校发展新样态［J］．远程教育杂志，2018，36（4）：57-68.

始就要对需求有一个比较清晰的认识，不能有方向性的错位[1]，这导致教研部工作较为艰巨而复杂，因为要求其从一开始就在动态、灵活的需求中提供需求愿景与需求边界。一言以概之，教研部是需求评估业务流程中的综合协调与平衡部门，既要维护教学实验的客情关系（customer emotional relationship）以促进真实需求的高效生长，亦须监督 IT 部开发出的原型的保真度与开发进度。

五、宽严相济的并联监察机制

若仅靠各部门自行推进需求评估业务相关流程的效率，容易陷入各自为政的局面，难以做到整体调控与协同，故，集团可授予项目领导再造与优化业务流程的足够权限与资源，允许其自由跳跃并检核流程内各节点的内部业务，与各子部门负责人一起，形成一种优化的并联监察机制（如图 5-10 所示）。这种机制又称为走动式管理（management by wandering around，MBWA），即项目领导走出去，深入一线部门了解业务流程效率，带着发现问题的眼睛和耳朵去用心观察与倾听业务流程存在的问题。

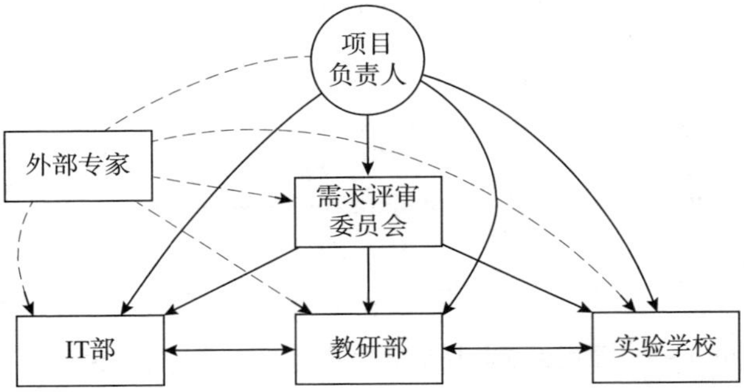

图 5-10　宽严相济的并联监察机制

与传统的并联协同架构不同，此机制融合了劳诺宁（Launonen）和凯斯（Kess）提到的知识管理能力[2]，要求项目领导能将知识管理能力耦合于业务流程优化能力，尤其要善于“开会”。当察觉到自身或团队在某个领域的知识与经验不足时，力邀外部专家参与指导；当团队人心不齐时，能有效说服团队共担共创；当集团董事会不讲契约时，能有效说服董事会与一线员工共享项目

[1] 王强，曹汉平，贾素玲．IT 软件项目管理［M］．北京：清华大学出版社，2005．

[2] LAUNONEN M，KESS P. Team roles in business process re-engineering［J］．International journal of production economics，2002，77（3）：205-218．

的增量价值……

六、知识管理与风险管理耦合机制

民办教育集团智慧课堂项目需求的优劣性标签仅仅是某时间段、某管理机制内各方利益权衡的结果，或者说，同一个需求在不同时空下的绩效表现非一成不变。若从组织管理视野分析，需求与对应方案之间的平衡仅仅是相对的，评估失准才是组织需要面临的绝对性状态，而关键是风险管理机制能否应对这种失准风险，即扛住评估失准的风险下蚀。例如，曾有教研部在调查同行竞品后提出采用“AI 人机交互”方案解决“短视频适性推送”需求，IT 部却以技术开发难度过高为由否定，双方就此争议不休。不幸的是，评审委员会对此需求方案亦缺乏专业判定，只得在半信半疑中将该方案判定为“劣”，而最终的教学实验显示这其实是一次错误的“评审”。由此可见，评估过程的一时失准并不是最大的风险，最大的风险在于风险管理机制在面对评估失准时失能，让评审处于不确定的尴尬状态。因此，可通过建构知识管理与风险管理融合的“知行合一耦合机制”以应对此风险（如图 5 – 11 所示），具体措施阐述如下。

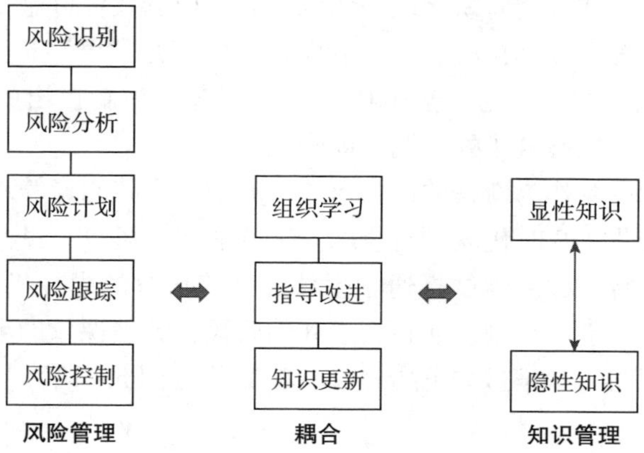

图 5 – 11　知识管理与风险管理融合的“知行合一耦合机制”

（1）智慧课堂建设涉及教育与 IT 两个领域的知识，故应将项目风险管理置于知识管理的视角，并建构一套风险识别模型，以便在跨领域与不同部门之间提供一个通用的抽象语义，即打造一套高度共识的风险知识库。

（2）以故障树或鱼刺图切入风险识别、风险分析、风险计划、风险跟踪及风险控制，勾勒出基于生命周期、组织、资源、功能等不同维度的静态或动态视图。[1]

（3）借由组织学习、指导改进，以及知识更新途径铸造知识管理与风险管理的耦合信道，并要求知识管理过程建立协同机制以帮助团队成员的显性知识与隐性知识的转化与积累。

（4）力邀集团外部专家参与需求评审，为待检证需求及对应方案的设计提供专业、及时、高效、理性的知识指导。

七、核心素养培育创新机制

2014 年，教育部在《关于全面深化课程改革落实立德树人根本任务的意见》[2] 中要求各学段学生发展核心素养体系，并于 2017 年颁布普通高中核心素养导向课程方案及 20 科课程标准。2022 年，教育部又针对义务教育阶段颁布核心素养导向课程方案和课程标准。随后，时任教育部义务教育课程标准框架研制组组长郭华教授多次就各科课程如何为学生核心素养的发展作贡献提出技术意见，倡导课程内容结构化、育人方式实践化、素养具体化。[3] 然而，因为核心素养导向教育是一项系统工程，需要贯穿到学校的教、学、管、评、考环节，涉及评价改革、教材更换、教师培训等，一线教师短期内对核心素养培育融入课程教学的技术链尚缺乏统一认识。而在智慧教育行业，亦未有产品将学生核心素养培育列入其核心功能，取而代之的多是“学生应试提分”“教师减负”等外显化功能。可见，学生核心素养培育作为新提出的教育目标，其技术链、价值链及生态链皆处初期，尚未成熟。

对此，智慧课堂作为新兴的课堂形态，亦应符合核心素养培育导向。又恰逢我国教育信息化 2.0 时代风口与全球人工智能产业风口，民办教育集团更应先行先试，借由智慧课堂尝试打通学生核心素养培育的内在机理与联通路径，打造核心素养培育创新机制。而在需求评估阶段，智慧课堂的项目领导应聚合集团层面的资源与力量推进如下措施（机制架构见图 5－12）。

---

[1] 张亚莉，杨乃定．企业人力资源风险模糊综合评价方法研究［J］．管理工程学报，2002，16（1）：18－20．

[2] 教育部．关于全面深化课程改革落实立德树人根本任务的意见：教基二〔2014〕4 号［EB/OL］．（2014－04－08）［2023－02－22］．http：//www.moe.gov.cn/srcsite/A26/jcj_kcjcgh/201404/t20140408_167226.html．

[3] 郭华．让核心素养真正落地［EB/OL］．（2022－04－21）［2033－03－24］．http：//www.moe.gov.cn/fbh/live/2022/54382/zjwz/202204/t20220421_620116.html；郭华．落实学生发展核心素养突显学生主体地位——2022 年版义务教育课程标准解读［J］．四川师范大学学报（社会科学版），2022，49（4）：107－115．

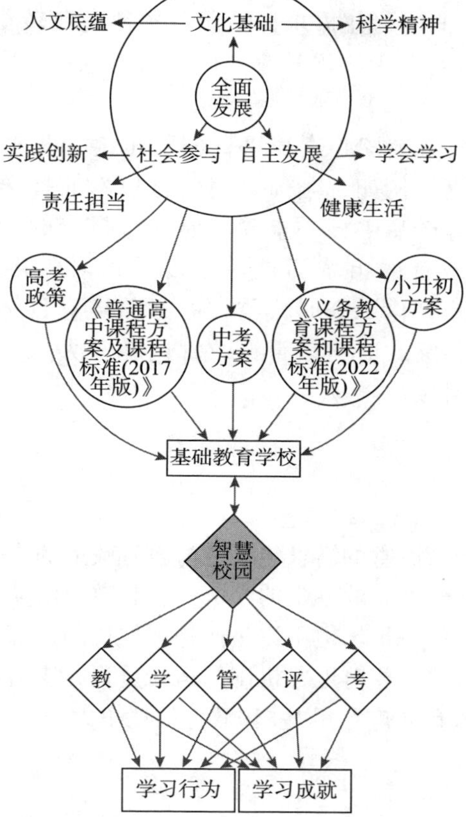

图5－12　助力学生核心素养培育的“赋能创新机制”

（1）将教育部公布的中国核心素养教育内涵框架——3面、6项及其18要点融入智慧课堂功能规划与需求设计，紧扣新高考政策、中考方案、小升初方案、核心素养导向课程方案与课程标准。

（2）以数据技术尤其是多模态数据与数字孪生策略赋能并创新学校的教、学、考、评、管等方面，助力学校的系统性变革。

（3）以大数据技术与AI技术探究学生学习行为与核心素养维度之间的科学映射关系，进而建立核心素养导向评量体系。

（4）借由数据科学、大数据技术与人工智能技术将“自主学习力”纳入八角行为框架中的“成就”维度，借由信息技术与游戏化理论打造自主学习力培育新模式。

（5）民办教育集团应秉持核心素养培育对学科学业水平成就的正向理念，

以打造学生核心素养培育的联通路径与结构要素为目标，将智慧课堂原型融入核心素养培育机制，同时，在需求评估阶段预留商业转化的可能，打造“技术+商业”双驱动机制，为我国教育开创一条信息技术赋能下的核心素养培育技术典范。

综上所述，我国学生核心素养培育的技术链尚处初级阶段，尚有诸多问题亟须论证与攻克，例如，当前采用信息技术捕捉学习行为的效用未经实务验证，智慧教育产品中核心素养导向评价报告的价值链尚缺升学管道的支撑……而民办教育的市场活性与制度活性对承接此重任具有独特优势，这是我国教育信息化2.0时代与核心素养培育目标赋予民办教育集团的社会责任之一，各级政府与教育行政部门亦应大力支持，出台政策鼓励其先行先试、示范引领。

八、小结

民办教育集团智慧课堂的需求绝不可与教育政策的本质相违，因为教育与经济的真正融合需要兼顾企业办学的经济效益和教育活动的本质，并在两者之间取得一个辩证统一的平衡。但不论是何种评估机制，都要时刻把维护学生接受教育的权利列为首要。相对地，机制的运转过程亦应借助企业的经济资源与市场机制，发挥“鲶鱼效应”，以强化教育的竞争力。

第三节　公办中小学智慧课堂项目采购需求编制及评标办法*

一、公办中小学智慧课堂项目采购需求编制的困境

我国是在1999年8月首次提出针对以计算机为核心的中小学现代化教育技术装备建设指导意见。当时，教育部颁布《关于进一步加强中小学教育技

---

* 本节改编自陈仰平. 福建省公立中小学智慧课堂项目采购之综合评分指标建置——种基于DEMATEL－ANP的混合方法［J］. 运筹与模糊学，2022，12（3）：1052－1063.

术装备工作的意见》❶，要求各级教育技术装备部门针对各校园信息网络建设的需求拟订统一标准，保证与国家信息网络的互联和地区局域网站的交互功能，避免一哄而上，各行其是，造成浪费。2001 年，负责教育装备定点生产、计划调拨、统购统配的全国教学仪器定点厂关停，转入以学校需求为基础的政府采购招投标。2016 年 7 月，教育部在《关于新形势下进一步做好普通中小学装备工作的意见》❷ 中开始鼓励探索建设智慧校园，并鼓励对现有教室进行多功能技术改造，适应学生学习需求。2021 年，为了完善招标投标制度，财政部制定《政府采购需求管理办法》❸，特别对“应当开展需求调查”的项目类别作了限定：“1000 万元以上的货物、服务采购项目；3000 万元以上的工程采购项目；涉及公共利益、社会关注度较高的采购项目，包括政府向社会公众提供的公共服务项目等；技术复杂、专业性较强的项目，包括需定制开发的信息化建设项目、采购进口产品的项目等；主管预算单位或者采购人认为需要开展需求调查的其他采购项目。”因此，智慧课堂并不属于“应当”开展需求调查的政府采购项目范畴，再加上公办中小学内部大都缺乏评估信息化产品需求的专业能力与资源，导致公办中小学智慧课堂建设的需求评估（调查）方法与渠道五花八门，甚至出现应付的现象。江山市发布的《关于印发 2022 年度江山市教育技术装备采购意见及补助办法的通知》❹ 规定：“对列入计划的采购项目，各校要根据经济适用、安全可靠的原则，合理确定技术参数，制订采购方案，并经教育技术中心审核后组织实施。”即各学校依教学需求及办学条件标准自测评估。而《雨山区教育局智慧课堂项目方案征集公告》❺《繁昌区智慧教室建设方案征集代理机构申请公告》❻ 等规定由教育行政部门负责向企业统一征集需求与建设方案，且这些方案须包含项目软硬件设备参数清单及智

---

❶ 教育部. 关于进一步加强中小学教育技术装备工作的意见：教基〔1999〕11 号［EB/OL］.（1999－08－12）［2023－02－22］. http：//www. gov. cn/gongbao/content/2000/content_60598. htm.

❷ 教育部. 教育部关于新形势下进一步做好普通中小学装备工作的意见：教基－〔2016〕3 号［EB/OL］.（2016－07－15）［2023－02－22］. http：//m. moe. gov. cn/srcsite/A06/jcys_jyzb/201607/t20160725_272874. html.

❸ 财政部. 政府采购需求管理办法：财库〔2021〕22 号［EB/OL］.（2021－04－30）［2023－02－22］. http：//www. gov. cn/gongbao/content/2021/content_5623061. htm.

❹ 江山市教育局. 关于印发 2022 年度江山市教育技术装备采购意见及补助办法的通知［EB/OL］.（2022－05－27）［2023－02－22］. http：//www. jiangshan. gov. cn/art/2022/5/27/art_1229090446_3656114. html.

❺ 雨山区教育局. 雨山区教育局智慧课堂项目方案征集公告［EB/OL］.（2021－04－07）［2023－02－22］. https：//www. masys. gov. cn/xwdt/tzgg/18202301. html.

❻ 繁昌区教育局. 繁昌区智慧教室建设方案征集代理机构申请公告［EB/OL］.（2021－05－27）［2023－02－22］. https：//anhui. zhaobiao. cn/bidding_v_72108111. html.

慧课堂部署图，并由企业依据区辖学校的特点和学校已有的平台设计参数和实施措施。但是，尽管需求调查方法尚未统一，公办中小学作为国家财政预算管理的事业单位，其智慧课堂的建设渠道仍遵循各地教育行政部门颁布的教育技术装备政府采购办法，购买成熟软硬件，未能自主研发或委外开发定制，亦未能像前章所描述的民办企业那般以丰厚的资源与动力实施需求挖掘与培育。

公办中小学的智慧课堂建设依相关审批程序执行政府统一招标采购，其间，大多历经项目申请、采购计划、上会研究、挂网询价、委托协议、采购公告、项目开标、项目评标、成交通知、签订合同、到货验收、竣工资料、验收申请、组织验收、项目支付等环节。且基于智慧课堂的产品规模，预算资金大都超过教育装备政府采购管理办法所规定的“自行组织采购”的金额上限，故，大部分智慧课堂采取政府公开招标的采购方式。其中，影响采购绩效的最核心流程当属需求方案编制环节与政府采购评标环节。如上文所述，公办中小学智慧课堂需求评估策略因缺乏资源与动力变得随性，因此针对该环节的研究目前恐无太大的应用价值，况且在实务界亦无成熟模式可循。故，本节的论述侧重于评标方法，即依据采购需求方案，如何以科学方法评选出最高绩效的标的，希望能为相关部门提升采购绩效提供参考。

二、政府采购的主流评标方法

自弗里德曼（Friedman）于1956提出将数学领域的运筹学应用于采购评标，[1] 到如今，主流的评标法已出现4类：最低评标价法、经评审的最低报价法（heterogeneous lowest tender，HLT）、综合评分法以及结合了定性与定量且基于数学模型的多元评标法，以下就最为广泛使用的最低评标价法与综合评分法展开论述。

最低评标价法（the low bid，LB）是国际上对公开招标默认的评标方法，普遍用于工程和大宗货物招标的评审，在我国常用于具有通用技术要求、规格标准统一的工程和设备材料招标的评审。[2] 联合国贸易法委员会于1994年颁布的《货物、工程和服务采购示范法》（UNCITRAL Model Law on Procurement of

[1] FRIEDMAN L A. A Competitive Bidding Strategy［J］. Operations research，1956，4（1）：104－112.

[2] 岳小川. 财政部对一份建议的答复不应遭到断章取义的误读［EB/OL］.（2019－03－12）［2023－02－22］. http：//www. ccgp. gov. cn/news/201903/t20190312_11742034. htm.

Goods, Construction and Services)[1]、世界银行于2002年出台的《国际复兴开发银行贷款和国际开发协会信贷采购指南》(Guidelines Procurement under IBRD Loans and IDA Credits)[2]、欧盟(European Commission, EC)于2014年颁布的《公共采购指令》(Public Contracts Directive 2014/24/EU)[3]以及《中华人民共和国招标投标法》[4]皆对该评标法的适用条件作出明确规范。此外,最低评标价法是一种"经评审"的最低投标价法,并非如徐源裕[5]所称的以单纯报价高低为竞争条件,2017年修订的《中华人民共和国招标投标法》专门对此有明确规定:中标人的投标能够满足招标文件的实质性要求,并且经评审的投标价格最低。故,最低评标价法并非最低价中标。

然而,最低评标价法的诟病亦备受指责:厂商低价抢标可能降低产品质量,导致产品或服务的品质无法满足原定的采购需求,[6]甚至有投标者在投标过程中故意压低价格,在中标后偷工减料、拖延工期甚至恶意索赔,[7]损害业主和承包商的利益。[8]故,最低评标价法常用于具有通用技术要求、规格标准统一的工程和设备材料招标的评审。[9]欧盟《公共采购指令》(Public Procure-

---

[1] UNITED NATIONS COMMISSION ON INTERNATIONAL TRADE LAW. UNCITRAL Model Law on Procurement of Goods, Construction and Services: A/CN. 9/403 [EB/OL]. (1994-06-15) [2023-02-22]. https://uncitral. un. org/en/texts/procurement/modellaw/procurement_of_goods_construction_and_services.

[2] THE WORLD BANK. Guidelines Procurement under IBRD Loans and IDA Credits: 95475 [EB/OL]. (2015-04-07) [2023-02-22]. https://thedocs. worldbank. org/en/doc/828321467230376082-0290022016/original/ProcurementGuidelinesEnglishMay2010. pdf.

[3] EUROPEAN UNION. Directive 2014/24/EU of the European Parliament and of the Council of 26 February 2014 on public procurement and repealing Directive 2004/18/EC [EB/OL]. (2014-02-26) [2023-02-22]. https://eur-lex. europa. eu/legal-content/EN/TXT/PDF/? uri=CELEX: 32014L0024.

[4] 第十二届全国人民代表大会常务委员会第三十一次会议. 中华人民共和国招标投标法 [EB/OL]. (2018-01-04) [2023-02-22]. http://www. npc. gov. cn/npc/c30834/201801/01c573f6c46340edb0bc0cc0ca97d6a5. shtml.

[5] 徐源裕, 郑绍材, 余文德, 等. 以历史投标资料辅助异质采购决标模式分析之研究 [J]. 技术学刊, 2019, 34 (4): 173-185.

[6] BANWELL C H. Placing and management of contracts for building and civil engineering Work [M]. London: H. M. S. O., 1964; MERNA A, SMITH N J. Bid Evaluation for uk public sector construction contracts: Proceedings of the Institution of Civil Engineers, London, February, 1990 [C]. London: ICE Virtual Library, 1990: 91-105; YU W D, WANG K W. Best value or lowest bid? a quantitative perspective [J]. Journal of construction engineering and management, 2012, 138 (1): 128-134.

[7] 赵春锋, 戴春兰, 张茵茵, 等. 浅析层次分析法在评标过程中的应用 [J]. 中国招标, 2019 (30): 29-32.

[8] PHOTIOS G I, SOU-SEN L. Average-bid method-competitive bidding strategy: ASCE [J]. Journal of construction engineering and management, 1993, 119 (1): 131-147.

[9] 岳小川. 财政部对一份建议的答复不应遭到断章取义的误读 [EB/OL]. (2019-03-123) [2023-02-22]. http://www. ccgp. gov. cn/news/201903/t20190312_11742034. htm.

ment Directive，PBD）亦规定：“最低评标价法仅适合相对较为简单且较熟悉的产品；但对一些较为复杂或较新的产品，因其质量、交货时间相对重要，需要更多审查标准，故宜采用最有利评标法。”[1] 世界银行于 2016 年发布《异常低价投标和建议》（Abnormally Low Bids and Proposals）[2]，采用识别（identify）、澄清（clarify）、说明（justify）、核实（verify）、决定（decide）等五阶模式应对潜在的异常低价投标。我国于 2019 年两会期间，由财政部针对人大代表提出的《关于在政府采购中建立最优品质中标制度的建议》[3] 作出答复：将调整最低价优先的交易规则，研究取消最低价中标的规定，取消综合评分法中价格权重的规定，按照高质量发展的工作要求着力推进优质优价采购。随后的招标公告中，商务性评审条款常加有一条特别的规定：评标委员会发现投标人的报价为异常低价，有可能影响合同履行的，应当要求投标人作澄清或者说明，并提供必要的证明材料。投标人不能说明其报价合理性，导致合同履行风险过高的，评标委员会应当否决其投标。然而在实际操作中，评标委员会很难在评标中认定投标人的成本，导致这项规定难以执行。[4] 还有学者对取消最低价评标法提出担忧：供应商必将为了提高一点点品质而无限度地加大成本，豪华采购、天价采购将成为常态。[5] 总之，作为国际通行的最低评标价法在与商人趋利的博弈中备受质疑。

综合评分法系基于投标厂商所提供的技术、质量、功能、商业条款或价格、创意及回馈等项目差异性，依相应权重计算求和，累计最高分者中标，[6] 其评审指标包括价格、商务、质量、性能、政策性加分等多种定性与定量因素。在这种评审方式下，“招标单位能在预算内取得符合需求的决标结果，亦

---

[1] TRYBUS M. Improving the efficiency of public procurement systems in the context of the European Nion enlargement process [J]. Public contract law journal, 2006, 35 (3): 409 – 425.

[2] THE WORLD BANK. Abnormally low bids and proposals: Guide to the identification and treatment of abnormally low bids and Proposals [EB/OL]. (2016 – 02 – 01) [2023 – 02 – 22]. https: //thedocs. worldbank. org/en/doc/780841478724671583 – 0290022017/original/ProcurementGuidanceidentification andtreatmentofAbnormallyLowBidsandProposals. pdf.

[3] 十三届全国人大一次会议. 关于在政府采购中建立最优品质中标制度的建议：第 2938 号 [EB/OL]. (2018 – 07 – 10) [2023 – 02 – 22]. http: //www. cgpnews. cn/articles/47725.

[4] 岳小川.《招标投标法》修订草案的十四个看点（二）[EB/OL]. (2020 – 01 – 15) [2023 – 02 – 22]. http: //k. sina. com. cn/article_3164957712_bca56c10020014i7f. html.

[5] 何红锋. 设想最优品质中标不可取 [EB/OL]. (2019 – 03 – 12) [2023 – 02 – 22]. http: //www. cgpnews. cn/epapers/47722? epaper_period_id = 4056.

[6] 徐源裕，郑绍材，余文德，等. 以历史投标资料辅助异质采购决标模式分析之研究 [J]. 技术学刊，2019，34 (4)：173 – 185.

可以吸引优质厂商，确保承包质量与效能”[1]。相对最低评标价法，其更强调质量、效率（效益）、物有所值（value for money）及性能标准[2]，可借由简单的定量模型较为客观地反映厂商的财力、技术水平、业绩、信誉度、生产能力、优惠条件等综合实力。

然而，各界亦批评综合评分法：（1）评标环节过多依赖评审专家个人的主观经验和偏好[3]，评标过程充斥过多的人为干预以及随意设置权重值的现象，尤其是面对那些难以折算成价格的指标[4]，总之，定性指标转化为定量指标的过程缺乏科学依据与理性，且不能合理地将二者结合[5]，可能导致不同评审专家间难以达成共识。（2）因为注重对技术项的评审，导致由第三方出具的智慧课堂产品技术参数虚标作假之风难以遏制，检验检测报告买卖猖獗，很多时候技术参数失去参照价值。

三、智慧课堂采购项目评标体系

本小节借分析福建省公办中小学智慧课堂采购项目以洞悉公办中小学的智慧课堂采购评标指标。表 5 - 13 为福建省公办中小学智慧课堂采购项目综合评审中的常见一级指标与权重（2017 年 7 月—2021 年 12 月），从表中可知，常见一级评标指标有三项：价格项、技术项、商务项，而二级评审指标的内容与权重未能形成统一规范。此外，一级指标于不同项目的权重值存有波动：技术项占比为 45% ~60%；商务项占比为 10% ~15%；价格项占比为 30% ~45%，这亦符合财政部 2017 年版《政府采购货物和服务招标投标管理办法》第五十五条的规定——货物项目的价格分值占总分值的比重不得低于 30%。

---

[1] 赵修华，陈衍宏. 人力派遣采购最有利标评选项目与权重之研究 [J]. 中国行政评论，2015，21（1）：55 -75.

[2] AKINTOYE A，HARDCASTLE C，BECK M，et al. Achieving Best Value in Private Finance Initiative Project Procurement. Construction Management and Economics，2003，21：461 -470.

[3] 穆素婚，吴可增，刘彤. 技术招标与投标 [M]. 北京：科学技术文献出版社，1989；雷蕾，谭跃进. 招标评标方法的适用性研究 [J]. 空军工程大学学报（自然科学版），2003，4（3）：87 -91.

[4] 赵春锋，戴春兰，张茵茵，等. 浅析层次分析法在评标过程中的应用 [J]. 中国招标，2019（30）：29 -32.

[5] 谭世海，段磊，黎亮. 基于 AHP/模糊综合评价法的电子政务项目评标方法研究 [J]. 项目管理技术，2013，11（10）：100 -103.

表 5－13　福建省公办中小学智慧课堂采购项目综合评审之常见一级指标与权重

<table>
<tr><th colspan="3">一级指标权重值（%）</th><th rowspan="2">采购单位（摘选）</th><th rowspan="2">评分法</th></tr>
<tr><th>价格项</th><th>技术项</th><th>商务项</th></tr>
<tr><td>30</td><td>60</td><td>10</td><td>福州 A 中学、泉州 P 中学、闽清 A 中学</td><td rowspan="7">评标总得分 FA = F1 × A1 + F2 × A2 + F3 × A3 + F4 × A4（若有）。其中：F1 指价格项评审因素得分、F2 指技术项评审因素得分、F3 指商务项评审因素得分，A1 指价格项评审因素所占的权重、A2 指技术项评审因素所占的权重、A3 指商务项评审因素所占的权重，A1 + A2 + A3 = 1，F1 × A1 + F2 × A2 + F3 × A3 = 100 分（满分时），F4 × A4 为加分项（即优先类节能产品、环境标志产品在采购活动中可享有的加分优惠）</td></tr>
<tr><td>40</td><td>50</td><td>10</td><td>晋江 A 中学</td></tr>
<tr><td>30</td><td>55</td><td>15</td><td>福安 A 中学、永安市 S 小学、莆田 A 中学、屏南 A 中学、厦门 T 中学</td></tr>
<tr><td>35</td><td>50</td><td>15</td><td>三明 B 中学</td></tr>
<tr><td>45</td><td>45</td><td>10</td><td>泉州 A 中学、晋江 L 中学</td></tr>
<tr><td>40</td><td>47</td><td>13</td><td>晋江 S 中学</td></tr>
<tr><td>40</td><td>45</td><td>15</td><td>晋江 Z 中学</td></tr>
</table>

资料来源：整理自福建省财政厅政府采购监督管理办公室公布的福建省政府采购货物和服务项目公开招标文件（2017 年 7 月—2021 年 12 月）。

四、公办中小学智慧课堂项目政府采购综合评分体系建置实例

本实例采取模糊德尔菲技术建置公办中小学智慧课堂项目采购综合评审指标，以 DANP 技术探究各指标的权重。12 位来自福建省政府采购评审专家库的评标专家受邀填答模糊德尔菲问卷与 DANP 专家问卷。实例所涉多属性决策技术的计算步骤可参考第二章的第二节与第三节。

（一）综合评审指标的建置

比对福建省财政厅政府采购监督管理办公室（下称省政府采购办公室）于 2017 年 7 月至 2021 年 12 月期间公布的政府采购货物和服务项目公开招标文件后，筛选出以公开招标形式采购智慧课堂项目的公告，再剔除资格性审查要求后，共萃取到 3 个一级指标以及 27 个常见的二级指标（见表 5－14）。其中，价格项下含有 5 个二级指标，技术项下含有 7 个二级指标，商务项下含有 15 个二级指标。借由模糊德尔菲技术可发现，共识重要程度值（G^i）大于门槛值（S）的二级指标有 10 项，其余 17 项指标因专家共识重要程度值低于门槛值（S）而被丢弃。

表 5-14　福建省公办学校智慧课堂项目采购之综合评审指标筛选表（$S=6$）

一级指标	二级指标		采购单位列举	灰色地带检定值 Z^i	共识重要程度 G^i
价格项	1	投标报价	东山 A 中学、福州 A 中学、莆田 C 中学	-2	9.06
	2	小微型企业	东山 A 中学、福州 A 中学、莆田 C 中学	0	0.00
	3	监狱企业	东山 A 中学、福州 A 中学、莆田 C 中学	0	0.00
	4	残疾人福利性单位	东山 A 中学、福州 A 中学、莆田 C 中学	-1	5.56
	5	优先类节能产品、环境标志产品	东山 A 中学、莆田 C 中学、三明 S 小学、莆田 C 中学	-1	5.57
技术项	1	技术参数响应情况	莆田 C 中学、三明 S 小学、福州 A 中学	-2	9.02
	2	总体技术方案	莆田 C 中学	-2	8.97
	3	与福建省教育资源公共服务平台对接	东山 A 中学	2	7.12
	4	资源收藏与加工	永安 G 小学	-3	4.51
	5	产品功能演示	莆田 C 中学、福安 H 中学	-1	7.53
	6	厂家研发实力	莆田 C 中学、晋江 E 中学	-1	9.52
	7	过往项目经验	晋江 E 中学	-2	6.07
商务项	1	ISO 9001 认证	晋江 E 中学	-3	1.58
	2	高新企业	晋江 E 中学	-3	1.54
	3	取得省级或以上检验报告	莆田 C 中学、三明 S 小学、福安 H 中学、福州 A 中学	-3	1.58
	4	产品软件著作权	莆田 C 中学、三明 S 小学	-3	1.56
	5	项目所在地具有传输骨干网络	永安 G 小学、晋江 E 中学	-2	4.01
	6	获得由市级及以上互联网信息办公室颁发的“网络安全技术支撑单位”	永安 G 小学	-3	1.53

续表

一级指标	二级指标		采购单位列举	灰色地带检定值 Z^i	共识重要程度 G^i
商务项	7	云主机服务所在机房具备三级（含）以上等防护能力、云主机安全可信云认证资质	福安 H 中学	-2	4.07
	8	入选中央电化教育馆开展的“教育大数据分析研究”项目首批产品名单	晋江 E 中学、福州 A 中学	-2	4.16
	9	具有对互联网文本及音视频的不良信息进行安全监控的技术	晋江 E 中学、福州 A 中学	-2	8.30
	10	具有信息化主管部门颁发的基于安全可控软硬件产品云计算解决方案认证	晋江 E 中学	-2	4.21
	11	产品信息安全保障（2）	莆田 C 中学	-2	4.37
	12	培训方案（3）	永安 G 小学、福州 A 中学	-1	7.59
	13	售后服务（3）	莆田 C 中学、永安 G 小学、晋江 E 中学	-3	8.47
	14	合理化建议（1）	莆田 C 中学	-2	4.39
	15	标书编制	永安 G 小学	-2	4.28

（二）综合评审指标间的因果关系与权重探究

表 5-15 为一级评审指标的中心度与原因度分析结果。在一级指标中，中心度与原因度最高项皆为“价格项”。表 5-16 为二级指标的中心度与原因度排序情况，其中，原因度前三的指标分别为：“厂家研发实力”、“总体技术方案”、“技术参数响应情况”，而后三位分别为：“产品功能演示”、“与福建省教育资源公共服务平台对接”、“过往项目经验”。

表5－15 福建省公办学校智慧课堂项目采购综合评审构面（一级指标）之中心度与原因度

一级指标	价格项	技术项	商务项	中心度	原因度
价格项	1.00	1.33	1.33	6.67	0.67
技术项	1.00	0.73	0.93	5.67	－0.33
商务项	1.00	0.93	0.73	5.67	－0.33

表5－16 福建省公办学校智慧课堂项目采购综合评审准则（二级指标）之中心度与原因度排序表

二级指标	行值		列值		中心度		原因度	
	数值	排序	数值	排序	数值	排序	数值	排序
1. 投标报价	1.74	5	3.35	5	5.09	6	－1.62	4
2. 技术参数响应情况	1.90	3	3.56	3	5.46	8	－1.67	3
3. 总体技术方案	2.02	2	3.84	2	5.86	9	－1.81	2
4. 与福建省教育资源公共服务平台对接	0.63	9	1.22	9	1.86	2	－0.59	9
5. 产品功能演示	0.85	8	1.61	8	2.46	3	－0.76	8
6. 厂家研发实力	2.37	1	4.49	1	6.86	10	－2.12	1
7. 过往项目经验	0.21	10	0.41	10	0.62	1	－0.20	10
8. 具有对互联网文本及音视频的不良信息进行安全监控的技术	0.96	7	1.82	7	2.79	4	－0.86	7
9. 培训方案	1.63	6	3.08	6	4.71	5	－1.45	6
10. 售后服务	1.82	4	3.41	4	5.23	7	－1.59	5

DANP加权超级矩阵自身相乘3次后，矩阵收敛稳定，各准则的权重值如表5－17所示。其中，技术项中的“技术参数响应情况”与“总体技术方案”的权重最高（0.09）；“与福建省教育资源公共服务平台对接”与“过往项目经验”的权重值最低。此外，3项一级指标的权重值相近，分别是0.34（价格项）、0.32（技术项）与0.33（商务项）。

表 5－17　福建省公办学校智慧课堂项目采购综合评审指标之权重

一级指标权重	二级指标权重
价格项（0.34）	1. 投标报价（0.34）
技术项（0.32）	1. 技术参数响应情况（0.09）
	2. 总体技术方案（0.09）
	3. 与福建省教育资源公共服务平台对接（0.02）
	4. 产品功能演示（0.05）
	5. 厂家研发实力（0.06）
	6. 过往项目经验（0.01）
商务项（0.33）	1. 具有对互联网文本及音视频的不良信息进行安全监控的技术（0.09）
	2. 培训方案（0.12）
	3. 售后服务（0.12）

（三）实例结果与分析

有学者建议，对于无法明确表述采购需求的科技服务标的，技术响应程度或服务设计方案很可能直接关系到项目质量，故，可适当调高技术项的权重分值。[1] 实务界亦常采取类似做法，技术项在公办中小学智慧课堂采购项目评标评审的权重值通常高于其他一级指标，介于45%～60%（详见表5－13）。然而，本实例的专家群更倾向于将一级指标——“价格项”、“技术项”与“商务项”的权重值统一设为30%，以应对当前采购评标过程中轻视“商务项”或轻信厂家提供的“技术参数”的现象。

专家对于商务项下的“售后服务”与“培训方案”的重要性的认知不足。在技术项下，专家更为重视“技术参数响应情况”与“总体技术方案”，说明专家认同信息技术水平对于智慧课堂品质的关键作用，试图借由综合评估法的优势“防止低价的不正当竞争”[2]。然而，在技术参数虚标作假之风难以遏制的环境下，这种过于倚重技术项的评审方法恐会受挫。

专家对厂商“过往项目经验”准则的重视度相对较低，该共识对于IT业从业人员恐无法理解。因为，智慧课堂作为高科技产品，运用大数据技术早已成主流，而大数据模型的训练需要相当量级的训练数据与大量时间的培育，而

❶ 刘锋，卢俊丞，敖细平．综合评分法评分标准中技术和商务部分分值如何设置？［J］．中国招标，2019（38）：42－43.

❷ 郑梅清．对政府采购领域“低于成本价”的思考［J］．中国政府采购，2020（1）：47－53.

初创企业在这方面相对薄弱。从这个角度来看，厂商的“过往项目经验”准则其实是挑选可靠的智慧课堂产品时的一个关键信号。

此外，专家对“与福建省教育资源公共服务平台对接”准则的评分亦不高，说明部分专家对于省政府采购办公室对智慧课堂采购项目的相关规定了解不足。依福建省教育厅办公室闽教办科〔2015〕8号通知：“凡未与福建省教育资源公共服务平台签订合作协议的企业，教育厅教育信息化推进办公室不建议各级教育行政部门和任何学校与其开展任何形式的（教育信息化）试点工作。”而且，省级采购办近年发布的多项公告中亦特别强调：“产品必须能与省教育资源公共服务平台对接，未能提供的不作为投标候选人推荐。”[1] 可见，本实例的研究发现——专家对相关文件与规定的学习认识不到位，对于相关部门今后举办评标专家培训活动有参考意义。

[1] 东山县政府采购中心．东山县文昌初级中学智慧教室及智慧课堂教学设备采购项目货物类采购项目［EB/OL］．（2020－08－05）［2022－02－22］．http：//140.237.73.6/upload/document/20200805/98f315bd45d44f69b132d04d9d26bf5e.html.

附　录

附录（一）　智慧课堂常见需求及对应迭代方案

编号	需　求	常见方案
S1	适性诊断与电子作业	√采用选择题检测学生对知识、能力及素养的掌握情况，并生成基于个体与社群的横、纵向学业报告。
		√在选择题基础上增加填空题与判断题类型的习题库，并实现智能批改。
		√调用第三方人工智能 API 接口，智能批改多题型作业；以区块链技术保障数据安全、跨系统兼容、数据收集、数字教育资源，以及学习者能力，并让学习成果上链。
S2	学习任务自主认领	√ 由学生自主设定学习任务完成的时间、自主邀请学习见证人，进而订立学习契约；采取大数据算法生成任务模型并据此评判所订立契约的适性度。
S3	短视频适性推送	√ C 端（学生）根据练习诊断所统计的薄弱知识点，系统智能推送对应知识的微视频或微课并督促学生完成补救学习。
		√基于学习行为序列分析的协同过滤算法。
		√采取机器学习技术实现对学习行为的智能分析与推送。
S4	积分激励	√ 捕捉学生学习行为，再以回归算法统计“学习力”分数，生成学业水平横、纵向报告，一可作为学生学习生态的通证，二可作为兑换奖品、评选奖学金、推免升学的依据。
		√应用八角行为框架理论，实现游戏化驱动与正向激励。
S5	自　评	√学生在完成对某个任务知识点的学习后，自主总结学习感想，自主梳理学习方法、策略及技巧，以及自主开展学习评价。
		√调用具有智能批改作文功能的第三方 API，实现对自评报告的智能批改与回馈。
		√由 B 端或 S 端的真人教师实施鹰架批改。

续表

编号	需 求	常见方案
S6	同侪他律	√学生可自主邀请同学或教师担任学习见证人，亦可自主决定是否出任同学的见证人。上述活动将以学习力积分的形式量化，鼓励互动，打造生态型学习共同体。
S7	传统线下教学活动的数字化	√可智能化上传与下发微课视频、PPT、随堂练习，以及其他教学素材，并能针对随堂练习（仅限客观题）开展智能批改、分析。
		√调用第三方人工智能 API 接口，智能批改多题型作业。
S8	自主学习力智慧诊断与预测	√ 采取规则逻辑技术分析学生学习行为，再以回归分析算法收敛成维度指针，发展指针模型，生成指针报表。
		√搭建主从数据库供大数据技术运算，可智能萃取自主学习力维度，智能设计、推荐、优化学习路径。
		√采取 AI 机器学习算法发展路径模型，进而通过与摄像头、CU-Band 脑波仪等物联网设备的衔接实现对生理数据、教室活动数据、学习数据的智能采集，再以灯光、语音等物联设备督促学习。
S9	英语学科内容数字化	√ 编制知识星空图，依知识细目表编制英语题库，搜罗与筛选教学实验所用知识点短视频。
S10	数学学科内容数字化	√编制初中数学知识星空图，依知识细目表编制数学题库，搜罗与筛选教学实验所用数学知识点短视频。
S11	注意力监测	√结合脑波生理回馈机制，在学生观看微课视频时，采用 CUBand 脑波仪的干电极非侵入式采集脑电信号（无信号发射），并以专用芯片实现信号采集、滤波、放大、计算等一体化工作，输出 α、β 等原始脑波数据以分析学习时的专注度、放松度等心理状态参数。
S12	基于 uni - app 的 H5 平台	√采用 H5 框架实现跨终端自适应显示。
		√ 批量定制专属 iPad，开发 App 终端以及家长对 iPad 的管控功能。

附录（二）《教育信息化 2.0 行动计划》下的中小学智慧课堂环境建设之常用技术参数

该技术参数源自某民办教育集团于2021年创办的一所学校。该校位于山东某县城，设有小学与初中两个学部。学校虽属公办，但因属“教育+地产”融合发展模式产物，故学校初创阶段的智慧校园建设经费来自民办教育集团，非政府财政，学校建成后由县政府代管。其生源主要来自集团于学校周边开发的商品房的业主子女。

集团董事会基于学校建设发展规划，决定由某大学设计并建设智慧校园的集成层与设施层，用户层与应用层设施则由集团自主研发。集成层与设施层的建设主要包含智能环境与基础支撑平台建设。智能环境模块下的具体子模块有：校园基础网络、中心机房、智慧教室、学科教室、录播教室。基础支撑平台下的具体子模块则有基础数据管理、统一数据中心、应用集成与数据交换工具、网络学习空间构建与管理系统等。

一、校园基础网络参数

校园基础网络包含有线网和无线网，由校园主干网连结各应用、平台与系统、图书馆、服务等。有线网络采用光纤进行综合布线，建设施工环节包括核心交换机、楼宇汇聚交换机、楼层接入交换机、综合布线等。无线网络采用瘦AP连接无线控制器AC的模式，具体建设内容清单及技术参数见表1。

表1　网络建设内容清单及技术参数

施工环节		技术参数
有线网络	核心交换机	√万兆模块化交换机；支持业务板卡热插拔；双机虚拟化；冗余电源、冗余引擎和交换网板；下联双链路到楼宇汇聚交换机。
	楼层接入交换机	√48口千兆接入交换机；设备网接入交换机。
	楼宇汇聚交换机	√1台汇聚交换机/栋楼宇；万/千兆上行，千兆下行。
	综合布线	√32芯单模光纤；楼宇之间采用光纤连接；光纤互联实现楼宇内部汇聚交换机。

续表

施工环节		技术参数
无线网络建	无线射频技术	√支持256QAM（8bit）与4 * 4 MU - MIMO 调制技术的802.11ac wave2。
	AP	√天线AP：双频定向/全向、普通放装（吸顶）AP、高密度AP、面板AP等。

资料来源：由样本学校提供。

二、数据中心参数

数据中心服务器托管学校各业务部门的服务器，为保障数据安全，防火墙被部署在数据中心与核心交换机之间，具体技术参数见表2。

表2 数据中心设计建设内容清单及技术参数

施工环节	技术参数
核心交换机	√2台数据中心汇聚交换机；虚拟化堆叠聚合；万/千兆双链路连接数据中心防火墙，上联至核心交换机。
数据安全	√各校区出口部署网络安全设备，网络出口安全采用防火墙设备，集成链路负载、IPS、流量控制与审计（上网行为）、AV防病毒等功能；WEB服务器区域部署Web应用防火墙。
数据存储	√服务器虚拟化，即所有X86服务器被虚拟池化，所有资源统一保存在一个资源池；在物理资源池建多个虚机；超融合组网。

资料来源：由样本学校提供。

附录（三） 民办教育集团智慧课堂需求评估指标建置问卷（实例）

【第一部分】智慧课堂需求评估指标意涵说明

构　面	准　则	指标意涵说明
软硬件技术（A）	技术扩展性（A1）	√系统的扩展性能否满足智能化的持续升级，以及互联网数据流与信息流的指数增长。
	技术壁垒（A2）	√拟开发的技术与现有产品或技术是否具有创新性、是否可得到自主知识产权、是否能打造技术壁垒、是否易被模仿或可替代、是否会形成技术依赖。
	与教育信息化 2.0 行动计划的融合性（A3）	√与学校现有的智慧教育设备与课程资源可否共享、设备可否配套、是否存整合风险。
	产业链上下游的融合性（A4）	√与智慧教育上下游产品链的融合程度。
	技术成熟度（A5）	√所采用的编程语言、系统架构、系统流程、物联网技术，以及相关技术的成功可能性。
人资与团队（B）	产品经理能力水平（B1）	√项目经理对某方案所涉领域的知识、经验、技能、素养等方面的掌握情况；优秀项目经理招募工作的有效性。
	研发人员能力水平（B2）	√研发人员的经验水平、知识结构、技能水平及素养水平，研发人员招募工作的有效性，研发团队骨干人才的流失风险。
	激励制度（B3）	√激励体系的完善度与有效性、激励机制的运行情况。
	团队协作能力（B4）	√团队对项目目标和使命的认同度、团队氛围的融洽性，以及相互配合的协调性。

续表

构 面	准 则	指标意涵说明
理论技术（C）	自主学习理论（C1）	√学生为追求自身的价值目标或学术目标而采取的行动、思想、情感、理念，以及包括定标、定策、评鉴、调整等在内的学习策略，所彰显的自律、自控及自省力。
	八角框架理论（C2）	√以游戏化驱动用户在使用系统的过程中“上瘾”“沉浸”其间的任务与挑战。
	区块链技术理论（C3）	√基于区块链的去中心化、不可篡改以及可编程性，解决教育资源建设面临的运营成本高、版权保护弱、资源共享难和资源质量低等现实问题。
	价值链理论（C4）	√分析与诠释智慧课堂产品的价值活动与价值链，进而提升产品的生长动力与社会认可度，创新盈利模式。
	大数据理论（C5）	√采用数据挖掘算法收敛因素，生成数据报告与数据模型，用于学业报告生成、难度调整、题库适性推送、适性评量及学业成就预测等。
政策法规之契合度（D）	科技教育政策环境（D1）	√与国家、省、市层面智慧课堂有关政策法规（含5G+智慧教育政策）的相符程度、由此导致的战略风险，以及因应政策或体制变化的应变力。
	与原科技领导计划之融合（D2）	√与学校原先的信息化战略规划是否相符？所导致的影响程度为何？是否存在改造升级风险？
	短视频与微课资源的著作权保护（D3）	√短视频、微课及其他课程资源的内容风险与著作权风险。
集团与社会效益（E）	对集团综效发展之影响（E1）	√对集团整体战略与利益的影响，包括战略符应情况、潜在效应情况，以及对股东利益、对集团核心竞争力的影响。
	对下辖学校发展之影响（E2）	√对学校信息化发展的影响，对提升办学质量与办学口碑的影响。
	社会效益（E3）	√项目肩负的社会责任与国家贡献。
资金情况（F）	投资估算风险（F1）	√开发成本（含规模、工作量与工期）控制与风险分析。
	内部收益率（F2）	√在寿命周期内按现值计算的实际投资报酬率、直接经济效益、预期利润率。

续表

构　面	准　则	指标意涵说明
竞品与寿命（G）	竞品优势比对（G1）	√与同行竞品之间的优劣比对。
	行业发展现状与前景分析（G2）	√我国智慧教育行业发展现状、发展前景及行业发展新方向分析。
	经济寿命预测（G3）	√从投入市场开始到因新产品竞争而被淘汰所经过的时间。
教学实验成效与使用者接受度（H）	师生使用系统之行为意图（H1）	√原型系统应用于教学实验后，师生接受智慧课堂系统的行为意图情形。
	学校管理者对系统之接受度（H2）	√原型系统应用于教学实验后，学校管理者对其接受度与回馈情形。
	学生自主学习力变化（H3）	√原型系统应用于教学实验后，学生的自主学习力水平变化情形。
	学生英语学业成就变化（H4）	√原型系统应用于教学实验后，学生的英语学业成就变化情形。
安全分析（I）	物理安全（I1）	√物理位置的选择、物理访问控制、防盗窃、防破坏、防雷击、防火、防水、防潮、防静电、温湿度控制、电力供应、电磁防护等。
	网络安全（I2）	√网络边界安全需求、入侵检测与实时监控需求、安全事件的响应、处理需求分析。
	应用安全（I3）	√身份鉴别、访问控制、通信完整性、通信保密性、抗抵赖、软件容错、资源控制、代码安全。
	数据安全（I4）	√数据完整性、数据保密性。
运行维护（J）	环境管理（J1）	√智慧课堂的环境管理。
	易维护（J2）	√智慧课堂的维护难易度。
	资产管理（J3）	√将学校、设备、楼房建筑、低值易耗品、库房存货、使用人员和技能知识等作为学校的资产通过软件技术来管理。
	介质管理（J4）	√云端服务器、本地服务器、磁带、磁盘、U盘、光盘、硬盘、存储卡。
决策领导之认同（K）	项目领导对方案之认同度（K1）	√决策领导对方案的认同与重视。
	领导对需求之急需度（K2）	√决策领导对需求的急需程度。

【第二部分】填写说明

本问卷以0～10个等级评定各指标的重要性，分数愈高表示愈重要，请您依个人专业素养评定各评估元素的重要性程度，每个元素须填入3个整数值：

最佳值：请针对各评估因素的重要性程度，填入您个人认为最佳/最适当的数值。

最大值：请评估此因素重要性程度的最大可接受范围。

最小值：请评估此因素重要性程度的最小可接受范围。

评估程度量表

0	1	2	3	4	5	6	7	8	9	10
非常不重要			不重要		普通		重要			非常重要

范例

评估指标	重要性程度评分（0～10）		
	最小值	最佳值	最大值
软硬件技术	5	7	9
人资与团队	6	8	10
其他影响因素或修改建议：________________（注：若您认为本问卷所列的评估指标尚有修正或补充之处，烦请填此横线）			

【第三部分】问卷填写（以下表格由专家填写）

（一）针对智慧课堂需求评估构面的探讨，下列各构面的重要性为何？

评估构面	重要性程度分数（0～10）		
	最小值	最佳值	最大值
1. 软硬件技术，包括扩展性、技术壁垒、与教育信息化原有资源的融合、产业链上下游的融合性、技术成熟度。			
2. 人资与团队，包括方案经理的能力水平、研发人员能力水平、激励制度、团队协作能力。			
3. 理论技术，包括应用八角框架理论、应用区块链技术理论、应用价值链理论、大数据理论等。			
4. 政策契合度，包括科技教育政策环境、与原科技领导计划的融合、短视频与微课资源的著作权保护等。			
5. 集团与社会效益，包括对集团综效发展的影响、对下辖学校发展的影响、社会效益等。			

续表

评估构面	重要性程度分数（0～10）		
	最小值	最佳值	最大值
6. 资金情况，包括投资估算、内部收益率、资金筹措等。			
7. 竞品与寿命，包括竞品分析、行业发展现状与前景分析、经济寿命。			
8. 教学实验成效与使用者接受度，包括师生使用系统的行为意图、学校管理者对系统的接受度、学生自主学习力变化、学生英语学业成就变化等。			
9. 安全分析，包括物理安全、网络安全、应用安全、数据安全等。			
10. 运行维护，包括环境管理、易维护、资产管理、介质管理等。			
11. 决策领导之认同，包括项目领导对方案的认同度与领导对需求的急需度。			

（二）在“软硬件技术”构面里，下列各准则的重要性程度为何？

指　　标	意　　涵	重要性程度分数（0～10）		
		最小值	最佳值	最大值
技术扩展性（A1）	√系统的扩展性能否满足智能化的持续升级，以及互联网数据流与信息流的指数增长。			
技术壁垒（A2）	√拟开发的技术与现有产品或技术是否具有创新性、是否可得到自主知识产权、是否能打造技术壁垒、是否易被模仿或可替代、是否会形成技术依赖。			
与教育信息化 2.0 行动计划之融合性（A3）	√与学校现有的智慧教育设备与课程资源可否共享、设备可否配套、是否存整合风险。			
产业链上下游之融合性（A4）	√与智慧教育上下游产品链的融合程度。			
技术成熟度（A5）	√所采用的编程语言、系统架构、系统流程、物联网技术，以及相关技术的成功可能性。			
其他影响因素或修改建议：				

（三）在“人资与团队”构面里，下列各准则的重要性程度为何？

指 标	意 涵	重要性程度分数（0～10）		
		最小值	最佳值	最大值
产品经理能力水平（B1）	√项目经理对某方案所涉领域的知识、经验、技能、素养等方面的掌握情况；优秀项目经理招募工作的有效性。			
研发人员能力水平（B2）	√研发人员的经验水平、知识结构、技能水平及素养水平，研发人员招募工作的有效性，研发团队骨干人才的流失风险。			
激励制度（B3）	√激励体系的完善度与有效性、激励机制的运行情况。			
团队协作能力（B4）	√团队对项目目标和使命的认同度、团队氛围的融洽性，以及相互配合的协调性。			

（四）在“理论技术”构面里，下列各准则的重要性程度为何？

指 标	意 涵	重要性程度分数（0～10）		
		最小值	最佳值	最大值
自主学习理论（C1）	√学生为追求自身的价值目标或学术目标而采取的行动、思想、情感、理念，以及包括定标、定策、评鉴、调整等在内的学习策略，所彰显的自律、自控及自省力。			
八角框架理论（C2）	√以游戏化驱动用户在使用系统的过程中“上瘾”“沉浸”其间的任务与挑战。			
区块链技术理论（C3）	√基于区块链的去中心化、不可篡改以及可编程性，解决教育资源建设面临的运营成本高、版权保护弱、资源共享难和资源质量低等现实问题。			
价值链理论（C4）	√分析与诠释智慧课堂产品的价值活动与价值链，进而提升产品的生长动力与社会认可度，创新盈利模式。			
大数据理论（C5）	√采用数据挖掘算法收敛因素，生成数据报告与数据模型，用于学业报告生成、难度调整、题库适性推送、适性评量及学业成就预测等。			

（五）在“政策法规与环境”构面里，下列各准则的重要性程度为何？

指　　标	意　　涵	重要性程度分数（0～10）		
		最小值	最佳值	最大值
政策环境（D1）	√与国家、省、市层面智慧课堂有关政策法规（含5G＋智慧教育政策）的相符程度、由此导致的战略风险，以及因应政策或体制变化的应变力。			
与原科技领导计划之融合（D2）	√与学校原先的信息化战略规划是否相符？所导致的影响程度为何？是否存在改造升级风险？			
短视频与微课资源的著作权保护（D3）	√短视频、微课及其他课程资源的内容风险与著作权风险。			

（六）在“集团与社会效益”分析构面里，下列各准则的重要性程度为何？

指　　标	意　　涵	重要性程度分数（0～10）		
		最小值	最佳值	最大值
对集团综效发展之影响（E1）	√对集团整体战略与利益的影响，包括战略符应情况、潜在效应情况，以及对股东利益、对集团核心竞争力的影响。			
对下辖学校发展之影响（E2）	√对学校信息化发展的影响，对提升办学质量与办学口碑的影响。			
社会效益（E3）	√项目肩负的社会责任与国家贡献。			

（七）在资金情况构面里，下列各准则的重要性程度为何？

指　　标	意　　涵	重要性程度分数（0～10）		
		最小值	最佳值	最大值
投资估算风险（F1）	√开发成本（含规模、工作量与工期）控制与风险分析。			
内部收益率（F2）	√在寿命周期内按现值计算的实际投资报酬率、直接经济效益、预期利润率。			

（八）在“市场与竞品”构面里，下列各准则的重要性程度为何？

指　　标	意　　涵	重要性程度分数（0～10）		
		最小值	最佳值	最大值
竞品优势比对（G1）	√与同行竞品之间的优劣比对。			
行业发展现状与前景分析（G2）	√我国智慧教育行业发展现状、发展前景及行业发展新方向分析。			
经济寿命预测（G3）	√从投入市场开始到因新产品竞争而被淘汰所经过的时间。			

（九）在“实验成效与使用者接受度”构面里，下列各准则的重要性程度为何？

指　　标	意　　涵	重要性程度分数（0～10）		
		最小值	最佳值	最大值
师生使用系统之行为意图（H1）	√原型系统应用于教学实验后，师生接受智慧课堂系统的行为意图情形。			
学校管理者对系统之接受度（H2）	√原型系统应用于教学实验后，学校管理者对其接受度与回馈情形。			
学生自主学习力变化（H3）	√原型系统应用于教学实验后，学生的自主学习力水平变化情形。			
学生英语学业成就变化（H4）	√原型系统应用于教学实验后，学生的英语学业成就变化情形。			

（十）在“安全分析”构面里，下列各准则的重要性程度为何？

指　　标	意　　涵	重要性程度分数（0～10）		
		最小值	最佳值	最大值
物理安全（I1）	√物理位置的选择、物理访问控制、防盗窃、防破坏、防雷击、防火、防水、防潮、防静电、温湿度控制、电力供应、电磁防护等。			
网络安全（I2）	√网络边界安全需求、入侵检测与实时监控需求、安全事件的响应、处理需求分析。			
应用安全（I3）	√身份鉴别、访问控制、通信完整性、通信保密性、抗抵赖、软件容错、资源控制、代码安全。			
数据安全（I4）	√数据完整性、数据保密性。			

（十一）在“运行维护”构面里，下列各准则的重要性程度为何？

指　标	意　涵	重要性程度分数（0～10）		
		最小值	最佳值	最大值
环境管理（J1）	√智慧课堂的环境管理。			
易维护（J2）	√智慧课堂的维护难易度。			
资产管理（J3）	√将学校、设备、楼房建筑、低值易耗品、库房存货、使用人员和技能知识等作为学校的资产通过软件技术来管理。			
介质管理（J4）	√云端服务器、本地服务器、磁带、磁盘、U盘、光盘、硬盘、存储卡。			

（十二）在“决策领导认同”构面里，下列各准则的重要性程度为何？

指　标	意　涵	重要性程度分数（0～10）		
		最小值	最佳值	最大值
项目领导对方案之认同度（K1）	√决策领导对方案的认同与重视。			
领导对需求之急需度（K2）	√决策领导对需求的急需程度。			

附录（四） ANP 专家问卷示例

第一部分：请依据您的专业评估要素间的相对重要程度，并给予相对比重数值。示例：当您提出“电子作业智能批改”的需求时，当考虑“资金情况”与“软硬件技术”评估构面。

1. 如果您认为“资金情况”对于“软硬件技术”非常重要，则请勾选“7∶1”。

2. 如果您认为“资金情况”对于“软硬件技术”稍微重要，则请勾选“3∶1”。

3. 如果您认为“资金情况”与“软硬件技术”的重要性程度相等，则请勾选“1∶1”。

评估构面	绝对重要	相当重要	重要	稍微重要	相等	稍微重要	重要	相当重要	绝对重要	评估构面
	9∶1	7∶1	5∶1	3∶1	1∶1	1∶3	1∶5	1∶7	1∶9	
资金情况										软硬件技术

附录（五） DANP专家问卷的背景资料（实例）

编号	性别	学历/职称	服务单位与职务	项目经验背景	参与研发的产品类型
D1	男	硕士/副教授	高校VR/AR教育资源应用技术工程中心副主任	产、学、研融合	VR/AR教育资源研发与应用平台
D2	男	大学	A教育集团智慧课堂需求评审委员会外聘专家	产	智慧课堂
D3	男	大学	某科技有限公司运营总监	产、教、学、研融合	区块链场景应用
D4	男	博士/副教授	某科技有限公司技术专家	产、教、学、研融合	人工智能教学实验箱
D5	男	大学	某数据科技有限公司董事长	产、学、研融合	区块链底层技术
D6	男	大学	某通信有限公司研发负责人	产	互联网动态智能优化服务
D7	女	大学	某计算机网络信息技术有限公司高管	产	酒店智慧管理平台
D8	男	大学	A教育集团IT部负责人（已离职）	产	智能电商平台
D9	男	大学	A教育集团智慧课堂项目总监	产	网络游戏
D10	男	大学	A教育集团IT部负责人	产	智慧课堂

附录（六） VIKOR 技术的 Python 代码

```
In [2]:
# import numpy as np
# #A 矩阵表示将各调查问卷的数据进行算数平均后得到的平均准则满意度矩阵
# A = [[3,5,4,7,4,6,7],
#      [2,3,5,4,4,3,6],
#      [5,2,4,6,7,3,2],
#      [4,3,5,7,2,6,5]]
# W = [0.18580816,0.14401943,0.16537383,0.20018468,0.10010258,0.09797476,0.10653655]
# M = 4#备选方案的个数
# N = 7#准则的个数

import numpy as np
import pandas as pd
#A 矩阵表示将各调查问卷的数据进行算数平均后得到的平均准则满意度矩阵
A = [
[0,0,5,5,0,10,5,0,0,0,5,3,3,5,0,2,3,8,4,5,5,3],
[8,5,5,5,5,3,5,0,0,10,5,8,5,4,5,5,8,8,8,5,5,10],
[0,0,5,5,0,10,0,0,0,0,1,1,1,5,0,0,3,3,3,5,5,5],
[0,0,5,5,0,10,0,10,0,0,5,3,3,5,0,0,3,3,3,5,5,3],
[0,0,5,5,0,10,5,0,0,0,5,3,3,5,0,0,2,3,3,5,5,3],
[0,0,5,5,0,10,5,0,0,0,5,7,7,5,0,5,6,6,6,5,5,10],
[0,0,5,5,0,10,0,0,0,0,5,3,3,5,0,0,1,1,1,5,5,5],
[2,0,5,5,0,10,0,0,0,10,5,3,3,5,0,0,3,3,3,5,5,3],
[8,0,8,8,8,5,5,5,5,5,8,8,8,5,2,8,8,8,8,5,5,8]]
W = [0.029210, 0.029260, 0.002030, 0.006910, 0.009190, 0.010180, 0.000210, 0.000180,
0.000210, 0.000190, 0.000480, 0.091290, 0.087620, 0.143230, 0.068460, 0.066650, 0.061550,
0.062950,0.055260,0.019980,0.019620,0.235330]
M = 9#备选方案的个数
N = 22#准则的个数
In [3]:
```

续表

```
#规范化平均准则满意度矩阵
c_sum = np. zeros(N)
A_normal = np. zeros(np. shape(A))
for i in range(N):
for j in range(M):
c_sum[i] + = A[j][i] * A[j][i]
c_sum[i] = np. sqrt(c_sum[i])
print(c_sum)
for i in range(M):
for j in range(N):
A_normal[i][j] = A[i][j]/c_sum[j]
data = pd. DataFrame(A_normal)#将数组转换为 dataframe 结构
writer = pd. ExcelWriter('D:\\\\2323\\\\VIKOR. xlsx')# 写入 Excel 文件
data. to_excel(writer,'规范化平均准则满意度矩阵',float_format = '%. 5f')## 'page_1' 是写入 excel 的 sheet 名
A_normal
[11. 48912529  5.          16. 24807681 16. 24807681  9. 43398113 27. 09243437
11. 18033989 11. 18033989  5.          15.          15. 49193338 14. 93318452
13. 56465997 14. 69693846  5. 38516481 10. 86278049 14. 31782106 16. 2788206
14. 73091986 15.          15.          18. 70828693]
Out[3]:
array([[0.        ,0.        ,0. 30772873,0. 30772873,0.        ,
0. 36910674,0. 4472136,0.        ,0.        ,0.        ,
0. 32274861,0. 20089486,0. 22116293,0. 34020691,0.        ,
0. 18411492,0. 20952909,0. 49143609,0. 27153769,0. 33333333,
0. 33333333,0. 16035675],
[0. 69631062,1.        ,0. 30772873,0. 30772873,0. 52999894,
0. 11073202,0. 4472136,0.        ,0.        ,0. 66666667,
0. 32274861,0. 53571962,0. 36860489,0. 27216553,0. 92847669,
0. 46028731,0. 55874424,0. 49143609,0. 54307539,0. 33333333,
0. 33333333,0. 53452248],
[0.        ,0.        ,0. 30772873,0. 30772873,0.        ,
0. 36910674,0.        ,0.        ,0.        ,0.        ,
0. 06454972,0. 06696495,0. 07372098,0. 34020691,0.        ,
0.        ,0. 20952909,0. 18428854,0. 20365327,0. 33333333,
0. 33333333,0. 26726124],
[0.        ,0.        ,0. 30772873,0. 30772873,0.        ,
0. 36910674,0.        ,0. 89442719,0.        ,0.        ,
```

续表

```
0. 32274861 ,0. 20089486 ,0. 22116293 ,0. 34020691 ,0.          ,
0.          ,0. 20952909 ,0. 18428854 ,0. 20365327 ,0. 33333333 ,
0. 33333333 ,0. 16035675 ],
[0.          ,0.          ,0. 30772873 ,0. 30772873 ,0.          ,
0. 36910674 ,0. 4472136 ,0.          ,0.          ,0.          ,
0. 32274861 ,0. 20089486 ,0. 22116293 ,0. 34020691 ,0.          ,
0.          ,0. 13968606 ,0. 18428854 ,0. 20365327 ,0. 33333333 ,
0. 33333333 ,0. 16035675 ],
[0.          ,0.          ,0. 30772873 ,0. 30772873 ,0.          ,
0. 36910674 ,0. 4472136 ,0.          ,0.          ,0.          ,
0. 32274861 ,0. 46875467 ,0. 51604685 ,0. 34020691 ,0.          ,
0. 46028731 ,0. 41905818 ,0. 36857707 ,0. 40730654 ,0. 33333333 ,
0. 33333333 ,0. 53452248 ],
[0.          ,0.          ,0. 30772873 ,0. 30772873 ,0.          ,
0. 36910674 ,0.          ,0.          ,0.          ,0.          ,
0. 32274861 ,0. 20089486 ,0. 22116293 ,0. 34020691 ,0.          ,
0.          ,0. 06984303 ,0. 06142951 ,0. 06788442 ,0. 33333333 ,
0. 33333333 ,0. 26726124 ],
[0. 17407766 ,0.          ,0. 30772873 ,0. 30772873 ,0.          ,
0. 36910674 ,0.          ,0.          ,0.          ,0. 66666667 ,
0. 32274861 ,0. 20089486 ,0. 22116293 ,0. 34020691 ,0.          ,
0.          ,0. 20952909 ,0. 18428854 ,0. 20365327 ,0. 33333333 ,
0. 33333333 ,0. 16035675 ],
[0. 69631062 ,0.          ,0. 49236596 ,0. 49236596 ,0. 8479983 ,
0. 18455337 ,0. 4472136 ,0. 4472136 ,1.          ,0. 33333333 ,
0. 51639778 ,0. 53571962 ,0. 58976782 ,0. 34020691 ,0. 37139068 ,
0. 73645969 ,0. 55874424 ,0. 49143609 ,0. 54307539 ,0. 33333333 ,
0. 33333333 ,0. 42761799 ]])
In [4]:
#确定正理想解和负理想解
pos = np. zeros(N)
neg = np. zeros(N)
for i in range(N):
pos[i] = max(A_normal[ :,i])
neg[i] = min(A_normal[ :,i])
data =  pd. DataFrame(pos)#将数组转换为 dataframe 结构
data. to_excel(writer,'正理想解',float_format = '%. 5f')## ‘page_1’是写入 excel 的 sheet 名
```

续表

```
data1 = pd. DataFrame(neg)#将数组转换为 dataframe 结构
data1. to_excel(writer,'负理想解',float_format ='%. 5f')## 'page_1'是写入 excel 的 sheet 名
pos,neg
Out[4]:
(array([0. 69631062,1.          ,0. 49236596,0. 49236596,0. 8479983,
0. 36910674,0. 4472136,0. 89442719,1.          ,0. 66666667,
0. 51639778,0. 53571962,0. 58976782,0. 34020691,0. 92847669,
0. 73645969,0. 55874424,0. 49143609,0. 54307539,0. 33333333,
0. 33333333,0. 53452248]),
array([0.          ,0.          ,0. 30772873,0. 30772873,0.          ,
0. 11073202,0.          ,0.          ,0.          ,0.          ,
0. 06454972,0. 06696495,0. 07372098,0. 27216553,0.          ,
0.          ,0. 06984303,0. 06142951,0. 06788442,0. 33333333,
0. 33333333,0. 16035675]))
In [5]:
#计算群体效用值和个体遗憾值
k =1
s =[]
S = np. zeros(M)
R = np. zeros(M)
temp = np. zeros(np. shape(A))
for i in range(M):
for j in range(N):
temp[i][j] = W[j] * ((pos[j] - A_normal[i][j])/(pos[j] - neg[j]))
if np. isnan(temp[i][j]):
continue
S[i] + =temp[i][j]
R[i] = max(temp[i])
print(temp)
S_max = max(S)
S_min = min(S)
R_max = max(R)
R_min = min(R)
data = pd. DataFrame(S)#将数组转换为 dataframe 结构
data. to_excel(writer,'群体效用值',float_format ='%. 5f')## 'page_1'是写入 excel 的 sheet 名
data1 = pd. DataFrame(R)#将数组转换为 dataframe 结构
data1. to_excel(writer,'个体遗憾值',float_format ='%. 5f')## 'page_1'是写入 excel 的 sheet 名
S,R
```

续表

[[2. 92100000e - 02 2. 92600000e - 02 2. 03000000e - 03 6. 91000000e - 03
9. 19000000e - 03 0. 00000000e + 00 0. 00000000e + 00 1. 80000000e - 04
2. 10000000e - 04 1. 90000000e - 04 2. 05714286e - 04 6. 52071429e - 02
6. 25857143e - 02 0. 00000000e + 00 6. 84600000e - 02 4. 99875000e - 02
4. 39642857e - 02 0. 00000000e + 00 3. 15771429e - 02 nan
nan 2. 35330000e - 01]
[0. 00000000e + 00 0. 00000000e + 00 2. 03000000e - 03 6. 91000000e - 03
3. 44625000e - 03 1. 01800000e - 02 0. 00000000e + 00 1. 80000000e - 04
2. 10000000e - 04 0. 00000000e + 00 2. 05714286e - 04 0. 00000000e + 00
3. 75514286e - 02 1. 43230000e - 01 0. 00000000e + 00 2. 49937500e - 02
0. 00000000e + 00 0. 00000000e + 00 0. 00000000e + 00 nan
nan 0. 00000000e + 00]
[2. 92100000e - 02 2. 92600000e - 02 2. 03000000e - 03 6. 91000000e - 03
9. 19000000e - 03 0. 00000000e + 00 2. 10000000e - 04 1. 80000000e - 04
2. 10000000e - 04 1. 90000000e - 04 4. 80000000e - 04 9. 12900000e - 02
8. 76200000e - 02 0. 00000000e + 00 6. 84600000e - 02 6. 66500000e - 02
4. 39642857e - 02 4. 49642857e - 02 3. 94714286e - 02 nan
nan 1. 68092857e - 01]
[2. 92100000e - 02 2. 92600000e - 02 2. 03000000e - 03 6. 91000000e - 03
9. 19000000e - 03 0. 00000000e + 00 2. 10000000e - 04 0. 00000000e + 00
2. 10000000e - 04 1. 90000000e - 04 2. 05714286e - 04 6. 52071429e - 02
6. 25857143e - 02 0. 00000000e + 00 6. 84600000e - 02 6. 66500000e - 02
4. 39642857e - 02 4. 49642857e - 02 3. 94714286e - 02 nan
nan 2. 35330000e - 01]
[2. 92100000e - 02 2. 92600000e - 02 2. 03000000e - 03 6. 91000000e - 03
9. 19000000e - 03 0. 00000000e + 00 0. 00000000e + 00 1. 80000000e - 04
2. 10000000e - 04 1. 90000000e - 04 2. 05714286e - 04 6. 52071429e - 02
6. 25857143e - 02 0. 00000000e + 00 6. 84600000e - 02 6. 66500000e - 02
5. 27571429e - 02 4. 49642857e - 02 3. 94714286e - 02 nan
nan 2. 35330000e - 01]
[2. 92100000e - 02 2. 92600000e - 02 2. 03000000e - 03 6. 91000000e - 03
9. 19000000e - 03 0. 00000000e + 00 0. 00000000e + 00 1. 80000000e - 04
2. 10000000e - 04 1. 90000000e - 04 2. 05714286e - 04 1. 30414286e - 02
1. 25171429e - 02 0. 00000000e + 00 6. 84600000e - 02 2. 49937500e - 02
1. 75857143e - 02 1. 79857143e - 02 1. 57885714e - 02 nan

续表

```
nan 0.00000000e+00]
[2.92100000e-02 2.92600000e-02 2.03000000e-03 6.91000000e-03
9.19000000e-03 0.00000000e+00 2.10000000e-04 1.80000000e-04
2.10000000e-04 1.90000000e-04 2.05714286e-04 6.52071429e-02
6.25857143e-02 0.00000000e+00 6.84600000e-02 6.66500000e-02
6.15500000e-02 6.29500000e-02 5.52600000e-02           nan
nan 1.68092857e-01]
[2.19075000e-02 2.92600000e-02 2.03000000e-03 6.91000000e-03
9.19000000e-03 0.00000000e+00 2.10000000e-04 1.80000000e-04
2.10000000e-04 0.00000000e+00 2.05714286e-04 6.52071429e-02
6.25857143e-02 0.00000000e+00 6.84600000e-02 6.66500000e-02
4.39642857e-02 4.49642857e-02 3.94714286e-02           nan
nan 2.35330000e-01]
[0.00000000e+00 2.92600000e-02 0.00000000e+00 0.00000000e+00
0.00000000e+00 7.27142857e-03 0.00000000e+00 9.00000000e-05
0.00000000e+00 9.50000000e-05 0.00000000e+00 0.00000000e+00
0.00000000e+00 0.00000000e+00 4.10760000e-02 0.00000000e+00
0.00000000e+00 0.00000000e+00 0.00000000e+00           nan
nan 6.72371429e-02]]
<ipython-input-5-4d60c9d31c7f>:9:RuntimeWarning:invalid value encountered in double_scalars
temp[i][j] = W[j]*((pos[j]-A_normal[i][j])/(pos[j]-neg[j]))
Out[5]:
(array([0.6344975 ,0.22893714,0.68838286,0.70404857,0.71281143,
0.24775804,0.68835143,0.69673607,0.14502957]),
array([0.23533   ,0.14323   ,0.16809286,0.23533   ,0.23533   ,
0.06846   ,0.16809286,0.23533   ,0.06723714]))
In [6]:
#计算Q值
Q = np.zeros(M)
for i in range(M):
Q[i] = k*((S[i]-S_min)/(S_max-S_min))+(1-k)*((R[i]-R_min)/(R_max-R_min))
#Q值越小,方案越好
data = pd.DataFrame(Q)
data.to_excel(writer,'最终得分',float_format='%.5f')
writer.save()
Q
Out[6]:
array([0.86207039,0.14778135,0.95697543,0.98456651,1.        ,
0.18092946,0.95692007,0.97168744,0.        ])
```

附录（七） 主轴译码统整表（实例节选）

注：采用典范模型将开放性译码阶段的29个概念与范畴结合故事发展的“因果条件、现象、脉络、中介条件、行动/互动策略、结果”等6个元素，归纳出自然拼读法在A校推进的影响因素的8个面向。

建构面向	概念范畴	译码脉络
应试教育	应试提分未见效	PⅠ-1： Q：这个学期的自然拼读实验课程对孩子们的英语学习帮助大吗？ A：这个不好说，能否提分，目前不清楚。这次期末考，满分100分的卷子，考五十来分的一大片，有考二三十分的，学生成绩不理想，不敢再继续尝试。
	私校办学目标是追求应试名校	CⅡ-9： Q：所以当时您选择小学三年级作为实验班，而不是更高年级，是担心万一教学效果不佳，影响学生应试成绩，是吗？ A：实验班毕竟还是实验，高年级孩子有应试压力，要出应试成绩，不要轻易实验。
	家长追求应试成绩	PⅤ-8： Q上午11：27：对于授课计划的改变给孩子英语学习带来的可能的负面影响，是家长们担心，还是学校领导方面担忧？ A上午11：28：主要是学校领导方面的担忧。 A上午11：29：家长也有小部分找班主任反映的，担心孩子的英语成绩。 A下午12：17：学校领导只看重学生成绩，包括家长也是。 A下午12：17：只要最终成绩能出来，别的都没有问题。
	教师担心担忧影响应试成绩	TⅥ-2： A上午7：31：因为腾挪一个学期如果不考虑课文学习是可以的，放在二年级下学期咯。因为三年级有要求的，腾出一个学期对老师来说压力也很大，因为就我们临沂来说大部分孩子吸收得不好。

续表

建构面向	概念范畴	译码脉络
课堂纪律	课堂互动过于活泼，与传统课堂理念不一致	PⅠ -3： Q：除了学生期末测试成绩不理想，还有没有其他没做好的地方？ A：嗯，有几点。课堂纪律乱，这种模式跟幼儿园的授课差不多，英语课上太乱，导致班级管理受影响。 TⅥ -14： Q 下午 12：07 实验班当时的课堂纪律你觉得其他老师看见了会有意见吗？ A 下午 12：14 有的，他们习惯了安静，这个被校长说过，纪律。
	秉持课堂互动活泼开放理念	TⅣ -9：Q 下午 6：15. 其他班级英语的老师同事们对我们授课模式和授课内容等安排有没什么想法？ A 下午 6：19 他们没有透露，有对我们的上课模式表示好奇，大概是因为抢答的时候，孩子们声音太大了，哈哈哈。 Q 下午 6：20 明白。
……	……	……

附录（八） 访谈记录开放性译码表（实例节选）

注：本译码表节选自一项以扎根理论探析英语自然拼读法在我国推广的影响因素研究[❶]。开放性译码阶段共萃取出 29 个概念范畴。其中，第一轮萃取到 10 个概念范畴；第二轮新萃取到 5 个；第三轮萃取到 4 个；第四轮与第五轮分别萃取到 3 个与 7 个。

受访者介绍

访谈次序	受访者编号	自然拼读法教学年资	职　位	访谈方式	访谈时间
第一轮	编号 PⅠ	0	小学部校长	面谈	2016 年 1 月
第二轮	编号 CⅡ	0	学校董事长	面谈	2019 年 11 月
第三轮	编号 DⅢ	0	3 年级（1）班班主任	微信	2019 年 11 月
第四轮	编号 PⅤ	0	3 年级（2）班家长	微信	2019 年 11 月
第五轮	编号 TⅣ	3	3 年级（1）班英语自然拼读课程教师，来自校外机构，驻校授课	微信	2019 年 11 月
	编号 TⅥ	4	3 年级（2）班英语自然拼读课程教师，来自校外机构，驻校授课	微信	2019 年 11 月

第一轮　访谈（节选）

访谈日期：2016 年 1 月 20 日下午 4：20—下午 5：31

访谈地点：样本学校小学部校长办公室

访谈你形式：面谈

❶ 该实例节选自笔者的一项研究成果——《以扎根理论探析英语自然拼读法在我国推广之影响因素——以临沂某学校开设自然拼读课程为例》，该文刊登于《当代教育实践与教学研究（电子刊）》2021 年第 16 期。

受访者：小学部刘校长（编号：PⅠ）

备注：刘校长不允许录音，只允许手写笔记，故，访谈者请求放慢语速，以便笔记。

编码	概念范畴	访谈内容文字稿 Q（时间）：研究者 A（时间）：受访者	摘　记
PⅠ-1	阻力：应试提分未见效	Q：这个学期的自然拼读实验课程对孩子们的英语学习帮助大吗？ A：这个不好说，能否提分，目前不清楚。这次期末考，满分100分的卷子，考五十来分的一大片，有考二三十分的，学生成绩不理想，不敢再继续尝试。	时间（仅一个学期）→应试提分成效不明显。
PⅠ-2	阻力：应试提分未见效	Q：明白，考试提分效果没保证，所以不敢尝试是吗？ A：是，一定要提分啊，家长最关注。	
PⅠ-3	阻力：课堂互动较之传统班过于活泼	Q：除了学生期末测试成绩不理想，还有没有其他没做好的地方？ A：嗯，有几点。课堂纪律乱，这种模式跟幼儿园的授课差不多，英语课上太乱，导致班级管理受影响。	社会补课机构课堂授课方式→课堂互动活泼。传统学校课堂思维作祟。
PⅠ-4	阻力：教学协作困难、校长与教师有效沟通不足	Q：有没跟实验班的授课老师沟通课堂纪律的问题？ A：没有，他们是你们董事会安排的老师，正面说道，有点不合适。 Q：我们董事会也是纯粹从学校办学质量角度出发才尝试这个实验班。您是小学部校长，我们支持您的工作，课程品质的好坏，您最有发言权。他们虽然是董事会特聘的老师，但是也归您管辖？ A：陈总，我们自己人，您懂的，我们不明白实验班老师的底细，不敢轻易插手干涉，更多是尊重。 Q：多召集他们参加教学研讨啊？毕竟他们是年轻的老师，我支持您。 A：嗯，他们是董事会安排来的老师，外面的老师，我们是体制内的，你懂的，不好过多干涉他们教学。 A：这学期教学中的问题，我会如实反馈。	董事会无长远开设实验班打算→不重视实验班外聘教师与学校原教师团队的协作。

续表

编码	概念范畴	访谈内容文字稿 Q（时间）：研究者 A（时间）：受访者	摘 记
PⅠ-5	阻力：担忧教学效果	Q：是，一定要如实反馈，小学部是您负责，坚决杜绝品质不佳的课程入驻。家长们反映如何？ A：谢谢你的支持。我们没把这两个（实验）班的情况向家长公开，绝大部分（实验班）家长还不知道，也有小部分找班主任反映，担心英语成绩。	目前国内未出现成熟的、经过验证的自然拼读教学体系与案例。
PⅠ-6	推力：坚决执行董事会决策	Q：有没打算今后让家长们知道吗？ A：董事会领导安排的任务，我一定执行。但是，我有点担心这个教学效果，毕竟还没验证，不敢让家长知道。 Q：要不要再给他们一个机会，再试一个学期？ A：听领导安排吧。	典型的民办教育董事会监管下的校长负责制，董事会过多干预。
PⅠ-7	阻力：违反教材选用规定 推力：坚决执行董事会决策	Q：这学期因为开展英语自然拼读实验班，原先的人教英语教材更换了，有担忧吗？ A：教体局目前还不知道这件事，如果知道了，根据文件精神，不能私自变国家和省级教材，不好交代。 Q：那你有没跟学校董事会提教材更换涉嫌违规的事？ A：目前还没有，董事会的决策，我们先执行，出了问题领导会解决。不过这学期已经过了，不要提这件事了，后面再说啊。	国家出台相关政策禁止私自变更国家与省级课程。
PⅠ-8	阻力：暗地消极抵制	Q：授课老师说其实期末测试的成绩还不错，这个班的测试分成两部分，一是笔试，二是现场拼读测试，报上来的成绩漏了现场拼读测试成绩。 A：这个成绩都报上去了，不提了，就这样吧，我觉得学习效果不理想。	其实内心不支持这个实验班，表面上坚决执行决策，暗地消极抵制，搜罗证据，证明教学效果不佳。

续表

编码	概念范畴	访谈内容文字稿 Q（时间）：研究者 A（时间）：受访者	摘　记
PⅠ-9	阻力：担忧教学效果，暗地消极抵制	Q：现场拼读测试您也去了？感觉学生们掌握如何？ A：有少部分几位孩子读得可以，大部分，我觉得不会读。 Q：董事会很尊重您的意见，小学部有今天的发展规模是您的功劳，所以这个实验班课程好坏，您一定如实反馈？ A：嗯，我会如实反馈。我目前还看不出这个实验课程的明显优势，请董事会定夺。	应付董事会要求，勉强实施一次课堂观察以应付。
PⅠ-10	阻力：教学协作困难、校长与教师有效沟通不足	Q：教学效果不理想，可能可以通过提升实验班老师的教学法，多召集他们参加教研？ A：董事会特聘的老师，我们不了解这几位实验班那几位老师，没接触过，不好干涉。 Q：您经常去听他们上课吗？ A：有组织过，学部老师一起去听了一次课。	
……	……	……	……

附录（九） 智慧课堂逸事记录（实例）

逸事纪录（一）

观察对象：八年级（5）班	时间：2021 年 12 月 30 日 19：00
观察目的：分组练习功能故障的应对措施	观察者：陈仰平
任课教师：王老师	地点：学校录播室
年龄：35—40 岁　　性别：女	授课内容：人教版英语八年级 Unit 8
信息化教学经历：观摩并操作过畅言智慧课堂产品	学生数：39 名

事件：在未使用机器的传统课堂教学环节，师生互动和谐，学生回答积极，教师严格掌控班级教学的秩序与节奏。待切换至智慧课堂模式下的分组教学时，出现部分智慧终端（Pad）无法正常显示随堂练习的问题，学生将这些问题当场反馈给老师时开始无序走动，课堂很快充斥着学生的抱怨、交头接耳、喧哗声，导致系统正常的学生亦无法安静做题！共学氛围糟糕！混乱场景持续了 7—8 分钟后，观察者紧急介入叫停分组教学实验，现场教师用了不到 10 秒的时间再次控制住课堂，恢复到传统授课模式的良好氛围。

诠释：处原型研发阶段的智慧教学系统存在机器稳定性问题，故障率较高；当教师面临机器运行故障时，无处理经验，并指责系统稳定性不佳影响教学计划与时间安排，师生对原型的接受度亦受负面影响。

逸事纪录（二）

观察对象：八年级（6）班	时间：2021 年 12 月 24 日 9：00
观察目的：智慧课堂环境下的随堂练习	观察者：陈仰平
任课教师：林老师	地点：学校录播室
	授课内容：仁爱版英语七年级 Unit 6
信息化教学经历：日常使用交互智能平板一体机	学生数：43 名

事件：教师在系统（B）端上推送配套知识点随堂习题，学生使用智能终端（Pad）完成练习，并在完成后实时提交发送到教师（B）端。部分学生完成练习速度快，教师继续推送智能系统自动设定的升阶习题，助力分层教学。然而少数学生趁完成练习的空隙，退出终端的随堂练习任务界面，操作登录其他网页、尝试下载游戏或浏览网页。

续表

诠释：智慧课堂未具备教师（B）端查看学生（C）端实时屏幕的功能，亦尚未具备向教师提醒“学生已完成练习”功能，仅能实时查看每个学生的练习完成情况，课堂上的教师须主动点击刷新界面了解学生完成情况，限制了教师的手眼。此外，原型系统尚无“游离提醒功能”，即学生退出练习界面时，系统未能提醒教师。

逸事纪录（三）

观察对象：八年级（5）班	时间：2021 年 12 月 22 日 14：00
观察目的：智慧课堂平台与学校原有信息化设备之间接口的稳定性	观察者：陈仰平
任课教师：林老师	地点：学校录播室
	授课内容：仁爱版英语七年级 Unit 6
信息化教学经历：日常使用交互智能平板一体机	学生数：42 名

事件：教师于教育信息化 2.0 为教室配置的互动电子白板上操作智慧课堂 B 端系统：查看智慧系统分析出的课堂学情、推送随堂练习、即时反馈、抢答等，课堂互动良好，学生学习动机与参与投入度高。第 21 分钟，电子白板（B）端界面突然无法查看学生的随堂练习完成情况（可能是终端与网络的接口不稳定导致）。教师只好用传统的方法，请已完成的学生举手，待大部分学生完成后，再以举手方式统计各题对错情况，并针对典型性错题讲解，这个环节比上一节课的随堂练习多用了 7 分钟左右的时间。

诠释：教师（B）端、学生端（C）端及互动电子白板之间互联互通，若出现联网故障或临时断网，将会出现影响教学计划与时间安排，甚至教学事故。故，由 IT 部评估原型研发阶段在实验教室内安装本地服务器的可行性，供课前生成离线授课资源包，在无外网的无线局域网环境下正常使用，教学行为数据待连网后自动上传。同时，研发阶段要考虑智慧课堂与学校原先信息化建设平台上交互式电子白板的接口稳定性，控制云端/无云端环境下的故障率，加强内部技术检测力量在稳定性上的论证。

逸事纪录（四）

观察对象：九年级（2）班	时间：2022 年 9 月 5 日 10：00
观察目的：智慧课堂环境下的数学练习题型	观察者：陈仰平
任课教师：丁老师	地点：学校录播室
	授课内容：人教版数学九年级上册第 21 章：一元二次方程
信息化教学经历：日常使用交互智能平板一体机	学生数：43 名

续表

事件：教师于智慧课堂系统推送随堂练习（题型为一元二次方程）。因智慧终端尚未配手写笔，教师要求学生用纸笔作答，并使用智能终端搭载的摄像头拍照上传提交至系统。教师对学生介绍说系统具有自动给批改一元二次方程题型的功能，能实时反馈作答情况。然而，因部分学生书写不够端正，或因拍照所得图片效果不佳，系统无法准确识别图片，系统返回的智能批改结果出现错误。无奈，教师只得手动批改并手动统计答题情况。
诠释：原型虽与讯飞人工智能生态产品——公式识别、拍照速算识别功能对接，但是接口对于手写拍照图片的识别能力有限，对于手写笔输入的识别效果较佳。原型处研发阶段，智能终端暂时使用价格相对低廉的非定制化平板，未搭配有手写笔，导致以上事件发生，建议 IT 部进一步研究提升接口识别度的规则，或采购搭有手写笔的平板，拓展电子作业的批改题型。

逸事纪录（五）

观察对象：八年级（5）班	时间：2021 年 12 月 2 日 9：00
观察目的：智慧课堂环境下课堂评价	观察者：陈仰平
任课教师：王老师	地点：学校录播室
信息化教学经历：观摩并操作过畅言智慧课堂产品	学生数：39 名
事件：教师在课前于课堂行为评价模块依自己的课堂要求与学习要求手动设置加减分的分值及对应的行为表现特征。课堂活动时，教师在电子白板上登录智慧课堂教师（B）端，当场为学生评分，全班学生看见全程操作细节，即个体学生的评价结果均在众目睽睽下完成，被扣分的学生出现负面情绪。	
诠释：课堂学习行为评价功能供教师开放个性化评价功能，引导课堂变成自己想要的课堂，引导学生变成自己想要的学生，对于课堂教学与学习具有正向作用，但是个体评价的全程公开化可能伤害部分学生的自尊，建议在原型系统新开发评价单生成与输出功能，便于教师在课前打印，课堂上手持评价单手动快速评价，课后再统计；或给教师增配简易的智慧终端（Pad），专门用于课堂便捷评价。	

附录（十） 焦点团体访谈受访对象背景资料（实例）

编号	性别	工作年限	学历	服务部门	职务	访谈时间
D2	男	20 年以上	大学及以下	评审委员会	外聘专家	2021 年 12 月—2022 年 4 月
D9	男	20 年以上	大学及以下	董事会	项目总监	
R10	男	11—20 年（含）	大学及以下	教研部	部门负责人	
D11	女	20 年以上	大学及以下	实验学校	学部校长	
D10	男	11—20 年（含）	大学及以下	IT 部	部门负责人	
R15	男	11—20 年（含）	大学及以下	IT 部/教研部	产品经理	

附录（十一） 智慧教学环境下教师胜任力评价数据源（实例）

构面平均专家直接关系矩阵

一级指标	核心素养	教学策略	教学环境
核心素养	0.000	3.067	3.467
教学策略	3.133	0.000	1.867
教学环境	3.533	2.400	0.000

构面正规化直接关系矩阵

一级指标	核心素养	教学策略	教学环境
核心素养	0.000	0.460	0.520
教学策略	0.470	0.000	0.280
教学环境	0.530	0.360	0.000

构面未加权超级矩阵

一级指标	核心素养	教学策略	教学环境
核心素养	0.333	1.000	0.537
教学策略	0.333	0.000	0.463
教学环境	0.334	0.000	0.000

准则平均专家直接关系矩阵

评估准则	自我效能感（A）	工作忠诚度（B）	教师复原力（C）	数字素养（D）	社会情感学习力（E）	教学策略（F）	视保对策（G）	网瘾对策（H）	评量策略（I）	教学工具（J）	融合场景（K）	师生互动（L）	数字资源（M）	家长交流（N）
自我效能感（A）	0.000	3.000	3.000	3.000	0.000	3.000	0.000	0.000	3.000	3.000	3.000	3.000	4.000	3.000
工作忠诚度（B）	3.000	0.000	3.000	3.000	3.000	3.000	3.000	3.000	2.000	0.000	3.000	3.000	4.000	4.000

续表

评估准则	自我效能感（A）	工作忠诚度（B）	教师复原力（C）	数字素养（D）	社会情感学习力（E）	教学策略（F）	视保对策（G）	网瘾对策（H）	评量策略（I）	教学工具（J）	融合场景（K）	师生互动（L）	数字资源（M）	家长交流（N）
教师复原力（C）	3.000	3.000	0.000	3.000	3.000	3.000	0.000	0.000	2.000	0.000	2.000	2.000	1.000	3.000
数字素养（D）	3.000	3.000	3.000	0.000	0.000	0.000	0.000	0.000	0.000	4.000	4.000	3.000	3.000	1.000
社会情感学习力（E）	1.000	2.000	1.000	0.000	0.000	4.000	0.000	3.000	2.000	0.000	1.000	4.000	0.000	3.000
教学策略（F）	0.000	3.000	0.000	0.000	0.000	0.000	1.000	1.000	1.000	0.000	4.000	4.000	3.000	0.000
视保对策（G）	0.000	2.000	0.000	0.000	0.000	0.000	0.000	0.000	0.000	0.000	0.000	0.000	0.000	1.000
网瘾对策（H）	0.000	2.000	0.000	0.000	0.000	0.000	0.000	0.000	0.000	0.000	0.000	0.000	0.000	1.000
评量策略（I）	0.000	3.000	0.000	0.000	0.000	2.000	0.000	0.000	0.000	0.000	3.000	2.000	1.000	0.000
教学工具（J）	0.000	2.000	0.000	3.000	0.000	3.000	0.000	0.000	0.000	0.000	3.000	4.000	2.000	0.000
融合场景（K）	0.000	2.000	0.000	0.000	0.000	3.000	0.000	0.000	0.000	0.000	0.000	3.000	0.000	0.000
师生互动（L）	0.000	2.000	0.000	0.000	0.000	4.000	0.000	0.000	0.000	0.000	3.000	0.000	2.000	0.000
数字资源（M）	0.000	2.000	0.000	3.000	0.000	4.000	0.000	0.000	0.000	0.000	2.000	2.000	0.000	0.000
家长交流（N）	0.000	2.000	0.000	0.000	0.000	3.000	0.000	0.000	0.000	0.000	0.000	0.000	0.000	0.000

准则正规化直接关系矩阵

评估准则	自我效能感（A）	工作忠诚度（B）	教师复原力（C）	数字素养（D）	社会情感学习力（E）	教学策略（F）	视保对策（G）	网瘾对策（H）	评量策略（I）	教学工具（J）	融合场景（K）	师生互动（L）	数字资源（M）	家长交流（N）
自我效能感（A）	0.000	0.081	0.081	0.081	0.000	0.081	0.000	0.000	0.081	0.081	0.081	0.081	0.108	0.081
工作忠诚度（B）	0.081	0.000	0.081	0.081	0.081	0.081	0.081	0.081	0.054	0.000	0.081	0.081	0.108	0.108
教师复原力（C）	0.081	0.081	0.000	0.081	0.081	0.081	0.000	0.000	0.054	0.000	0.054	0.054	0.027	0.081
数字素养（D）	0.081	0.081	0.081	0.000	0.000	0.000	0.000	0.000	0.000	0.108	0.108	0.081	0.081	0.027
社会情感学习力（E）	0.027	0.054	0.027	0.000	0.000	0.108	0.000	0.081	0.054	0.000	0.027	0.108	0.000	0.081
教学策略（F）	0.000	0.081	0.000	0.000	0.000	0.000	0.027	0.027	0.027	0.000	0.108	0.108	0.081	0.000
视保对策（G）	0.000	0.054	0.000	0.000	0.000	0.000	0.000	0.000	0.000	0.000	0.000	0.000	0.000	0.027
网瘾对策（H）	0.000	0.054	0.000	0.000	0.000	0.000	0.000	0.000	0.000	0.000	0.000	0.000	0.000	0.027
评量策略（I）	0.000	0.081	0.000	0.000	0.000	0.054	0.000	0.000	0.000	0.000	0.081	0.054	0.027	0.000
教学工具（J）	0.000	0.054	0.000	0.081	0.000	0.081	0.000	0.000	0.000	0.000	0.081	0.108	0.054	0.000
融合场景（K）	0.000	0.054	0.000	0.000	0.000	0.081	0.000	0.000	0.000	0.000	0.000	0.081	0.000	0.000
师生互动（L）	0.000	0.054	0.000	0.000	0.000	0.108	0.000	0.000	0.000	0.000	0.081	0.000	0.054	0.000
数字资源（M）	0.000	0.054	0.000	0.081	0.000	0.108	0.000	0.000	0.000	0.000	0.054	0.054	0.000	0.000
家长交流（N）	0.000	0.054	0.000	0.000	0.000	0.081	0.000	0.000	0.000	0.000	0.000	0.000	0.000	0.000

准则总影响关系矩阵

评估准则	自我效能感（A）	工作忠诚度（B）	教师复原力（C）	数字素养（D）	社会情感学习力（E）	教学策略（F）	视保对策（G）	网瘾对策（H）	评量策略（I）	教学工具（J）	融合场景（K）	师生互动（L）	数字资源（M）	家长交流（N）
自我效能感（A）	0.034	0.170	0.109	0.129	0.023	0.185	0.019	0.021	0.105	0.098	0.178	0.177	0.176	0.117
工作忠诚度（B）	0.111	0.104	0.111	0.123	0.099	0.189	0.095	0.103	0.085	0.022	0.173	0.176	0.173	0.154
教师复原力（C）	0.108	0.157	0.033	0.114	0.097	0.167	0.017	0.025	0.083	0.021	0.135	0.138	0.090	0.122
数字素养（D）	0.107	0.152	0.107	0.051	0.021	0.096	0.015	0.017	0.026	0.122	0.184	0.162	0.140	0.065
社会情感学习力（E）	0.041	0.109	0.041	0.019	0.012	0.166	0.013	0.095	0.071	0.005	0.083	0.157	0.043	0.104
教学策略（F）	0.013	0.121	0.013	0.021	0.011	0.057	0.038	0.039	0.037	0.003	0.150	0.149	0.111	0.019
视保对策（G）	0.006	0.062	0.006	0.007	0.005	0.013	0.005	0.006	0.005	0.001	0.010	0.010	0.010	0.036
网瘾对策（H）	0.006	0.062	0.006	0.007	0.005	0.013	0.005	0.006	0.005	0.001	0.010	0.010	0.010	0.036
评量策略（I）	0.011	0.109	0.011	0.015	0.010	0.093	0.011	0.012	0.010	0.003	0.115	0.090	0.054	0.015
教学工具（J）	0.018	0.102	0.018	0.101	0.010	0.136	0.012	0.013	0.012	0.012	0.138	0.161	0.096	0.018
融合场景（K）	0.008	0.076	0.008	0.010	0.007	0.107	0.009	0.010	0.008	0.002	0.031	0.106	0.025	0.011
师生互动（L）	0.009	0.084	0.009	0.015	0.008	0.141	0.011	0.011	0.010	0.002	0.115	0.040	0.080	0.012
数字资源（M）	0.017	0.094	0.017	0.095	0.009	0.146	0.012	0.012	0.012	0.012	0.102	0.101	0.038	0.017
家长交流（N）	0.007	0.069	0.007	0.008	0.006	0.096	0.008	0.009	0.008	0.001	0.022	0.022	0.018	0.010

准则正规化总影响关系矩阵

评估准则	自我效能感（A）	工作忠诚度（B）	教师复原力（C）	数字素养（D）	社会情感学习力（E）	教学策略（F）	视保对策（G）	网瘾对策（H）	评量策略（I）	教学工具（J）	融合场景（K）	师生互动（L）	数字资源（M）	家长交流（N）
自我效能感（A）	0.073	0.367	0.234	0.277	0.049	0.561	0.057	0.063	0.319	0.131	0.239	0.237	0.236	0.157
工作忠诚度（B）	0.203	0.190	0.203	0.225	0.180	0.401	0.201	0.218	0.181	0.032	0.248	0.252	0.247	0.221
教师复原力（C）	0.213	0.308	0.066	0.224	0.189	0.572	0.059	0.086	0.283	0.042	0.267	0.272	0.179	0.240
数字素养（D）	0.244	0.347	0.244	0.116	0.048	0.624	0.097	0.108	0.171	0.182	0.274	0.240	0.208	0.096
社会情感学习力（E）	0.184	0.490	0.184	0.087	0.055	0.481	0.039	0.276	0.205	0.014	0.212	0.400	0.110	0.265
教学策略（F）	0.072	0.677	0.072	0.119	0.061	0.332	0.223	0.228	0.217	0.008	0.346	0.345	0.258	0.043
视保对策（G）	0.072	0.713	0.072	0.080	0.064	0.446	0.186	0.201	0.167	0.019	0.149	0.151	0.147	0.534

续表

评估准则	自我效能感（A）	工作忠诚度（B）	教师复原力（C）	数字素养（D）	社会情感学习力（E）	教学策略（F）	视保对策（G）	网瘾对策（H）	评量策略（I）	教学工具（J）	融合场景（K）	师生互动（L）	数字资源（M）	家长交流（N）
网瘾对策（H）	0.072	0.713	0.072	0.080	0.064	0.446	0.186	0.201	0.167	0.019	0.149	0.151	0.147	0.534
评量策略（I）	0.072	0.696	0.072	0.098	0.062	0.732	0.090	0.096	0.083	0.009	0.414	0.324	0.196	0.056
教学工具（J）	0.073	0.409	0.073	0.406	0.039	0.786	0.069	0.074	0.071	0.029	0.324	0.378	0.226	0.043
融合场景（K）	0.072	0.705	0.072	0.089	0.063	0.798	0.068	0.072	0.063	0.010	0.177	0.609	0.143	0.062
师生互动（L）	0.072	0.676	0.072	0.120	0.061	0.816	0.061	0.065	0.058	0.009	0.462	0.160	0.320	0.049
数字资源（M）	0.073	0.404	0.073	0.412	0.039	0.804	0.064	0.068	0.065	0.043	0.379	0.373	0.142	0.062
家长交流（N）	0.072	0.708	0.072	0.085	0.063	0.796	0.068	0.072	0.063	0.020	0.295	0.297	0.252	0.135

准则未加权超级矩阵

评估准则	自我效能感（A）	工作忠诚度（B）	教师复原力（C）	数字素养（D）	社会情感学习力（E）	教学策略（F）	视保对策（G）	网瘾对策（H）	评量策略（I）	教学工具（J）	融合场景（K）	师生互动（L）	数字资源（M）	家长交流（N）
自我效能感（A）	0.073	0.203	0.213	0.244	0.184	0.072	0.072	0.072	0.072	0.073	0.072	0.072	0.073	0.072
工作忠诚度（B）	0.367	0.190	0.308	0.347	0.490	0.677	0.713	0.713	0.696	0.409	0.705	0.676	0.404	0.708
教师复原力（C）	0.234	0.203	0.066	0.244	0.184	0.072	0.072	0.072	0.072	0.073	0.072	0.072	0.073	0.072
数字素养（D）	0.277	0.225	0.224	0.116	0.087	0.119	0.080	0.080	0.098	0.406	0.089	0.120	0.412	0.085
社会情感学习力（E）	0.049	0.180	0.189	0.048	0.055	0.061	0.064	0.064	0.062	0.039	0.063	0.061	0.039	0.063
教学策略（F）	0.561	0.401	0.572	0.624	0.481	0.332	0.446	0.446	0.732	0.786	0.798	0.816	0.804	0.796
视保对策（G）	0.057	0.201	0.059	0.097	0.039	0.223	0.186	0.186	0.090	0.069	0.068	0.061	0.064	0.068
网瘾对策（H）	0.063	0.218	0.086	0.108	0.276	0.228	0.201	0.201	0.096	0.074	0.072	0.065	0.068	0.072
评量策略（I）	0.319	0.181	0.283	0.171	0.205	0.217	0.167	0.167	0.083	0.071	0.063	0.058	0.065	0.063
教学工具（J）	0.131	0.032	0.042	0.182	0.014	0.008	0.019	0.019	0.009	0.029	0.010	0.009	0.043	0.020
融合场景（K）	0.239	0.248	0.267	0.274	0.212	0.346	0.149	0.149	0.414	0.324	0.177	0.462	0.379	0.295
师生互动（L）	0.237	0.252	0.272	0.240	0.400	0.345	0.151	0.151	0.324	0.378	0.609	0.160	0.373	0.297
数字资源（M）	0.236	0.247	0.179	0.208	0.110	0.258	0.147	0.147	0.196	0.226	0.143	0.320	0.142	0.252
家长交流（N）	0.157	0.221	0.240	0.096	0.265	0.043	0.534	0.534	0.056	0.043	0.062	0.049	0.062	0.135

准则加权超级矩阵

评估准则	自我效能感（A）	工作忠诚度（B）	教师复原力（C）	数字素养（D）	社会情感学习力（E）	教学策略（F）	视保对策（G）	网瘾对策（H）	评量策略（I）	教学工具（J）	融合场景（K）	师生互动（L）	数字资源（M）	家长交流（N）
自我效能感（A）	0.024	0.068	0.071	0.081	0.061	0.072	0.072	0.072	0.072	0.039	0.039	0.039	0.039	0.039
工作忠诚度（B）	0.122	0.063	0.103	0.116	0.163	0.677	0.713	0.713	0.696	0.220	0.378	0.363	0.217	0.380
教师复原力（C）	0.078	0.068	0.022	0.081	0.061	0.072	0.072	0.072	0.072	0.039	0.039	0.039	0.039	0.039
数字素养（D）	0.092	0.075	0.075	0.039	0.029	0.119	0.080	0.080	0.098	0.218	0.048	0.064	0.221	0.046
社会情感学习力（E）	0.016	0.060	0.063	0.016	0.018	0.061	0.064	0.064	0.062	0.021	0.034	0.033	0.021	0.034
教学策略（F）	0.187	0.133	0.190	0.208	0.160	0.000	0.000	0.000	0.000	0.364	0.370	0.378	0.372	0.369
视保对策（G）	0.019	0.067	0.020	0.032	0.013	0.000	0.000	0.000	0.000	0.032	0.031	0.028	0.029	0.032
网瘾对策（H）	0.021	0.072	0.029	0.036	0.092	0.000	0.000	0.000	0.000	0.034	0.033	0.030	0.031	0.034
评量策略（I）	0.106	0.060	0.094	0.057	0.068	0.000	0.000	0.000	0.000	0.033	0.029	0.027	0.030	0.029
教学工具（J）	0.044	0.011	0.014	0.061	0.005	0.000	0.000	0.000	0.000	0.000	0.000	0.000	0.000	0.000
融合场景（K）	0.080	0.083	0.089	0.091	0.071	0.000	0.000	0.000	0.000	0.000	0.000	0.000	0.000	0.000
师生互动（L）	0.079	0.084	0.091	0.080	0.133	0.000	0.000	0.000	0.000	0.000	0.000	0.000	0.000	0.000
数字资源（M）	0.079	0.083	0.060	0.069	0.037	0.000	0.000	0.000	0.000	0.000	0.000	0.000	0.000	0.000
家长交流（N）	0.053	0.074	0.080	0.032	0.088	0.000	0.000	0.000	0.000	0.000	0.000	0.000	0.000	0.000

附录（十二） 设计本位研究所涉教育技术类别一览表（2000—2021年）

所涉教育工学类别	代表学者或作者
数字化学习（e－learning）	阿格巴里等❶ 布伊什瓦勒洛（Boitshwarelo）❷ 德林等❸ 费尔南德斯－桑切斯、席尔瓦－基罗斯❹ 李（Lee）❺ 奥斯塔舍夫斯基等❻

❶ AL－AGHBARI M S，OSMAN M E，AL M A S. Contextualizing the global standards for designing online courses：A design－based research approach for developing small private open courses［J］. International journal of educational methodology，2021，7（1）：1－13.

❷ BOITSHWARELO B. Proposing an integrated research framework for connectivism：Utilising theoretical synergies［J］. The international review of research in open and distributed learning，2011，12（3）：161－179.

❸ DOERING A，MILLER C，VELETSIANOS G. Adventure learning：Educational，social，and technological affordances for collaborative hybrid distance education［J］. Quarterly review of distance education，2008，9（3）：249－265.

❹ FERNANDEZ－SANCHEZ M R，SILVA－QUIROZ J. Emerging educational design in online training in higher education［J］. Problems of education in the 21st century，2021，79（3）：397－411.

❺ LEE J. An exploratory study of effective online learning：Assessing satisfaction levels of graduate students of mathematics education associated with human and design factors of an online course［J］. International review of research in open and distance learning，2014，15（1）：111－132.

❻ OSTASHEWSKI N M，REID D，MOISEY S. Applying constructionist principles to online teacher professional development［J］. The international review of research in open and distributed learning，2011，12（6）：143－156.

续表

所涉教育工学类别	代表学者或作者
移动设备嵌入教学	芬陶等❶ 霍文、帕拉拉斯❷ 金等❸ 拉兰杰罗（Laranjeiro）❹ 吕易杰、黄龙翔❺ 帕拉拉斯（Palalas）❻
数字阅读资源	帕尔多 - 巴莱斯特、罗德里格斯❼
数码明信片制作器	齐默尔曼等❽
数字教学课件	岳等❾

❶ FINTA Z, JENEI P, SCHRAMEK A. The subject of waves in a new approach introductory step of a design - based research (DBR) [J]. Journal of physics: Conference Series, 2021, 1929 (1): 1 - 9.

❷ HOVEN D, PALALAS A. (Re) conceptualizing design approaches for mobile language learning [J]. CALICO journal, 2013, 28 (3): 699 - 720.

❸ KIM P, SUH E, SONG D. Development of a design - based learning curriculum through design - based research for a technology - enabled science classroom [J]. Educational technology research and development, 2015, 63 (4): 575 - 602.

❹ Laranjeiro D. Development of game - based m - learning apps for preschoolers [J]. Education sciences, 2021, 11 (5): 229.

❺ LOOI C, WONG L. Implementing mobile learning curricula in schools: A programme of research from innovation to scaling [J]. Educational technology & society, 2014, 17 (2): 72 - 84.

❻ PALALAS A. Mobile - assisted language learning: Designing for your students [M]//THOUESNY S, BRADLEY L. Second language teaching and learning with technology: Views of emergent researchers. Research - publishing. net, 2011: 71 - 94.

❼ PARDO - BALLESTER C, RODRIGUEZ J C. Developing Spanish online readings using design - based research [J]. CALICO journal, 2010, 27 (3): 540 - 553.

❽ ZIMMERMAN H T, GAMRAT C, HOOPER S. Connecting out - of - school learning to home: Digital postcards from summer camp [J]. TechTrends: Linking research and practice to improve learning, 2014, 58 (2): 87 - 92.

❾ YUEH H, CHEN T, LIN W, et al. Developing digital courseware for a virtual nano - biotechnology laboratory: A design - based research approach [J]. Journal of educational technology & society, 2014, 17 (2): 158 - 168.

续表

所涉教育工学类别	代表学者或作者
教学技术	保卢斯等❶ 苏霍宁等❷
社交网站	科诺尔等❸
人体运动监测（physical activity data，PAD）	李（Lee）❹
情境感知无所不在学习活动设计（context - aware ubiquitous learning，CAUL）	克伦敦❺
观众反应系统仪（audience response system，ARS）	克鲁姆斯维克（Krumsvik）、卢德维格森（Ludvigsen）❻
肤电活动测量系统（electrodermal activity，EDA）	谭等❼
慕课（MOOCs）	陈铿任（Chen）、奥克利（Oakley）❽

❶ PAULUS T M，PHIPPS G，HARRISON J，et al. Re - envisioning instructional technology research in higher education environments：A content analysis of a grant program［J］. Journal of computing in higher education，2012，24（3）：64 - 181.

❷ SUHONEN J，DE VILLIERS M R，SUTINEN E. FODEM：A multi - threaded research and development method for educational technology［J］. Educational technology research and development，2012，60（2）：287 - 305.

❸ CONOLE G，GALLEY R，CULVER J. Frameworks for understanding the nature of interactions，networking，and community in a social networking site for academic practice［J］. The international review of research in open and distributed learning，2011，12（3）：119 - 138.

❹ LEE J. An exploratory study of effective online learning：Assessing satisfaction levels of graduate students of mathematics education associated with human and design factors of an online course［J］. International review of research in open and distance learning，2014，15（1）：111 - 132.

❺ CROMPTON H. Using context - aware ubiquitous learning to support students' understanding of geometry［J］. Journal of interactive media in education，2015，2015（1）：1 - 11.

❻ KRUMSVIK R J，LUDVIGSEN K. Theoretical and methodological issues of formative e - assessment in plenary lectures［J］. International journal of pedagogies & learning，2013，8（2）：259 - 275.

❼ TAN A L，GILLIES R，JAMALUDIN A. A case study：Using a neuro - physiological measure to monitor students' interest and learning during a Micro：Bit activity［J］. Education sciences，2021，11（8）：379.

❽ CHEN K，OAKLEY B. Redeveloping a global MOOC to be more locally relevant：Design - based research［J］. International journal of educational technology in higher education，2020，17（1）：1 - 22.

续表

所涉教育工学类别	代表学者或作者
SEQ – alfa© 多媒体	法贾里耶等❶
教 – 学序列（teaching learning sequence，TLS）	萨加斯蒂贝尔扎等❷
动态互动环境	安东尼尼（Antonini）、利萨雷利（Lisarelli）❸

---

❶ FAJARIYAH D，IRWANSYAH F S，FARIDA I. Development of the SEQ – alfa multimedia in chemistry learning：The 5th Annual Applied Science and Engineering Conference，April 20 – 21，2020 [C]. Bandung Barat：IOP Publishing，2020.

❷ SAGASTIBELTZA M，SARRIUGARTE P，ZUZA K，et al. Should the third Newton's law be the first one? A TLS on dynamics for upper secondary school [J]. Journal of physics：Conference series，2019，1929：1 – 7.

❸ ANTONINI S，LISARELLI G. Designing tasks for introducing functions and graphs within dynamic interactive environments [J]. Mathematics，2021，9 (5)：1 – 16.

附录（十三） 设计本位研究文章的数据支持方法一览表

研究方法	代表学者或作者
德尔菲法（Delphi method）	苏孝正、邦克[1]
个人叙事（personal narrative）	诺尔顿[2]
观察（教室观察、教室反省日志、学生表现与作品搜集等）	科特纳等[3] 克伦敦[4] 冯晓英等[5] 古勒尔、阿尔金[6] 乌斯通、特蕾西[7]

[1] SO H，BONK C J. Examining the roles of blended learning approaches in computer – supported collaborative learning （CSCL） environments：A Delphi study ［J］. Educational technology & society，2010，13（3）：189 –200.

[2] KNOWLTON D S. I design；therefore I research：Revealing DBR through personal narrative ［J］. Journal of educational technology & society，2007，10 （4）：209 –223.

[3] COTNER S H，FALL B A，WICK S M，et al. Rapid feedback assessment methods：Can we improve engagement and preparation for exams in large – enrollment courses? ［J］. Journal of science education and technology，2008，17 （5）：437 –443.

[4] CROMPTON H. Using context – aware ubiquitous learning to support students' understanding of geometry ［J］. Journal of interactive media in education，2015，2015 （1）：1 –11.

[5] FENG X，LU G，YAO Z. Professional task – based curriculum development for distance education practitioners at master's level：A design – based research ［J］. International review of research in open and distributed learning，2015，16 （2）：288 –310.

[6] GULER C，ALTUN A. Teacher trainees as learning object designers：Problems and issues in learning object development process ［J］. The Turkish online journal of educational technology，2010，9 （4）：118 –128.

[7] USTUN A B，TRACEY M W. An innovative way of designing blended learning through design – based research in higher education ［J］. Turkish online journal of distance education，2021，22 （2）：126 –146.

续表

研究方法	代表学者或作者
访谈（焦点团体访谈、半结构式访谈）	科特纳等❶ 克伦敦❷ 冯晓英等❸ 古勒尔、阿尔金❹ 霍文、帕拉拉斯❺ 李❻ 彼得斯等❼ 罗兹❽ 乌斯通、特蕾西❾
民族志影随法（ethnographic shadowing）	齐默尔曼等❿

❶ COTNER S H, FALL B A, WICK S M, et al. Rapid feedback assessment methods: Can we improve engagement and preparation for exams in large - enrollment courses? [J]. Journal of science education and technology, 2008, 17 (5): 437 - 443.

❷ CROMPTON H. Using context - aware ubiquitous learning to support students' understanding of geometry [J]. Journal of interactive media in education, 2015, 2015 (1): 1 - 11.

❸ FENG X, LU G, YAO Z. Professional task - based curriculum development for distance education practitioners at master's level: A design - based research [J]. International review of research in open and distributed learning, 2015, 16 (2): 288 - 310.

❹ GULER C, ALTUN A. Teacher trainees as learning object designers: Problems and issues in learning object development process [J]. The Turkish online journal of educational technology, 2010, 9 (4): 118 - 128.

❺ HOVEN D, PALALAS A. (Re) - conceptualizing design approaches for mobile language learning [J]. CALICO journal, 2011, 28 (3): 699 - 720.

❻ LEE J. An exploratory study of effective online learning: Assessing satisfaction levels of graduate students of mathematics education associated with human and design factors of an online course [J]. International review of research in open and distance learning, 2014, 15 (1): 111 - 132.

❼ PIETERS J, VERSTEGEN D, DOLMANS D, et al. Design and evaluation of a learning assignment in the undergraduate medical curricula on the four dimensions of care: A mixed method study [J]. BMC medical education, 2021, 21 (1): 309.

❽ RHODES N. Creating value in accounting education with a qualitative research methodology [J]. Journal of economic and financial sciences, 2015, 8 (3): 728 - 741.

❾ USTUN A B, TRACEY M W. An innovative way of designing blended learning through design - based research in higher education [J]. Turkish online journal of distance education, 2021, 22 (2): 126 - 146.

❿ ZIMMERMAN H T, GAMRAT C, HOOPER S. Connecting out - of - school learning to home: Digital postcards from summer camp [J]. TechTrends: Linking research and practice to improve learning, 2014, 58 (2): 87 - 92.

续表

研究方法	代表学者或作者
田野札记（field notes）	阿奇基尔迪兹、科萨❶ 齐默尔曼等❷
网络民族志（virtual ethnographic approach）	科诺尔等❸
书面评量（written assessments）	李❹ 彼得斯等❺
内容分析（content analysis）	哈马莱宁（Hamalaine）、德韦弗（De Wever）❻ 保卢斯等❼

❶ ACIKYILDIZ G，KOSA T. Creating design principles of a learning environment for teaching vector spaces［J］. Turkish journal of computer and mathematics education，2021，12（1）：244－289.

❷ ZIMMERMAN H T，GAMRAT C，HOOPER S. Connecting out－of－school learning to home：Digital postcards from summer camp［J］. TechTrends：Linking research and practice to improve learning，2014，58（2）：87－92.

❸ CONOLE G，GALLEY R，CULVER J. Frameworks for understanding the nature of interactions，networking，and community in a social networking site for academic practice［J］. The international review of research in open and distributed learning，2011，12（3）：119－138.

❹ LEE J. An exploratory study of effective online learning：Assessing satisfaction levels of graduate students of mathematics education associated with human and design factors of an online course［J］. International review of research in open and distance learning，2014，15（1）：111－132.

❺ PIETERS J，VERSTEGEN D，DOLMANS D，et al. Design and evaluation of a learning assignment in the undergraduate medical curricula on the four dimensions of care：A mixed method study［J］. BMC Medical Education，2021，21（1）：309.

❻ HAMALAINEN R，DE WEVER B. Vocational education approach：New TEL settings－new prospects for teachers' instructional activities? International Journal of Computer－Supported Collaborative Learning，2013，8（3）：271－291.

❼ PAULUS T M，PHIPPS G，HARRISON J，et al. Re－envisioning instructional technology research in higher education environments：A content analysis of a grant program［J］. Journal of computing in higher education，2012，24（3）：64－181.

续表

研究方法	代表学者或作者
问卷调查	芬陶等[1] 辛德里亚纳等[2] 彼得斯等[3] 乌斯通、特蕾西[4]
个案研究（case study）	帕洛莫－杜阿尔特等（Palomo – Duarte et al.）[5]

---

❶ FINTA Z, JENEI P, SCHRAMEK A. The subject of waves in a new approach introductory step of a design – based research（DBR）[J]. Journal of physics: Conference Series, 2021, 1929（1）: 1 – 9.

❷ HINDRIANA A F, HANDAYANI, SETIAWATI I. Application of VIPSTA experiment worksheet: An attempt to reduce students cognitive load in learning biology [J]. Journal of physics: Conference Series, 2020, 1806: 1 – 7.

❸ PIETERS J, VERSTEGEN D, DOLMANS D, et al. Design and evaluation of a learning assignment in the undergraduate medical curricula on the four dimensions of care: A mixed method study [J]. BMC medical education, 2021, 21（1）: 309.

❹ USTUN A B, TRACEY M W. An innovative way of designing blended learning through design – based research in higher education [J]. Turkish online journal of distance education, 2021, 22（2）: 126 – 146.

❺ PALOMO – DUARTE M, GARCIA – DOMINGUEZ A, BALDERAS A. Assessment in software development for competitive environments: An AI strategy development case study [J]. Electronics, 2021, 10（13）: 1566.